spot

context is all

SPOT 14
精通蘇聯料理藝術：包裹在布林餅裡的悲歡離合
Mastering the Art of Soviet Cooking

作者：Anya Von Bremzen（安妮亞．馮．布連姆森）
譯者：江杰翰
封面設計： 三人制創
美術編輯：Beatniks
責任編輯：冼懿穎
校對：呂佳真

法律顧問：全理法律事務所董安丹律師
出版者：英屬蓋曼群島商網路與書股份有限公司台灣分公司
發行：大塊文化出版股份有限公司
台北市 10550 南京東路四段 25 號 11 樓
www.locuspublishing.com
TEL：(02)8712-3898 FAX：(02)8712-3897
讀者服務專線：0800-006689
郵撥帳號：18955675 戶名：大塊文化出版股份有限公司

總經銷：大和書報圖書股份有限公司
地址：新北市新莊區五工五路 2 號
TEL：(02)8990-2588 FAX：(02)2290-1658
製版：瑞豐實業股份有限公司

初版一刷：2015 年 8 月
定價：新台幣 480 元
ISBN：978-986-6841-66-8

精通
蘇聯料理
藝術

Mastering the Art of

SOVIET

COOKING

Anya Von Bremzen
安妮亞・馮・布連姆森 著
江杰翰 譯

獻給拉莉薩

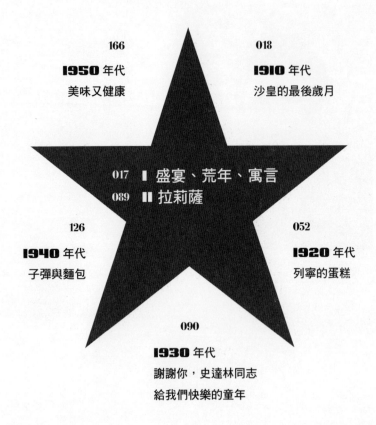

精通蘇聯料理藝術

★ CONTENTS

Mastering the Art of Soviet Cooking

序言

毒瑪德蓮

每當母親和我一起做菜時，她總會向我訴說她的夢境。媽媽的夢中人生豐富精彩、緊湊刺激，她經常分類細數，並且賦予它歷史的意義：她在史達林時代的童年陰森詭譎的黑白印象、KGB特務交織的冷戰懸疑電影，還有被責任重擔壓垮的戀人們領銜主演的通俗劇。

我想，也許是鐵幕後方的過往使然，母親總是受困在許許多多的夢境裡。直到今日，七十九歲的她，在移居美國將近四十年之後，依舊經常身陷一些很酷的場景。舉例來說，在一座滿是藝術品、迷宮般的宮殿深處，像是大都會藝術博物館（Metropolitan Museum of Art）的地方——她從學校教師的工作退休以後，便在那裡擔任解說員。在這個夢境光彩鮮豔的結局裡，一顆橘色的氣球將媽媽從迷宮中拯救出來，帶她來到博物館奢華的咖啡廳。然後，她狼吞虎嚥地享用鮮奶油泡芙。

不過，還是她好久以前的一個夢最具有象徵意義。我記得她和我說過許多次。看，那就是她——身材瘦小，一頭短髮。當我在蘇聯社會主義的冬天那絕望的黑暗中醒來，她躡手躡腳地走進我的臥室。我們住在莫斯科近郊狹小的公寓房間裡。那是一棟偷工減料的赫魯雪夫（Nikita Khrushchev）時代著色混凝土預製住宅。一九六八年，我五歲。蘇聯坦克才駛進布拉格，不久之前爸爸拋棄了我們。我和媽媽搬離克里姆林宮附近十八個家庭共用一間廚房、宛若卡夫卡作品場景的共同公寓，來到這裡。媽媽穿著長袍，上頭的藍色矢車菊圖案已經褪了色。她坐在床邊，在我的額頭上印下一個令人安心的吻。然而，在她的眼中，我看見了那樣強烈的渴望、那樣的愁思（toska）——那俄羅斯心靈獨有的苦痛。我立刻明白，她又做了那個夢。

「聽著，聽著，安紐塔[2]，」她喃喃說道，「我又變成燕子（lastochka）了……我逃離俄羅斯，飛越蘇聯邊界，不知道為什麼，竟然沒有人跟我要文件。轉眼間，我來到巴黎！巴黎吔！我在赭色的街道上空盤旋，認出這些街道也出現在尤特里羅[3]的畫裡。在一條小路上——路名是『捕魚的貓』（Street of a Cat Who Fishes）——我注意到一間迷人的咖啡館。我衝向那色彩繽紛到不可思議的遮雨棚，美味的香氣令我目眩神迷。我好想要品嘗那些食物，加入裡頭的人們……」

母親總是在這個時候醒來。她總是不得其門而入，總是飢腸轆轆，殷切地想望著邊界之外她從來無緣見到的世界，留戀著那永遠無法企及的味道。

關於食物，所有幸福的回憶都十分相似，不幸的回憶則各有各的不同。

我和媽媽都在歡欣鼓舞、鮮紅耀眼的社會主義豐裕童話中長大。然而，在我們的回憶裡，卻沒有瀰漫美妙香草氣息的快樂廚房，也不曾見過親切的女主人將金黃色的佳節烤肉擺上餐桌。充滿布爾喬亞奶油的茶點？我是有這樣的回憶……媽媽在我們的赫魯雪夫貧民窟裡大聲地朗讀普魯斯特（Proust），那個法國人的感官幻想令我厭煩透頂，但書中真正的、可食的餅乾卻讓我深深著迷。那洋溢異國情調的資本主義瑪德蓮嘗起來究竟是什麼滋味呢？我好想要知道。

蘇聯飲食的故事，必然是一部記錄渴望和未能得到滿足的欲望的編年史。如果你最鮮明的烹飪回憶裡包含了你從未真正嘗過的食物，那會是什麼樣的情景？關於想像、關於公認的歷史的回憶；七十年的地理政治隔閡與匱乏所造成的集體的狂熱渴望……

直至近日，我鮮少談及這些回憶。若被問起為何書寫食物，我只會不假思索地說出預先準備好的故事：一九七四年，沒有父親的陪伴，母親和我如何離開莫斯科——無國籍的難民，沒有冬季大衣也沒有回頭的權利。八〇年代晚期，從茱莉亞[4]畢業之後，我的鋼琴演奏生涯如何因為手腕受傷而中止。還有，在尋找機會重新出發的過程中，我如何開始書寫飲食——真的，幾乎是出於偶然。然後，我便不曾回頭。在我的第一本書——關於前蘇聯料理的《請上桌》（*Please to the Table*）——出版之後，好事接踵而來：令人興奮的雜誌文章、更多的食譜書與獎項，還有將近二十年的旅行和令人難忘的一頓頓饗宴。

我極少提到的是：在祖母的共同公寓廚房裡，因為住戶同志們經常偷竊彼此湯裡的肉，大家的鍋子上總是貼著骷髏頭圖案的警示塗鴉。那些午後，在中央委員會[5]官員的後代子女專屬的幼稚園裡，我絕望地對著魚子醬作嘔——因為我感覺，隨著黨菁英集團的魚卵，自己也吞下了我反蘇聯的媽媽無法忍受的意識形態。我不曾說起，在一一〇中學的女生廁所裡，我——穿著扎人的棕色制服的九歲菜鳥黑市商人——向蘇聯同學收費五戈比（kopek），讓他們觸摸朋友從神話般的外國（zagranitsa）帶來的可口可樂瓶子。我亦未曾提及，如今，因為工作而住宿美好宜人的旅館，在享用豪華的免費自助早餐時，我經常有偷光可頌麵包的衝動。

我總覺得自己生活在兩個平行的食物宇宙。坦承這樣的感受又有什麼意義呢？在其中一個宇宙裡，「本質」和「諾瑪」[6]的美食不過是家常便飯；在另一個宇宙中，就連一根平凡無奇的香蕉對我的心靈都依舊有著不可思議的魔力——蘇聯時代，那可是一年只吃得到一回的享受。

這些我放在心裡的故事就是本書的材料。追根究柢，這才是我書寫飲食的真正原因。然而，這些故事不僅是我的故事。蘇聯擁有多達三億的人口，對於這個昔日超級強權的每一分子來說，食物從來就不只是個人的問題。一九一七年，麵包暴動是顛覆沙皇政權的導火線，而在七十四年之後，毀滅性的糧食短缺又將戈巴契夫搖搖欲墜的帝國扔進了歷史的垃圾堆。在此之間，七百萬人由於史達林的集體化政策活活餓死，四百萬人在希特勒的戰爭中因為飢餓而喪生。即使在相對平靜的歲月裡，在赫魯雪夫和布里茲涅夫（Leonid Brezhnev）主政年間，張羅食物的日常戲碼也遠遠勝過其他考量。跨越十一個時區，排隊購買食物的社會主義集體宿命讓蘇聯十五個民族共和國的同志們站在一起。飲食是蘇聯政治歷史上恆久的課題，滲透我們集體潛意識的每一個微小細節。藉由蘇聯過分偏執的好客傳統——多一點鯡魚、多一點「醫生香腸」[7]——和大眾對於有機會取得比較好的香腸的少數特權分子、騙徒和黨工政客同仇敵愾的嫉妒與憤恨，食物讓我們團結起來。我們的生活總是單調沉悶，偶爾荒謬滑稽，有時悲苦得令人難以承受，但同時卻也天真單純、樂觀而喜悅。食物以家常的現實支撐這個極權國家，為我們的生活增添了希望的微光。一位學者曾經提到，食物定義了俄國人承受當下、想望未來與連結自身過去的方式。

如今，那段過去已不復見，在蘇聯解體之後消逝無蹤。文化廢墟取代了我們的「社會主義祖國」，宛若一座巨大的蘇聯亞特蘭提斯考古現場。不過，我們並不打算就此拋棄這些瓦礫殘跡。傾倒了的無頭領袖塑像、歌曲冊、糖果包裝紙、曾經鮮紅的少年先鋒隊（Young Pioneer）領巾和沾上塵垢汙漬的三角形蘇聯牛奶紙盒——我們堅守著這些碎片。憂鬱的廢墟激發浪漫主義者對於理想化的過去懷舊的愁思，我們的遺跡則截然不同，是實體家園和昔日生活的碎片。對我們來說，這一切依舊承載著意義：歷史的、政治的或個人的，大都模糊而曖昧不清。

一九七四年，來到費城幾個星期後，我著手蒐集自己的社會主義碎片。媽媽隨即擁抱美利堅（Amerika），而我呢？蜷縮在我們棲身之處硬邦邦的沙發上，閱讀契訶夫（Anton Pavlovich Chekhov）的《三姊妹》（*Three Sisters*），和劇中的人物一同啜泣：「去莫斯科……去莫斯科。」在「羅賓漢餐廳」（Robin Hood Diner）用過第一餐之後，我對資本主義美味佳餚的兒時幻想瞬間崩毀。我被一團倒人胃口的包心菜沙拉噎住，震驚地盯著像是「日輝牌」（Day-Glo）螢光塗料的「維菲塔」（Velveeta）乳酪。在家裡，母親開心地將「奧斯卡·梅爾」（Oscar Mayer）波隆那香腸放在怪異的「神奇麵包」（Wonder Bread）上，我則一心思念著莫斯科香噴噴的發酵黑麥麵團和便宜的「克拉克夫香腸」（Krakovskaya kolbasa）不新鮮的難聞味道。我非常肯定，在費城最初幾個月的生活裡，我喪失了味覺。少了政治的激情、好客的殷勤和英勇壯烈的匱乏光環，食物似乎也就無足輕重了。

我在公寓裡來回踱步，像個落魄的孤兒，嘴裡複誦著尖刻的蘇聯短缺（defitsit）笑話。「能請你幫我切一百克香腸嗎？」一個人在商店裡問。「拿香腸來，我們就幫你切。」女店員回答。或者，「為什麼要移民？」「因為我已經厭倦慶祝了，」猶太人說，「買到衛生紙——慶祝；買到香腸——又要慶祝。」

在費城，沒有人會為了「奧斯卡．梅爾」波隆那香腸而歡欣慶祝。

為了喚醒味蕾，我開始在腦袋裡玩一個遊戲：想像自己置身在鄉間別墅（dacha），小屋四周環繞著多刺的醋栗叢。在心中，我以一個幻想的三公升罐子保存、醃漬我的蘇聯社會主義回憶裡各式各樣的味道與氣息：「列寧勳章紅色十月」（Order of Lenin Red October）巧克力的包裝紙上有歡欣愉悅的孩童；「布爾什維克工廠」（Bolshevik Factory）紅色包裝的「紀念餅乾」[8]浸泡在茶水裡——茶葉的黃色盒子上有一隻大象——會非常哀傷地溶化。我幻想自己剝去濕軟的長方形「友誼乳酪」（Friendship Cheese）的錫箔紙，暫停一下，然後將想像的鋁叉戳入以史達林的食品工業人民委員命名、售價六戈比的肉餅外層工廠製造的麵皮。

然而，意識形態的烏雲使我的鄉愁練習暗淡了下來。「友誼乳酪」、香腸和巧克力——全都是我們所逃離的、辱罵的黨國政府製造的產品。回憶起媽媽朗讀的普魯斯特，我想到一個說法：

毒瑪德蓮。

這就是我的「毒瑪德蓮」回憶錄。是我的母親——我廚房裡的共謀，也是我與過去的中介——啟發了我，以此途徑跨越這道巨大的鴻溝、這集體神話和個人反神話的失控衝突。透過食物的稜鏡，我們將重塑蘇聯歷史的每個十年世代——從一九一〇年代的前傳到當今現世的後記。我們將攜手踏上一趟為時一年的不凡旅程，以母親的廚房和餐廳作為時光機與記憶的培養皿，藉著飲食和烹飪回顧一代又一代的蘇聯生活：戰爭時期的糧票配給和共同公寓廚房的怪誕回憶；列寧血腥的穀糧徵收與史達林的餐桌禮儀；赫魯雪夫的廚房辯論以及戈巴契夫災難般的禁酒政令。儘管在如此困乏、短缺的環境，仍以食物聚焦我們的日常生活、以食物進行強迫性的好客款待和深刻、不可思議的盛宴。

譯註

1．KGB為「國家安全委員會」的簡稱。一九五四至九一年間，該組織是蘇聯的官方情報單位。

2．安紐塔（Anyuta）是俄文名安娜（Anna）的暱稱。

3．莫里斯．尤特里羅（Maurice Utrillo, 1883-1955）為二十世紀法國畫家，出身巴黎蒙馬特（Montmartre），以城市風景聞名。

4．指位於美國紐約的茱莉亞音樂學院（The Juilliard School）。

5．中央委員會（Central Committee）是蘇聯重要的決策組織，在黨代表大會（Congress of the Communist Party）休會期間全權管理黨及政府事務。

6．「本質」（Per Se）和「諾瑪」（Noma）皆為世界知名的餐廳；前者位於紐約，後者位於哥本哈根。

7．「醫生香腸」（Doctor's Kolbasa）是重要的蘇聯香腸種類之一，至今仍廣受歡迎。根據官方文件，其生產目的在於「改善受內戰及沙皇暴政影響而健康狀況不佳者之身體」，採用營養的優質食材，故名為「醫生」。

8．「紀念餅乾」（Jubilee Biscuits）是極具代表性的蘇俄食品，於一九一三年首度生產，適逢羅曼諾夫（Romanov）王朝三百週年紀念，因而得名。

我的外祖父母——莉莎（Liza）和納姆·弗倫姆金（Naum Frumkin），約一九二九年。

盛宴、荒年、寓言

★1910年代

沙皇的最後歲月

母親正在等候客人。

幾個小時內，在這炎炎七月的熱浪裡，八位賓客即將來到她位於皇后區的小公寓，享用一頓沙俄時代的奢華晚宴。但她的廚房宛若一個建築工地。水槽裡鍋盆高高堆疊、搖搖晃晃，食物調理機和攪拌器齊聲嗡嗡作響。在媽媽綠色的仿花崗岩流理台上有個發亮的碗，裡頭一塊多孔的酵母麵團看起來生氣勃勃，詭異極了——我很確定它正在呼吸。母親沉著冷靜地攪拌、油煎，一面盯著MSNBC[1]的克里斯．馬修斯[2]，一面在無線電話上閒聊。此刻，她彷彿胖嘟嘟的現代精靈，穿著橘色印度風家居服，一心多用，應付各種事務。

就我記憶所及，母親總是如此——以下巴夾著電話做菜。當然，回到我的童年歲月，在七〇年代布里茲涅夫執政時的莫斯科，「奢華沙俄晚宴」的想法肯定會招來譏諷的嘲笑。而我們的黑色古董蘇聯電話（telefon）的線總是叛逆地扭曲纏繞。我曾經被電話線絆倒——當時，在爸媽生活、睡覺、休閒的凌亂房間裡，我正將媽媽做好的羊肉飯端上低矮的三腳桌。

此刻，媽媽的移民老朋友正在她的耳邊滔滔不絕地說著文化界的八卦，我則以慢動作回憶那段羊肉飯插曲：大量黃色的米飯傾瀉在我們的亞美尼亞地毯上。兩個月大的小狗比蒂貪心地吃下每一粒米飯。她對羊肉的油脂過敏，眼睛和舌頭立刻腫脹得嚇人。我因為擔心比蒂的生命安危而放聲大叫，父親則嚴厲地訓斥媽媽的電話習慣。

媽媽以她一如往常的絕佳本事，有些瘋癲且堅決果斷地拯救了這場災難。在賓客到來之前——還有另外四位不大清醒的同志們——她以兩磅無產階級小香腸（sosiski）變出了美味可口的幻想曲。她將香腸切成花瓣的形狀，鋪展在平底鍋裡與蛋一起煎炒。上桌時，她的作品覆蓋著挑人食慾的鮮紅色番茄醬線條——那墮落的資本主義調味料。甜點則是蘋果蛋糕，同樣是媽媽信手拈來的作品，她稱之為「客人就在門前蘋果夏洛特蛋糕」。

賓客！他們不曾停止聚集在媽媽的門前，不論是莫斯科市中心的公寓或一九七四年我與媽媽初抵費城時那個四四方方的移民住所。客人佔據她現居的紐約公寓，待上好幾個星期，吃光她的食物，商借金錢和書本。我經常在谷歌搜尋「強迫性好客症候群」（compulsive hospitality syndrome），但卻找不到任何解藥。「不速之客比入侵的韃靼人更糟糕。」俄國諺語如是說。然而，媽媽才不吃這一套。她的娘家同樣如此，她的姊妹家中甚至更誇張。

不過，今晚的餐宴可不一樣。這頓晚餐將標誌著我們與古典俄羅斯料理檔案式的告別。由於這個場合格外重要，媽媽同意將受邀者的人數控制在八位，不多也不少——我狡猾地引用了一位博學的羅馬諷刺作家的話：「晚宴的賓客人數應當比美惠女神多，比繆斯女神少[3]。」媽媽對文化近乎宗教的尊崇勝過了她的好客熱情。她憑什麼和古人作對呢？

於是，在這個酷熱難耐的傍晚，在皇后區，我們兩人正努力張羅一頓頹廢派的盛宴，場景是想像中的一九一〇年代——俄羅斯藝術的「白銀時代」（Silver Age）。這夜，我們將向莫斯科餐飲的浮華歲月致敬，並且與之告別。這一套飲食文化在二十世紀初曾經盛極一時，卻又突然消失不見。一九一七年的革命使俄羅斯料理與文化成了蘇聯料理與文化——在過去，這就是我們知道的唯一版本。

對於今日的晚宴，我和媽媽可沒有掉以輕心。

我浸泡多日的辣根和檸檬伏特加正在水晶瓶裡冷卻；魚子醬閃閃發亮。我們甚至自找麻煩，大費周章地釀造了可瓦士（kvass）——一種以發酵的黑麵包製成的民俗風味飲料，如今大都只是量產的氣泡飲品。誰知道呢？撇開與老祖宗的胃袋交流不談，這一餐大概也是我們在這趟飲食之旅中吃得很好的最後一次機會了。

「淡水鱈魚肝——淡水鱈魚肝該怎麼辦呢？」媽媽終於掛上電話，失望地說。

我注意到她的指節因為刨切各種食材而留下令人心疼的刮痕。我已經說了無數次，在皇后區的傑克森高地（Jackson Heights）絕對不可能找到淡水鱈——革命之前俄羅斯饕客們極端迷戀的高貴鱈魚品種。洩氣的嘆息。一如往常，我的務實干擾了媽媽的夢想和計畫。更別提脫水乾燥的鱘魚脊筋（viziga）了。鱈魚肝是沙俄的鵝肝，鱘魚脊筋則是魚翅。想在這附近找到這兩種食材的機會？不只微乎其微，而是根本沒有。

不過，事情依舊有些進展。

我們幾次嘗試焦黃奶油脆腦，成果令人驚豔。而且，撇開媽媽廚房裡的災難和擺滿書本的公寓家屋、昏暗的一團凌亂不談，她的餐桌擺設真是漂亮極了。水晶高腳杯挺立在花朵圖案的古董桌巾上，我從布宜諾斯艾利斯的跳蚤市場買來的新藝術風格水壺裡插著淡藍色的繡球花，低調地流露出世紀末的華麗氛圍。

我拆開從我位在兩個街區外的公寓搬來的塑膠容器和瓶罐。媽媽的小廚房實在容不下兩個廚師，甚至遠比貴族家裡的掃具櫃還要狹窄，所以我已經釀好了可瓦士，為波特文尼亞（botvinya）——一種古老過時、以魚和綠色蔬菜做成的冷湯——備妥了佐料。此外，我還被指派泡伏特加、準備古里耶夫粥（Guriev kasha）——一道承載了深刻歷史意涵與整整一磅自製蜜糖堅果的甜點。媽媽負責主菜和一系列的開胃菜（zakuski）。

她瞥了一眼時鐘，倒抽一口氣。「大烤餅（kulebiaka）的麵團！快去看看！」

我檢查麵團。還在膨脹，還在起泡。我給了它猛力一擊，使它消氣。酵母發酵的濃烈氣味搔著我的鼻孔，喚醒稍縱即逝的集體記憶——或說關於一段眾所皆知的過去記憶。我捏下一塊麵團，交給媽媽評斷。她只是聳聳肩，好像在說：「你才是食譜作家啊。」

不過，我很高興由她負責大烤餅。這個奢華的俄羅斯魚派是包裹在酥皮裡的歷史課，也是今夜晚宴的招牌主菜。

★★★

「大烤餅必須令你直流口水，它得躺在你的面前，赤身裸體，不知羞恥，誘惑迷人。你對著它眨眼，切下一大塊，然後以手指在上頭把玩……你吃它，奶油像是淚水般流淌而下，內餡油膩而多汁，充滿了蛋、禽鳥的內臟和洋蔥……」

安東．帕夫洛維奇．契訶夫在其短篇小說〈海妖〉（The Siren）中熱情地寫道。在準備料理的過程中，這篇作品令我和老媽口水直流，就如同我們過去在不怎麼光彩的社會主義歲月裡初次讀到時一樣。不只有出生於蘇聯時期的我們對食物如此依戀執著。契訶夫為斯拉夫人特大的食量所作的讚辭有如愛人狂喜的幻想。有時候，食物之於十九世紀俄羅斯作家，似乎就如同風景（抑或階級？）之於英國作家，或者，戰爭之於德國作家，愛情之於法國作家一般重要——是涵括喜劇、悲劇、極樂和滅亡等偉大主題的材料。又或者，正如當代作家塔季揚娜．托爾斯塔雅（Tatyana Tolstaya）所說，俄羅斯作家「放縱的饕餮」是對文學中性慾禁忌的補償。唉，我們也必須注意俄國作家特殊的俄羅斯式教化傾向。玫瑰色的火腿、琥珀色的魚湯、像「商人女兒的肩膀」一般豐腴的布林餅（blini）——又是契訶夫——這類美味可口的文字經常暗藏玄機，揭示暴食者是精神破產的庸俗人士，抑或委靡不振的失敗者——天字第一號暴食者奧勃洛莫夫[4]即是一例。這是個道德陷阱嗎？我不斷地問自己。誘使我們對著這些文字垂涎，到頭來卻又覺得內疚慚愧？

但要不流口水也難。契訶夫、普希金（Pushkin）、托爾斯泰（Tolstoy）——這些作家全都曾經將他們最動人的文字獻給食物。至於媽媽鍾愛的尼古拉．果戈里（Nikolai Gogol）——《死魂靈》

（*Dead Souls*）的作者——則將胃封為人體「最高貴」的器官。瘦骨如柴的果戈里在書裡書外都嗜吃如命，不論是他烏克蘭童年的酸櫻桃餃子或旅居羅馬時的義大利麵，他能在用完分量驚人的大餐之後立刻開始下一頓。有時候，他還會在旅途中自己攪製奶油。「在他的故事裡，肚皮是美人，鼻子則是情郎。」納博科[5]如是說道。一八五二年，在他的四十三歲生日前夕，身陷宗教狂熱和胃腸病痛煎熬的尼古拉·瓦西里耶維奇[6]以充滿果戈里式諷刺的方式慢性自殺——他拒絕進食。沒錯，與食物之間複雜、甚至令人痛苦的關係一直是我們民族性格的特徵之一。

《死魂靈》是一名騙徒在廣袤的俄國鄉間一餐又一餐的環遊紀事。根據學者統計，共有超過八十六種食物出現其中。貧病交迫的果戈里苦於未能超越這部小說第一卷的成就，在絕望之下燒毀了第二卷的大半部分。殘存下來的篇章包括文學作品中最著名的大烤餅頌——還附有實際的食譜。

「做一個四角形的大烤餅，」逃過火焰而倖存下來的佩圖赫（Petukh）——一名道德淪喪的暴食者——指示道。然後：

「在其中一角放上鱘魚的腮肉和乾魚脊，另一角放上蕎麥，還有蘑菇和洋蔥，還有柔嫩的魚卵，還有腦，還有其他材料……至於下面……看要烤得……不要烤到酥脆，要讓它在嘴巴裡融化，像雪花一般，而不發出一點脆裂的聲響。

佩圖赫一面說，一面咂了咂嘴唇。」

世世代代的俄國人也對著這段敘述直咂嘴唇。然而，歷史學家懷疑，這個荒誕的「四角」大烤餅不過是果戈里的虛構奇想。那麼，真正的——大都是長方形、多層次的——大烤餅究竟是什麼樣的料理呢？

簡而言之，大烤餅源自古老的斯拉夫餡餅（pirog）。一六〇〇年代誕生之初據說還不大起眼，但到了二十世紀前夕的巔峰時期，大烤餅已經演化成裝飾有富麗剪裁圖案的金黃色豪華容器。裡頭藏著：一層層香味四溢的魚肉和鱘魚脊筋、自森林裡鮮採的大量蘑菇、淋上奶油的蕎麥或米飯——每一層餡料都由布林薄餅（blinchiki）分隔開來，用以吸收湯汁。

對於菜單上的每一道料理，我和媽媽都要爭論一番。唯獨這點，我們一致同意——少了大烤餅，就不是真正的「白銀時代」莫斯科饗宴了。

★★★

我的母親，拉莉薩（〔Larisa〕或拉拉，拉洛奇卡）．弗倫姆金娜（Frumkina）——英文作弗倫姆金（Frumkin）——成長於一九三〇年代的莫斯科。彼時史達林如日中天，就像在布里茲涅夫執政的七〇年代，頹廢派沙俄晚宴的想法根本是可笑的無稽之談。小香腸是媽媽最喜歡的食物，我也同樣為之著迷——雖然媽媽斷言，我童年的小香腸根本比不上多汁的史達林時代版本。為什麼這些無產階級的法蘭克福香腸仍舊是每一個蘇維埃人（Homo sovieticus）心中的瑪德蓮呢？因為除了小香腸和罐頭豆子、肉餅（kotleti）配粥、加入大量包心菜的湯、拌有濃厚美乃滋的沙拉和清淡的水果甜湯（kompot）點心之外，在「蘇聯人的土地」上實在沒有太多東西可吃。

當然，除非你享有特權。在我們歡樂洋溢、沒有階級差異的社會裡，至關重要的特權問題自年幼時便令我困擾不已。

最初，我是在生命中的頭三年，在莫斯科奇異怪誕的共同公寓裡瞥見——或說聽見——了那個特權食物的世界。一九六三年，我就在那裡出生。公寓緊鄰克里姆林宮，我們幾乎能夠聽見救世主塔樓（Spassky Tower）巨大時鐘的午夜鳴響。除此之外，還有另一種聲音讓我們無法入睡——鄰居米沙（Misha）拚了命嘔吐的巨大聲響。米沙，你知道的，經營管理一間食品店，獨攬社會主義的食物供給。他大概是個黑市百萬富翁，擔心太過招搖會引來取締侵佔的當局不必要的關切，所以才和我們一起住在共同公寓裡。米沙和他胸部豐滿的金髮妻子穆夏（Musya）過著昔日頹廢風格的生活，不過是成熟社會主義的版本。夜復一夜，他們在莫斯科少有的——專為黨政要員、外國人士和擁有非法資金的同志敞開大門的——體面餐廳裡用餐，在餐桌上揮霍相當於媽媽一個月薪水的現金——米沙的肚子甚至容不下這些食物。

在家裡，這兩個人也享用令人說不出口的美味佳餚，像是酥炸雞柳。這些珍饈美饌由穆夏的媽媽蜜拉（Mila）婆婆滿懷關愛地親手烹調。蜜拉婆婆過去務農，是個肥胖的獨眼女人，有四顆——或六顆？——金牙，對非特權階級根本不屑一顧。

「所以，今天要做肉餅啊。」蜜拉會在我們共用的廚房裡這麼說，她的獨眼盯著媽媽缺角的鋁製煎鍋裡畸形的小肉餅。「穆——夏！」她會對著女兒大喊。「拉莉薩在做肉餅！」

「用餐愉快，拉洛奇卡！」穆夏很喜歡我媽。

「穆——夏，你吃肉餅嗎？」

「我？絕對不會。」

「啊哈！看到了吧。」然後蜜拉會對著媽媽搖搖她肥腫的手指。

有一天，我嬌小瘦弱、營養不良的媽媽實在是按捺不住了。她下了班回到家裡，又累又餓，從蜜拉放在廚房的托盤裡偷拿了一塊雞肉。隔天，我看著媽媽羞紅著臉，淚眼汪汪地敲了敲米沙的門，坦承自己的偷竊犯行。

「雞肉？」蜜拉嘎嘎大笑。我依然記得我詫異地看著她一嘴純金的牙齒在昏暗的走廊裡閃閃發光。「自己來，不必客氣——反正那些垃圾我們還是要扔掉的。」

於是，大約每週一次，我們有機會吃到經濟罪犯丟棄的垃圾。對我們來說，那還真是人間美味。

一九七〇年，我的父母分分合合的婚姻邁入第十一個年頭。分居四年後，他們又再復合，我們全家人一起搬進阿爾巴特（Arbat）附近的公寓。於是，大烤餅進入了我的生命。在這個莫斯科最具貴族氣息的古老區域，爸媽派我去「布拉格」（Praga）的外帶商店買蘇聯版本的大烤餅。這間餐廳在「歷史唯物主義」之前——蘇聯人這樣諷刺地稱呼「遙遠的過去」——以和盤子一樣大的開口餡餅（rasstegai）聞名。有兩種餡料：鱘魚和小體鱘。

即使是在蕭條的布里茲涅夫時代，「布拉格」依然是間格調（klass）非凡的高級餐廳（restoran）。在那裡，樂隊響亮地大聲演奏，和米沙同類的人們撫摸著染金髮的女郎；第三世界的外交官在裝潢奢華的私人包廂裡宴請賓客。

「安哥拉（Angola）大使座車到！」

對七歲的我來說，這就是最美妙的聲音。

在「布拉格」外頭徘徊時，如果我夠熱切專注，如果我童稚的微笑和「咖囉，尼西歡莫斯可嗎（Khello, khau yoo laik Moskou）?」夠可愛，就會有和善的外交官丟給我一包五顆的「多汁水果」（Juicy Fruit）口香糖。隔天，在女生廁所裡，我會用尺和小刀一點一點地將糖果賣給討我歡心的同學。就連嚼過的「多汁水果」口香糖都有其價值，大概一或兩戈比——只要你不咀嚼超過五次，留點芳香的「箭牌」（Wrigley）魔法給下一位咀嚼者享用。我們的老師說，共享資本主義的口香糖會傳染梅毒，但她的嚴厲警告卻只為此增添了違規的刺激快感。

我愛在「布拉格」購物，愛那裡的一切。清潔工同志開心地將褐色的融雪和木屑掃過顧客的腳，我愛跳過那洶湧的浪潮；我愛吸嗅過期豬油的餿味、酒氣（peregar）和「紅色莫斯科」（Red Moscow）香水甜膩的前調交融混雜的招牌氣味。我愛梨子阿姨（Tyotya Grusha），她是「布拉格」的女店員，有著一個馬鈴薯般的鼻子，總是以野蠻的暴力帕嗒帕嗒地拍打算盤。有一次，在某種玄妙奧祕的晚期社會主義本能引導之下，我和梨子阿姨分享了一包五顆裝的「多汁水果」口香糖。她甚至沒說「謝謝」就一把抓走。不過，在那之後，她總會為我預留一塊大烤餅。「拿去，你這個大嘴巴傳染病。」說著，她會從櫃台底下偷塞給我一片撒滿葡萄乾的奶油蛋糕。

就這樣，我認識到黑市交易、關係（blat）和賄賂的重要性。我正在自己的路上一點一點地向特權邁進。

在毛氈靴（valenki）外頭套上閃亮的黑色橡膠套鞋，身上穿著「老鼠毛」——爸爸是這麼說的——大衣，我帶著包裹在《真理報》（*Pravda*）裡的大烤餅返回我們家的餐桌。通常，我會繞遠路，經過已經改為倉庫的一座座洋蔥圓頂教堂以及雅致好看的米色與綠色新古典主義風格建築立面——牆面上滿是粗俗至極的髒話（mat）塗鴉。漫步其間，便覺得莫斯科屬於我。在冰凍的街景裡，我彷彿身懷非法鉅款的漫遊者。在加里寧大街（Kalinin Prospect）——那條將老街區劃開的現代大道——上，我會脫下連指手套，數出冰冷的二十戈比，遞給身穿藍色大衣、帶著結了霜的鍍鋅冰淇淋箱子的女士。香草口味的普隆比爾冰淇淋[7]上裝飾有一朵鮮奶油玫瑰。咬下威化餅杯，我的牙齒感覺到幾近暴力的劇烈疼痛。冰淇淋如水泥一般堅硬，像是在和木製的平湯匙作對。在「布拉格」左手邊，紅褐色、星芒形狀、裝飾風藝術樣式的阿爾巴特地鐵站（Arbatskaya）庇護著一隊笨重的灰色汽水（gazirovka）販賣機。原味的一戈比；三戈比則能買到噴射而出、香甜濃稠的黃色糖漿。買汽水可是一件令人焦慮、沒有把握的事情。汽水或糖漿並不會賣光，但酒鬼們（alkogolik）總會把十二邊形的斜角玻璃杯——蘇聯居家生活的象徵——偷走。如果，奇蹟似地，酒鬼們沒有帶走玻璃杯，我便會興奮地將杯子倒過來，用力地壓在機器的橫隔托板上，看強勁的水柱洗淨含有酒精的唾液。誰還需要汽水呢？

再深入老阿爾巴特街（Old Arbat）一些，我總會在擺設有社會主義豐美水果的「罐頭食品」（Konservi）商店停下腳步，買一杯售價十二戈比、從附有龍頭的古典圓錐形玻璃罐裡分裝出來的甜白樺樹汁。然後，吸吮著髒兮兮的冰柱。我會一時心血來潮，偏離路線，迷失在狹窄巷弄交織的三角地帶。這些小巷有如髮辮般迂迴扭曲，巷弄的名字透露了過去曾經興盛的行業——桌巾巷、麵包弄。那時，在資本主義的廣告看板、霓虹和不具歷史意義的歷史宅邸破壞了莫斯科古老核心的容貌以前，某些阿爾巴特的街道確實保存了十九世紀的純粹。

回到家裡，媽媽通常在廚房裡，下巴夾著巨大的黑色話筒，一面烹飪，一面和女性朋友討論新戲或書籍。爸爸則在沙發上擺出奧勃洛莫夫的悠閒姿勢，和自己玩牌，從他有白色圓點的橘色杯子裡啜飲已經涼了的茶水。

「你散步得如何？」母親總是想要知道。「有沒有在波瓦爾斯卡亞街（Povarskaya Street）上停下來，看看《戰爭與和平》（*War and Peace*）裡娜塔莎住的那棟房子？」一提到托爾斯泰，我藏在口袋裡的「多汁水果」口香糖就凝結成良心上一團黃色的罪惡感。娜塔莎・羅斯托娃（Natasha Rostova）和媽媽——她們多麼詩情畫意，多麼單純天真。我呢？我不就是個粗魯愚鈍的小米沙？爸爸總會為我解圍：「那麼，我們來吃大烤餅吧。還是『布拉格』賣光了？」我多想回答，對我來說，「布拉格」永遠不會賣光！但最好還是聰明點，在我甜美純潔的母親面前，還是別拿我和梨子阿姨的特殊關係出來說嘴的好。

星期天吃大烤餅是我們的家庭傳統——雖然，在我們五百平方英尺大小的兩房公寓裡，我放在廚房餐桌上的大烤餅與果戈里、契訶夫以欲望橫流的方式讚頌的「豐腴之角」[8]之間，除了共同的名字外，別無相似之處。晚期社會主義的大烤餅與其說是餡餅，更像麵包（bulka），是一團樸實無華的長方形發酵麵團，忠於蘇聯形式，藏著一層幾乎不存在的水煮碎肉或包心菜。現在看來，我們的星期天「布拉格」大烤餅巧妙地呈現了生活的節約簡樸，正如它浮誇的版本抓住了沙俄時代鋪張過度的精神。我們對自己的版本還算滿意。發酵麵團很美味，尤其搭配上媽媽清淡的素食甜菜湯，不知怎麼地，這一套食物恰巧能夠挑動關於革命前俄羅斯料理的狂熱想像——在書上看來如此熟悉，卻又如此遙遠。

我已經知道，夢想著食物就和享用食物一樣令人滿足。

★★★

爸媽送給我一本《莫斯科與莫斯科人》（*Moscow and Moscowites*）作為十歲生日的禮物。這本書的作者弗拉基米爾·吉利亞洛夫斯基（Vladimir Giliarovsky）是世紀末的莫斯科寵兒，為當地報紙撰寫城市消息。在《莫斯科與莫斯科人》中，他結合了狄更斯的眼光和通俗小報記者的活潑風格，加上一抹左拉（Zola）式的自然主義色彩，描繪出世紀之交這座城市令人精疲力竭卻也妙趣橫生的全景風貌。

小時候，我直接切入香豔刺激的篇章——外出用餐的部分。

二十世紀的第一個十年，莫斯科的餐飲界達到某種斯拉夫派的理想狀態。有別於當時的首都聖彼得堡——被視為一座虛華浮誇、迂腐官僚而且格格不入的異國城市——莫斯科本質上是座商業都市，尚未受到歐洲矯飾做作的禮儀規矩和飲食習慣汙染，努力不辜負「麵包與鹽」（殷勤好客）的盛名。在聖彼得堡，你盛裝打扮，上法國餐廳細嚼慢嚥地享用分量極少的鵝肝和生蠔；在莫斯科，你到當地民間風格的俄式酒館（traktir）毫不害臊地、忘我地、豪放縱慾地狼吞虎嚥。莫斯科最好的酒館起源自勞動階級，在吉利亞洛夫斯基的年代，這些地方來者不拒——上流社會的時髦貴族和溫順的外省地主；莫斯科藝術劇院（Moscow Art Theater）的大嗓門演員以及成交百萬盧布買賣、對這一整波斯拉夫派餐廳熱潮貢獻卓著的商人們。在冰冷、古典主義的聖彼得堡，你絕對看不到這樣的社會拼盤。

我津津有味地熬夜閱讀吉利亞洛夫斯基的作品，肚子咕嚕咕嚕地叫。我從中得知，在耶戈洛夫（Egorov）的酒館能夠嘗到以餐廳正中央的特殊爐灶烘烤、最輕薄的布林餅；在板著臉的大鬍子舊禮派信徒經營的「羅帕肖夫」（Lopashov）酒館裡，西伯利亞淘金商人用富有民俗風情的木頭湯匙大啖城裡最飽滿的餃子（pelmeni）——包著肉、魚餡，或水果餡搭配冒泡的玫瑰紅香檳醬汁；來自聖彼得堡的公爵們不遠四百哩的路程，搭乘火車向東南而來，只為了在莫斯科最負盛名的「特斯托夫」（Testov）酒館用上一餐。「特斯托夫」聞名遐邇的菜色包括：乳豬——老闆在自己的鄉間小屋養豬，這些豬隻「就像他的孩子一樣」，只不過在豬蹄四周加上了束縛，以便強迫餵食增胖；自伏爾加河（Volga）活體運送、三百磅重的鱘魚和小體鱘；古里耶夫粥——一種以粗粒麥粉烘焙而成的花俏甜點，上頭鋪有層層堆疊的蜜糖堅果和稍微焦灼的鮮奶油皮，盛裝在個別的煎鍋裡上桌。

還有大烤餅——城裡最敗德墮落、令人髮指的大烤餅。「特斯托夫」這件外皮金黃的精心傑作有個特別的名字，叫作「拜達科夫派」（Baidakov's Pie）——沒有人知道這位拜達科夫究竟是何許人也。這道料理必須好幾天前預訂，是體重三百五十磅的大廚廖涅奇卡（Lyonechka）的作品。廖涅奇卡之所以出名，有許多原因，其中又以他在菜湯（shchi）裡加入冰香檳作為解酒配方的習慣最惡名昭彰。他的大烤餅是一座十二層的摩天大樓，底層是淡水鱈魚肝，加上一層又一層的魚、肉、野味、蘑菇和米飯，全都包覆在麵團之中，再高，再高，一直到頂樓浸泡在焦黃奶油裡的小牛腦。

★★★

然後，一切都崩垮了。

不過短短幾年時間，古典的俄羅斯飲食文化消失了，幾乎沒有留下一點痕跡。一九一四年這個國家參與第一次世界大戰之初的民族主義狂熱不敵接二連三的災難，終於消散破滅。在位的尼古拉二世（Nicholas II）是「羅曼諾夫王朝的末代沙皇」，愚蠢無能，剛愎專橫，而他出生於德國的妻子亞歷珊德拉（Alexandra）則是極端保守、歇斯底里。俄羅斯帝國步履蹣跚地邁向崩潰與飢荒。金黃的派？乳豬？一九一七年，布爾什維克分子揭竿起義，旗幟標語上的訴求不過是最基本的主食——麵包（khleb）、土地——處境艱辛的農民佔俄國人口的百分之八十——和終結這場可怕的戰爭。一九一七年二月的革命獲得了廣大群眾的支持，在此之後，克倫斯基[9]的臨時政府取代了沙皇，但卻也很快便面臨垮台。十月二十五日夜裡，部長們正在冬宮（Winter Palace）內舒適地用餐：湯、洋薊和魚——怎麼看都是厄運難逃的晚餐。就在幾個小時後，列寧和他手下幾名幹部發動了政變。

食物配給早已實施，布爾什維克分子隨即頒布了一套以階級為基礎、更加嚴峻的糧食分配系統。重度體力勞動的工人成為新的特權團體，「特斯托夫」高貴的食客們則跌落階級的底端。彼得格勒（Petrograd，過去的聖彼得堡）當地的政府長官格利高里·季諾維耶夫（Grigory Zinoviev）宣告，布爾喬亞資產階級的糧食分配如下：「我們應該一天給他們一盎司，他們才不會忘了麵包的滋味。」他還愉悅地補充：「就算我們不得不改吃麥稈磨成的粉粒，也應該讓這些布爾喬亞先去嘗嘗！」

這個飽受內戰摧殘的國家被迫倉促地朝向全面的、災難性的中央集權共產主義模型發展。「戰時共產主義」（War Communism）聽起來是短暫的權宜之計，但事實上卻是在事件發生之後才以此命名。這項政策自一九一八年年中開始實施，一直到一九二一年初才被列寧取消，由另一項較為混合的經濟手段取而代之。然而，自那時起，直到蘇聯終結，食物不僅是長期的不確定因素，更是政治和社會控制的嚴酷工具。就像俄國人說的，鞭子和薑餅（knut i prianik）。

當時可吃不到什麼薑餅。

一九一九年，在彼得格勒，人們為了抗議新蘇聯飲食的（缺乏）品味而幾次罷工。在斯莫爾尼宮[10]的食堂裡，就連革命要員也只能仰賴難以下嚥的鯡魚湯和黏稠的黍米果腹。在新的政府所在地，莫斯科的克里姆林宮內，狀況惡劣到就連生活刻苦出了名的列寧——大都在家用餐的「過期麵包和淡茶先生」——都幾次下令調查，企圖找出「克里姆林食堂」（Kremlyovka）裡的食物難以下嘛的原因。調查結果發現：廚師竟然不會烹飪。革命前在此工作的大多數廚師、侍者和其他與餐飲相關的員工，都在大規模的人事改組中丟了工作，而新一批的人員則是從其他行業雇用而來，以避免「沙皇的人馬」參雜其中。克里姆林宮內的職員頻頻為廚房爭取毛巾，還有圍裙和廚師服，讓可怕的「鐵腕菲力克斯」．捷爾任斯基＝──蘇聯恐怖的開山祖師──不堪其擾。托洛茨基（Trotsky）太太則是不斷索取茶葉濾網。全都白忙一場。

部分「克里姆林食堂」的問題可以歸咎於「戰時共產主義」的另一項政策。克里姆林宮對外宣稱，政府擁有供應、銷售食物和制定糧食價格的一切權力，自然不應該由私人來源取得食物。然而，迅速興起的黑市成為──並持續是──蘇聯生活重要而且恆常的一部分。列寧或許曾經怒斥那些貪小便宜的投機者──他們被稱作背袋販子（meshochniki），不畏捷爾任斯基手下祕密警察「契卡」的巡邏隊伍，自鄉下帶來食物，通常是為了餵飽挨餓的家人──但事實上，在這一段艱苦的歲月裡，俄國城市中消耗的卡路里絕大部分都仰賴這些非法的投機分子。一九一九至二〇年冬天，他們供應的食物佔總量的百分之七十五，或許更多。在「戰時共產主義」廢止之前，共計有二十萬名背袋販子搭乘火車遊走於烏克蘭糧倉地帶。

「戰時共產主義」對農民尤其苛刻。布爾什維克是個堅決的都市政黨，儘管他們以「錘子與鐮刀」作為意象，早年也支持土地分配，但對於農民的真實情況其實所知甚少。政府將嚴重的穀糧短缺怪罪於投機囤貨，為了與之對抗，列寧下令實施「食物獨裁」，發起「麵包運動」。武裝小隊在鄉間盯哨，沒收「餘糧」以餵養紅軍和因為飢餓而不幸凋零的城市。這便是人們痛恨的餘糧徵收制度（prodrazverstka），這項政策同時也預告了未來史達林時代更駭人的恐怖。除此之外，在鄉村，為了激化馬克斯主義的階級衝突，最貧困的農民受到煽動，起而對抗生活較為餘裕的所謂「富農」（kulak，指「吝嗇鬼」）——他們就像是惡劣的布爾喬亞，成為布爾什維克分子攻擊的目標。「絞死惡名昭彰的富農、有錢人和吸人血的剝削者，至少百人——一定要絞死，人們才能看見。」一九一八年，列寧這樣指示外省的領袖們。季諾維耶夫在日後指出：「我們總喜歡將每個有足夠食物的農人描述成富農。」

於是，一場不公平的戰爭就此展開，而且愈演愈烈。被激化的工業化都市逼迫信仰虔誠、保守而多疑的鄉村就範，少部分人對上廣大的多數——而這些人從來就不真的是狂熱的布爾什維克支持者。

在「戰時共產主義」影響之下，農業急遽衰退。一九二〇年，穀物的產出跌落到僅有第一次世界大戰之前百分之六十的水準，彼時俄羅斯還是個重要的出口國。

可想而知，在那樣可怕的年代，料理烹飪的概念早已消失殆盡。享用美味食物的愉悅感受被斥為資本主義的衰敗墮落。放肆大膽的革命詩人馬雅可夫斯基（Mayakovsky）曾經譏諷人們對美味食物的幻想：

吃你的鳳梨，吞你的松雞
你的末日到了，資產階級！

食物是生存和社會主義勞動的燃料。食物是階級鬥爭的武器。能令人想起「特斯托夫」美味食物的一切，皆是對這個新誕生的世界保守反動的攻擊——大烤餅就是一個奶油豐潤的靶心。沙俄時期的酒館不是被迫歇業、遭到洗劫，便是收歸國有，轉型成公共食堂。這些食堂有著烏托邦式的目標——為新誕生的蘇聯群眾提供新食物，而新式的飲食應該新奇摩登，理性至上。

直到二十年過去，另一波糧食配給措施解除之後，政府才出力協助，找到專業的老廚師，並且——至少在紙本上——復興了某些傳統的食譜。那是史達林時代的食物工業委員會全新「蘇聯料理」計畫的一部分。從那時候起，一些沙俄時代的菜色換上蘇聯衣裳，又慢慢地回來了。

然而，直到普丁時代，舊時的寶貝，那貨真價實、層層堆疊的魚餡大烤餅，才又在莫斯科標榜羅曼諾夫王朝風華的餐廳裡露面——成了談妥石油交易的寡頭餐桌上的佳餚。

★★★

關於大烤餅，我和老媽有自己的後續故事。

一九七四年，我們移民美國，帶著兩個小行李箱抵達費城，開始流亡生活。媽媽為人打掃房子養家。兩年之後，她奇蹟似地存到了我們第一趟巴黎簡約之行的旅費。我覺得法國的首都自大傲慢，對此興趣缺缺，但媽媽卻是興奮極了。她好幾十年來的蘇聯夢想終於要實現了，即使吃了一整個星期走味的臘腸（saucisson）也無所謂。最後一夜，她決定在十六區一間燭光搖曳、煙霧彌漫的小餐館揮霍一番。就是它！菜單上最昂貴的那道料理，正是我們的魚餡大烤餅！確切地說，是它的法式翻版。十九世紀——主要是單向——的烹飪交流中，自俄羅斯傳來的俄式料理屈指可數，大烤餅（coulibiac）即是其中之一。我們緊張兮兮地算了算所剩不多的法郎，迫不及待地咬下大烤餅，而且立刻感到滿足——叉子一碰，奶油酥皮就散裂開來，真是賞心悅目。盤子裡，在切開的派餅上，漂亮的鮭魚珊瑚般的粉紅色澤彷彿——輕蔑地？——對我們眨眼，似乎在暗示著法國美食的高尚責任。高盧人，他們總是忍不住自鳴得意。我們咬下第二口，準備好徹底投降，任它擺布。但，等等，有什麼地方不大對勁。先生們、女士們！[12]你們把深色的野菇、加了蒔蘿調味的米飯，還有用來吸乾所有斯拉夫湯汁的布林薄餅藏到哪裡去了？那恰到好處的調和風味呢？我們做出結論，這個法式大烤餅是冒牌貨，不過是戴著俄羅斯面具的酥皮鮭魚罷了。我們向高傲的侍者買了單，突然非常想念「布拉格」的大烤餅和它所激發的那未被滿足的渴望。

直到在費城，拜革命前後逃離俄羅斯的白俄移民[13]所賜，我們終於尋獲了俄式高級料理失落的聖杯。這些頭髮灰白的老傢伙有著像是「戈利欽」（Golitsyn）、「沃爾康斯基」（Volkonsky）之類只在小說裡出現的高貴俄羅斯名字，經由巴黎、柏林或上海來到這裡。他們落腳費城或紐約郊外，在小房子的花園裡栽種黑醋栗和令人想起納博科夫的丁香。偶爾，他們也出席舞會——舞會！這些人對從野蠻帝國逃脫的我們有些好奇，他們和母親的談話就像這樣：

「革命的時候你是怎麼熬過來的？」

媽媽：「我一九三四年才出生。」

「蘇聯人都怎麼看待克倫斯基？」

媽媽：「他們不大會想到他。」

「聽說一九一七年以來，俄國變了很多。」

媽媽：「呃……是的。」

「據說現在賽馬時只能押注在一匹馬上，這是真的嗎？」

我們說的俄文像是另一個星球的語言。我們刻意而諷刺地挪用蘇聯語彙，將各式各樣的冷嘲熱諷注入簡單的字詞裡——像是「同志」或「祖國」。而他們則用單純無瑕、優美輕快的俄文稱呼我們為「小心肝」（dushechka）。不過，即使隔著這樣一道文化的鴻溝，我們仍然非常珍惜在這群人慷慨大方的餐桌上度過的每一個片刻。我的天啊，他們還真會煮！填滿粥飯穀物的乳豬、香草味道濃郁的復活節巧克力、契訶夫筆下那比「商人女兒的肩膀」還要豐腴的布林餅——我們全都嘗到了。媽媽帶著一本筆記本和民族志學者的熱情上餐桌。稍後她閱讀這些筆記，幾乎落下淚來。

「麵粉、牛奶、酵母，這些我們在莫斯科都有，為什麼，為什麼，我從來都做不出這樣的布林餅？」

有一天，一位老太太邀請我們一起品嘗大烤餅。她是一位斯莫爾尼校友（Smolianka），畢業於頗富盛名的聖彼得堡斯莫爾尼女子學院（St. Petersburg Smolny Institute for Young Women）——在那裡，廚藝是必備的技能。這是我們期盼已久的時刻。等待派餅烘烤時，我們和一位老伯爵夫人閒聊——她的名號太過響亮，我甚至念不出來。老伯爵夫人回憶起一九一四年，當父親送她鑽石項鍊作為生日禮物時，她哭得多麼淒慘——顯然，她其實想要的是一隻小狗。大烤餅上桌了。我們的心跳得好快。就是它了，真正的，貨真價實的大烤餅——「赤身裸體，不知羞恥，誘惑迷人。」蘑菇、布林薄餅，甚至還有鱘魚脊筋——女主人從中國城深處挖出了那膠狀的乾鱘魚脊——全都浸潤在奶油湯汁裡，外面包覆著裝飾華美的派皮。

享用大烤餅時，托爾斯泰的《安娜．卡列妮娜》（*Anna Karenina*）掠過我的腦海。作家以大約三百頁的篇幅描述弗倫斯基（Vronsky）對安娜的熱烈激情、他無止境的追求和她痛苦煎熬的回絕，卻只用了一個句子描寫戀情的圓滿。我們和完美大烤餅的故事亦是如此。我們大快朵頤。大烤餅美味極了。我們感到滿足。而且，值得高興的是，沒有人跳下鐵軌。但……後來，回到家裡，媽媽仔細研究女主人的大烤餅食譜，使勁地在上頭塗塗寫寫、畫去一些項目。她搖搖頭，喃喃說道：「不是我們的（Ne nashe）。」我確信自己明白她的意思。乾鱘魚脊？少自欺欺人了。不論我們喜歡與否，我們是蘇聯人，而非俄國人，用解凍的鱈魚代替鱘魚就足夠了。

我們又花了三十年的時間才研究出自己的大烤餅食譜——既有俄羅斯世紀之交鋪張過剩的氛圍，又添加了些目中無人的法式優雅，同時還忠於我們樸實節儉的過去。

但那份食譜不適合我們今夜的一九一〇年代大餐。

我們得變出道道地地的一桌好菜，純粹經典的。

★★★

母親終於開始擀大烤餅的麵團，聚精會神地在料理台上方寸大小的綠洲巧妙地挪移。我又一次吸入發酵了的酵母甜而濃郁的氣味，試著在潛意識中探尋一些集體味覺的歷史回憶。沒辦法。在我的基因裡沒有酵母粉，沒有女人們代代相傳、在家庭筆記本泛黃的紙頁上，以革命之前的俄文拼字潦草書寫的家傳派餅食譜。我的兩位祖母都是脫離傳統束縛的「新蘇聯女人」，也就是說，她們幾乎不烘焙，死也不願烹飪「沙俄的食物」。媽媽一生對食物懷抱著滿腔熱情與好奇，但她也是直到我們移民之後才認真開始烘焙。在蘇聯，她使用一種名叫「快手」（na skoruyu ruku）的麵團，不大需要揉捏但也不會膨脹。她還得教導她的母親這個做法。我的祖母阿拉（Alla）根本毫無興趣。她因為戰爭而失去了丈夫，是個蘇聯職業婦女。對她而言，一盒冷凍餃子就是晚餐。「我為什麼要烘焙呢？」她氣憤地對母親說，「倒不如把時間用來看書。」「看什麼？偵探小說（detektiv）嗎？」媽媽也氣沖沖地說道。這個嘲諷犀利而直接，俄羅斯最厲害的諜報驚悚小說作家——蘇聯版的約翰·勒卡雷[14]——是外婆的祕密情人。

我偷瞄了廚房一眼，向媽媽打聽有關革命之前烘焙風格的零碎記憶。她停頓了一下，然後點頭。「有了（Da），聽我說。」她小時候見過一些老太太，她們和通常渾圓肥胖的無產階級婆婆有著天壤之別。「我記得她們的頭髮，」媽媽幾乎是陶醉地說。「貴族式的簡單。還有她們鬼魅般的臉上那樣憤恨怨懟、逆來順受的神情，那麼地悲傷淒慘。或許，她們成長在大宅院裡，僕役隨侍在側，如今卻得為了自己熱愛史達林的家庭淪為廚房裡的奴隸，度過餘生。」

媽媽這樣說。

「她們的食物呢？」我繼續追問。她又陷入沉思。「她們的布林餅、小餡餅和餡餅……不知道為什麼看起來比較輕薄，比較鬆軟……」她聳聳肩，她只知道這麼多。麵粉、酵母、奶油。就像那些逃離布爾什維克俄國的移民，媽媽記憶中的莫斯科老太太們掌握了酵母的魔法。對我們而言，這個魔法已經失傳。

這正是今晚的難題。「白銀時代」多層大烤餅的味道我們至少略知一二，但我負責的波特文尼亞冷湯和古里耶夫粥根本是複雜難解的謎團。這些食物嘗起來應該是什麼味道？我和老媽可是一點概念也沒有。

還有一個問題：張羅一桌鋪張華麗的沙俄宴席不僅令人焦慮，而且還非常花時間。賓客來臨之前，一整天和大半個夜晚，我汗流浹背地準備我負責的餐點。你可曾試過，在記憶所及紐約最難熬的熱浪裡做古里耶夫粥？

謝謝你，德米特里．古里耶夫（Dmitry Guriev）伯爵，你這個愛好美食的十九世紀初俄國財政部長，為我們留下了這道以你為名、工程浩大的甜點。然而，根據大部分的資料所言，其實是一位名為札哈爾．庫茲敏（Zakhar Kuzmin）的廚僕首先發明了這道特別的粥（kasha，在俄語中，這個詞幾乎泛指所有的乾穀和粥食）。古里耶夫在某人的宅邸品嘗了這道甜點，呼喚庫茲敏來到餐桌前，親了他一下。然後，他買下了這位廚僕和他的家人。

庫茲敏地獄般可怕的靈感付諸實現的過程是：先做出類似穀粉的粗粒麥粉甜粥，俄文叫「碎麥粥」（manna kasha）。然後在平底鍋或煎鍋裡將粥、自製的蜜糖堅果、漿果和乳皮（penki）——鮮奶油經過烘烤之後濃郁、微微焦灼的表皮——一層層鋪放。知道得花上多少工夫了嗎？要做出一鍋粥，至少必須準備十五片乳皮。

於是，一連好幾個鐘頭，我不停地開開關關華氏四百五十度烤箱的門，撇去鮮奶油的表皮。凌晨兩點鐘，我的廚房像是一座熔爐，規律地微微震動，我被困在烤箱門旁，滿身大汗。我已經準備好襲擊皇宮，砸毀法貝惹彩蛋[15]。我詛咒羅曼諾夫王朝！我為俄國革命歡呼！

「把你的女僕差遣到地窖去。」伊蓮娜．莫洛霍維茨（Elena Molokhovets）的《給年輕家庭主婦的禮物》（*A Gift to Young Housewives*）是保存最佳、最具拉伯雷（Rabelais）風格的革命前俄國食譜，書中的許多篇章都從這個迷人的指示開始。我真是同情這位受盡煎熬的女僕。一八六一年，俄羅斯廢止了農奴制度，但在羅曼諾夫王朝統治之下，農民——以及，在那之後的勞動工人們——依舊過著次等人一般的生活。高貴的布爾喬亞家庭主婦盡情享用琥珀色的魚湯、玫瑰般鮮紅的火腿和活蹦亂跳的小體鱘，而她們的傭人卻只能將不新鮮的麵包加水煮成麵包渣湯（tyuria），配上可瓦士和幾碗蕎麥果腹。是的，革命在所難免。但為什麼，我在熔爐廚房裡思索，為什麼一切會變得如此糟糕？我熱得頭暈腦脹，思考著歷史的其他可能：

如果克倫斯基的臨時政府沒有垮台？

或者，在列寧之後，由托洛茨基接班，而非史達林？

又或者——

我猛然驚覺，我忘了撇下新的乳皮。我拽開烤箱門，鮮奶油已經成了劈啪噴濺的白色熔岩瀑布，燒焦的黏液完全覆蓋了烤箱內部。我需要一整組僕人才能將這一切清潔乾淨。我絕望地尖叫。

清晨五點鐘，總算大功告成了。某種版本的古里耶夫粥——肯定只是替代品——蓋著一層錫箔紙，在我的冰箱裡冷卻。入睡之際，我想起飢渴、凶猛的暴民在突襲冬宮時洗劫了羅曼諾夫皇室的酒窖。據說，那是世界最大規模、儲藏最佳的酒窖。我穿越一個世紀的隔閡，打從心底向他們道賀。

我那七十多歲的媽媽與我不同，她其實非常享受深夜在廚房裡的偉大行動。此外，和我相比，她的政治思想清楚明確得多。沒錯，她討厭羅曼諾夫王室，但更痛恨布爾什維克。再者，她也沒有思索歷史替代方案的必要，她的大烤餅計畫進行得相當順利。

她混合了奶油和酸奶的麵團膨脹得非常漂亮。為內餡層次準備的魚肉、以蒔蘿調味的米飯、深色野蘑菇和布林薄餅全都多汁而且美味。直到此刻，晚宴開始兩個小時之前，正要將派組裝起來時，媽媽才突然苦惱起來。

「安紐特[16]，告訴我，」她說，「為什麼要加入布林薄餅，在麵團裡填入更多麵團？」

我眨了眨疲倦無神的雙眼。噢，沙俄口味的謎團。「或許，過剩就是重點？」我溫順地猜測。

媽媽聳聳肩。她繼續將內餡和用以避免配料太過軟爛的布林薄餅堆疊成雄偉壯觀的一團。雖然不大像是「特斯托夫」的摩天大樓，但結構確實相當不錯。我們一起用裁切精美的麵皮點綴派餅，然後將它送進烤箱。我為媽媽感到驕傲。我們給自己搧涼，心臟因為期待而跳得好快，就像幾十年前，在那戶白俄移民的家裡與真正的大烤餅相遇時一樣。

但波特文尼亞冷湯依舊像是一把末日之劍高懸在我的頭頂上。

這道冰可瓦士魚湯是莫斯科「吉利亞洛夫斯基」酒館的夏日招牌料理，是湯、飲料、魚和沙拉的詭異組合，令許多嘗試過的外國人大惑不解。「恐怖的大雜燴，消化不良的一團混亂！」查爾斯．狄更斯的維多利亞時代期刊《一年四季》（*All the Year Round*）裡這樣寫道。就連我本人也不大能夠接受波特文尼亞冷湯。在晚宴的餐桌上，我擺了一個大湯碗，碗裡盛著自釀的可瓦士和燙過、拌入辣根醬汁的綠色蔬菜——「波特瓦」（botva）指的就是菜葉。另外，我在一旁放上幾個裝著黃瓜丁、蔥和蒔蘿的小碗，中間則是一盤豐盛的水煮鮭魚和蝦——用以取代斯拉夫風格的螯蝦尾。享用波特文尼亞冷湯時，要先在碗裡混合所有材料，然後，請加入冰。《給年輕家庭主婦的禮物》建議再灑上冰鎮的香檳。噢耶，酒！我會用我的辣根伏特加浸過這應許的「消化不良的一團混亂」。

「魚和可瓦士？」母親說。「噁（Foo）——」

「是啊（Aga）。」我同意。

「噁，」她堅持，「你也知道我有多討厭水煮鮭魚。」

在廚房裡媽媽非常好強。我有種感覺，她其實想見到我的波特文尼亞冷湯一敗塗地。

★★★

「你做了什麼？真正的波特文尼亞冷湯？自釀的可瓦士？」

我們的第一批賓客薩沙（Sasha）和伊拉．吉尼斯（Ira Genis）不敢置信地看著媽媽的餐桌。媽媽遞上形狀類似皮包的傳統鎖形麵包（kalach）迎接賓客。他們的眼睛睜得更大了。

薩沙——亞歷山大（Alexander）的暱稱——是位自由不羈的移民隨筆作家，也是文化評論者。在俄國，他的廣播節目深受百萬聽眾的喜愛，堪稱傳奇。此外，他還是個認真的美食家，在他紐澤西的家中可以吃到西伯利亞月光下採集的蘑菇和從拉脫維亞走私的煙燻八目鰻魚。

聽到薩沙承認自己從未嘗過波特文尼亞冷湯和多層大烤餅，媽媽的臉上流露出驕傲的神情。

「還有古里耶夫粥？」他大聲說，「除了文字記載，它真的存在嗎？」

一轉眼，賓客已經到齊，全擠進媽媽狹小的門廊，親吻三次打招呼，遞過花束和酒瓶。共進晚餐的客人包括：紀錄片製作人安德烈（Andrei）和他穿著緊身低胸小禮服的性感妻子托瑪（Toma）；我在南非出生的男友貝瑞（Barry），還有一對「高貴的美國賓客」——來自布魯克林，都在文化圈工作。

「標準的世紀末酒館場景，」媽媽以她博物館導覽員的語氣向來自布魯克林的客人解說，「應該融合新藝術風格和俄羅斯的民間傳統。」布魯克林人恭敬地點點頭。

用過開胃菜，第一杯伏特加下肚，大家開始品嘗我的波特文尼亞冷湯。媽媽幾乎是碰也沒碰，對著鮭魚皺起鼻子。冷湯令我既喜歡，又不大喜歡——嘗起來怪異極了。

然後，媽媽端出她的大烤餅。她切進內層，魚和蘑菇的蒸氣被釋放出來，迴盪在燭光之中。我緩慢地，一口一口地品味斯拉夫「麵團疊上麵團」鋪張過剩的豐腴性感。一層層鬆軟的麵皮令我體會到奧勃洛莫夫式的奢華慵懶，像是陷入巨大的羽絨床。我想，我終於參透其中的奧妙了——布林薄餅就好比牛排的脂肪油花。

薩沙．吉尼斯向拉莉薩舉起伏特加酒杯。「這是我一生中吃過最愛國的一餐！」他熱情激動地說。「普丁應該好好記下來。」

他的祝酒辭令我困惑。更重要的是，這番話讓我反覆思索的那個問題變得更複雜了。愛什麼國？大家痛恨的沙皇政權？我們幾十年前逃離的那個專制國家？還是某種對於從未真正屬於我們的料理文化最根本的集體記憶？在蘇聯，「愛國主義」是我們異議分子圈內討人厭的字眼。而且，就此而言，我們所謂的俄國特質又是什麼？餐桌上，我們是一群典型的泛蘇聯移民。安德烈是猶太裔烏克蘭人，他的妻子托瑪是俄羅斯人，都來自基輔（Kiev）。雖然吉尼斯夫婦在里加（Riga）出生，但他們並非拉脫維亞人。媽媽也是猶太人，在奧德薩（Odessa）出生，遷居莫斯科之前待過莫曼斯克（Murmansk）和列寧格勒（Leningrad）。只有我生來就是莫斯科人。

更多的敬酒蓋過了我關於愛國主義的沉思。媽媽的冷氣機不堪負荷，軋軋作響。大家的祝酒辭愈來愈挖苦嘲諷，愈來愈蘇聯，愈來愈像「我們的」……

我們在此向一九一〇年的俄羅斯告別，那年究竟發生了什麼事？布魯克林的藝文人士這麼問。「嗯，契訶夫已經過世六年了。」薩沙回答。「托爾斯泰才在一個偏遠的火車站辭世。」

「他不尋常的死亡是重要的文化里程碑，」母親不甘示弱地插話。「引起媒體一陣軒然大波。」

回到愛國情懷的主題，我補充說道：一九一三年，愚鈍的沙皇尼古拉二世招來了一場輕微的公關災難。他在慶祝羅曼諾夫王朝三百週年的宴會上採納了法國化的菜色。烏龜湯（Potage a tortue）——真是一點也不愛國。

我小心翼翼地將湯匙探進古里耶夫粥。濃郁卻清爽，質感介於布丁和蛋糕之間，嘗起來像是我在幼稚園裡吃過的可怕穀粉粥——不過是天堂的版本。我凌晨三點的乳皮慘劇把客人們逗得咯咯笑。

然後，轉眼就是道別的時候——向媽媽，向我，向沙俄的奢華過剩。吉尼斯夫婦走過門廊，步向電梯。突然，薩沙又跑了回來。

「女孩們（Devochki）！那大烤餅，我只是想再說一次：哇嗚！把布林餅放進發酵餅皮裡！？真是太不可思議了！」

或許，我其實能夠理解薩沙所謂的愛國主義和懷舊情感。那是為十九世紀俄羅斯崇尚文化的信念感到自豪的愛國情懷——我們這群來自烏克蘭、莫斯科和拉脫維亞的前蘇聯人從未放棄的一種理念、一種理想。一面品嘗著契訶夫和果戈里縱慾享樂的食物敘述，一面將走味的派泡進監獄風味的湯裡——這樣的回憶依舊令我們心動。

我想問媽媽，好奇她對這一切的想法，但她看上去累壞了，而且還滿身大汗。我有種感覺，她正在歡欣地迎接我們後續節儉拮据、涵蓋七十五年歲月的蘇聯飲食巡禮。

譯註

1·MSNBC是美國「微軟國家廣播公司」的縮寫。
2·克里斯·馬修斯（Chris Matthews）為美國知名政治評論家、電視新聞節目主持人。
3·美惠女神（Graces）與繆斯女神（Muses）皆為古希臘、羅馬神話中的神祇；前者有三位，代表了人生的真、善、美；後者有九位，主司藝術與科學。
4·十九世紀俄羅斯作家伊凡·亞歷山德洛維奇·岡察洛夫（Ivan Alexandrovich Goncharov）的小說《奧勃洛莫夫》（*Oblomov*）中，主角奧勃洛莫夫以慵懶安逸、無所作為的形象深植人心。
5·弗拉基米爾·弗拉基米洛維奇·納博科夫（Vladimir Vladimirovich Nabokov）為二十世紀俄裔美國作家、翻譯家、文學批評家、昆蟲學家，著有《天賦》（*The Gift*）、《羅莉塔》（*Lolita*）等書。
6·尼古拉·瓦西里耶維奇（Nikolai Vasilievich）指果戈里。
7·普隆比爾（plombir）冰淇淋源自一種以法國城市普隆比埃萊班（Plombières-les-Bains）命名的法式冰品，不過配方略有調整。
8·「豐腴之角」（horn of plenty）典出希臘、羅馬神話，是富裕豐足的象徵。
9·亞歷山大·費奧多洛維奇·克倫斯基（Alexander Fyodorovich Kerensky）為俄國二月革命的重要領導人，曾經出任臨時政府總理。十月革命後，他被迫流亡巴黎，最終落腳美國。
10·斯莫爾尼宮（Smolny）建於十九世紀初，為聖彼得堡的重要地標。沙俄時期該址曾是貴族女子學院，十月革命期間為布爾什維克指揮所，此後一直是聖彼得堡的黨政中心。
11·「鐵腕菲力克斯」·捷爾任斯基（"Iron Felix" Dzerzhinsky）原名菲力克斯·埃德蒙多維奇（Felix Edmundovich），為蘇聯全俄肅反委員會（簡稱「契卡」（Cheka））的創始人。該組織即內務人民委員部（NKVD）的前身，手段凶殘，是列寧肅清異己的重要工具之一。
12·原文為法文。
13·此處「白俄」並非白俄羅斯，而是泛指相對於共產勢力下的紅色共產政權，因為政治因素在革命和內戰前後遷居他國的俄裔移民。
14·約翰·勒卡雷（John le Carré）本名大衛·康威爾（David Conwell），具外交及情報工作背景，為知名的英國諜報小說作家。
15·法貝惹彩蛋（*Fabergé egg*）指聖彼得堡工藝師彼得·卡爾·法貝惹（*Peter Carl Fabergé*）設計的彩蛋藝術品，風靡俄羅斯與歐洲各國，是珍貴的皇室收藏。
16·安紐特（*Anyut*）亦為俄文名安娜的暱稱。

★1920年代

列寧的蛋糕

四歲的時候，我迷上了列寧。那是一種令人困擾的著迷。列寧爺爺（Dedushka Lenin）——我們蘇聯的兒童都知道，他是全世界無產階級的領袖。

作為一個爺爺，弗拉基米爾．伊里奇-真是古怪得教人傷透腦筋。我不懂，既然他的死亡是這樣清楚明白、眾所周知的事情，他又如何還能永生不死——「比所有活著的還要生氣勃勃。」馬雅可夫斯基如是說。我也不明白，列寧怎麼能既是一年級學生星形「十月兒童徽章」（Octobrists badge）上的鬈髮嬰兒瓦洛加（Volodya），又是上了年紀的爺爺——留著一把茂密的三角形鬍鬚，頭禿得難看，永遠都戴著扁帽子。人們老是吹捧他多麼誠實，多麼聰明、勇敢，說他的革命拯救俄羅斯脫離落後。然而，我依舊經常感到困惑。那頂做作俗氣的無產階級扁帽——有誰會戴這種東西？——還有永恆不變、狡詐陰險的瞇瞇眼，有點自鳴得意的感覺，讓他看起來並不完全可靠。酒鬼們有時候會踹他面無表情的雕像，嘟囔說：「去你的得梅毒的！」這又是怎麼回事呢？再說，即使是禿頭，一個偉大的革命者又怎麼會娶娜傑日塔．康斯坦丁諾夫娜．克魯普斯卡雅（Nadezhda Konstantinovna Krupskaya）為妻呢？她長得就像個畸形的茶壺套。

我認為，解開這些謎團唯一的方法便是參觀紅場上的陵墓，弗拉基米爾．伊里奇——或生或死——落腳的地方。不過，參觀陵墓（mavzoley）可不是一件容易的事情。沒錯，那裡距離阿拉奶奶的共同公寓——也就是我出生的地方——不遠，我只要走出屋子，順著國家百貨（GUM）的建築正面走過一整個街區，進入紅場就行了。但就在這裡，你會見到陵墓的隊伍，比國家百貨裡買波蘭褲襪和羅馬尼亞滑雪板的隊伍加起來還要長。不論我多早路過，都能看見許許多多的人們已經井然有序地排在一英里長的隊伍裡。午後回來，我會看到同樣的一群人，依然等待著。在他們沮喪、疲憊的臉上，社會主義早晨的光輝熱情已經褪去——就在這個時刻，我開始明白，犧牲是儀式裡不可或缺的一部分。

母親對蘇聯堅決頑強的敵意，才是阻撓我造訪列寧墓的最大障礙。我剛進幼稚園時，學校經常舉辦校外教學，帶我們參觀列寧墓。她禁止我參加，警告老師們我會暈車嘔吐（事實也是如此）。到了校外教學的日子，幼稚園裡平靜得詭異——只剩下我、清潔工和廚師。我被安排坐在「列寧角落」[2]裡，描繪陵墓和裡頭的禿頭住戶。我能夠完美地畫出矮小的建築紅黑二色的塔座，但神祕的內部呢？我只能想像幼稚園同學們和列寧爺爺圍著大桌子喝茶。我總是在桌上畫蘋果蛋糕。所有的蘇聯孩子都知道，列寧愛吃蘋果蛋糕。除此之外，我們還知道，年幼時，列寧曾經在媽媽做了蛋糕以後，偷偷狼吞虎嚥地吃光所有的蘋果皮。不過，未來的領袖也為他的過錯負責，勇敢地向母親坦承自己的不是。這就是教訓所在：我們長大後都應該成為誠實的人，就像列寧一樣。

事實上，最瞭解列寧和陵墓的人是我的父親謝爾蓋（Sergei）。

七〇年代，爸爸在花園環道（Garden Ring）上一棟鄰近莫斯科動物園、毫不起眼的兩層樓灰色房屋裡工作。要進入屋內，必須小心翼翼地穿過一個院子。路過此地的人們大都完全不曉得，此處便是健康部的陵墓研究實驗室（Mausoleum Research Lab）。在這裡，一百五十位來自各個部門的頂尖科學家努力工作，使列寧得以在石棺的防彈玻璃下保持他永垂不朽的最佳容貌。在實驗室裡，爸爸連洗手和消毒衣物——內衣褲、襯衫、背心、圓點領帶——都受到管制，由一位豐滿迷人的同志安娜．米哈伊洛夫娜（Anna Mikhailovna）嚴密地監督。爸爸負責色彩物理，操作色度計（kolorimeter），監控列寧遺體的膚色差異。他在那裡工作了七年，不曾見過任何變化。

當然，爸爸與同等級的工作人員從來沒有機會接近「物件」本身——那得要有最高階的安全許可才行。一般的研究者只能在「生物構造」——以和大明星主角身上完全相同的甘油和醋酸鉀溶液防腐保存的屍體——上實作。共有二十六具實驗用的屍體，各有各的名字，爸爸的是「科舒佳」——一位窒息而死、未有親人認領的罪犯。上班的第一天，看到被截斷的頭顱，爸爸幾乎昏厥過去，逗得新同事哈哈大笑。這所實驗室是個太過殘酷的地方，地下室的浴缸裡，防腐保存的殘肢和嬰兒在水面上飄浮，輕輕晃動。不過，父親很快就習慣了。事實上，他說，他開始喜歡上這份差事。因為這項工作被歸入可能危害員工健康的類別，所以有些令人振奮的額外好處：縮短的工作時數、每日一盒免費牛奶，還有，最棒的是——每個月都能分配到大量最純、最高等級的酒精（spirt）。爸爸申報酒精的用途為清理「光學球面」，但他經常帶著陵墓酒精濃烈的氣息回家。

瞧，這就是蘇聯科學！

★★★

早在我的父親受雇與屍體為伍之前，我已經長得夠大，變得夠聰明了，列寧也就不再令我著迷或困擾。不過，某些謎團至今依然揮之不去，譬如：

列寧和他的布爾什維克革命夥伴究竟吃些什麼？

媽媽一點也不好奇。「除非我死了！」聽到我提議重現列寧風味的菜色，媽媽幾乎放聲咆哮。儘管當我講起爸爸的「寵物屍體」，她還是輕輕地笑了。關於他的陵墓歲月，她只記得酒氣，而且並不覺得那有什麼意思。

對於應該如何以烹飪呈現一九二〇年代，媽媽有自己的想法。理所當然地，她將這段歲月的特徵歸結於相互矛盾的烏托邦實驗和一無所成的優惠措施所引起的崩解混亂——三〇年代史達林黯淡沉重的大手降臨之後，這一切全都被人們遺忘了。

「對今日的我們來說，」媽媽一直是個藝術狂熱分子，她提議道。「蘇聯的二〇年代是那些作家的年代。還有前衛藝術——世界各地博物館牆上馬列維奇、羅欽可和塔特林的作品[3]！」

所以，媽媽在深入家族歷史，發掘她外婆的填餡魚（gefilte fish）食譜之外，還分配給自己另外一個任務——瀏覽畫冊，蒐集與食物相關的資料。

而我則要對付列寧。列寧爺爺。

★★★

幼稚園裡的保母卓亞·彼德洛夫娜（Zoya Petrovna）告訴我，一八七〇年，她親愛的弗拉基米爾·伊里奇·烏里揚諾夫（Vladimir Ilyich Ulyanov）在伏爾加河畔的辛比爾斯克[4]出生。那是一個距離克里姆林宮四百三十多英里的外省城鎮。和樂的大家庭裡有六個孩子，聰明活潑的瓦洛加（弗拉基米爾的暱稱）排行第三。在舒適的烏里揚諾夫農莊裡，一家人舉辦音樂晚會，在花園的露台喝茶，孩子們穿梭醋栗叢間，採摘果實。母親瑪莉亞有日耳曼和猶太血統，是一位教師，總是烹調清淡乏味的俄德料理。因此，大家經常享用「窮騎士」（Arme Ritter，德式的法國吐司）和一大堆的麵包片（buterbrodi）——日後，這種單片三明治將成為蘇聯的基本飲食。令人失望的是，可靠的研究資料並未提及眾所皆知的蘋果蛋糕。

烏里揚諾夫家安寧閒適的田園生活，在瓦洛加十六歲時畫下句點。他的父親因為腦出血辭世。隔年，兄長亞歷山大（Alexander）因為密謀行刺沙皇遭到逮捕，並被絞死。歷史學家大都相信，亞歷山大的厄運是這位未來的布爾什維克領袖心中的創傷，使他變得更加激進極端。此外，他們認為亞歷山大最喜愛的書——《怎麼辦？》（*Chto delat'?*）——也對弟弟影響深遠。一九〇二年，弗拉基米爾．伊里奇以此為一本革命小冊命名，並首次簽上他的化名——「列寧」（Lenin）。

一八六三年，社會主義者尼古拉．車爾尼雪夫斯基（Nikolai Chernyshevsky）在獄中寫下《怎麼辦？》。許多人認為，這本書是北國有史以來最差勁的文學作品之一，說教的政治論述被硬塞進糟得令人嘆為觀止的小說故事裡，沒完沒了地鼓吹自由戀愛和「新人類」組成的公有制烏托邦。迥然不同的作家們——如納博科夫和杜斯妥也夫斯基（Dostoyevsky）——一致嘲笑這部作品；然而，對於未來的布爾什維克和孟什維克分子來說，《怎麼辦？》不僅是發人深省的福音書，更是實現烏托邦的具體指南。

書中善良、自由戀愛的女主角維拉．巴甫洛夫娜（Vera Pavlovna）啟發俄羅斯女性主義者，為窮苦的婦女開辦勞動合作社，而超人革命分子拉赫梅托夫（Rakhmetov）則為志在改革俄羅斯的憤怒青年樹立典範。這位拉赫梅托夫既是斯拉夫俗家聖人，也是啟蒙理性主義者。他清心寡慾，務實得冷酷無情，自我節制，而且擁有俄國人悲憫弱勢者的善良之心。他滴酒不沾，不近美色。為了讓自己更加堅強，他還在釘床上睡覺——蘇聯時代，每個埋首書寫《怎麼辦？》作文的九年級青少年都會開心地提及這個細節。

那麼，吃呢？

對於拉赫梅托夫來說，一份古怪的「拳擊手」飲食就足夠了：生肉補充力氣，配上簡單的黑麵包和任何能夠取得的樸實食物——蘋果，好；高貴的杏桃，那可不（nyet）。

重讀《怎麼辦？》，我認為這套為英雄設計的嚴苛飲食意義非常重大。刻苦飲食的傳統發源自十九世紀中葉的俄國開明思想，雖然影響力不及虛無主義（nihilism），但的確也是那個時代血肉之軀的激進分子與烏托邦信徒的標準特徵。俄羅斯民粹主義之父亞歷山大·赫爾岑（Alexander Herzen）——車爾尼雪夫斯基崇拜的偶像，但很遺憾，他的欣賞並未得到回應——曾經批判歐洲小布爾喬亞對「每個小人物的包心菜湯裡的一塊雞肉」的欲望。托爾斯泰鼓吹素食。無政府王子彼德·克魯泡特金（Petr Kropotkin）宣稱自己吃「茶和麵包，一點牛奶……和在酒精燈上烹煮的薄肉片。」而當受人敬重的馬克斯主義煽動者維拉·查蘇利奇[5]感到飢餓時，她用剪刀從烹調得很糟的肉上取下幾塊食用。

忠於模範，列寧——作為列寧——吃得相當簡單。正好，他的妻子克魯普斯卡雅是個很糟糕的廚師。一九一七年，在開往彼得格勒芬蘭車站（Finland Station）那列大名鼎鼎的「密封」火車上，列寧只靠三明治和走味的圓麵包果腹。在此之前，在流亡歐洲的十年歲月裡，這對布爾什維克第一夫婦雖然不算貧窮，卻像研究生一樣在便宜的寄宿住宅和無產階級街區的廉價小館裡用餐，吃麵包、湯和馬鈴薯。當克魯普斯卡雅下廚時，她總是將燉菜燒焦——列寧戲謔地稱之為「燒烤」。儘管她會十幾種料理蛋的方法，但卻連燕麥粥都能「燒烤」。不過，她倒也無須煩惱——根據她日後的描述，列寧「非常順從地吃下任何到他手上的食物」。顯然列寧也不介意吃馬肉。偶爾，他的母親會從辛比爾斯克寄來魚子醬、煙燻魚肉等等伏爾加河的特產，但她在一九一六年去世了。所以，一九一八年，當她的兒子和媳婦搬進克里姆林宮，這樣的享受早已不復存在。日後，就在那克里姆林宮的牆外，我將對著等待進入列寧墓的無盡隊伍陷入鬱悶的沉思。

★★★

可以這麼說，拉赫梅托夫刻苦的飲食習慣流傳了下來，成為新誕生的布爾什維克國家集體獲取營養的方法。食物等於實用的燃料，純粹而簡單。新蘇聯國民應當從過分講究、瑣碎的飲食，和其他與偉大的現代化計畫無關的分心事物中解放出來。

新蘇聯人（Novy sovetsky chelovek）！

這個共有制的社會主義原型是列寧和夥伴們的事業核心。一個急遽轉型的社會需要極為不同的成員：有生產力的、無私的、堅強的、不具情感的、理性的——為了達成社會主義目標，準備好犧牲一切的。布爾什維克分子無視任何生物決定論的阻礙；他們相信，只要透過適當的手段，必定能夠重新塑造、配置俄羅斯人的身體和心靈。這種早期拉赫梅托夫式形塑同志的願景，是融合了極度理性的科學、社會學和烏托邦思想的愚蠢產物。

「人類，」托洛茨基——他懷抱「狂喜的熱愛」閱讀《怎麼辦？》——興致高昂地說道，「將會下定決心提升他的本能到意識的高度……以創造一個更高層次的社會生物類型——如果可以這麼說的話——超人。」

形塑新蘇聯身分最重要的考驗，便是將生活（byt，日常生活和風俗傳統）改造成新生活（novy byt，新的生活方式）。此處的「生活」難以翻譯，是個深刻而獨特的俄羅斯概念。這個詞不僅指西方觀念中的日常生活，傳統上，它更意味著每日辛苦的勞動形而上的分量，和對於物質生活微乎其微的關照。布爾什維克分子企圖排除這個問題。根據馬克斯（Karl Marx）的說法，物質生活決定意識。因此，新生活——現代化、社會化、集體化、意識形態化的日常生活——就成了人類轉變的關鍵場域和動力引擎。的確，自動盪的二〇年代起，國家政府不留餘地涉入蘇聯日常生活經驗的每個層面——從衛生保健到家務管理，從教育到飲食，從睡眠到性愛。確切的意識形態和美學隨著時間變化，但國家的干預卻不曾改變。

「布爾什維克廢除了私人生活。」文化批評家華特．班雅明[6]在其一九二七年憂鬱的莫斯科行之後寫道。

廢除私人生活由住房開始。一九一七年十月過後，列寧立即草擬法令，徵收、分隔單一家庭的住所，不受歡迎的蘇聯共同公寓（kommunalki）——共用廚房和廁所的集合住宅——於是誕生。布爾什維克執政之下，冰冷、官僚的「居住空間」（zhilploshchad'）取代了房屋和公寓等等舒適的字眼。住房委員會分配的官方標準額度為一人——或更精確地說，一個統計單位——九平方公尺。這個擁有至高無上權力的部門將彼此陌生的人們——經常還是階級上的敵人——扔進遠比西方的核心家庭還要親密的生活環境，一個為了極權社會統治而設計的環境。

我就是在紅場附近一處這樣的住宅裡，度過了生命中最初的三個年頭。我必須很遺憾地說，那可不是《怎麼辦？》神聖的書頁上幸福的烏托邦願景。更令人悲傷的是，到了七〇年代，原先設想的社會主義超人已經萎縮成蘇維埃人——憤世嫉俗、理想破滅，所有的心思都專注在臘腸，還有，沒錯，赫爾岑的小布爾喬亞雞肉上。

布爾什維克的生活改造，自然不會放過家庭的爐灶。儘管餵養飽受內戰摧殘的國家是無比艱巨的挑戰，傳統的家庭廚房依舊被斥為思想上保守反動而且根本毫無用處的存在。「家家戶戶各自進食根本無法攝取到符合科學標準的充足營養。」一本題為《打倒私人廚房》（*Down with the Private Kitchen*）的出版品如是警告。

公共的餐飲場所是新的爐灶，引用一位中央委員會經濟學者的話，即是以公用的大鍋取代家庭的小鍋。這種形式的公共伙食不但有利政府管理匱乏的物資，更將飲食轉化為一種關乎政治的活動。「公共食堂（stolovaya）將是創造蘇聯生活和社會的熔爐！」掌管大眾餐飲的工會主管這麼宣布。列寧也同意，稱公共的餐廳是共產主義的「嫩芽」，是思想實踐的鮮活範例。

到了一九二一年，已經有成千上萬的蘇聯人民在公共場所用餐。據說，這些食堂糟糕透頂，甚至比我成熟社會主義童年裡的食堂更加嚇人。小時候，食堂總是彌漫燉煮包心菜的刺鼻惡臭。當我對著一式三道的午餐作嘔，某位克拉瓦（Klava）阿姨還會當著我的面揮動髒兮兮的抹布。每餐的組合總是以令人悲傷的褐色乾燥水果甜湯，或液態的澱粉果凍（kissel）畫下句點。

若是在二〇年代，果凍就是人間美味了。勞工只能吃噁心的酸菜湯、無法辨識的肉（馬肉？）、黏稠膠狀的黍米和無止境的、石頭般僵硬的乾燥裡海擬鯉（vobla，又名 Caspian roach）。不過，歸功於新生活的教化企圖，許多公共餐廳設有閱覽室，提供棋具並且舉辦講座，推廣洗手、細嚼慢嚥和勞工衛生。一些模範食堂裡甚至有音樂伴奏，白色的桌布上還插著鮮花。

然而，大致上來說，新蘇聯的口號和計畫只招來了老鼠、壞血病和髒汙。

在克里姆林宮裡也有老鼠和壞血病。

布爾什維克菁英追隨列寧刻苦飲食的榜樣，過勞工作，卻吃得太少。在人民委員會上，同志們因為病弱和飢餓而昏厥過去。內戰的焰火緩熄，勝利的社會主義國家蹣跚地邁入這個世紀的第三個十年——「從未如此精疲力竭，如此疲憊。」列寧如是說。一連串的危機席捲而來，亟待解決。「戰時共產主義」和「食物獨裁」的結果是場災難，穀糧生產衰頹不振；一九二一年二月，在彼得格勒，糧食配額的急遽縮減引發大規模罷工。該月底，喀琅施塔得要塞（Kronstadt Fortress）裡曾經擊響十月革命第一砲的水手們挺身而出，反抗布爾什維克的專制獨裁。這場叛變被殘暴地鎮壓，但其影響卻在全國迴盪。在依舊因為暴力蠻橫的穀糧徵收政策而群情激憤的鄉村裡，農民四處揭竿起義。

怎麼辦？

「新經濟政策」（NEP；New Economic Policy）是列寧務實的休克藥方。自一九二一年年中開始，實物賦稅取代了穀糧徵收。接著，是出人意料之外的震撼彈：在政府掌握經濟「制高點」[7]的同時，開放小規模的私人商業交易。這項政策與黨的理想背道而馳，是以小資本主義滋養奄奄一息的社會主義的孤注一擲。與此同時，烏托邦式的「新蘇聯人」計畫正朝著反方向如火如荼地展開。

這就是蘇聯的二〇年代。

即便政策轉了個大彎，一九二一年底，俄羅斯東南部依舊爆發飢荒。直到隔年恐怖平息之前，共有五百萬人喪命。但在未來史達林時代的另一場飢荒降臨之前，「新經濟政策」的七年歲月點亮了瘋狂、飢渴的幕間休息，儼然是俄羅斯版本翻滾奔騰的德國威瑪（Weimar）。新經濟政策分子（nepachi）理所當然成為刻苦節慾的布爾什維克人完美的思想敵人。他們立即——且持續——被妖魔化，成為本地出產的布爾喬亞癡肥惡徒，大啖衰弱、善良的社會主義肉體。

儘管負面評價不斷，「新經濟政策」還是幫了大忙。復甦的農民經濟開始餵養城市。一九二三年，俄羅斯的麵包幾乎全部由私人來源供應。彼得格勒的報紙興奮地報導：橘子！——橘子！——城裡到處買得到橘子了！

這些年間，這個國家或多或少還是吃了些東西。

★★★

撇開暴食騙徒的形象不談，大部分「新經濟政策」的生意不過是市場攤販或手推車罷了。這是賣湯的臨時櫃台、布林餅攤位和檸檬水小販的時代。除此之外，還有家庭經營的餐廳——根據俄國首屈一指的飲食史學家威廉．波赫列勃金[8]的考察，其中又以猶太家庭最具代表性。

我察看媽媽和她的二〇年代研究，發現她正埋首重建其中一間餐廳的菜單。她想像這間餐廳位於「新經濟政策」時代（在她出生前五年）的奧德薩。

母親的想像聚焦在奧德薩的皮里耶塞普（Peresyp），那裡有一間位在濃煙工廠區域內的雜亂房間。屋主呢？是她的外婆瑪莉亞．布洛訶維斯（Maria Brokhvis），全皮里耶塞普最厲害的廚師。瑪莉亞經營家庭餐館維持生計。此刻，一位常客正在用餐。他年方二十，一頭黑髮已經開始微禿，不過活潑、幽默的眼神和閃亮潔白的牙齒依舊使女性為他著迷。通常，他在工作結束後直接上門光顧，身上穿著優雅好看的藍色海軍制服。他才到奧德薩不久，任職於黑海艦隊的情報單位。他的名字是納姆．所羅門諾維奇．弗倫姆金（Naum Solomonovich Frumkin），他將會成為媽媽的父親。

納姆津津有味地品嘗瑪莉亞．布洛訶維斯做的碎鯡魚和令人讚嘆的填餡雞。不過，更教他目不轉睛的是莉莎（Liza）。瑪莉亞和楊可（Yankel）．布洛訶維斯育有三女，莉莎排行第二，是個主修建築的學生。她就在角落，灰色的雙眸專注地盯著繪圖板，眼神在畫板上穿梭。莉莎頂著金灰色的頭髮，身材嬌小而健美，有個形狀好看的鼻子。她可沒時間搭理納姆。他提議一起去海岸的峭壁邊散步，頻頻暗示他的情意，但她毫無興趣。

不過，她又怎麼能對奧德薩遠近馳名、美麗輝煌的歌劇院說不呢？鎮上的人們都熱愛歌劇，莉莎也不例外。再說，今晚的劇目是她的最愛——《弄臣》（*Rigoletto*）。

《弄臣》散場之後，納姆立刻求婚，卻被斷然拒絕。莉莎生氣地告訴他，她必須完成學業，而他「情愛的鬧劇」就到此為止吧！

於是，機靈狡詐的情報員納姆轉向那對父母——他總是在他們的餐桌上用餐。瑪莉亞和楊可怎麼能為家裡漂亮的女共青團員（komsomolochka）拒絕這樣一位年輕有為的「新蘇聯人」呢？

怎麼能呢？

納姆和莉莎將會結婚，攜手共度六十一個年頭。一九三四年，他們的長女拉莉薩會在奧德薩出生。

★★★

「喏，你看，」媽媽煞有介事地說，「我的誕生還得感謝『新經濟政策』的小資本主義呢！」

另一方面，我的外祖父母長久而堅定的婚姻則和廚藝毫無關係。正如同列寧的克魯普斯卡雅，莉莎外婆對烹飪不大感興趣；就像列寧爺爺，納姆外公順從地吃下他盤子裡所有的食物。偶爾，外婆會用冷凍鱈魚肉做魚餅，笨拙地模仿她的母親瑪莉亞真正的猶太填餡魚。她甚至暗示，有朝一日，她一定會做出真的東西來——但從不曾實現過。在我們七〇年代「反猶太復國主義」的國家裡，填餡魚是一道不太愛國的菜色。況且，莉莎外婆還是共產黨資深情報主管的妻子。

不過，小時候，我確實見過真正的填餡魚——正是在奧德薩，四十多年前，我祖父母的「布爾什維克—新經濟政策」愛情萌芽的城市。如今回想起來，這道填餡魚使我意識到我們的蘇聯猶太身分——一九二〇年代，狂熱的布爾什維克身分政策對我和母親的世代嚴厲地重新定義的猶太身分——使年幼的我深受震懾。

多年以後，在奧德薩初次嘗試填餡魚的滋味依舊折磨著我，就在這塊皇后區。

★★★

「噢，奧德薩，海岸的珍珠。」那首歌是這樣唱的。到了十九世紀，這座由凱薩琳大帝（Catherine the Great）創建，喧鬧歡樂、多語混雜的黑海港埠已經搖身一變成了蓬勃發展的歐洲都市。街道上隨處可見各式各樣法國、義大利帝國風格的建築和奇異誇張的雕飾。

噢，我青春八月天的奧德薩！南方暴烈的豔陽下栗樹曬得乾枯，駛往朗熱龍（Langeron）海灘擁擠的有軌電車上，飄散著過度加熱的蘇聯鮮肉、螯蝦餌和水煮蛋——蘇聯海灘野餐的必備組合——的濃厚氣味。我們住在塔瑪拉（Tamara）家裡。她是莉莎外婆的姊姊，重聽，退休以前是地方上重要的法官。塔瑪拉的女兒季娜（Dina）有張洋娃娃般的渾圓臉蛋，身材像河馬，是位經濟學家。季娜的兒子申卡（Senka）胖到沒有脖子，而且不懂禮貌。她的丈夫阿諾德（Arnold）則是個計程車司機，總是大聲說笑——不然還能怎麼說呢？

「卡爾·馬克斯和季娜有啥差別呢？」他大聲地說。「馬克斯是經濟學家，季娜是資深經濟學家！哈哈哈！」

「別再折磨大家的耳朵了！」季娜會大吼回應。

在奧德薩，人們都是這樣說話的。

早晨，季娜的鈍刀嗒—嗒—嗒地將我喚醒——毫無胃口。鄰居的窗戶裡也傳來嗒—嗒—嗒的聲響呼應著。奧德薩婦女以料理「藍色的小東西」（sininkie）——當地人這麼稱呼茄子——迎接新的一天。接著，她們準備彩椒填肉，然後是脖子（sheika）——一道得花費好幾個鐘頭準備的填餡全雞料理。最後，她們油炸——將所有的食材全都炸了。奧德薩食物和莫斯科料理不同——更油膩、更多魚，大蒜多到能使一整列電車的吸血鬼昏死過去，但對我來說並不特別有猶太風味。畢竟塔瑪拉法官最喜愛的三明治還是黑麵包夾肥豬肉（salo）。

有一天，我去遠房親戚家跑腿。他們住在摩爾德凡卡（Moldavanka）混亂破敗的猶太區，屋子裡通風不良，積滿了好幾個世代的雜物、氣味和灰塵。三個聒噪的女人在廚房裡迎接我。她們戴著笨重的金耳環，頂著鮮亮的紅髮，其中兩人和我的姨婆同名，都叫塔瑪拉，另一位則是朵拉（Dora）。「塔瑪拉們」正抓著一條巨大的梭子魚猛力地撞擊桌面，「使魚皮變鬆，才能像襪子一樣脫掉。」她們暫停下來，又吵又粗魯地親吻我，讓我幾乎喘不過氣來，還要我吃酪乳、香草脆餅和蜂蜜蛋糕。然後，她們要求我坐下，看看「真正的猶太食物」是怎麼做成的。

一個塔瑪拉將魚去骨、切片，另一個以平刃刀剁碎魚肉，同時對著自己萎縮的手臂抱怨個不停。朵拉刨碎洋蔥，誇張地拭去眼淚。那條魚成了一坨粗糙而油膩的漿糊，還混雜了洋蔥、胡蘿蔔和麵包。然後，魚肉被塞回魚皮裡，以和廚師的頭髮一般紅的細麻線縫好。

接下來要煮上整整三個小時。當然，我必須留下來！我會磨辣根嗎？我知道什麼是安息日（Shabbos）嗎？什麼，我沒聽過猶太大屠殺？再來點脆餅和酪乳吧？

魚的難聞蒸氣、八月的酷熱、懇求與詢問的連番猛攻令我窒息，於是我含糊地說了個藉口就奪門而出，大口大口地喘氣。我很確定，女士們一定一頭霧水，覺得很受傷。在那之後，有好一陣子，我帶著好奇和疏離的感覺不停地揣想那魚的滋味。然後，我回到莫斯科，一切都清楚了：

就在那個八月天的奧德薩，我逃離了自己的猶太身分。

我想，對於一個蘇聯晚期的都市孩子來說，逃避猶太填餡魚的原初震撼實在無可厚非。我們是已經徹底融入莫斯科的猶太人，不知道逾越節家宴（seder）和猶太麵丸（matzo ball）為何物。猶太身分不過是蘇聯國內護照上沉重的「第五項」（pyaty punkt）罷了。自一九三二年，也就是母親出生前兩年，依照法律要求，「第五項」註明持有者的種族：「俄羅斯人、烏茲別克人、韃靼人……猶太人」。在布里茲涅夫時代惡毒的氛圍中，若再配上不受歡迎的姓氏，「猶太人」的標記等同於黃色的星星[9]。沒錯，我們非常強烈地意識到自己身為猶太人的不同，但對宗教和文化背景卻顯得無知。當然，我們吃肥豬肉。我們愛肥豬肉！

在奧德薩，我逃離了自己的猶太身分——這個領悟為我即將面對的兩難困境增添了更多痛苦的壓力。十六歲時，每個蘇聯人都會領到第一本國內護照——最重要的身分證明文件。身為一個混合族裔——猶太媽媽，俄羅斯爸爸——的孩子，我可以選擇其中一方登錄在「第五項」上。這個即將來臨的抉擇像是一塊大石頭，壓迫在我九歲的幼小靈魂之上。我應該選擇艱困的榮耀，與被放逐的人們站在一起，犧牲升學和工作的機會？還是挑容易的道路，當一個「俄羅斯人」呢？移民國外拯救了我，讓我不必面對兩難的窘境，但直至今天，這個懸宕未解的決定依舊糾纏著我。到底我會怎麼做呢？

★★★

一九二〇年代初期，數十萬猶太人為自己做了決定——毫無痛苦地聲明放棄猶太信仰，擁抱布爾什維克主義。

媽媽的外公楊可是其中一位改信者，他也成了「新蘇聯人」——矮個子、挺肚皮、服從溫順的版本。話雖如此，他可是個狂熱的無產階級勞動者，一位在史達林時代會獲頒「社會主義勞動英雄」頭銜的鐵匠。

一九〇〇年代初期，楊可離開「猶太屯墾區」（Pale of Settlement）——一七七二年起俄羅斯帝國隔離猶太族群的區域——的小村莊，來到奧德薩。雖然奧德薩也位於「猶太屯墾區」內，但這座城市裡希臘人、義大利人、烏克蘭人、俄國人和猶太人交融混雜，儼然是個欣欣向榮的大熔爐。在這裡，楊可娶瑪莉亞為妻，從此開枝散葉。一九〇五年，他自慘烈的日俄戰爭歸來，迎頭撞上更壞不堪言的悲劇。十月，在歷時四天的反猶太暴亂中，數百人被街頭暴民殺害或受了重傷。楊可與瑪莉亞的第一個孩子，一名男嬰，就在他們面前喪命。

內戰期間，反動白軍的反猶太劫掠使得一九〇五年的大屠殺再度上演。由列夫·布隆史坦因（Lev Bronstein）——列昂·托洛茨基（Leon Trotsky）是他較為世人熟知的另一個名字——領導的紅軍嚴厲譴責這樣的暴力。於是，猶太人紛紛加入紅軍。楊可已經老得不能戰鬥了，只能在一旁歡呼喝采。

最初，對猶太人而言，革命是一件好事。一九二二年，蘇聯正式成立，為他們帶來在俄國歷史上前所未有的權利和機會。反猶太主義成了法定的犯罪，屯墾區不復存在。猶太人可以循官僚或文化的體制晉升。一九二〇年代初期，猶太人在共產黨中央委員會中佔有五分之一的席次。

但其中有個圈套。

如同以前的俄羅斯帝國，蘇聯幅員廣袤，種族多元得讓人眼花撩亂。對布爾什維克分子而言，族裔或「民族」是個令人焦慮的問題。從馬克斯主義的角度看來，國族主義是保守反動的。然而，少數民族不但存在，沙皇時代的迫害更令他們準備好為社會主義的志業奮鬥。於是，列寧和早年的布爾什維克民族事務委員——喬治亞裔的史達林——巧妙地為少數民族設計了蘇聯形式的語言、文化和地域自治政策，直到國際社會主義的時代來臨，國族問題才變得多餘。

歷史學者泰瑞·馬丁（Terry Martin）曾言，蘇聯是世界上第一個推廣種族平權的帝國。那麼，對猶太人不利的圈套何在呢？猶太身分被嚴格地界定為族裔—民族。《塔木德》[10]對於建構「璀璨的未來」（Radiant Future）毫無用處。改造和革新所謂「猶太街」（Jewish Street）的工作，落到了共產黨猶太部（Yevsektsii）的手上。這群人非常精明能幹。最初，宗教儀式得到有限度的寬容——在蘇聯化的形式之下。逾越節？好吧，如果你堅持的話。不過在蘇聯的《哈加達》（Haggadah）[11]裡，「十月革命」這個詞取代了「神」。

一九二〇年代，在奧德薩，每逢安息日，蘇聯支持者楊可和瑪莉亞．布洛訶維斯仍會在他們皮里耶塞普的一房公寓裡點上蠟燭——但不再提到「神」。瑪莉亞以身為猶太人為榮，覺得讓三個女兒在星期五的餐桌上團聚是天經地義的事情。一九二一年飢荒的艱困時刻已經過去，取而代之的是「新經濟政策」相對富裕的生活。每個星期，她都在奧德薩喧鬧的普利沃茲（Privoz）市集買梭子魚，做她的招牌填餡魚——那是二女兒莉莎的最愛。瑪莉亞也做哈拉麵包[12]、鯡魚碎肉（forshmak）、燉甜豆子和酥脆的麵點——內餡填滿了她在院子裡用輕便的汽油爐熬煮的黑棗果醬。

某個星期五，莉莎放學回到家裡。在安息日的餐桌上，她低頭盯著地板，噘著嘴，什麼也不吃。十四歲的她才剛加入共產黨的青年分支「共青團」。晚餐過後，她起身宣布：「媽，你的魚是罪惡的宗教食物。我再也不會吃它了。」

於是，布洛訶維斯家每個星期五的填餡魚傳統到此為止。在瑪莉亞的內心深處，她明瞭，新一代的「蘇聯人」懂得更多。

關於這一切——在大屠殺中喪命的嬰兒、莉莎外婆對瑪莉亞的宗教食物禁令——我一無所知。直到我和媽媽在她的廚房裡烹調向瑪莉亞致敬的猶太填餡魚，我才第一次聽說。

我這才明白，為什麼莉莎外婆每次提起這道菜時總是顯得憂傷、猶豫。早在奧德薩，她同樣逃離了她的猶太身分。值得讚揚的是，每當有人發表反猶太的言論，一頭金髮、長得一點也不像猶太人的莉莎總會大發雷霆，表明自己的猶太身分。至於外公納姆……就不太會這麼做了。關於他的家庭背景，媽媽幾乎沒有任何線索，只知道他的家人是猶太村莊裡的錫安主義者。納姆年少時就離家出走，謊報年齡加入紅軍，從此便未曾回頭。

在傑克森高地，我和媽媽都是文化至上的基督信仰普世運動[13]支持者。我們在耶誕樹旁點亮光明節燈台（menorah），烘焙俄式的復活節圓柱甜麵包（kulich），每逢逾越節也做替代的填餡魚。不過，這次我們的填餡魚可不一樣——是貨真價實的猶太食物。我們將整隻梭子魚去皮，手工剁碎魚肉，一面掉眼淚，一面刨洋蔥，接著將魚肉塞進皮囊、縫合，然後花三個小時烹煮這條重新組合的魚。

工程的確浩大，但對我而言，卻也是個微不足道的贖罪方式，藉此彌補自己在那個奧德薩的八月天裡犯下的過錯。

★★★

回到二〇年代的布爾什維克政策，我再度思索，為何廚房裡的勞動——尤其像是瑪莉亞政治立場模稜兩可的「新經濟政策」家庭餐廳中的烹飪工作——在新蘇聯的願景中如此不受重視。務實的考量是一部分的因素。解放女性脫離家務的束縛關乎崇高的原則，卻也意味著促使她們進入更廣大的勞動職場，甚至加入政治煽動者的陣營。

我還沒提到她——「新蘇聯女人」。雖然她的確不如「新蘇聯人」耀眼閃亮，但卻也絕對不只是家庭煮婦而已。她是自由的女無產階級分子（proletarka）——攜手修築通往烏托邦之路、捍衛「共產國際」（Communist International），熱切地閱讀《女勞動者》[14]，積極參與公眾生活。她拒絕「壓迫、弱化女性」的家庭勞動——語出列寧；她反對「落後徒勞、瑣碎而沒有意義、令人傷透腦筋、乏味無趣的」育兒工作——同樣是列寧的話。不，在社會主義之下，社會將會扛起這一切的負擔，最終取代核心家庭。「唯有向……瑣碎的……家務……全面宣戰，」列寧在一九一九年預言，「女性真正的解放、真正的共產制度才會開始。」

在一幅我非常喜愛的蘇聯海報上，狂暴的新蘇聯女無產階級分子彷彿報信的天使。她的頭上頂著以引人注目的前衛字體書寫的口號——「打倒廚房苦役」。她咧嘴笑著，俯視一位身穿圍裙，受困在肥皂泡沫、碗盤、待洗衣物和蜘蛛網之間的婦女。紅衣女無產階級分子敞開了一扇門，通往光明耀眼的新蘇聯生活願景。看，在未來主義風格的多樓層大廈裡，有公共食堂、廚房工廠和托育學校，頂樓還有勞工俱樂部。

婦女部（Zhenotdel）即是實現布爾什維克女性主義烏托邦願景的引擎。這個機構創立於一九一九年，是黨中央委員會的單位之一。婦女部和下轄的分支宣傳布道、徵募新成員、教育社會大眾，共同爭取——並且協助促成了——許多育兒、節育和婚姻方面的重要改革。婦女部的首任部長是迷人的伊涅薩．阿曼德（Inessa Armand）。她出生在巴黎，魅力驚人。根據傳言，對於列寧來說，她可不只是「同志」而已——反觀克魯普斯卡雅則是毫無魅力。一九二〇年，阿曼德積勞成疾，死於霍亂，弗拉基米爾．伊里奇因而悲痛不已。亞歷珊德拉．科倫泰（Alexandra Kollontai）隨後接下了婦女部。科倫泰或許又太過迷人了，她是共產世界最美豔時尚的人物之一，不但是自由戀愛的提倡者，更是引人側目的實踐者——她很可能是嘉寶所飾演的妮諾奇卡的原型[15]。科倫泰認為，核心家庭是勞動力、食物和燃料資源的浪費。家庭煮婦的妻子形象令她憤恨不平。「分離廚房和婚姻的改革，」科倫泰宣揚道，「重要性可不亞於政教分離！」

★★★

我們家也有自己的「科倫泰」。

如同其他俄羅斯家庭，我們家呈現了蘇聯之前民族熔爐的豐富樣本。媽媽的家人來自烏克蘭的猶太村莊；爸爸的父方祖先是娶了裡海商人女兒的日耳曼貴族，而爸爸的媽媽——我親愛的、生活奢侈的祖母阿拉——則由熱血火爆的女權鬥士在遙遠的中亞地區養育長大。

我小時候，阿拉極少進廚房，不過她一旦下廚，總是能端出佳作。其中，有一道燉菜格外令我印象深刻。媽媽繼承了這道料理，至今仍然會做。那是一道烏茲別克燉菜，火熱的辣椒粉、壓碎的芫荽籽和烏茲別克野孜然（zira）略帶藥草味的濃烈氣息，使得滑亮的棕色羊肉和馬鈴薯顯得更有生氣。「來自我在費爾干納[16]的童年！」談起這道料理，阿拉總會不經意地說，然後補充一句：「源於一位我非常親愛的人……」這個話題到此為止。但我知道她指的是誰。

十月革命爆發前一個月，我的祖母阿拉．尼古拉耶夫娜．阿克先特維奇（Alla Nikolaevna Aksentovich）在中亞出生。當時，在沙俄的地圖上，中亞還被稱作「土耳其斯坦」（Turkestan）。她是個私生女，小小年紀就成了孤兒。她的外婆安娜．阿歷克謝耶夫娜（Anna Alexeevna）收養了她。安娜．阿歷克謝耶夫娜是個布爾什維克女性主義者，卻置身在一個對這樣的人來說非常艱難的地方。

土耳其斯坦──信仰伊斯蘭教，氣候酷熱，幅員比現代印度還要廣闊，大部分是沙漠。這片土地直到一八六〇年代才被征服，是沙皇最後佔領的幾塊殖民地之一。十年後，安娜．阿歷克謝耶夫娜出生於富饒的費爾干納山谷。那是絲路上的一塊土地──俄羅斯帝國自這裡取得棉花，蘇聯帝國亦將如此，手段甚至更加殘暴。從我們僅有的那張多年之後在他處拍攝的相片看來，安娜有張堅毅的斯拉夫圓臉蛋和一對高顴骨。她的父親是個烏拉爾哥薩克[17]，肯定不是紅軍的擁護者。一九一八年，安娜已經四十歲了，是位受過訓練的助產士。她違抗父親，加入共產黨。一九二四年，她和年幼的孤兒阿拉來到塔什干──新誕生的烏茲別克共和國的首都。在此之前，蘇聯已經將中亞劃分為五個獨立的社會主義「民族」。安娜．阿歷克謝耶夫娜是中央委員會中亞局「煽動」部門的主管。

有許多地方需要煽動。

在那附近，紅軍對上穆斯林暴徒（basmachi），內戰又拖延了好幾年。如同在其他地方，勝利降臨之際，卻也伴隨極大的挑戰而來。有別於猶太人，烏茲別克人不願輕易改信布爾什維克思想。若說俄國本身缺乏馬克斯嚴格的共產主義先決條件——也就是說，高度發展的資本主義——那麼，具備信仰和部族結構、以農耕維生的前土耳其斯坦便是完全的封建社會。沒有無產階級，又該怎麼建立社會主義呢？答案是女人。中亞的女人從屬於丈夫、神職人員和部族首領，正如列寧所言，是「被壓迫者中的被壓迫者、被奴役者中的被奴役者」。

於是，蘇聯政府將信仰訴求由階級鬥爭和國族轉向性別。在「東方女人」身上，他們找到了「代用的無產階級」，社會和文化改革的攻城槌。

安娜．阿歷克謝耶夫娜與手下的婦女部傳教士們勤奮地對抗聘禮（kalym）、未成年婚姻、一夫多妻制和針對女性的隔離與差別待遇。最戲劇性的是，他們挑戰最直接的隔離形式——面紗。在公開場合，穆斯林女性必須穿戴長而笨重的長袍（paranji）和面紗（chachvan）——稱之為面紗或許還太輕薄了，請想像：一襲巨大、原始的馬毛遮布從頭頂罩下，直到膝蓋，沒有眼睛和嘴巴的開口。

「最佳的革命行動都是純粹的戲劇表演。」根據資料，科倫泰曾經這麼說道。安娜・阿歷克謝耶夫娜和女性主義者也搬演了一場驚人的大戲：面紗滾蛋！蘇聯的革命行動裡，少有比中亞革除面紗的突擊（hujum）更轟動的了。

一九二七年三月八日，國際婦女節。在幾個烏茲別克城市裡，蒙著面紗的女人在警察的護衛下集體走上街頭，朗誦樂團和當地的樂隊演奏著。搭設在公共廣場上的舞台擺滿了鮮花。婦女部成員發表慷慨激昂的演說。詩歌。當第一批勇敢的人們邁步向前，將她們馬毛材質的移動監獄脫下、扔進火堆時，安娜想必就在塔什干的主舞台上。當時，就在現場，有上千人受到激勵而跟進——據說，這天人們拋棄了一萬件面紗。掙脫了面紗束縛的女人湧現街頭，高聲地吶喊革命口號，人人都在歌唱。多麼震撼人心的時刻！

這場行動立刻招來暴怒的反擊。褪去面紗的女人遭到社會放逐，身困列寧和阿拉、莫斯科與麥加之間。有的人重新披上長袍，有的人被堅守傳統的男人或他們的家人強暴、殺害，她們殘缺的身體被展示在村莊裡。婦女部的行動者飽受威脅或喪命。這場風暴持續了數年之久。

在一九二〇年代結束之前，脫去面紗的激進戲碼已不復見。史達林聲稱「女性問題」已經解決，全國各地的婦女部也就因而廢止。到了三〇年代中期，傳統的家庭價值復辟，離婚困難重重，墮胎和同性戀皆被禁止。宣傳海報上的蘇聯女人有了新的樣貌：母性、豐腴而且充滿「女性特質」。直到蘇聯解體以前，這個社會始終期望女同志們一肩擔起惡名昭彰的「雙重負擔」——勞動與家務。

★★★

那麼，我的高祖母，那位蘇聯女性主義者呢？

一九三一年，安娜・阿歷克謝耶夫娜為了追隨上司伊薩克・澤連斯基（Isaak Zelensky），帶著少女阿拉來到莫斯科。澤連斯基是「戰時共產主義」穀糧徵收制度的設計者之一，多年來始終是共產黨忠貞堅實的擁護者。他自中亞回到首都，掌管國家的消費合作社。一九三七年，澤連斯基在清算中被捕。一年後，在史達林最惡名昭彰的那場公審之中，他和布爾什維克大老尼古拉・布哈林[18]一同坐在被告席上。前糧食供應合作社的主管澤連斯基驚人地「坦承」破壞犯行——包括毀損運往莫斯科的五十車雞蛋和在運輸奶油的過程中添入釘子與玻璃。

他立刻遭到槍決，並且從蘇聯歷史消失。

一年後，我的高祖母安娜被控與澤連斯基共謀，被捕入獄，同樣從歷史——從我們的家族歷史中消失。祖母阿拉銷毀了她所有的相片，並絕口不提她的名字。第二次世界大戰結束之後，有一天，阿拉拆開一封自來自古拉格的信，害怕得直顫抖。這封信來自遙遠的西伯利亞城市科雷馬

（Kolyma）。安娜·阿歷克謝耶夫娜以令人戰慄的精準細節描述她所承受的酷刑，並且懇求她收養、拉拔長大的孫女將這一切轉告史達林同志。如同其他數以百萬計的受害者，她確信「至高無上的領袖」對勞改營裡的恐怖情況一無所知。根據爸爸不同版本的重述，阿拉或立刻燒了那封信，或將信沖進共同公寓的馬桶，不然就是把它吃了。

直到多年過去，我出生之後，阿拉才會在喝得酩酊大醉時，搭配著鯡魚和假慈悲的眼淚，咆哮著痛訴安娜·阿歷克謝耶夫娜的遭遇。她在零下四十度的天氣裡被迫褪去所有的衣物，在祕密警察盧比揚卡監獄（Lubyanka Prison）的地下室遭到痛打，好幾個星期不得睡眠。然後，爸爸會輕聲地告訴我關於遺產的故事。一九四八年，七十歲的安娜·阿歷克謝耶夫娜終於獲釋，但不得返回莫斯科，只好住在西伯利亞的城市馬加丹（Magadan）。阿拉未曾探望她，一次也沒有。一九五三年，安娜早史達林幾個月與世長辭。

所以，想想看，當阿拉收到這封信件時，她該有多麼驚訝。除了死亡證明，信裡還有她祖母僅存的、攝於古拉格的相片和價值一萬盧布的巨額匯票——大概是安娜·阿歷克謝耶夫娜在勞改營裡為人暗中墮胎存下來的私房錢。

阿拉和謝爾蓋在莫斯科最好的餐廳裡揮霍這筆遺產。阿拉偏愛「莫斯科飯店」（Moskva Hotel）的高樓層餐廳，特別喜歡那裡綠色的孔雀石圓柱和出名軟嫩的羊肋排。她並不知道，那位留著小鬍子的古拉格大師也喜歡在這間餐廳慶祝生日。爸爸則將他的古拉格財產花在高爾基街

（Gorky Street）上熱門的喬治亞餐廳「阿拉格維」（Aragvi）。同樣地，他無從得知，那是史達林政府最後一任祕密警察頭子拉夫連季．貝利亞（Lavrenty Beria）最喜愛的餐廳。這一切只不過是蘇聯生活的鐵環交疊相扣的巧合罷了。

阿拉用安娜．阿歷克謝耶夫娜剩餘的遺產為謝爾蓋添購了兩套西裝，他穿了二十年。她還買了兩條毯子。小時候，當我在阿拉距離列寧墓不遠的共同公寓過夜，就是蓋著這兩條美妙的毯子入睡——一條綠，一條藍；羽毛般輕盈，絲綢般精細柔軟。

就這樣，兩條中國絲質床罩、兩套別緻的西裝、一道烏茲別克羊肉——這就是那位有著渾圓、高顴骨斯拉夫臉蛋的布爾什維克女性主義者僅存的遺產。她是早年的女權聖戰士，在對抗馬毛罩紗那麼戲劇性、那麼不明智的突擊裡盡了一份心力，然後便消失了。

★★★

極端激進的布爾什維克身分政策放寬了女性、猶太人和甚至是最模糊而難以界定的少數民族的權利——不論是布里亞特、楚瓦什，還是卡拉卡爾帕克人[19]。

然而，有一類弱勢族群卻被趕進「璀璨未來」的陰影之下，被視為無可救藥的麻煩。他們佔總人口的百分之八十，是養活俄羅斯的那一群人——農民。

「俄國鄉村裡蒙昧野蠻、愚蠢而笨拙的人們。」一九二〇年，同樣出身農村的馬克希姆・高爾基[20]這樣形容。

「貪得無厭、自我膨脹而且殘暴野蠻。」列寧如此稱呼他們——確切來說，他指的是「富農」。這些人所佔的比例極小，但他們的名字易於散播，也就因此成了意識形態抹黑攻擊的目標。

「新經濟政策」暫時緩解了城鎮和鄉村之間持續不斷的衝突。然而，一九二七年底又爆發了非常嚴重的穀糧危機。

該那位狡詐的喬治亞人上場了——尤瑟夫・維薩里奧諾維奇・朱加什維利（Iosif Vissarionovich Dzhugashvili）。

史達林（Stalin）是他為世人熟知的布爾什維克化名，原意為「鋼鐵」。一九二二年起，他擔任共產黨總書記，巧妙地運用這個本來應該無足輕重的職位，使自己成為列寧的接班人。史達林的頭號競爭對手托洛茨基認為他笨拙駑鈍。不過，反倒是聰明、傲慢的托洛茨基在一九二九年遭到流放。一九四〇年，他被用冰鎬鑿入腦袋。

在某種程度上，一九二七年穀糧危機的原因是國內對戰爭——對英國或其他邪惡的資本主義國家來襲——的恐懼。恐慌導致囤積爆發；農民拒絕將糧食低價賣給政府。提高收購價格或許就能解決問題，但政府反而厲聲譴責陰謀破壞，又一次採取壓迫和暴力的手段。一九二八年，在一趟惡名昭彰的西伯利亞旅程途中，史達林親自監督強制的徵收工作。他的心腹莫洛托夫（Vyacheslav

Molotov）在日後解釋：「為了生存，政府需要糧食。我們只好強行徵收，否則國家勢必崩潰。」

實際上，「新經濟政策」一途已經失效了。史達林對於「農民問題」——穩定可靠的廉價穀糧供應問題——最終的解決方法將會取而代之。

一九二九年，蘇聯猛力一扭，進入「偉大的轉折」（Veliky Perelom）。「第一個五年計畫」（first Five-Year Plan）展現了這個方案近乎瘋狂的宏偉野心，旨在不惜一切代價，加足馬力推動國家的工業化。落後已久的俄羅斯將一躍成為——套用史達林鏗鏘有力的話說——「金屬的國度、汽車的國度與拖拉機的國度」。糧食配給再度恢復，優惠工廠裡的勞動者，讓更貧苦的農民自食其力。

麵包首先納入配給。「為麵包奮鬥就是為社會主義奮鬥！」史達林呼應列寧的說法，高聲疾呼，意味著蘇聯當局不會再允許這個佔人口百分之八十的族群惹出任何麻煩。

於是，集體化和「去富農化」（dekulakization）的盛怒在鄉間爆發。多達千萬的「富農」——那個定義寬鬆、惡毒害人的字眼——失去了自己的土地，或遭殺害，或被載運至監禁勞動的屯墾區。這些地點即是一九三〇年之後眾所周知的古拉格，為數眾多的人們就命喪其中。剩餘的農家被迫整併為由政府監管的大型「集體農場」（kolkhoze），以求可靠地餵養工業的引擎——或至少本意如此。農民以暴力抵制「第二農奴」的身分，大規模地毀滅自己的家畜。到了一九三二年，已經有超過一百二十萬農民逃進城市。一九三三年，富饒的烏克蘭——這個國家的糧倉——陷入人為的飢荒，堪稱二十世紀最慘烈的悲劇。道路封閉，農民不得離開，所有關於災難的即時報導都被壓制下來。一位死去的農婦母親在她憔悴瘦弱的孩子嘴上留下一滴乳汁，被稱作「社會主義春天的新芽」。估計有七百萬人在這場蘇聯飢荒中喪生，其中三百萬人死於烏克蘭。

蘇聯農業始終未能從恐怖中恢復過來。

★★★

這個時候，列寧已經過世將近十年了。

死亡——但尚未下葬。

一九二四年一月二十一日，與外界完全隔離的列寧死於神祕的宿疾——最近，數十年來人們竊竊私語的「梅毒說」又重新引起歷史學家的興趣。史達林年輕時曾經就讀神學院，深知遺骨的力量，是幾位最早支持讓屍體「活著」的倡議者之一。早在一九二三年的一次政治局[21]會議上，他便已提到，「當代科學」提供了——至少是暫時——保存屍體的可能性。有些布爾什維克分子抗議其中神格化的意味；克魯普斯卡雅也反對，但沒人在乎她的意見。

一月二十七日起，列寧的遺體在莫斯科的圓柱廳（Hall of Columns）開放大眾瞻仰。天氣實在太過嚴寒，室內又沒有暖氣，就連為葬禮布置的棕櫚樹都結了冰。紅場上籠罩著冰冷的霧氣，哀悼者因為凍傷而就醫。不過，寒冷也有助於保存「受哀悼者」一段時間。

以永久的安置取代暫時的防腐處理顯然是治喪委員會成員自發的想法——這個單位隨即更名為「永存不朽委員會」（Immortalization Commission）。他們考慮過冰藏保存，但隨著天氣回暖，遺體開始腐壞，委員會陷入惶恐。毛遂自薦的生化學家巴里斯・茲巴爾斯基（Boris Zbarsky）和聰明的外省病理學家弗拉基米爾・沃洛比約夫（Vladimir Vorobyev）現身了。兩人建議採取徹底的防腐措施。他們大膽的險計奇蹟似地奏效了。後來，即使不大甘願，克魯普斯卡雅還是對茲巴爾斯基說：「我愈來愈老，他卻一點也沒變。」

於是，蘇聯有了永存不朽的「新蘇聯人」。這是一個活生生的例子，證明了蘇聯科學甚至能夠戰勝死亡。社會主義者重新塑造人類的計畫似乎已經凌越最狂野的想像——遠遠超越了一套新的生活日常。這位布爾什維克中的布爾什維克反對宗教，曾經下令殺害神職人員、摧毀教堂，如今卻成了活生生的遺骨，像東正教聖徒一般永生不死。

一九二四年八月起，神奇的「一號物件」（Object No. 1）——後來它被冠上這樣的代號——在由結構主義建築師阿歷克謝・修謝夫（Alexey Shchusev）設計的臨時木造神殿內，接見紅場上前來瞻仰的群眾。後來，修謝夫建造了永久的列寧墓，也就是今日鼎鼎大名，由紅、灰和黑色石材構成的神塔。小時候，我多麼渴望一窺內部的密室聖壇。一九三〇年，列寧墓揭幕，但卻少了風光的慶祝。那時候，蘇聯已經有了繼位的神祇——他正將列寧貶降至模糊的聖靈層次。

順道一提，在布里茲涅夫時代的偶像崇拜中，列寧由遙遠、理想化的靈魂狀態轉世成為溫暖、模糊的爺爺形象。也就是在這個時候，富有教育意義的蛋糕故事開始大受歡迎，還有他的禿頂上那如象徵一般的愚蠢扁帽——表現伊里奇謙遜、友善的無產階級性格。

在那之前，這個國家已經對神化的個人崇拜有所警惕了。

譯註

1．弗拉基米爾．伊里奇（Vladimir Ilyich）指列寧。

2．蘇聯時期，學校、工廠等公共空間多設有「列寧角落」（Lenin Corner），常見的配置包括宣傳標語、書籍雜誌、文康器材等，是全國上下列寧崇拜重要的一部分。

3．三人皆為活躍的蘇聯前衛藝術家。卡濟米爾．謝韋里諾維奇．馬列維奇（Kazimir Severinovich Malevich）開創至上主義（suprematism）藝術，作品包括〈黑方塊〉（Black Square）等前衛畫作。亞歷山大．米哈伊洛維奇．羅欽可（Alexander Mikhailovich Rodchenko）除了雕塑與繪畫作品，亦以攝影與照片拼貼創作。弗拉基米爾．葉夫格拉夫維奇．塔特林（Vladimir Yevgrafovich Tatlin）是藝術家、建築師，以其「第三國際紀念碑」（Monument to the Third International）的設計最為知名。

4．為了紀念列寧，辛比爾斯克（Simbirsk）於一九二四年改名烏里揚諾夫斯克（Ulyanovsk），沿用至今。

5．維拉．伊凡諾夫娜．查蘇利奇（Vera Ivanovna Zasulich）為十九世紀俄羅斯作家、革命家，參與創立「勞動解放社」（Emancipation of Labour），譯介馬克斯思想，和列寧、格奧爾基．瓦連欽諾維奇．普列漢諾夫（Georgi Valentinovich Plekhanov）等人同為政治刊物《星火報》（*Iskra*）的核心人物。

6．華特．班雅明（Walter Benjamin, 1892-1940）為德國評論家、哲學家，曾於一九二六年十一月至隔年一月旅居莫斯科，期間寫下大量日記，收錄於《莫斯科日記》（*Moscow Diary*）和散文作品〈莫斯科〉（Moscow）中。

7．「制高點」一說語出列寧，指完全由政府掌控的國家經濟命脈，如能源、重工業、交通、對外貿易等等。

8．威廉．瓦西里耶維奇．波赫列勃金（William Vasilyevich Pokhlebkin, 1923-2000）為俄羅斯歷史學家，以飲食史研究聞名，著有《伏特加的歷史》（*A History of Vodka*）等作品。

9．此處「黃色星星」是指具有歧視意味的「猶太星」，源於中世紀歐洲，納粹德國曾以此記號強迫標記境內的猶太族群。

10．《塔木德》（*Talmud*）本意為「教誨」，是重要的猶太教文獻，記載了傳統的律法、歷史和哲學思想。

11．《哈加達》（*Haggadah*）本意為「傳說」、「宣講」，是重要的猶太教文獻，其中規範了逾越節家宴的傳統。

12．哈拉麵包（challah）形狀如髮辮，是猶太人的傳統麵包。

13．基督信仰普世運動（ecumenism）或譯「合一運動」，提倡化解基督宗教各個流派間的分歧，促進理解和合作。

14．《女勞動者》（*Rabotnitsa*）雜誌創立於一九一四年，是重要的社會主義女性與家庭雜誌。

15．在一九三九年的美國電影《妮諾奇卡》（*Ninotchka*）中，葛麗泰．嘉寶（Greta Garbo）飾演名為妮諾奇卡的蘇聯外交官。

16．費爾干納（Ferghana）為烏茲別克東部一州。

17．哥薩克（Cossack）是居住在烏拉爾（Ural）、頓河（Don）等地的特殊族群，驍勇善戰，曾是沙皇政府倚賴的軍事力量，因而獲得自治、免除勞役和賦稅等特權。他們擁有獨特的文化和生活方式，在俄羅斯歷史上扮演重要角色。

18．尼古拉．伊凡諾維奇．布哈林（Nikolai Ivanovich Bukharin, 1888-1938）是重要的蘇聯政治思想家、革命者和經濟學家。他受史達林迫害入獄，隨後遭到處決，其罪名直到一九八八年才由戈巴契夫政府平反。

19．皆為少數民族。布里亞特人（Buryat）是蒙古族的一支，主要分布於俄羅斯、蒙古和中國的部分區域；楚瓦什人（Chuvash）發源自中亞，其語言、文化與突厥民族關係密切；卡拉卡爾帕克人（Karakalpak）是中亞地區的突厥民族之一，主要分布於烏茲別克、伊朗、哈薩克、俄羅斯等地。

20．馬克希姆．高爾基（Maxim Gorky, 1868-1936）為蘇聯作家、批評家，是社會寫實主義文學的代表人物之一，著有作品多種，如長篇小說《母親》（*The Mother*）、劇本《在底層》（*The Lower Depths*）等等。

21．政治局（Politburo）全名「蘇聯共產黨中央政治局」，是最為重要的蘇聯黨政決策機構，創立於一九一七年，曾經多次易名、改組，其成員大都為中央委員會的核心官員。

弗倫姆金一家：尤莉亞、莉莎、薩什卡、納姆、拉莉薩和莉莎的父親，楊可爺爺，攝於一九四三年。

II 拉莉薩

★1930年代

謝謝你，史達林同志給我們快樂的童年

我的母親和大部分同時代的蘇聯兒童一樣，都聽阿爾卡季．蓋達爾（Arkady Gaidar）的故事長大。蓋達爾的童話洋溢愛國主義的浪漫情懷，就連今日聽起來也不至於顯得虛假。故事裡充滿正面角色——他們知道快樂的真諦是「誠實地生活，努力地勞動，深深愛惜並且守護那片廣袤而幸福、名為『蘇維埃國度』（The Soviet Country）的土地」。一則題為〈藍杯子〉（The Blue Cup）的故事令媽媽留下深刻印象。在夏末夜晚（某評論者語帶諷刺地指出，春天和夏天是社會寫實主義作品中僅有的兩個季節）一個年輕的家庭克服了衝突矛盾，坐在結實累累的櫻桃樹下。金黃色的月亮在頭頂上發光。遠方有火車經過，傳來隆隆的聲響。在故事的最後，主角做出結論：「而生活，同志們，是美好的……全然美好。」

這句話讓我五歲大的母親心裡滿是疏離與恐懼。

直到今日，她依舊無法解釋原因。她的雙親年輕進取而且忠於國家，體現了蓋達爾式的美德和史達林的迷人願景。她的母親莉莎是體操冠軍，也是建築師，還會畫漂亮的水彩畫。父親納姆有燦爛的笑容和高而坦率的額頭，戴上帥氣的海軍帽很是好看——那些帽子還散發著他頻繁出國差旅帶回來的外國古龍水香氣。如果媽媽和妹妹尤莉亞乖巧聽話，納姆會允許她們將他閃亮的徽章別在洋裝上，對著鏡子跳舞。難得休假的時候，他也會帶她們去以高爾基命名的「文化休憩公園」玩耍。

當然，媽媽還有另一個父親。就像她幼稚園裡的同學一樣，每個上學的日子，她總會先抬頭凝視一幅特別的海報，感謝他帶給她歡樂、美好的童年，並以此開始一天的學校生活。海報上，正值壯年的「人類天才」兼「所有兒童最好的朋友」微笑著，他的小鬍子像是一對黑色的翅膀。在他的懷裡，一個漂亮的小女孩也微笑著。她頂著一頭碗蓋形狀的黑髮，使媽媽想到自己，只不過那個女孩有著亞洲人的面孔。她是傳說中的格莉亞·馬爾基佐娃（Gelya Markizova）——格莉亞是恩格爾辛娜（Engelsina）的暱稱，源自弗里德里希·恩格斯（Friedrich Engels）。女孩是布里亞特—蒙古區域一位人民委員的女兒，隨著代表團來到克里姆林宮，向「至高無上的領袖」獻上花束。他將女孩抱在懷裡，以開心、親切的眼神溫暖了她。相機的鎂光燈隨即閃爍。這幅照片登上了《消息報》（*Izvestia*）的頭版，成為一九三〇年代最具代表性的圖像之一，反覆出現在數百萬張海報和繪畫、雕像作品中。格莉亞鮮明地體現了每一個蘇聯兒童的夢想。

媽媽非常確定，史達林同志悉心守護著她和她的家庭。然而，一朵烏雲籠罩著她。她懷疑，生活並非「全然美好」。母親的心中經常充滿愁思，而不是蘇聯巨大光鮮的快樂。愁思這個詞真正的意涵無法翻譯。「最深刻而且痛苦的愁思是一種劇烈的精神煎熬……」弗拉基米爾·納博科夫解釋，「在不那麼病態的層次則是靈魂上隱隱作痛。」

當媽媽聽見收音機裡傳來歡快的合唱，她想像骯髒邋遢的人們圍著一桶發出腐敗惡臭的醃黃瓜高歌。有的時候，宣傳「五年計畫」豐功偉績的黑色擴音器會嚇得她不敢出門。

在莫斯科，有許多事物令她感到害怕，意識到自己的渺小。在新地鐵線的革命廣場站（Revolution Square），她盡可能地快速跑過那些體格健壯、手持步槍和氣鑽的銅像，但毫無幫助。夜復一夜，她逃不過噩夢糾纏。在夢境中，這些雕像全都活了過來，將她的母親丟進炙熱的火爐。那座火爐看起來就像是共青團站（Komsomolskaya）壁畫裡的熔爐一樣。

或許，她之所以會做這樣的夢，是因為其他孩子的父母紛紛消失不見。

當時，有許多事情，母親並不明白，也不可能明白。她無從得知，深受年輕人喜愛的作家阿爾卡季．蓋達爾在內戰期間曾經擔任紅軍指揮官，殘酷地殺害了許多人——包括婦女和孩童。她不知道，格莉亞．馬爾基佐娃在克里姆林宮獻上鮮花之後，隔年，她的父親被控密謀反對史達林，並遭到處決——受史達林迫害而喪命的受難者約有一千二百萬至兩千萬人，他不過是其中之一。格莉亞的母親也遇害了。史達林時代快樂童年海報上的孩子被驅逐出境，在孤兒院裡長大。

★★★

黑暗。母親最初的記憶，是莫曼斯克的北極冬日裡一片頑固的漆黑。她在陽光和煦的奧德薩出生，是個五磅重的早產兒，奄奄一息的她，包裹在粗糙的棉布裡。那個時候，她的父親被指派前往俄羅斯的西北極境，在才成立不久的北方艦隊（Northern Flotilla）掌管情報部門。那是相對太平的一九三四年，農作收穫不錯，集體化導致的飢荒和恐怖緩緩平息下來，配給制度也逐漸廢除——首先是麵包和糖，接著是肉。

母親開口說出的第一個詞是童言童語的「小老鼠」（myska）。在她與妹妹、父母同住的小房間裡，老鼠沿著床鋪上方裸露的電線跑來跑去。回憶起那段歲月，母親想像自己是隻老鼠，挖掘著早年意識裡某條黑暗、凶險的地道。她記得莫曼斯克的冰雪在馬拉的雪橇下格格碎裂的響亮聲音，還有，她喜歡舔舐冰柱，總是讓冰黏住舌頭，在嘴巴裡留下血液的鹹味。

一九三七年，納姆轉調至列寧格勒。這座城市雖然位於莫曼斯克南方一千公里處，但依舊坐落在酷寒的北緯六十度上。那裡的黑暗可不相同。昔日俄羅斯帝國的首都，令人聯想到灰色的萬千變化：陰沉的花崗岩堤岸邊，涅瓦河（Neva River）反射鋼鐵一般的色澤；母親的幼稚園裡，用來盛粥、表面沾了一層薄油的碗則是暗淡無趣的鋁質顏色。這裡沒有小老鼠，只有大老鼠——這就是共同公寓裡的鄰居瓦夏（Vasya）叔叔少了半個鼻子的原因。媽媽很倒楣，她的名字和「大老鼠」（krysa）押韻。「拉莉薩—大老鼠，拉莉薩—大老鼠。」在院子裡，孩子們這樣捉弄她。莉莎偶爾會帶著女孩們參觀市中心的博物館和宮殿。那些建築具有新古典主義憂鬱風格的壯麗堂皇，和公寓附近淒冷、彌漫酒氣的巷弄簡直是天壤之別。有一次，醉漢踏過她全新的套靴，鞋就這麼毀了——那麼黑，那麼亮，裡頭又是那麼的紅。母親真是傷心極了。

城裡的氣氛也同樣暗淡淒涼。三年前，極具魅力的列寧格勒共產黨領袖謝爾蓋·基洛夫（Sergei

Kirov），在當地黨部斯莫爾尼宮的走廊，遭到一名心懷不滿的前黨工槍殺。他的遇刺為猜疑恐慌的一年揭開了序幕——午夜的敲門聲、公開的譴責批判、對「人民公敵」的追捕獵殺，還有一九三七、三八年間，那後世稱為「大恐怖」（Great Terror）的大規模殺戮。史達林涉入基洛夫刺殺事件的嫌疑從未被證實，但「所有兒童最好的朋友」迅速地把握住這個機會。他在基洛夫誇張而盛大的公開葬禮上，哀傷地親吻逝者的前額，然後隨即發起針對政敵的暴力行動，接二連三的公審跟著上演。涉嫌密謀殺死基洛夫的罪名，是合理化恐怖行為的主要手段之一，一直被沿用至一九三八年，其他各式各樣的指控，還包括反蘇聯政府和叛國通敵。上千人無端遭到逮捕，被送進古拉格或殺害。包括我的高祖母安娜．阿歷克謝耶夫娜的上司澤連斯基的公審在內，幾場惡名昭彰的審判在莫斯科上演。而列寧格勒的苦難可能更加嚴重。到了一九三七年，往日的首都早已飽受流放和處決蹂躪。當地的人們耳語，這一切全是因為史達林對這座城市積怨已久。的確，在基洛夫的棺木自列寧格勒移往莫斯科之後，「偉大的領袖」再也不曾踏足這座涅瓦河畔的城市。

★★★

我端詳母親當時的照片：翹鼻子、一頭短而齊的黑髮和謹慎、叛逆的眼神。她笑著，但在她的笑容裡似乎潛伏著陰影。在談起她的童年往事時，母親總愛將自己描述為天生的異議分子、史達林快樂兒童的土地上格格不入的憂鬱天才。她的故事我已經聽過上千次：她老是從夏令營或健康療養中心逃跑；長大成人之後，她總算遠走美國，終於不再逃跑了。

但對她而言，童年的愁思究竟自何時開始？又從何而來？我一直想要知道。如今，我聽她講起一個冬日……

外頭還是一片漆黑，莉莎使勁將拉莉薩拽出被窩。「快，快，我們得在六點開始前到達那裡。」她催促著，用力吹涼媽媽的穀粉粥。母親坐在雪橇上，沿途濕漉漉的雪貼上她的臉龐。波羅的海讓人罹患結核病的刺骨寒風，穿透她尚未完全甦醒的沉重四肢。天還未亮，她卻聽到遠方傳來進行曲的樂音，看見人們匆忙奔走。這是怎麼回事？驚惶和不祥的預感令她肚子一緊，恐懼化身可怕的蠕蟲，活了過來。她終於抵達目的地，蠕蟲仍然不斷地啃噬她的腸子。建築物外頭掛起一幅幅「偉大的史達林同志」的真人大小海報，大廳裡擠滿了民眾。她的父母穿越人群，走向正在鋪著大紅布（kumach，指蘇聯旗幟的紅色棉布）的長桌後方透過擴音器大聲喊話、招呼致意的工作人員。進行曲的音樂震耳欲聾。她的父母填了些文件，轉眼間就消失在混亂之中。「他們在投票！」人群中，一個女人大聲地說，遞給媽媽一面迷你的小紅旗。那天是一九三七年十二月十二日。投票，這是一個新詞，從「聲音」（golos）衍生而來。她的父母是不是在喊她？她也放聲大喊，但歌聲蓋過了她的尖叫。

「我廣袤的祖國（Shiroka strana moya rodnaya）！」大家唱著，「再也沒有任何地方，人們能如此自由地呼吸。」媽媽陷入集體的激昂情緒之中，盡可能地深呼吸，讓「那種味道」充滿她的肺囊。後來，她總是以「那種味道」來形容積滿灰塵的檔案夾、石炭酸（karbolka）清潔劑、羊毛大衣和悶在橡膠套靴裡的腳混合而成的蘇聯體制的味道。她長大成人後，在辦公室、學校、政治集會和工作場合中，這個氣味將一直糾纏著她。她的父母終於找到她了。他們驕傲地眉開眼笑，取笑她的惶恐。

不到傍晚，媽媽的心情又好了起來。下午，一家人散步時，列寧格勒一座座開闊的廣場在紅色標語和海報的點綴下令人眼花撩亂。薄暮之中，小燈泡點亮建築物的輪廓。而現在，就在前往季馬叔叔家的路上，納姆保證，從他的陽台就能看見煙火（salut）。什麼是煙火？為什麼在陽台上？「別急，到時候你們就知道了！」納姆說。

上季馬．巴布金（Dima Babkin）叔叔家裡作客令媽媽興奮極了。他並不是她真正的叔叔，而是爸爸高個子、禿頭的海軍上司。在挑高的公寓裡，他育有面頰紅潤的嬰兒和一對年紀比媽媽稍長的雙胞胎女孩，除此之外，總有吃不完的「小枕頭」（podushechki）糖果。他們抵達時，這家人正在盛大慶祝。酒一瓶瓶打開，軟木塞砰地發出巨響，大家為俄羅斯歷史性的選舉和季馬叔叔的老父親從莫斯科到來而舉杯慶祝。「我廣袤的祖國。」孩子們唱著，圍繞嬰兒床起舞。季馬叔叔的妻子在嬰兒床裡放滿了葡萄乾脆餅。季馬的姊妹莉妲（Rita）阿姨隨時會帶著她有名的「拿破崙蛋糕」到來。

事實上，季馬叔叔居住的整棟大樓都在為「選舉日」（Election Day）慶祝。鄰居進進出出，忙著借椅子、帶食物。

「莉妲阿姨？拿破崙？」孩子們尖叫著，頻頻衝到門邊。

電鈴發出一聲短促、刺耳的鳴響——但媽媽沒見著蛋糕，反而看到三個穿著長大衣的男人站在門口。他們怎麼沒有帶橘子或餡餅來呢？她納悶著。他們怎麼沒有在進門之前先抖掉毛氈套靴上的雪呢？每個有禮貌的俄羅斯人都會這麼做。

「我們要找巴布金！」其中一個男人大聲嚷嚷。

「哪一個巴布金？」季馬叔叔的妻子露出不確定的微笑。她問：「爸爸還是兒子？」

那三個男人遲疑了片刻。「嗯……兩個都要——當然，為什麼不呢？」他們說完還聳聳肩。「兩個都要。」他們幾乎笑出聲來。

隨之而來的靜默和季馬嬸嬸臉上變得異常惶恐的微笑，又喚醒了媽媽肚子裡的蠕蟲。彷彿慢動作播放，她看著那些人帶走季馬叔叔和他年邁的父親。家裡的婆婆要孩子們去陽台看煙火，這讓媽媽鬆了一口氣。外頭，在漆黑的夜空中迸發璀璨的光芒。隨著每發煙火升騰、發出爆炸巨響，媽媽感覺到火一般灼熱的刺激席捲全身。綠的！紅的！藍的！——在天空中綻放，像極了閃閃發光、喜氣洋洋的巨大花束。但回到室內，她嚇了一大跳。她見到季馬嬸嬸癱倒在沙發上，大口地喘息。屋裡瀰漫著纈草鎮定劑的甜膩氣味，還有靜默——那死氣沉沉的可怕靜默。

★★★

在軟木塞砰響的時刻被捕；快樂和恐怖僅有一牆之隔；以煙火和盛典裝飾恐懼——這便是一九三〇年代的斷裂現實、集體的精神分裂。就在報導「托洛茨基—季諾維耶夫派法西斯走狗」公審的惡毒新聞旁，評論文章興致高昂地暢談「模範百貨公司」裡的雙縐綢服飾和公園慶典中「繽紛的彩屑風暴」。

人們歌唱。有時候甚至在趕赴刑場的路上歌唱，吟詠著〈我廣袤的祖國〉——一直到我年輕的時候，這首歌依舊是莫斯科廣播電台（Radio Moscow）的代表旋律。〈我廣袤的祖國〉收錄在好萊塢風格的音樂喜劇電影《馬戲團》（*Circus*）中，是為了慶祝史達林一九三六年的新憲法而作。這部號稱「全世界最民主」的憲法，甚至明文恢復了過去被剝奪公民權利的族群——「富農」、教士子女——的投票權。不過，拘捕也已經不大以階級為標準，而是受地區的分配額度控制，遍及社會各個階層。

史達林恐怖迫害的大事記，理所當然地形塑了這個時代的敘事，主宰了一切。這也難怪西方人將三〇年代的蘇聯想像成一座灰暗的巨大監獄，麻木無感的居民是國家機器中的齒輪，而政府促進發展僅有的手段便是謀殺、折磨和公開譴責。然而，這個形象其實無法傳達史達林時代總體的文明範疇。催眠式的大眾文化、國內蓬勃的消費欲望和無止境的全民慶典轟炸——這一切激起了人們共同建立「璀璨未來」的迷人感覺。

那些倖存下來，而且未被送進古拉格的人們經常被極權主義的歡娛奇觀吞沒。米蘭・昆德拉（Milan Kundera）以「集體的抒情狂亂」（collective lyrical delirium）描述這個現象。安德烈・紀德（André Gide）於一九三六年造訪俄國，忍不住對他所見到「洋溢健康、快樂」的孩子們和公園裡的群眾身上「愉悅的熱情」讚嘆連連。

我只能以被放逐的鬼魂姿態，認識史達林時代。想起這段歲月，以下是我的腦海裡浮現的畫面：娜傑日達・曼德爾施塔姆描述，她的丈夫——詩人奧西普・曼德爾施塔姆[2]被帶走時，鄰居的公寓裡正傳來夏威夷吉他的樂音；安娜・阿赫瑪托娃（Anna Akhmatova）令人無法承受的庸俗悲情詩作——獻給政治清算受害者的——〈安魂曲〉（Requiem）和當代極具感染力的庸俗音樂喜劇電影《伏爾加—伏爾加》（*Volga-Volga*）裡不屈不撓的歡娛並列；亞歷山大・索忍尼辛[3]寫道，押送人犯的烏鴉車（voronki）被漆上明亮的顏色，偽裝成載運食物的卡車。後來，車輛的側面還有「蘇聯牌香檳」（Sovetskoye Shampanskoye）的微笑女郎廣告。

「第一個五年計畫」（一九二八—三二）的工業狂熱剷平了農村，強押著社會進入某種類似現代的狀態。與此同時，官方隱瞞了集體化引發飢荒、導致上百萬人喪命的消息。一九三一年，超過四百萬農民湧進被人潮淹沒的都市避難。對於這一切的動盪，政府必須有所表示。因此，史達林在一九三五年發表了他最著名的演說。

「生活過得更好了，同志們，生活過得更愉快了。」他在第一屆「斯達漢諾夫」勞動者（Stakhanovite）大會中說道。這些大名鼎鼎的勞工完成了超出社會主義勞動配額的工作。他們的新運動以傑出的礦工阿歷克謝．斯達漢諾夫（Alexei Stakhanov）為榜樣──他因為以一輪班的時間採出一百零二噸煤礦而聞名。「當生活過得更快樂，工作也就更有效率了。」史達林補充。與會者提及，演說過後，這位「進步人類的領袖」與大家一同高歌，歡唱一首取自笑鬧劇電影《快樂傢伙》（*Jolly Fellows*）的歌曲。這部電影在基洛夫遇刺之後幾週上映，廣受大眾歡迎。「人類的天才」喜歡音樂，有時候甚至自己編寫歌詞。他還曾經親自向導演格利高里．亞歷山德洛夫（Grigory Alexandrov）──謝爾蓋．艾森斯坦（Sergei Eisenstein）從前在好萊塢的助理──闡述藝術中歡樂與喜悅的必要，催生了蘇聯的音樂喜劇電影。三〇年代晚期，蘇聯銀幕上迸發的歌曲和歡笑是社會寫實主義對好萊塢夢工場的回應。少了亞斯坦和羅傑斯[4]，取而代之的是精力充沛、突然唱起歌來的牧羊人和堅毅勇敢、儼然是童話版「斯達漢諾夫」典範的紡織女。「勝過度假一個月！」看過亞歷山德洛夫瘋狂的爵士風格處女作《快樂傢伙》後，史達林這麼說道。領袖觀賞了這位導演一九三八年的音樂劇電影《伏爾加—伏爾加》不下一百遍，一點也不在意總攝影師在拍攝過程中被逮捕、處決，編劇在流亡期間完成劇本。

史達林的「生活更快樂」咒語奠定了一九三〇年代後半段歲月的基調，不時出現在海報和報章雜誌上，當然也少不了被譜成歌曲。那不僅只是一次談話——政府幾乎徹底地重新制定了布爾什維克的價值觀，擺脫二〇年代的烏托邦禁制節慾，提倡共產主義版本的布爾喬亞生活。人們聽說，「璀璨的未來」就要來臨，高生產力和政治忠誠帶來的物質獎勵，就是最顯而易見的證明。繁榮和富足的應許完完全全地滲入公眾的言談論述，閃閃發光，就像是集體心靈中的神奇咒語。「斯達漢諾夫」勞動者在《真理報》和《消息報》上吹噓自己賺進了大把盧布，燦爛地笑著，站在他們嶄新的家具組和留聲機旁——那全是「歡樂的社會主義勞動」的獎賞。其傳達的訊息如下：資本主義能夠為勤奮的人們做的一切，社會主義可以做得更好——而且更快樂。

人們甚至還能偶爾享受開瓶的樂趣。突發、失控的「第一個五年計畫」結束後，過不到幾年，史達林起心動念，打算振興俄羅斯革命前的香檳工業。這項產業以黑海沿岸克里米亞一帶為中心，才起步不久，還缺乏經驗。「蘇聯牌香檳」成了史達林的命令冒著氣泡的象徵，用他的話說，是「美好生活的重要指標」。嘉寶飾演的妮諾奇卡或許曾經低語，說自己只在新聞短片裡看過香檳，但到了三〇年代末期，在加壓儲水槽中大量生產的蘇聯氣泡飲料，已經廣泛受到大眾的喜愛，甚至隨時能在商店裡輕易買到。

文化水準（kulturnost’）與富足和繁榮並列，是史達林新文化體系的第三座支柱。於是，蘇聯人民——許多人過去還是文盲——被督促著自我教化。從餐桌禮儀到探戈，從香水到普希金，從有流蘇裝飾的燈罩到《天鵝湖》（*Swan Lake*）——昔日布爾什維克分子斥為布爾喬亞惡習的活動和風俗變得廣受歡迎，成為新蘇維埃人生活的一部分。當黨特權分子[5]穿著絲質睡衣戰利品，帶著巧克力出席會議，這不過證明了社會主義發展得很好。滴酒不沾的蘇聯總理維亞切斯拉夫．莫洛托夫學跳探戈，他囂張跋扈的妻子波琳娜．日姆丘任娜（Polina Zhemchuzhina）則擔任化妝品聯合會的主席，向社會大眾銷售香水。與此同時，食品工業委員會訂定、彙編了蘇聯料理的正典。

一九三七年是俄羅斯的恐怖之年，以十二月嘉年華會般的選舉盛事畫下句點，由克里姆林宮盛大的新年樅樹（yolka）兒童派對揭開序幕。又矮又胖的喜劇演員米哈伊爾．加爾卡維（Mikhail Garkavi）扮演俄羅斯版的聖誕老人——「寒冬爺爺」（Ded Moroz）。「偉大的領袖」終於准許新年遊樂會——和樅樹——從政治的寒冬中歸返。在此之前，布爾什維克政府將之斥為迷信，禁止了十年之久。廢除禁令的倡議者是帕維爾．波斯提雪夫（Pavel Postyshev）——所有的蘇聯兒童都應該為了這個新的冬日喜悅而對他心懷感激。他是烏克蘭飢荒[6]的主要策畫者之一，一年之後他將會遭到槍決。新年當天稍晚，加爾卡維現身一場「斯達漢諾夫」勞動者舞會，依舊穿戴著飄逸的「寒冬爺爺」長袍和白鬍鬚。史達林也出席了。「所有人務必將悲傷留在會場之外。」舞會廳裡，一張告示牌上開玩笑地寫道。加爾卡維砰地打開一瓶「蘇聯牌香檳」。直至今日，這個傳統依然歷久不衰——即使「蘇聯牌香檳」已經被「唐．培里儂」[7]搶走了風采。

★★★

他們一家人搬到莫斯科那年，媽媽五歲，尤莉亞四歲。那是一九三九年，舉國上下都在歡慶史達林的六十歲大壽，納姆則在慶祝他的升遷——去「新世界的首都」，進入總部。

媽媽的愁思依舊不時發作，但莫斯科的生活的確好上一些。可以這麼說——有比較快活！首先，莫斯科不黑。他們位在九樓的公寓享有令人驕傲的高空全景，望向窗外，可以看見城市裡老舊的樓板屋頂。那仍是一棟共同公寓，他們得與聲音尖細、長得像餃子的朵拉和她怕太太的丈夫同住，但屋裡有新的夾板家具，還有瓦斯——瓦斯！在列寧格勒，他們只有「布爾喬亞炭爐」[8]，總是在早晨來臨之前就會燒盡，使得牆壁結上一層薄霜。

最棒的還是樓房本身。這棟住宅興建於時尚的史達林帝國風格建築盛行的前一年，是個融合裝飾風和新古典主義元素的龐然大物。垂直的線條從一樓雄偉的敞廊竄起，看起來像管風琴，又或是五線樂譜。有關音樂的聯想並非偶然，特別厚實的牆壁——在那個竊聽盛行的年代真是有用極了——也是其來有自。這棟大廈是蘇聯作曲家協會（Union of Soviet Composers）的合作社，其中一小部分的公寓房間分配給軍方使用。母親搬進去的那個夏天，樂音從敞開的窗戶流淌出來。

一想到媽媽五歲時曾經和社會主義世界的喬治・蓋希文和歐文・柏林[9]比鄰而居，我就起雞皮疙瘩。直到現在，我還會在洗澡時哼唱這些人歡欣輕快的進行曲。這些樂曲打動了我，深植世世代代俄羅斯人的心裡——這當然也在計畫之中。「大眾歌曲」是形塑新蘇聯意識極為重要的工具。歌曲決定了那個時代浪漫英雄主義的調性；融合了個人與集體（kollektiv）、同志與國家。歌曲將陽光燦爛、勝利凱旋的樂觀心情傳入每戶令人窒息的共同公寓，頌揚勞動，鞏固意識形態——這一切，都融合在悅耳易記、教你無法停止哼唱的樂曲裡。

其實，媽媽對大眾歌曲挾帶的集體熱情無動於衷，但她卻逃不出寧卡的手掌心。驕縱蠻橫的寧卡是媽媽在這棟大廈裡最要好的新朋友，她是猶太交響樂作曲家和亞美尼亞鋼琴家的女兒，有著烏黑的眉毛和因為練習小提琴而生了厚繭的手指頭。她指派自己為媽媽的音樂老師。

「史達林的榮——耀像陽——光，永遠溫暖我們！拜託，你不是早就該把歌詞背起來了嗎？」她說。

「理性給予我們鋼鐵的翅膀做手臂，」她繼續唱，嘗試另一首熱門歌曲，並對著頻頻走音、正在努力跟上的媽媽皺起眉頭。「和火熱的馬達做心臟。」

「人類的身體裡有機械嗎？」媽媽問。

「這是一首讚頌『史達林雄鷹』（Stalin's Falcon）的歌！」

「什麼是『史達林雄鷹』？」

「我們蘇聯的飛行員！你這個無藥可救的笨蛋！」

天氣好的時候，寧卡會在大樓的防火梯為媽媽個別授課。「噢……是波科拉斯兄弟[10]！」她欣喜若狂地指著從樓下經過的兩個男人——一個高瘦，一個矮胖，都留著厚重而鬈曲的頭髮，像是戴著帽子一樣。媽媽沒聽過他們的歌曲〈三個坦克手〉（The Three Tankmen）嗎？收錄在電影《拖拉機駕駛》（*Tractor Drivers*）中啊？媽媽不願承認自己其實從未看過真正的電影（kino）。寧卡接著以完美的音準（她的確有絕佳的耳朵）唱起波科拉斯另一首「非常重要的」歌曲：「繁忙！強大！無敵！我的國家。我的莫斯科。你是我真正的愛！」我小時候，每當收音機裡傳來這首歌曲，媽媽總是會把它關掉。收音機經常播送這首歌曲。

寧卡的音樂霸凌令人厭煩，不過，如今媽媽至少能與納姆在遊行時跟著哼哼唱唱。納姆經常神祕失蹤，而且交代不清原因，不過只要回到莫斯科，他總是熱情地參與這些遊行。那些遊行……嗯，震耳欲聾，教人無法招架。而那些年幼的孩童又是怎麼回事呢？他們騎坐在爸爸的肩膀上，一看見史達林同志便大喊：「快看！爸爸（papochka）！好可怕的鬍子！」他們的爸爸眼裡滿是惶恐，用髒兮兮的大手掌摀住孩子的嘴巴。納姆從來不需要強迫拉莉薩或尤莉亞閉上嘴巴，他精力充沛、幽默風趣，方形的指甲乾淨而整潔。他還享有特權，能夠從紅場上專屬的觀禮座席看清楚領袖的講桌。「同志——你是『史達林雄鷹』嗎？」每當有媽媽在報紙的新聞照片上看過的飛行員和納姆握手，她便會有禮貌地小聲詢問。

就這樣——勞動節、行憲日、革命紀念日，還有歡迎飛行員和極地探險家的盛大儀式。人們遊行，孩子們吸吮著黏膩的「克里姆林紅星」棒棒糖。與此同時，就在城外，光是一九三八年一個忙碌的日子裡，內務人民委員部的祕密警察就在布托沃（Butovo）靶場槍決了五百六十二名「人民公敵」，將屍體埋入深溝。除此之外，還有成千上萬人喪命。德國歷史學家卡爾．施萊格爾（Karl Schlögel）在對紅場的描述中，總結了那個時代的氛圍：「一切都在此交會：彩帶紛飛的遊行和全民公決的殺戮、民俗節慶的氣氛和報復的渴望、喧鬧歡樂的嘉年華和仇恨的狂歡。紅場……既是露天的遊樂場，也是絞刑台。」

我在莫斯科出生。對我而言，童年時光裡七〇年代的首都彷彿一雙舊拖鞋，親密、熟悉而且令人安心。母親強烈的反蘇聯情緒確保了我一生中從未參與任何遊行，從來不曾端詳紅場的陵寢裡列寧上了妝的遺體。

但我經常夜不成眠，想像著媽媽——史達林全盛時期的莫斯科神話中，身材嬌小、不情願地跟著合唱的主角。新來的人們——從納姆這類向上晉升的黨特權分子，到逃離鄉村、流離失所的集體化政策受害者——淹沒了她童年的城市。大規模的建築工程不斷發出隆隆巨響，大街拓寬成十線道的龐然巨物；歷史悠久的教堂成了瓦礫，社會主義的公共奇觀自一個又一個巨大的坑洞中崛起。「繁忙！強大！無敵！」對於一個孤絕、憂傷的孩子來說，「社會主義祖國的心臟」該是多麼地難以承受。

有時候，我會揣想，媽媽緊緊牽著莉莎的手，搭乘電扶梯深入地下一百三十英尺，來到宛若宮殿、全新落成的莫斯科地鐵那電氣化的燦爛光輝之中。拉莉薩怎麼看待高貴的彩繪玻璃、大量的鋼鐵和彩色花崗岩？還有大理石——數量甚至多過歷代沙皇使用的總和。她是否曾經因為注視馬雅可夫斯基站（Mayakovskaya）挑高的地下圓頂中各式各樣的馬賽克拼貼——跳傘者、體操運動員和在巴洛克風格的藍色天空中盤旋的紅軍飛機——而覺得脖子痠痛？在革命廣場站一道道韻律感十足的拱頂下方，八十二座蹲伏著的等身大小銅像是不是真的那麼恐怖？難道媽媽從未像走進沙特爾教堂11的中世紀孩子一樣，目瞪口呆，肅然起敬？

媽媽始終是個異議分子。回首過去，她對於地鐵有些猶疑不定，一下子誇張地激動讚揚，一下子又嚴厲批評，說是邪惡的宣傳手法。

不過，提到「全聯盟農業博覽會」（All-Union Agricultural Exhibition），她則是毫不含糊。

「一九三九年九月，我六歲，」她說，「我見到了人間天堂！」

一個涼爽的秋日早晨，在莫斯科北邊，年幼的拉莉薩和家人穿過宏偉的拱門入口——維拉．穆希娜威風的雕塑作品《工人和集體農場婦女》12使大門顯得更加壯觀——漫步進入伊甸園。他們走過兩旁設有水舞噴泉的寬闊通道，朝著一座八英尺高的史達林雕像走去。在糖用甜菜館裡，「斯達漢諾夫」農民和他們分享成功故事。在星形的烏茲別克館大理石的庭院中，皮膚黝黑、臉蛋渾圓的婦女分送綠茶和飽滿的圓麵包。她們戴著繡飾的無邊帽，一條條髮辮從帽子裡垂落而下。烏茲別克人、塔吉克人、韃靼人！母親從來不曾想過，世上竟然有如此豐富多樣的面孔容貌和民族服飾。

博覽會的目的在於呈現蘇聯帝國輝煌成就的縮影，佔地延伸六百英畝，展示蘇聯各個共和國的異域風貌和——從酪農業至兔種飼育——幾乎所有農產領域的豐功偉績。共和國的展館都依「當地」的風格特色裝飾得美輪美奐——「民族特色的形式，社會主義的內容。」這是史達林——「全民族之父」——下達的指示。在亞美尼亞的粉紅色石灰岩展館裡，媽媽衝到一座巨大的水族箱前，山鱒魚在缸裡緩緩悠游、輕快掠過。在別具東方風情的喬治亞總部，亞熱帶的花園中柿子樹開著花，棕櫚樹搖曳，她和尤莉亞毫不遮掩地自低矮的樹枝上摘下柑橘。很快地，一切都變得模糊，令人眼花撩亂：社會主義模範雞蛋、粉紅色的獲獎豬——所有比生活更美好、更「真實」的事物。迷你的苗圃裡，黑麥、小麥和大麥萌發完美的新芽。參觀附設有文化俱樂部和育嬰室的迷你集體農場時，媽媽想起她蠻橫的朋友寧卡最喜愛的歌曲：「讓童話成真，我們為此而生。」多麼真實的一首歌，媽媽心想，舔去愛斯基摩雪糕[13]的巧克力外殼。

我可憐的異議分子母親：直至今日，在坦承的時刻，她仍然堅稱自己心目中理想的愛，便是手挽著手漫步在喬治亞館美麗的花園裡。不過，還是食物最能激起她的想像。她說，若閉上雙眼，她還能夠聞到烏茲別克館裡有著一道道條紋、飄散香甜氣味的阿突伊（adjui）甜瓜，嘗到和烏茲別克甜瓜一樣大、口感爽脆的哈薩克紅蘋果。感謝你，米丘林[14]爺爺！這位不可思議的蘇聯園藝育種家有句座右銘：「我們不能靜待大自然施予恩惠；我們的任務是向她討取。」

母親彷彿找到了（在遊行、刺耳的播音喇叭和「體制氣味」的宇宙之外）另一個嶄新的世界。這個發現點燃了她對食物的著迷，賦予了她一生活力的泉源。

「喝掉你的湯。再吃一塊肉餅。」莉莎的警告如今聽起來既吸引人又充滿關愛。這些細語呢喃向她透露一種遠比史達林同志的集體理想更加親密的幸福快樂。當納姆也在餐桌上的時候，生活似乎特別開心。有他在，莉莎會特別大方地從掛在窗戶外的箱子——史達林時代的冰箱——取出他們包裹在藍色紙裡的黨特權分子食物。

她會從箱子裡拿出名為「醫生香腸」的粉紅色大肉腸，或是媽媽最喜歡的小香腸。一口咬下，這些煮得緊繃的香腸會將帶著鹹味的湯汁噴射進你的嘴裡，配上灰綠色的罐頭甜豆子更是美味。尋常的商店沒有販售這種罐頭，媽媽和莉莎得大老遠去一間毫無招牌標示、由板著臉的警衛看守的倉庫購買。納姆被「分配」到這樣一間倉庫，許多莫斯科的大人物都是如此。而操作電梯的那位婆婆則與這樣的特權無緣，媽媽從她可憐的午餐——發臭的水煮蛋，撒上包在《真理報》小紙片裡的鹽巴——就看得出來。

賓客上門時，莉莎會做凝結在晶瑩肉凍裡的魚，和邊緣有美乃滋摺飾的小點心。賓客們——男士們穿著講究的海軍禮服、女士們有鮮亮的紅唇——帶來清新的秋日氣息和「快樂童年」（Happy Childhood）、「蘇聯北極」（Soviet North Pole）之類的糖果。一位海軍高階軍官送給他們一套餐具，上頭有金色的邊飾圍繞著兩朵粉紅色的小花。那可是非常重要的時刻。他們以這套餐具取代了不太搭配的缺角杯盤。同一位軍官還為莉莎帶來一本書。

《美味與健康飲食之書》（*The Book of Tasty and Healthy Food*）巨大而厚重，封面是暗沉的香芹綠色。媽媽翻開這本書，對著珍貴、夢幻的圖片倒抽了一口氣——擺滿銀器和水晶的餐桌、用番茄做成的玫瑰花瓣裝飾的牛肉料理、放在精美茶具之間的一盒盒巧克力和摺邊細緻的三角形蛋糕。這些畫面激起了媽媽在參觀農業博覽會時曾經感受的狂喜，召喚出俄羅斯民間故事裡能在彈指之間變出一桌佳餚的「神奇桌巾」（skatert' samobranka）。她又想起寧卡的那首歌曲。或許，莉莎能讓這個童話故事成真。她說過，書裡附有食譜，而且圖片中的餐具和他們方才收到的禮物一模一樣。

「魚」、「果汁」、「罐頭」（konservi）。有一天，媽媽嚇了莉莎一大跳，她會讀出書中的字了。書裡的、屋子裡的食品包裝標籤上的文字——在這些美味食物的名稱中，經常能看見一個陌生的詞彙：「米—高—揚」（Mi-ko-yan）。那是一種香腸嗎？還是肉餅——不是家裡平凡乏味的自製肉餅，而是從商店買來、炸得油亮香脆的漂亮貨色。「米—高—揚。」媽媽自言自語道。同時，莉莎正在為賓客準備晚餐，一絲不苟地對照她的餐桌擺設和香芹綠色封面的書裡的照片。在這些時刻，對母親來說，生活看起來還不錯。是的，全然美好。

★★★

米高揚——名阿納斯塔斯（Anastas），父稱伊凡諾維奇（Ivanovich）——來自亞美尼亞，是個身材矮小的布爾什維克分子，有鷹勾鼻，蓄著小鬍子——和同樣來自高加索的同胞史達林相比，他的鬍鬚要整齊利落得多。他的步伐快速且堅決，眼神尖銳得令人不安，但偶爾會招待來到辦公室請願的人們吃柳橙。克里姆林宮裡的人們還知道，阿納斯塔斯·伊凡諾維奇在別墅栽植了一種奇異（有人說奢侈）的蔬菜，叫蘆筍。阿納斯塔斯·伊凡諾維奇是掌管蘇聯食品工業的人民委員（narkom）。如果作家——如史達林所言——是「人類心靈的工程師」，那麼米高揚就是蘇聯胃口的工程師。

三年前——當時媽媽還未愛上「米高揚肉品加工廠」的小香腸、不曾翻開由他支持出版的綠色食譜——這位人民委員收拾好行李，準備前往克里米亞度假。那是他早就答應妻子阿什肯（Ashkhen）和五個兒子的假期。他順路來到克里姆林宮，向他的上司告別——米高揚以熟悉親暱的「你」[15]稱呼這位老同志。

「不如你改去美國吧？」史達林出人意料地提議。「一樣會是趟開心的假期。況且，我們需要研究美國的食品工業。」他宣布，「我們會把你最棒的發現移植到這裡來。」

米高揚揣摩「至高無上的領袖」的心意：這個提議雖然唐突，卻相當認真。即便如此，他還是回絕了：「我已經答應阿什肯，要和她一起度假。」米高揚可是出了名的愛家。

史達林想必心情正好。

「帶她一起去吧。」他提議。

倘若史達林沒有同意人民委員的妻子隨行，假使米高揚一家去了黑海曬太陽——誰知道蘇聯食物嘗起來會是什麼味道。

同樣令人納悶的是，在其他政治局官員紛紛遭到「肅清」或為他們前往古拉格的妻子送別的同時，這個亞美尼亞人怎麼能如此長時間保有史達林的寵愛。「比起馬克斯和列寧主義，阿納斯塔斯似乎對乳酪的種類更感興趣。」史達林曾巧妙地說，沒有一點責備。或許，逃入小香腸、臘腸和煉乳的世界，就是米高揚生存下來的祕密。過去，史達林遵循布爾什維克節制刻苦的舊生活方式，但如今他已養成了自己的一套品味。

一九三六年八月，一個悶熱的早晨，米高揚和他的美食小組搭乘「諾曼第號客輪」（SS Normandie）在紐約登陸。中途停留德國時，他們統一的「歐洲風格」服裝成了笑柄。在美國，這個蘇聯探險隊花了兩個月的時間，由東岸至西岸，以汽車和火車完成了一萬兩千英里的旅程。他們參觀了魚、冰淇淋和冷凍水果的工廠，考察美乃滋、啤酒和「膨脹種子」（米高揚這樣稱呼爆米花）的生產過程。一行人還研究了瓦楞紙板和金屬瓶蓋。威斯康辛乳業、芝加哥屠宰場、加州水果農莊——這不能算是他承諾阿什肯的假期。他們專注而熱切地在自助餐廳用餐——「資本主義的產物，但卻非常適合共產社會！」米高揚說道。一行人還研究了「梅西百貨」（Macy's）的陳設策略——三〇年代末在莫斯科出現、引領潮流的百貨公司將會仿效這個模式。

在底特律，亨利．福特（Henry Ford）告誡米高揚別在肉品生產上浪費時間。「肉是有害的。」他堅持。蘇聯勞工應該食用蔬菜、黃豆製品和水果。來自亞美尼亞的人民委員覺得福特真是古怪極了。

米高揚溫文儒雅但不苟言笑。在他晚年出版、稍嫌無趣的回憶錄裡，他忍不住滔滔不絕地誇讚美國行的偉大發現。那是一個高效率的工業化社會，值得史達林時代的俄國仿效。是急速冷凍技術，還是機械化擠牛乳（「斯達漢諾夫」擠奶女工哪裡比得上）使他留下比較深刻的印象？或是果汁？的確，俄羅斯缺乏足夠的柳橙，所以米高揚夢想將番茄汁打造成蘇聯的國民飲料（任務達成，學生時代，那紅色的東西令我作嘔）。對於採納西方資本主義世界的技術，和大規模標準化作業，這位始終務實的人民委員並無太多意識形態上的疑慮。在第二次世界大戰引發史達林的仇外情緒之前，那是國際主義正夯的蘇聯三〇年代。不同於邪惡陰險的英國，美國被視為友好的競爭者——雖然擁有美國親戚依舊能夠讓你住進古拉格。

或許，最令米高揚著迷的，還是那位在不鏽鋼烤盤上敏捷地料理肉餅的美國人。他將模樣古怪的肉餅插入剖開的小圓白麵包中，再加上酸黃瓜和少許的紅色醬料。「對於忙碌的人來說，這真是太方便了。」米高揚驚呼。何不讓蘇聯勞工在遊行或上「文化休憩公園」踏青時，吃到這種方便、便宜又飽足的點心？

米高揚得到史達林允許，砸下珍貴的強勢貨幣，購買了二十二組美式漢堡烤架。這些設備一天能夠應付兩百萬份的訂單。經過挑選，漢堡的生產在幾個主要城市裡啟動，並受到人們的歡迎。然而，第二次世界大戰爆發，麵包的部分就被草草略過了。在蘇聯的飲食計畫中，外賣肉餅雀屏中選，但不是包在麵包裡。

「就這樣？」我閱讀著米高揚的回憶錄，倒抽一口氣。

「就這樣？」我將書遞給母親，她也倒抽了一口氣。

這就是五個世代的人們童年裡，那教人激動哽咽的懷舊享受——蘇聯正統的、神話般的、商店裡買來的肉餅？那就是它？搞丟了麵包的替代漢堡？米高揚還提到了蘇聯冰淇淋的由來，又再度重創了我心中殘存的食物愛國情懷。冰淇淋（morozhennoye）——我國的驕傲？那石頭般堅硬的普隆比爾冰淇淋？——我還曾經冒著零下三十度的低溫，舔食上頭誘人的奶油玫瑰花結。媽媽兒時遠足吃的愛斯基摩雪糕？沒錯，全都是米高揚引進美國技術的產物。這位精明內行的亞美尼亞人甚至覬覦可口可樂，但沒能取得糖漿的配方。至於香腸和大肉腸——最典型的蘇聯食物代表——用米高揚的話說，則是「換了國籍的」德國香腸。這些就是我們滿載意識形態的國產瑪德蓮。

米高揚自美國帶回大量的樣品、資訊，為自己和妻子添購了新裝。他還送給兒子們米老鼠原子筆，但沒過多久就在他們就讀的政治局官員子女學校裡被偷了。

由於俄羅斯的消費市場才剛剛起步，人民委員能夠自美國引進許許多多的新奇事物——從大量生產的冰淇淋（不過當時還是以手工製造）、玉米穀片（kornfleks），再到即食食品的概念。一則一九三七年的報紙廣告甚至建議蘇聯人擁抱一種「每位美國家庭主婦的櫥櫃裡都有」的「香辣調味佐料」——番茄醬！不過，史達林也並非照單全收。他說，俄羅斯的冬日很長，所以用不著按米高揚的建議，生產奇異（GE）式的家用冰箱。況且，重工業工廠正在忙著消化國防訂單。所以，直到戰爭結束之前，蘇聯人只好繼續將箱子掛在窗外，湊合著用。

史達林本人對米高揚的工作非常感興趣。說來這位領袖對許多事情都很感興趣。當他不忙著在處決命令上簽字、審查圖書或放映《伏爾加—伏爾加》的時候，這位「共產主義的旗手」對魚（「我們怎麼不像以前一樣賣活魚呢？」）和蘇聯香檳都有自己的見解。他喜愛甜氣泡酒，企圖全面禁止原味香檳的製造，但米高揚對此堅決不肯讓步。至於肥皂泡沫呢？當然。米高揚回憶史達林與他殘酷嗜血的黨羽莫洛托夫和卡岡諾維奇[16]如何又摸又嗅，評論試用品，決定應該生產哪種肥皂。「我們史達林同志有無疆的智慧。」談到肥皂事業，米高揚誇張地說。顯然，蘇維埃人的洗澡習慣是事關重大的國家議題。

米高揚也是一位偏執的管理者，非常講究細節。他嘗試每種新食品，核可所有的配方和標籤設計，批准對陰謀、破壞者的懲罰處分。史達林快樂、富足、歡娛的指示變得愈來愈難以收拾。「生活已經變得更好了，」米高揚在一份報告中寫道，「所以我們必須生產更多香氣迷人的高品質雪茄。」在一次演說中，他還提到：「少了足夠的啤酒和利口酒，我們又怎麼會有開心的生活？」在那個年代的食品產業雜誌裡，員工總是看起來洋溢著喜悅和熱忱。他們甚至受到史達林的信條啟發，製作了一齣名為《富足》（*Abundance*）的業餘戲劇表演，出場的角色包括一群唱著歌的香腸。其中一位飾演香腸的同志還回憶起，她以史坦尼斯拉夫斯基[17]的方法詮釋自己的角色。

或者，請試著想像：勞動節，「米高揚肉品加工廠」的遊行隊伍高舉著那個小鬍子亞美尼亞人的肖像，正朝著紅場行進。一群喜氣洋洋的兒童代表捧著鮮花，在「**謝謝你，史達林同志，給我們快樂的童年**」的標語下邁開步伐。一旁的橫幅上繪有小香腸、臘腸和培根——蘇聯優良煙燻製品的象徵。

類似的場景在這個政權最凶殘的十年間持續上演，其中的詭異荒誕令人遲疑。未來的半個世紀，富足依然是個神話。在三〇年代和往後的日子裡，對於未被分配到特權商店的人們來說，基本必需品的短缺是難以承受而且永無休止的現實。不過，即便如此，媽媽年長的朋友們同樣鮮明地記得，戰爭以前，每逢節慶前夕，巧克力、香檳、魚子醬和燻魚總會神奇地突然出現在商店裡。

一九三七年，米高揚最喜愛的「紅色十月巧克力工廠」（Red October Chocolate Factory）生產超過五百種甜食，他的肉品工廠製造將近一百五十種肉腸。的確，這些食品主要只在大城市的旗艦商店裡販售——人口僅佔百分之二的莫斯科，分得了全國百分之四十的肉類配給。的確，相較於奢華的產品，普通食物經常為人們所忽視。香檳、巧克力和煙燻鱘魚全都成了耀眼的政治象徵，助長了假象，使人們以為，沙俄時代的耽溺享樂已經不再是少數人的特權。不過，在米高揚建立社會主義消費文化——諷刺的是，以西方模式作為基礎——和普及特定食物的過程中，他也將快樂的時光傳遞給市井小民。黑麥麵包上一片粉紅色的臘腸、遊樂市集的愛斯基摩雪糕——在恐怖的年代，這些微不足道的象徵也有著關乎存在的美妙滋味。

一九五三年，史達林逝世之後，祕密警察頭子貝利亞隨即遭到處決，莫洛托夫實際上被放逐外蒙古，但米高揚卻發達了。他選擇和勝利者站在一起的能力一如他不可思議的管理長才。他支持史達林對抗托洛茨基，然後在赫魯雪夫時代又譴責史達林的遺毒，攀上最高蘇維埃主席的高位。他贊成罷黜赫魯雪夫，在布里茲涅夫執政下仍舊得寵，並於一九六五年機智地退休。十三年後，他壽終正寢，安詳辭世。

一首短歌總結了他的生涯經歷：「從伊里奇到伊里奇（列寧和布里茲涅夫相同的父稱），沒有心臟病發（infarkt），也沒有中風（paralich）。」

他的臘腸和香腸的生命力則是更加強韌。和我的母親一樣，小時候，我還以為「米高揚」是一種肉餅的商標。對我們來說，他就像「紅色傑米瑪阿姨」和「大廚波亞爾迪」[18]。「米高揚肉品加工廠」仍在營運，如今還生產真正的漢堡。

★★★

七〇年代，蘇聯的猶太人開始移民，許多人將米高揚厚重的食譜收進他們卑微的四十磅行李中。《美味與健康飲食之書》成了極權主義版本的《烹飪之樂》[19]——人們太喜愛這本廚房聖經，即使要逃離出版它的政府，也依舊得將書帶在身上。然而，這本書香芹綠色的封面並未保持太久，它的顏色——實體和政治意義上的顏色——隨著政權更迭和版本而變化：共有十二版，印行超過八百萬冊，至今仍然暢銷。其中，就屬一九五二年的版本最具代表性、最政治化，我稍後還將提及。

不過，媽媽拋下了她的書。當年，對她而言，這本曾經教導她和她的母親良好社會主義持家技巧的破爛舊書，彷彿散發出意識形態的輻射。她甚至鄙視那些印有蘇聯食品產業標誌的俗麗照片——這些照片的主要目的在於推廣這樣的訊息：國家是我們唯一的供應者。

二〇一〇年秋天，我向母親展示米高揚這部傑作一九三九年的版本。她先是退縮了一下，然後瘋狂地著迷不已。「單調、無趣的食譜。」她嘴裡念著，依循書本起勁地做出一桌好菜，對照她皇后區的餐桌和照片裡的擺設——七十年前，在莫斯科，她的母親也曾經這麼做。她為「史達林式巴洛克風格」的蟹肉沙拉擠上美乃滋花邊，將番茄雕刻成玫瑰花瓣，把魚困在凝凍裡，用肉、胡蘿蔔、包心菜和甜菜做成肉餅。每天晚上，她都打電話給朋友，指著那本書的前言裡，對「人類幾世紀以來建構共產社會……享受富足、幸福、快樂生活的夢想」的浮誇祈願大吼大叫。

「我才不是懷舊。」她糾正我。「我只是喜歡舊食譜。而這一本，哇，還真是古董！」

接著：「安紐塔，受害者愛上折磨他們的人……那叫什麼症候群來著？」

然後是：「是你拖我下水的！」

最後：「那又如何？所有的食物我都喜歡。」

但她從來不承認自己的情感。

★★★

一個強風大作的星期六夜晚，媽媽上了年紀的朋友們齊聚在她的餐桌前，享用一頓三〇年代風格的晚宴。桌上擺放著裝飾用的水晶碗和幾瓶甜膩的「蘇聯牌香檳」。

最初，女士們就像那些早已埋葬過去的人們一樣，帶著謹慎的疏離感回憶她們史達林時代的童年。但隨著每次舉杯祝酒，恐怖和快樂的碎片源源湧現、混合交融。她們談到那個時代可怕的靜默，和被逮捕者的家人病態的痲痺癱軟。緊接著，她們回想起那陣喧囂。

「活在三〇年代就像置身在金屬熔爐裡，」伊娜（Inna）說道，「沒完沒了的鼓聲和歌曲、街上的擴音器、家家戶戶大聲播放的收音機。」

「那是瘟疫年間的盛宴。」另一位朋友蓮娜（Lena）引用普希金的劇名[20]說道，「每一天，你都為躲過逮捕而感到高興，就連聞到房子裡柑橘的氣味都覺得開心！」

「小時候，我非常確定，是我的父親殺死了基洛夫。」穆夏是個八十多歲的列寧格勒人，她用清晰、堅定的聲音說道。「不然，晚餐的時候，他和我的叔叔為什麼要默默地互傳紙條？」

曾經想過要告發他嗎？伊娜問。

穆夏激動地搖搖頭。「我們列寧格勒人討厭史達林！」她回應。「我們是全國最早知道的。」穆夏的叔叔被逮捕時，幾位穿著長大衣的男人現身，沒收了家裡的家具。一些時日之後，穆夏在一間二手家具店裡認出他們的椅子和餐具櫃。她興奮地跳了起來，擁抱、撫摸藍色的絨布椅墊。她的母親只是將她拉開。「那一刻，我失去了純真。」穆夏說。

「我一直很天真——史達林過世之前，我什麼都不知道。」卡嘉（Katya）承認。卡嘉以前是位翻譯，活潑迷人，年近九十，會抽菸，罵起人來依然像個水手一樣。她在烏克蘭的鄉間長大，是個「真正的蘇聯兒童」。對她來說，幸福就是當媽媽用熨斗燙平她遊行時穿著的裙子上的褶襉時，屋子裡暖烘烘的乾淨氣息。還有，跟著人群歌唱。

「我也壓根不知道史達林的罪行。」伊娜非常小聲地插話，緊張地摸了摸她完美無瑕的髮髻。「但我恨他，因為他帶走了我的母親。」她指的是，她狂熱的母親將自己的力氣全都奉獻給了黨。「她注意到我，抱我，答應要幫我補襪子的那一天，我上床睡覺時，覺得自己是這個星球上最最快樂的孩子。」伊娜告訴我們。她的母親始終沒有為她縫襪子。當伊娜的母親因為她移民而被迫放棄黨證時，「她像野獸般嘶吼大叫。」

女士們飲盡杯中的香檳，吃完媽媽的蘇聯風格巧克力糖，準備離開。「活在史達林時代，」

在門邊，伊娜思索著，「我們審查自己的思想，只要浮現不好的想法就覺得惶恐。然後他死了，我們繼續自我審查，清除所有童年幸福快樂的痕跡。」眾人點頭同意。

★★★

一九三九年寒冷的秋天為媽媽的防火梯音樂課畫下句點。她和好友寧卡找到了新的消遣：幫忙大樓裡年紀較長的孩子們抓間諜。在那個偏執多疑的俄國，所有的兒童都會玩抓間諜的遊戲。人人都有嫌疑，譬如說，那位外套上只有一顆奇怪的金屬鈕扣、負責操作電梯的女士。抑或是捨棄無產階級扁帽，戴眼鏡或軟呢紳士帽的同志們。

媽媽和同伴們沿著曲折的巷弄，穿越陰暗幽深的拱道（podvorotni），進入寂靜隱祕的中庭，追逐背叛祖國（Rodina）、邪惡可惡的嫌疑犯。媽媽很喜歡那些拱道。拱道裡總是瀰漫尿騷味或秋葉腐爛的難聞氣息。在其中一處，有一位戴著破舊貝雷帽的老太太叫賣一個舊娃娃，要整整四十盧布。這個娃娃有別於常見的光頭、咧嘴笑著的蘇聯玩具嬰兒，有淡黃色的頭髮，穿著磨損、脫線的天鵝絨洋裝，還有漢斯·克里斯蒂安·安徒生（Hans Christian Andersen）悲傷的童話故事裡憂鬱的眼神。十一月底，納姆終於應她要求買下玩具，媽媽在家裡吸聞這個娃娃帶著霉味的祕密。第二天早晨，納姆就出遠門去了。

十二月挾雜著柔軟而輕薄的雪和樅樹的樹脂香氣，大批粗魯無禮的城外人蜂擁而至，擠進商店裡。對於蘇聯人來說，新年慶典還是一件新鮮事。有的人只是將包著錫箔紙的核桃掛在樹上；莉莎則是將一顆閃亮的克里姆林星插在樹梢，並且為拉莉薩和尤莉亞買了禮物。媽媽只想要給娃娃的東西。納姆音訊全無，莉莎的臉上顯現心不在焉的憂愁神情。她安靜地排隊購買玩具、洗衣板和迷你餐具組——看起來和米高揚香芹綠色封面食譜書裡的餐具一模一樣。

日復一日，媽媽參考那本食譜，裝飾娃娃屋。每一天，莉莎都翻閱那本書，做出一鍋鍋肉餅和一盤盤農家乳酪薄餅（korzhiki）。很反常地，她烘焙精製費工的乾杏桃派，專心地聆聽電梯接近的哐噹聲響——但那總是朵拉或住在隔壁的作曲家們。大部分的派都被寧卡和波科拉斯家的孩子們吃掉了，他們吃得很開心，媽媽的心中卻充滿愁思。

為了迎接除夕，莉莎鋪上全新的桌巾——深紅的顏色好似劇院裡的布幕，摸起來舒適得像泰迪熊的面頰。納姆沒能回家欣賞這塊桌巾。煙火在克里姆林宮的鐘樓上空綻放，「蘇聯牌香檳」卻還未開瓶。

「沒什麼，說不定沒什麼（Nichevo, mozhet nichevo）。」最近，當媽媽躲在桌子底下，咀嚼桌巾的垂穗時，經常聽見鄰居朵拉低聲地對莉莎說。

「沒什麼，沒什麼（Nichevo, nichevo）。」媽媽對她的娃娃喃喃低語，舔去臉頰上的淚水。娃娃的雙眼告訴她，她全都明白：媽媽肚子裡的絕望蠕蟲、父親消失的謎團和令她苦惱的疑慮

——「璀璨的未來」是不是錯過了他們？媽媽撫摸娃娃淡黃色的頭髮，為娃娃編髮辮。她絕望地企求，至少能讓她沉默的朋友過上幸福、富足而快樂的生活。她有個靈感。趁莉莎不在的時候，她拿來剪刀。她裁下的第一片桌布並不合適，所以她又剪了更多，做成娃娃的桌巾和床罩。當一切大功告成，娃娃屋的屋頂上覆蓋了紅色的絨布，地板則鋪有金色的垂穗。

看到媽媽做的好事，莉莎用洗碗布胡亂地打了她，但少了往常的力氣。那一天，還有在那之後的好幾個日子，她不停地尋找納姆書桌抽屜的鑰匙。她試著判斷，此刻，是否應該將納姆寫下、鎖在抽屜裡的那封信念給拉莉薩和尤莉亞聽。在信裡，他要孩子們愛他，愛她們的母親，愛她們的祖國——不論在他身上突然發生了什麼事。

譯註

1·指一九三七年的最高蘇維埃（Supreme Soviet）選舉。最高蘇維埃意指「最高會議」，是蘇聯最重要的立法機關。此次選舉為一九三六年憲法頒布後的首次選舉。

2·奧西普·埃米里耶維奇·曼德爾施塔姆（Osip Emilyevich Mandelstam, 1891-1938）為著名俄羅斯作家、詩人，異議色彩濃厚，曾二度被捕，最後在赴勞改營途中的中轉營內去世。遺孀娜傑日達·雅可夫列夫娜·曼德爾施塔姆（Nadezhda Yakovlevna Mandelstam, 1899-1980）致力保存丈夫的作品。著有回憶錄《心存希望》（*Hope Against Hope*）、《被放棄了的希望》（*Hope Abandoned*）等書。

3·亞歷山大·伊薩耶維奇·索忍尼辛（Alexander Isayevich Solzhenitsyn, 1918-2008）為蘇聯異議作家，諾貝爾文學獎得主，著有《古拉格群島》（*The Gulag Archipelago*）等作品。

4·弗雷德·亞斯坦（Fred Astaire, 1899-1987）和琴吉·羅傑斯（Ginger Rogers, 1911-95）為紅極一時的美國演員，曾搭檔演出多部音樂劇作品。

5·黨特權分子（nomenklatura），或譯「特權名單制度」，指受惠於共產黨專政的幹部制度，享受特殊利益的權貴階層。

6·指第二章提及的烏克蘭飢荒（Holodomor，本意為「以飢餓滅絕」）。除了自然因素外，人為政策亦是導致災難的重要原因。因此，一九三二至三三年的飢荒又被視為蘇聯政府針對烏克蘭人的種族滅絕事件。

7·「唐·培里儂」（Dom Perignon）為歷史悠久的法國香檳品牌。

8·「布爾喬亞炭爐」（burzhuika）是當時極為普遍的小爐子。「布爾喬亞」的名稱由來可能與當代中產階級「吃得多，生產得少」、挺著大肚子的形象有關。

9·喬治·蓋希文（George Gershwin, 1898-1937）和歐文·柏林（Irving Berlin, 1888-1989）為知名的美國作曲家，兩人皆有俄羅斯猶太血統。

10·山繆·波科拉斯（Samuel Pokrass, 1897-1939）、德米特里·波科拉斯（Dmitry Pokrass, 1899-1978）和丹尼爾·波科拉斯（Daniel Pokrass, 1905-54）三兄弟皆為著名作曲家。其中，山繆·波科拉斯於一九二四年離開俄羅斯，輾轉移居美國，日後活躍於好萊塢。

11·沙特爾教堂（Chartres Cathedral）位於巴黎南方，於一二二〇年落成，是法國極具代表性的哥德式建築。

12·維拉·伊格納季耶夫娜·穆希娜（Vera Ignatyevna Mukhina, 1889-1953）是蘇聯知名藝術家，巨型雕塑《工人和集體農場婦女》（*The Worker and the Kolkhoz Woman*）被視為蘇聯精神的象徵。這件作品在一九三七年的巴黎世界博覽會首次亮相，隨後拆卸運回莫斯科，修復、組裝之後落腳「全聯盟農業博覽會」入口處，即今日的「全俄展覽中心」（All-Russia Exhibition Centre）北口。

13·愛斯基摩雪糕（Eskimo pie）源自美國，是一款包覆巧克力外殼的冰品，於一九三七年引進蘇聯。如今，在俄文中，愛斯基摩雪糕已不當作商標，而是泛指類似的冰品。

14·伊凡·弗拉基米洛維奇·米丘林（Ivan Vladimirovich Michurin, 1855-1935）為蘇聯著名園藝學家、植物育種學家，畢生從事遺傳科學研究，成功改良、培育果樹多達三百餘種。

15·俄文中，以「你」（ty），而非「您」（vy）相稱是親密的表示。

16·拉札爾·莫伊謝耶維奇·卡岡諾維奇（Lazar Moiseyevich Kaganovich, 1893-1991）為蘇聯政治家，曾任政治局官員等黨政要職，是史達林最重要的心腹之一。

17．康斯坦丁．謝爾蓋耶維奇．史坦尼斯拉夫斯基（Konstantin Sergeyevich Stanislavsky, 1863-1938）為知名俄羅斯劇場藝術理論家，是莫斯科藝術劇院的創立者之一。

18．「紅色傑米瑪阿姨」（Red Aunt Jemima）和「大廚波亞爾迪」（Chef Boyardee）皆為美國知名食品商標；前者以煎餅著稱，後者以生產罐裝義大利麵聞名。

19．《烹飪之樂》（*Joy of Cooking*）由艾爾瑪．隆包爾（Irma Rombauer）所作，為極具代表性的美國食譜書。

20．指《瘟疫年間的盛宴》（*A Feast During the Plague*）。該劇是普希金於一八三〇年創作的「小悲劇」作品之一。

★1940年代

子彈與麵包

一九四一年六月二十一日的那個週末，為了慶祝夏天正式來臨，莉莎總算告別了無精打采的冬令熱甜菜湯，改做清涼的夏日版本。當季初採的小黃瓜和小蘿蔔爽脆又有活力，使清香濃郁、滋味甜美的湯更顯得生氣盎然。一陣寒冷的日子過去，星期六的天氣美妙極了。陽光照耀在普希金廣場（Pushkin Square）的花圃裡口紅般豔麗的鬱金香和漂亮雅致的白色百合花上。大道環路（Boulevard Ring）上瀰漫著矮牽牛花的芬芳氣息。莫斯科河岸邊，女孩們穿著輕薄的畢業禮服，從相擁的愛侶身旁飄然走過。夏日的計畫、被偷走的吻，還有為別墅假期準備、藍白二色的「米高揚煉乳」罐頭。不知怎麼地，就連公園裡叫賣櫻桃汽水的婆婆們都看起來年輕了好幾十歲。空氣中洋溢著令人激動的快樂氣氛——至少，星期六，當媽媽和尤莉亞與她們的父親一起散步的時候，她是這麼覺得。

納姆已經回到他們身邊——即使時間非常短暫。一九三九年，他突然失蹤，引起大家一陣恐慌。莉莎還以為他被逮捕或是死了。在此之後，他消失得更頻繁，失蹤的時間也更長。一天早晨，莉莎坐在媽媽和尤莉亞的小床上，向她們解釋爸爸的工作。

「蘇聯間諜？」媽媽興奮地尖叫。

「不，不！是情報員（razvedchik）。」

聽起來同樣刺激。為了防範爸爸的祕密落入「人民公敵」的手中，媽媽和尤莉亞開始偷偷摸摸地吃掉他的文件。她們將紙頁撕成碎屑，泡進牛奶裡，然後盡責地咀嚼，一把接著一把。在她們看來，這樣的行為很是英勇——直到納姆因為她們吞下了儲蓄銀行（sberkassa）的文件而大發雷霆。

女孩們已經學會將他的消失和異國的名字聯想在一起；她們知道自己的禮物來自何方。一九三九至四〇年冬天的蘇芬戰爭——俄軍在這場不幸的大屠殺中損失慘重，卻也取得了天寒地凍的拉多加湖（Ladoga Lake）沿岸一大片的戰略要地——為拉莉薩和尤莉亞帶來豪華錫盒包裝的芬蘭奶油餅乾。以精緻、輕薄的棉料織成的淡黃色絲巾，是女孩們從一九四〇年七月蘇聯對愛沙尼亞醜惡的佔領中贏得的戰利品。納姆在斯德哥爾摩的情報任務，則帶來飾有皮草的天藍色公主大衣。斯堪地那維亞和波羅的海地區是納姆的專業。他未曾提及醜惡的部分。

如今，他們一家六口住在作曲家之屋的兩個共同公寓房間裡。莉莎鰥居的父親從奧德薩搬來與他們同住，總是在女孩們睡覺的客廳裡打呼。楊可爺爺既熱情又陰鬱，他已經退休，是個上了年紀的猶太共產主義者，也是一位前「斯達漢諾夫」時代的模範勞工。他討厭《塔木德》和《聖經》。當他坐在廚房裡，一遍又一遍地把《全聯盟共產黨歷史簡要課程》（*The Short Course of the History of the All-Union Communist Party*）抄進筆記本時，媽媽總愛拉扯他的鬢角。楊可爺爺將史達林的這本黨教義問答背了下來，牢牢記在心裡。

才出生不久的弟弟薩什卡比較吵鬧。五月，莉莎產下他的時候，納姆人在瑞典。在產科病房裡，當莉莎見到護士為某位幸運的新手媽咪（mamochka）送來一大束粉紅色的玫瑰，她的心幾乎碎了。「至於你，」護士笑著說，「看看窗外。」納姆在樓下揮手，咧嘴笑著。嬰孩誕生之後，他便不曾再離開莫斯科了。

六月二十一日星期六深夜，薩什卡沒有哭泣，爺爺也沒有打呼，但媽媽仍然無法入睡。或許，是因為太過興奮——隔天，她說不定有機會在莫斯科馬戲團見到大名鼎鼎的黑猩猩米奇（Mickey）；又或者，是因為十點過後，雷雨風暴劃破了寧靜無風的天空。媽媽好幾次從不安的睡夢中醒來，見到納姆在房間裡，蹲坐在他的拉脫維亞VEF短波無線電收音機旁。收音機閃爍的綠光和那不是俄語的說話聲——「哈囉……嗶——嗶——嘻——（Bee Bee See）」——終於哄著母親進入夢鄉。

納姆將耳朵貼近收音機，握緊拳頭。該死的VEF！若不是女孩們正在睡覺，他早就把它砸成碎片了。那是星期日，天剛破曉。因為雜訊干擾而劈啪作響的境外廣播已經宣布了過去幾個月來，他和上級長官們幾乎確信不疑、反覆提出的警訊。他的小皮箱早在一個星期前就已經打包妥當。總部怎麼沒有呼叫？為何他必須蹲坐在尖銳刺耳、嗡嗡低鳴的收音機旁接收資訊？畢竟，情報紛紛湧現，教人應接不暇；而早在一年多前，他就已經呈報了新蘇聯—波羅的海邊界的威脅動靜。六月十四日，塔斯社（TASS）發表聲明，否定與俄羅斯簽有互不侵犯條約的納粹德國來襲的可能，並將這個傳聞駁斥為卑劣的謠言。國防高層為之駭然。不過，塔斯社之所以發布這項消息，是得到了「領袖」（Vozhd）本人的指示。某些高階指揮官度假去了，其他人則去欣賞歌劇。

與此同時的前一日傍晚，一小群神情凝重的人們緊張地聚集在史達林位於克里姆林宮內的辦公室，其中包括納姆的最高長官——海軍人民委員庫茲涅佐夫[2]將軍。隨行的還有米哈伊爾．佛倫佐夫（Mikhail Vorontsov）上尉——外公的舊識，幾個月後還將成為他的直屬上司。佛倫佐夫在柏林擔任蘇聯海軍武官，才剛回到莫斯科。他警告，希特勒隨時可能出兵。幾個月來，史達林不斷地聽聞類似的詳細情報，但他總是輕蔑地——甚至憤怒地——駁斥這些消息。這場會議沒等他的新任軍政領導人格奧爾基．朱可夫將軍[3]出席便開始了，其中的意義不言可喻。

然而，這些徵兆實在太過凶險不祥，令人難以忽視。「大獨裁者」顯然有些焦慮。晚上八點鐘左右，朱可夫將軍從國防委員會來電：一位變節的德軍士兵越過邊界，警告說天一破曉，攻擊便會展開。過了午夜，他再度來電：另一名逃兵也帶來同樣的消息。史達林不情願地發布「高度警戒」命令——附帶令人不解的提醒，要求蘇軍切勿回擊德方的「挑釁行為」。同時，他以偽報資訊為由，下令槍斃最後一位叛逃而來的德國軍人。

這夜，在別墅裡，經常失眠的領袖顯然睡得相當深沉。天剛破曉，朱可夫來電，在線上足足等候了三分鐘。

「德軍正在轟炸我方城市！」朱可夫通報。

電話另一端傳來沉重的呼吸聲。

「你明白我在說什麼嗎？」朱可夫問。

回到克里姆林宮，史達林看起來悶悶不樂，甚至有些沮喪。他的麻臉顯得非常憔悴。他拒絕對全國民眾發表談話，授權給時任外交人民委員、有嚴重口吃的莫洛托夫。希特勒的「巴巴羅薩行動」（Operation Barbarossa）——戰爭史上最大規模的入侵計畫，動員了超過三百萬德軍與軸心國的增援兵力，影響範圍包含波羅的海至黑海間的所有區域——成功地啟動了，令人措手不及。

六月二十二日一早，拉莉薩躺在床上，透過半闔的雙眼，看到父親以她未曾見過的強大力量將母親擁入懷裡。早在納姆簡短的宣告——戰爭——之前，她已經從那絕望而肉慾的擁抱中明白：沒有馬戲團可看了。

中午，他們全都站在黑色的碟狀廣播擴音器下方、驚惶失措的人群當中。

「蘇聯的人民們！……今天，早晨四點……德軍……無視……互不侵犯條約……已經攻擊我們的，呃，嗯，國家……」

幸好，莫洛托夫同志的口吃並不如往常嚴重，但他結結巴巴的模樣像極了正在吃力地閱讀晦澀難解的文件、苦苦掙扎的小職員。「我們是正義的一方，敵人終將潰敗。」全世界最糟糕的演說者作了這樣的結論。

「背信忘義是什麼意思？」莫斯科的孩子們都在問。史達林出了什麼事？他們的父母則納悶著，加入商店裡購買鹽巴和火柴的人潮。

當日午後二時，在列寧格勒火車站[4]的發車月台上，母親身陷令人痛苦的混亂之中，忍不住欣賞納姆時髦好看的灰色便服。

「拜託，拜託，你把那頂帽子脫了。」莉莎追著火車大喊。「一戴上了它，你看起來就像個猶太人──德國人會殺死你的。」

七月三日，「全民族之父」終於說話了。

「同志們！人民們！兄弟姊妹們！我在對你們說話，我的朋友！」

那是一場極為動人的演說。「兄弟姊妹」這句話被寫入歷史、流傳了下來，大概是史達林唯一一次以非神格化的、家人般的姿態稱呼俄羅斯人民。私底下，史達林甚至更不像神。不過，這一面直到他逝世多年後才為人所知。

「列寧留下了偉大的遺產，而我們卻搞砸了。」演說前幾天，在國防委員會一場慌張忙亂的會議之後，殘酷無情的朱可夫將軍嗚咽著奪門而出，領袖失落地脫口說道。

的確。在史達林向全國人民發表談話之前，德軍已經橫掃三個戰線，長驅直入蘇聯境內四百多英里。十月底，俄軍戰俘人數已達三百萬人。德意志國防軍（Wehrmacht）如浪潮一般怒號──猛攻強襲的裝甲坦克、空中的納粹空軍（Luftwaffe）和殿後的黨衛軍部隊（ＳＳ）直到一年半以後，才在史達林格勒（Stalingrad）首度受挫。

不過，在納姆離去之後，媽媽倒覺得莫斯科的生活一切如常——即使事實並非如此。人們將防毒面具帶回家，那些面罩彷彿凶險不祥的象鼻。在前往徵集點的途中，雙眼紅腫的女人一路上緊握著丈夫和孩子的手。楊可爺爺將膠帶十字交叉，貼在窗戶上，並且按照規定覆蓋深色的窗簾。空襲警報的哭號喚醒了媽媽熟悉的惶恐和愁思，但如今還伴隨著熱血沸騰的興奮感覺。不知怎麼地，和愁思相比，恐懼（strakh）似乎更容易忍受。穿著一身衣物入睡，床邊放著裝有飲水和食物的旅行背包，隨時準備好匆忙逃進空襲避難所——很可怕，卻也有一點刺激。

隨著一次又一次的空襲過去，在作曲家之屋下方才粉刷過的黑暗避難所裡，熟悉的面孔愈來愈少。擴音喇叭頻頻催促待在城裡的莫斯科人撤離。「真是荒唐，」莉莎不停地喃喃自語，「不是說戰爭就快要結束了嗎？為什麼還要離開？」八月中旬，他們在避難所的混凝土地板上待了特別漫長的一夜。隨後，一家人回到房裡，莉莎將窗簾拉開。七十年過去了，她的驚聲尖叫依舊在母親的耳邊回響。

在清晨灰暗的光線中，媽媽喜愛的莫斯科瓦板屋頂全景陷入一片火海。

早上七點鐘，電話響了。疏散的船當天就要啟程。幾個小時內，納姆總部裡的人就會來接走他們。

莉莎站在客廳裡，覺得不知所措。在此之前，她正心煩意亂地填充枕頭，一包包棉花和枕套散落在她的身邊。她身高五呎，三十一歲，瘦弱得像個少女，尚未自分娩後的疲憊中恢復過來，不僅性格脆弱，也優柔寡斷。

謝爾蓋的男中音將她從恍惚中喚醒。他是司機。都準備好了嗎？他看了一眼四散的棉花，便旋風似地開始收拾行李。

「你的冬季大衣呢？在哪裡？」

「冬季？拜託，在那之前戰爭就會結束了！」

「這些是誰的衣服？」

「我丈夫的──但別碰。他不需要──他在打仗。」

謝爾蓋打開門廊裡的大箱子（sunduk）。那是個輕便的藍色箱子，過去歸一位阿姨所有。她早已逃往國外，在美國經營養雞場，而箱子裡依舊裝著她的物品。謝爾蓋拽出克拉拉（Clara）阿姨的舊襯裙，將納姆時髦的西裝、閃亮的白色襯衫和他出任務時繫的領帶全都塞進那個藍色的大箱子裡。空氣中彌漫防蟲藥丸的氣味。外公的舊羊皮大衣、莉莎毛茸茸的奧倫堡披肩[5]、女孩們的毛氈靴。謝爾蓋將行李整理妥當，同時提起兩個女孩，對著她們哈氣搔癢。他有開懷的微笑和誠懇的斯拉夫藍眼睛。除此之外，他還患有嚴重的肺結核，更將肺結核傳染給孩子們。

房屋管理員依照規定將公寓房間封了起來。就在他們即將抵達河船碼頭的時候，莉莎放聲尖叫：他們忘了薩什卡。謝爾蓋趕忙回頭，一家人則在船上焦急地等候。謝爾蓋及時把嬰兒送到，露出燦爛的微笑。

★★★

「但他幸運嗎？」大家都知道，拿破崙曾經在拔擢一位將領時這麼詢問。

我的外公，納姆．所羅門諾維奇．弗倫姆金的好運氣是家族裡的傳說。在這方面，他可是一位媲美波拿巴（Bonaparte）的奇才。「外公，」瑪莎（Masha）表姊會拉扯他舊軍服肩章上的三顆金星，苦苦地懇求，「說說你的車被炸毀，而你卻逃過一劫，還毫髮無傷的經過嘛！」或者，她會要他講另一個故事。這一次，他在冰冷的水裡載浮載沉，死命地抓住一顆「忘了」爆炸的水雷。

大家最津津樂道的是他終於面臨逮捕的日子。納姆一如往常般幸運，他因病住院，不在家裡。噢，那天是一九五三年三月五日，史達林過世的日子，也是終結壓迫的起點。

一九二一年，外公加入紅軍（RKKA，Workers and Peasants Red Army）。一九三一年，他開始從事情報工作。在戰爭爆發之前的兩年時間裡，他負責海外徵募和協調探員的危險任務。然而，在納姆看來，與內部險惡的情勢相比，神祕詭譎的國際謎團──乃至於日後千鈞一髮的戰鬥──彷彿公園裡的午後時光，根本算不上什麼。一九三七至四一年間，一連串的清算幾乎摧毀了蘇聯軍方──尤其是總情報局（GRU）──的領導系統。總情報局局長的位子成了血淋淋的旋轉門；在希特勒發動攻擊之前的四年內，總共有五位首長遭到處決。骨牌效應接著推倒各個單位和支部的負責人，高階主管幾乎無人幸免。

一九三九年，在這個半癱瘓的恐怖環境裡，納姆成了一個部門主管，領導海軍委員會在莫斯科的特務間諜。在某種意義上，我幸運的外公是清洗（chistki）的受惠者。他扶搖直上，從一個艦隊到另一個艦隊，填補清算過後留下的空缺。然而，他也是個目標，隨時都有被捕的危險。「我的腦袋後面也長出了眼睛。」退休之後，納姆這樣告訴每個有興趣的聽眾。內務人民委員部的祕密警察幾乎時時刻刻尾隨在後，於是他練就了一身本領，能夠消失在院子裡或者跳上疾駛中的有軌電車。那些把戲他清楚得很，畢竟訓練間諜是他工作的一部分。當壓力太過難受時，他會幻想著自己猛一轉身，當著尾隨者的面要求：「逮捕我，否則就別再跟蹤我了。」

我的外公是個虛榮的人。他對自己的迷人魅力感到驕傲。談到他奇蹟似存活下來的原因，外公經常提起內務人民委員部裡一位名叫格奧爾加澤（Georgadze）的同志。他負責簽發中校階級軍官的逮捕令——根據納姆的說法，各個階級都有人接受指派，負責這項工作。這位格奧爾加澤似乎是在一次開會時被外公給迷住了。納姆想像，格奧爾加澤刻意地忽略或「放錯」他的逮捕文件。不過，大部分時候，外公也只會聳聳肩。就連幸運女神（Gospozha udacha）也深深為他著迷。

正如一位熟知內情者所言，史達林對情報單位的大規模破壞，使得紅軍的領導核心在戰爭前夕「沒了眼睛和耳朵」。但矛盾的是，在六月二十二日之前，領袖早已接獲大量持續更新、極為精確的詳盡消息。這些資訊預告了納粹德軍迫近的攻擊，而史達林卻對所有的警告嗤之以鼻。大部分的情報來自他——談起這個人，就連迷人的高手納姆也忍不住說個不停。

他是花花公子理查．佐爾格（Richard Sorge），代號「拉姆齊」（Ramsay），是個酒鬼，也是約翰．勒卡雷口中「間諜的剋星」。伊恩．佛萊明[6]也同意，稱他為「歷史上最可怕的間諜」。「令人無法抗拒（Unwiderstehliche）。」曾經栽在他手上的德國駐日大使驚呼。一九三三年起，人在東京，德俄混血的佐爾格假冒納粹德國記者，與偽裝的夥伴們持續將德日兩國的最高機密情報傳回總情報局的莫斯科總部——拉莉薩對一九三九與一九四〇年間來到公寓作客的日本專家們格外地印象深刻。不可思議的是，直到「巴巴羅薩行動」開始前幾個小時，佐爾格還提供詳盡的情報，明確預警了計畫發動的時間，卻只換來史達林輕蔑的奚落。一位評論者提到，史達林不理會這些消息，說他是「在日本開小工廠和妓院的混蛋」。

對於另外一則準確的警告，史達林表現得更不友善。希特勒發動猛攻前不到一個星期，代號「大士」（Starshina）的特務自納粹航空部傳來消息。這個「情報來源」應該寄給他該死的母親，「革命的偉大策略家」不屑地嘲諷道。

如此的妄謬無知、尖酸刻薄究竟從何而來？西方與俄國的歷史學家持續提出無數的理論，企圖解釋史達林否定情報消息的原因。值得注意的是，希特勒精心安排了巧妙的假情報計畫，充分利用史達林對資本主義英國和邱吉爾的猜疑，以及他預期德軍擔心腹背受敵的假設——領袖認為，德軍在與英國作戰之際絕對不可能發動攻擊。一九四一年五月，希特勒甚至寫了一封非常友善的私人信件，保證履行「他作為一位外國元首的承諾」，安撫史達林的不安。甚至，他還請史達林在面對不受管制的納粹將領侵擾邊界時，不要姑息讓步。正如索忍尼辛在日後說道，不知怎麼地，克里姆林宮裡不相信任何人的食人惡魔，竟然聽信了貝希特斯加登[7]的妖怪。

後來，朱可夫將軍在回憶錄裡堅稱，國防委員會從未見過蘇聯境外間諜回傳史達林的關鍵通報；雖然不大合理，卻也引起一陣轟動。至於害怕清算、遠離俄國的佐爾格，則是在一九四一年秋天，因為在東京露了餡，遭到逮捕。日本方面希望將他作為人質交換，但史達林回應，說他從未聽過此人。一九四四年，在紀念十月革命的假日期間，佐爾格被處以絞刑吊死。他的運氣真是糟透了——他竟然寄望史達林。

至於納姆，他總說自己看過佐爾格的緊急通報。然而，這也無法讓他為即將在北方發生的事情做好準備。

六月二十二日上午，當外婆揮著手追火車，納姆正動身前往愛沙尼亞的首都塔林（Tallinn）。去年夏天，在蘇聯佔領波羅的海三國之後，波羅的海艦隊的總部已經遷移至那裡。波羅的海沿岸的各個港口像是擱淺的鴨子，幾乎是立刻就被德軍攻陷。

八月下旬，納粹大軍已經逼近塔林。由納姆的老長官特里布茨（Tributs）上將領導的波羅的海艦隊，在最後一刻慌亂地臨危受命，經芬蘭灣撤離至列寧格勒附近的喀琅施塔得，回到過去長年駐守的基地。紅軍部隊和一般民眾皆已登船。塔林常被稱為蘇聯的敦克爾克[8]，不過這次行動是一場徹底的災難，堪稱海軍戰史上最重大的慘敗。納姆不僅是艦隊的情報主管，還必須以蘇聯軍隊留下的混濁煙幕作為掩護，在砲火下監督一艘船艦的鑿沉作業——目的在於封閉塔林的港口。他是最後一批離開的人。由於缺乏空中支援，兩百餘艘蘇聯船艦暴露在德國和芬蘭軍隊猛烈的攻擊之下，試圖闖過一百五十海里水雷密布的凶險海域——結果宛若世界末日。波浪聲、爆炸聲、俄語呼喊聲、孤絕的〈國際歌〉（The Internationale）合唱和船隻沉沒時，人們自我了斷的槍火絕望地交響迴盪。超過六十艘蘇聯船艦下落不明，至少有一萬兩千人葬身海底。當納姆抵達喀瑯施塔得，除了他，執行沉船任務的小組只有四人生還。他好運依舊，但卻也大受震驚。

秋天，勢如破竹的「巴巴羅薩行動」已經敲響列寧格勒的大門。九月八日，德軍佔領了拉多加湖沿岸戰略地位重要的鄰近城鎮什利謝利堡（Shlisselburg）。俄羅斯第二大城自此完全與本土隔絕——沒有運輸，沒有補給，也沒有燃料。神話般的「列寧格勒圍城（blokada）」就此展開，持續了九百多個日子。史達林大為震怒。他從德國公報上得知什利謝利堡陷落的新聞——笨手笨腳的列寧格勒指揮官克里門特（克里姆）．伏羅希洛夫元帥[9]不敢告知他這個消息。領袖派遣朱可夫將軍迅速北上，為伏羅希洛夫捎來一紙簡短生硬的便條：他被革職了。朱可夫將會接手。克里姆堅忍地向他的副官道別，認為自己會被槍斃——不知為何，他並沒有。

九月二十二日，納姆站在朱可夫位於列寧格勒斯莫爾尼宮內的辦公室。將軍背著手在房間裡踱步，看起來比往常還要粗魯、嚴厲。格奧爾基．康斯坦丁諾維奇是一位大膽而殘酷的指揮者，因為對部屬的生命麻木不仁而惡名昭彰——為了掃除地雷，他曾經命令部隊進擊，穿越雷區。這位未來元帥的戰略便是燃燒俄國人廉價的鮮血。

朱可夫命令納姆領導一項兩棲偵察任務。這是什利謝利堡反擊的一部分，目的在於突破納粹封鎖。即刻生效。

納姆迅速計算了一下：毫無準備時間。反擊行動的船隻狀況極糟，人手嚴重不足。他的部隊將會收編一百二十五名海軍軍校學生，但他們都還只是孩子。不久前，外公曾對他們發表演說。他記得一個模樣殷切的男孩：深色頭髮，身材矮小，目光憂鬱，牙齒歪斜，臉上長滿粉刺。

不顧求生本能，幾乎是不由自主地，納姆脫口反對。

一陣怒火閃過朱可夫的雙眼——那是將軍的手下們再熟悉不過的神情。他的鬥牛犬下巴一緊。「我們可以因此處決你。」朱可夫低吼。「你應當服從命令！」

就算形同自殺，命令依舊是命令。

第一夜，拉多加湖的強風迫使反擊行動延後。第二夜，三艘船翻覆，兩人溺斃，行動中斷。主要部隊的指揮官被當場逮捕，送進古拉格。第三夜，納姆和他的童子軍部隊終於得以登陸，但主要部隊依舊未能成功上岸。外公和他的手下在及胸的冰冷水中跋涉了兩公里。因為無線電已經濕透，他們無法回報偵察的結果。不過，在隔夜奮力返回蘇聯防線之前，他們還是完成了一些破壞任務，共有四人喪生。

翌日，主要的攻擊部隊受命再度嘗試，但在淺灘處即被德軍殲滅。

然而，俄國人的血是廉價的——這是朱可夫不斷傳達的教訓。蘇聯終將勝利，他會受封為偉大的功臣，接著被史達林無情地降職——幸虧因為心臟病發才免於被捕。後來，他又受到赫魯雪夫拔擢，然後又被降職。

任務結束之後，納姆臥病在床，意識模糊，不停地喘息、呻吟。他明白，因為四十八個小時渾身濕透而感染的急性肺炎可能會要了他的命，就在這不知名醫院的病床上。或者，他會在另一個像什利謝利堡一樣的「絞肉機」中喪生——這是最理想的死亡。如此一來，他的孩子們會記得他是個英雄。朱可夫的行刑隊則是最折磨人的情況。通常，「人民公敵」的家人會落得流放的下場，或者更糟；他們的孩子會在孤兒院裡長大，指責父親是祖國的背叛者。最後一種可能令納姆失眠，如炙熱火紅的鐵一般刺痛著他。幾年來，他幾乎每天給孩子們寫信，大部分的信件都在他的腦海裡，但他也確實寫下了一些，放在上鎖的抽屜內。

其中，只有一封信曾經在拉莉薩、尤莉亞和薩什卡面前拆封。信裡是他在醫院病床上吃力地寫下的三句話：「莉莎，教孩子們投擲手榴彈。一定要讓他們記得爸爸。他好愛他們。」

★★★

一九四一年底，這封信送達莉莎手裡。當時，她、孩子們和楊可爺爺住在一棟破舊的倉庫二樓，與另外六個從莫斯科撤離的家庭共用七百平方英尺大的房間。九月的旅程中，納粹的「梅塞施密特」（Messerschmitt）戰鬥機在河船上方低飛盤旋。最後，他們來到相對安全的烏里揚諾夫斯克。在這個伏爾加河畔的老城裡，隨處可見泥濘的街道和民俗風格的木雕窗板。

「看！看呀，是猶太人！」他們抵達時，街上淡金色頭髮的孩子們這樣迎接他們。

「我們不是猶太人，」母親糾正他們，「我們是從莫斯科來的。」

已經在此地待了好幾個月，莉莎卻未曾打開克拉拉阿姨的藍色大箱子，取出裡面的物品。何必麻煩呢？她依然相信，和平很快就會到來。她忙著打理一家人臨時湊合的生活起居，楊可爺爺則在城外挖掘壕溝，偶爾也挖馬鈴薯——隨著土地結凍，他的手指頭和馬鈴薯都變得更黑、更硬。在房間的水泥地板上，兩塊條紋床墊並排靠攏，一家五口就在上頭睡覺，度過大部分的時光。隔著輕薄的簾幕，一個聲音日日夜夜折磨他們——一個比薩什卡稍長的幼兒刺耳的尖叫聲。這個男孩的母親卡嘉幾乎不怎麼照顧他、碰觸他，終日不見蹤影，過了午夜才帶著尼龍睡衣和「科蒂」（Coty）香水回來。「妓女（prostitutka）跟黑市商人。」屋裡的人們都這麼說，輪流抱著、輕輕地搖晃這個傷心欲絕、不吃東西的孩子。

男孩停止哭泣時，卡嘉不在家裡。第二天，拉莉薩既肅穆又欣喜地看著人們將裹在床單裡的小布包帶出門外。她明白發生了什麼事。她讀過漢斯．克里斯蒂安．安徒生的一篇童話，故事的主角是個凍僵了的賣火柴的小女孩。在那之後，死亡成了她心中揮之不去的陰影。死亡。當他們的鄰居妲莎（Dasha）拆開來自前線的三角形信件——正式的陣亡通知書（pokhoronka）——時，死亡就在她的哀號之中。收音機裡，「那個聲音」日復一日地宣告著死亡，數字太過悲慘，使一個只能勉強數過一百的孩子感到困惑。

「注意，莫斯科廣播（Vnimaniye, govorit Moskva）！」「那個聲音」總是這樣響起。不只有母親對這激昂而渾厚的男中音感到敬畏、為之催眠，整個國家皆是如此。聲音的主人是戴著眼鏡的猶太裁縫之子尤里·列維坦（Yuri Levitan）。這位俄國頂尖播音員大部分的節目——戰爭期間自始至終共六萬多集——並非在莫斯科製播，而是隨著電台撤離，由數百英里之外的幾個城市放送。列維坦的力量太過強大，希特勒甚至視他為個人的仇敵，懸賞二十五萬馬克的高額獎金要他的命。

朗讀士兵的家書時，「那個聲音」召喚出溫柔、親密的和弦。隨著德軍進擊，它報告城市接連陷落的消息，變得緩慢、沉重，反覆地念著，加重各個音節。莫——斯——科——廣——播。更嚇人的是，收音機裡傳來的一首歌曲。「奮起，我廣袤的祖國！迎向殊死的戰鬥。對抗黑暗的法西斯軍隊，對抗那被詛咒的惡徒！」起初是令人戰慄的斷音，接著副歌的大合唱集中力量，然後在極致驚駭的巨浪中達到高潮。

納姆紅頭髮的年輕副官柯利亞（Kolya）親手送交了他來自波羅的海的信。莉莎拆開信件時，背景音樂正是這首歌。

「莉莎，教孩子們投擲手榴彈……」

除此之外，還有一個包裹，是給孩子們的葡萄乾和石頭般堅硬的乾梅。「納姆他很好……」柯利亞向他們保證。但信裡令人震驚的過去時態和柯利亞迴避的眼神，在在顯示實情絕非如此。此外，一張紙片從包裹裡滑落出來，被柯利亞敏捷地拾起，撕碎之後扔進垃圾桶裡。莉莎花了大半個夜晚將碎紙拼湊成一張相片，是個戴著護士帽、深褐色頭髮的女子。致我親愛的納姆。題詞如是寫道。於是，我那個子嬌小、見到老鼠都害怕的外婆，就這麼決定將孩子們託給楊可爺爺，啟程北上，前往被圍困的列寧格勒——去要回她的丈夫。

才過了莫斯科，莉莎已經開始挑戰她如納姆一般不可思議的運氣。沒能趕上軍用直升機，她只能無助地看著飛機起飛——然後被砲彈擊中，在空中爆炸。一列火車載著她穿越積雪的荒原，朝列寧格勒而去。一路上，一位將軍握著莉莎的手不放，不停地哭泣——她令他想起不久之前才在圍城中餓死的女兒。火車抵達柯波納（Kobona）。那是一座位於拉多加湖東南岸、仍在俄軍控制之下的嚴寒小鎮。希特勒企圖將彼得大帝（Peter the Great）的都城夷為平地，小鎮裡設立了臨時醫院，照料自城裡疏散的避難者。在抵達時，憔悴的人們——大都是婦女和孩童——可以領到半升溫水和幾匙稀粥。營養不良的身體無法消化這些食物，有的人在進食之後便隨即死去。我能想像，外婆以她一貫半茫然、半拒絕接受的態度面對這一切。接下來幾年，她鮮少談及自己的感受，只是謙卑地順從列寧格勒悲劇的集體敘述。

出入圍城列寧格勒的唯一路徑長二十英里，危機四伏，沿途必須穿越敵軍砲火，經由風勢強勁、覆蓋積雪的湖面冰層來到對岸。這就是傳說中的「生命之路」（Doroga Zhizni）。圍城的第二個月，溫度驟降，湖面冰封，政府當局和氣象專家孤注一擲，硬是開出這條路來。圍城第一年的冬天是幾十年來最嚴酷的寒冬。在這個可怕的冬天——還有之後兩年的冬天——裡，卡車刻苦地將僅有的補給品經由「生命之路」運進列寧格勒。城裡，一日的糧食配額縮減至四盎司代用麵包。在零下三十度的酷寒中，古老的高級鑲木地板和珍稀的書本被當作燃料燒盡。坐困圍城的人們，食用被德軍炸毀的糖倉周圍帶有甜味的泥土和混凝紙書籍裝幀，甚至吃軟化的木工膠做成的凝凍——就別提更可怕的東西了。光是在一九四一年十二月，就有超過五萬人喪命。

精疲力竭的駕駛每日行駛「生命之路」兩趟，為了抵抗睡意，他們將金屬鍋掛在駕駛座上方。鍋子哐噹作響，敲擊在他們頭上。德軍的轟炸和砲擊不曾間歇，冰層時常陷落。莉莎坐在卡車後頭暴露在外的大麵粉袋上。強風挾帶著霜雪，像是冰塵風暴，猛力地拍打她的臉頰。

外婆身上只有特別通行證和一封請求協助的正式信件。她終於抵達寒冷的圍城列寧格勒，但毫無頭緒，不知道該如何、上哪裡尋找納姆。在市立海軍總部，穿著制服的男人們不堪其擾，只是不斷聳肩，揮著手打發她離開。

納姆．所羅門諾維奇．弗倫姆金？波羅的海情報主管？他可能在任何地方。

終於，一位職員被莉莎灰色眼眸裡的絕望打動，建議她上十九英里外、波羅的海艦隊位於芬蘭灣內的喀琅施塔得總部碰碰運氣。正好，一艘海軍汽艇（glisser）——在冰面上滑行的氣墊船——正要前往那裡，馬上就會出發。事實上，一位駕駛正要接送某人去搭汽船。如果莉莎能趕快……

外婆趕上了氣墊船，她因太過虛弱而且飽受驚嚇，根本不敢抱持任何希望。有人帶著她來到船上的餐廳要些東西吃。一群海軍軍官正坐在一張桌子旁，而在那之中，還能是誰呢？納姆。他理所當然地微笑著，身上散發古龍水的味道。他的幸運一如往常，先是克服了肺炎，接著向伏羅希洛夫報告了什利謝利堡行動的消息，藉此逃過朱可夫的處決威脅。伏羅希洛夫在蘇聯統帥部（Soviet High Command）仍然保有一席之地——藉機躲著朱可夫，這是當然的。納姆沒被處決，反而得到了勳章。

「**我目睹了戰爭，我目睹了死亡，我目睹了子彈和鮮血！**」多年之後，外婆大喊。「我在那裡，傷痕累累，飢腸轆轆，披頭散髮……而他就在那裡，對著我露出一口愚蠢的閃亮白牙！」

「莉莎奇卡[10]！」據說，外公這樣招呼外婆。「什麼風把你吹到這裡來了？」

★★★

在汽船上找到納姆的經過，是外婆津津樂道的戰時傳說，但我和瑪莎表姊更喜歡另一個故事。莉莎回到烏里揚諾夫斯克的家裡，發現拉莉薩染上猩紅熱，正發著高燒。每天晚上，外婆都冒著冰雪，跋涉好幾里路，去醫院為拉洛奇卡送馬鈴薯皮煎餅。直到一天夜裡，她遇上了暴風雪，滑下一道雪坡，跌落壕溝而無法脫身。

「在壕溝裡，我凍僵了，靠在一些已經變硬的樹幹上打了個盹。」她不厭其煩地告訴我們。「直到早晨的第一道日光照亮，我才明白，那些『樹幹』其實是……」

被截斷的手臂和腿！瑪莎表姊和我會同聲尖叫，說出最可怕的部分。

對於長達一個月的住院生活，母親只記得煎餅。的確，在她的心裡，其他一切的戰時回憶都比不上食物來得重要。舉例來說，她在烏里揚諾夫斯克第一個學年的糧食配給。十一點十五分的長課間休息是午餐時間，每個孩子都會從髒兮兮的鋅鐵盤中分配到一個環型小麵包（bublik）和一顆「小枕頭」。環型小麵包是不大扎實卻很有嚼勁的貝果，上頭撒滿了罌粟籽；「小枕頭」則是指甲大小、裹著糖衣的糖果，中心包有果醬，外形像是綠色、藍色或粉紅色的小卵石。將這兩樣食物搭配著吃真是宛若聖餐的儀式。首先，將糖果含在舌下，憋住呼吸，讓一坨帶著甜味的唾液蓄積在口腔底部。巧妙地活動口腔可以激發出更強烈的甜味和糖粒觸及舌尖時壯麗的粗糙質感。你感受到強烈的欲望，覺得頭暈目眩，將環型小麵包緊緊湊到面前，聞上好一段時間。接著，把糖吐進手心，小心翼翼地咬下第一口麵包。在你充滿糖果甜味的嘴裡，麵包嘗起來就像是最美味的甜點。咬一口環型小麵包，舔一下「小枕頭」——這享受必須得持續整整十五分鐘的下課時間。最艱難的部分是推遲「小枕頭」裂開、果醬從中心流露出來的狂喜時刻。一些特別堅忍的同學們還能將吃了一半的糖果吐出來，留給弟妹。媽媽從來不曾這麼做。

母親的禮貌和儀態無可挑剔，從各方面看來都非常淑女。但直至今日，她吃起東西依舊像是一匹飢餓的狼，是一位在同桌的人們還沒動叉子以前就狼吞虎嚥、把盤子裡的食物吃個精光的戰爭倖存者。有時候，在高級餐廳裡，我因為她的吃相而覺得尷尬，然後又為自己的羞愧而羞愧。「媽，真的，他們都說細嚼慢嚥對你比較好。」當我勸她，她常瞪我。「你懂什麼？」她反駁。

我從她的口中得知，對人們來說，生死存亡的關鍵全都濃縮在一個詞裡：「糧票」（kartochki）。糧票印刷在一大張紙上，上頭有整整一個月分量的方形票卡、官方的戳印、領受人的名字和簽名。除此之外，還有一句嚴厲的警告——「**票卡恕不補發！**」——因為貪汙和偽造票卡太過猖獗。丟了糧票？只能祝你好運了。

七歲的母親已經是經驗豐富的糧票老手。當楊可爺爺在挖壕溝，莉莎和尤莉亞忙著照顧年幼的薩什卡，她經常被派去店裡兌換糧票。麵包的糧票最是關鍵。一天早晨，在麵包店營業之前，拉莉薩早就加入了店門外雙眼浮腫、鼻子通紅的人群之中。當運送麵包的卡車到來，兩個男人將香味四溢、帶著厚厚硬皮的深色麵包磚推進店裡時，她試著克制自己，別太用力吸進、吞嚥下冰冷的空氣。櫃台後方，神情嚴肅的女人們在填有襯料、不成樣子的大衣外頭穿著汙漬斑斑的藍色工作袍，她們秤量每一份麵包，就連一毫克都不馬虎。她們頓足跺腳，試著保暖，戴著無指手套，以方便剪去正確的票券。

就快要輪到媽媽了，她覺得有些惶恐。因為停電，她沒能在家裡把糧票簿整理好。那天是一號，所有的糧票——家裡每個人的穀物、糖、麵包和肉類票券——全都對摺放在那件納姆從瑞典帶回來的藍色公主大衣口袋內。現在，她幾乎感覺不到糧票的存在；因為嚴寒，她甚至無法感覺到自己的手指。

輪到她的時候，她為什麼要將所有的糧票都放在櫃台上呢？但是，後頭的人們不斷地推擠、大吼大叫，若不這麼做，她該如何整理、挑選出需要的糧票呢？當好幾隻手臂探伸過來，她又為什麼要如此驚惶失措，完全亂了手腳？手臂、手掌、連指手套、手套、難聞的大衣腋窩和焦急的呼吸喘息。人們的手指像觸角一般湧向櫃台——扭曲發黑的手指、指甲沒了血色的枯瘦手指、紅腫的手指。櫃台上的糧票沒了。女店員陰冷地露齒一笑，然後搖搖她指甲上帶著咬痕的手指。

站在麵包店外，母親想像著自己記憶所及以來，她總是想像的事物。她看見納姆回到家，身上穿著他在火車站動身前往列寧格勒時穿的灰色便裝。她甚至能夠聞到他的帽子上古龍水的薰衣草香氣。「莉莎奇卡！我回來了！」他大喊，仔細端詳倉庫房間裡那些瘦弱殘敗的身影。然後他終於找到他們，張開雙臂，衝上前去。他會發現什麼？莉莎、外公和薩什卡，還有拉莉薩和尤莉亞——她們皮膚蒼白，穿著一模一樣的、有皮草裝飾的公主大衣，看起來美麗而莊嚴。但他們全都靜默無聲，在條紋床墊上一動也不動，就像卡嘉的嬰兒一樣。全部都是——死了。

死亡是一號就丟了糧票的人們唯一的下場——因為飢餓（golod），因為整整三十天沒有粥、麵包或嬰兒的一小份牛奶而喪命。納姆會哭泣嗎？像鄰居妲莎拆開陣亡通知書時那樣。或者，他會找個新的妻子，一個不會像莉莎一樣歇斯底里地尖叫、抽搐的妻子——見到拉莉薩空著手回到家，沒有麵包也沒有糧票，她一定會如此。

別想回家了，媽媽於是來到城裡唯一一處永遠燈火通明的地方。在那裡，每個漂亮的房間都洋溢著舒適、富足的快樂氛圍。她經常造訪那棟和他們的倉庫位於同一條街上的兩層樓傳統木屋，如此一來便不必目睹她可憐的外公為長瘤的馬鈴薯削皮，也不必聽見收音機那悲慘的「聲音」。那棟屋子不受這一切影響。在這裡，母親瑪麗亞．亞歷山德洛夫娜（Maria Alexandrovna）從來不曾對孩子們大吼大叫。當大家在客廳飲用自茶炊裡倒出的茶，她會演奏平台鋼琴。家裡有六個孩子，最得大家喜愛的是個名叫瓦洛加的男孩。拉莉薩總愛端詳他嬰兒時期的相片，金色鬈曲的劉海掛在他高而倔強的額頭上。學生時期的瓦洛加有自信專注的神情和精明直率的眼神，成績名列前茅，從來不對父母說謊。他為正義和真理奮鬥。媽媽經常在瓦洛加貼有米色的圖紋壁紙的閣樓房間裡流連，待在他小而整潔的書桌與擺滿普希金、屠格涅夫（Turgenev）和果戈里作品的書架之間，坐在木椅上做白日夢。不像拉莉薩和尤莉亞，幸運的瓦洛加一個人睡。他的牆上有一幅漂亮的世界地圖，書桌上的綠色檯燈多麼催眠，多麼平靜。

「小女孩（Devochka），起床，該走了！」有人抓住拉莉薩的肩膀，輕輕搖晃。「列寧故居圖書館五點鐘關門。」工作人員說。

回到家裡，拉莉薩環抱著莉莎，隔著粗毛線洋裝摩擦她的母親突起的肩胛骨。她們就這樣坐了好久。關於失去的糧票，莉莎什麼也沒說。二〇年代她自己丟了食物的回憶歷歷在目——一個大鬍子巨人從她手中猛力搶走麵包，然後當著她的面狼吞虎嚥，將半磅麵包吃得一點也不剩。

結果，妓女兼黑市商人卡嘉拯救了所有人。

「莉莎，你這傻瓜——你有那個大箱子啊！」

於是，每隔幾天，莉莎和卡嘉就會上烏里揚諾夫斯克郊外的黑市，賣掉藍色箱子裡納姆漂亮的襯衫、西裝和領帶。他最好的西裝換得一袋黍米。那個月剩下的時間，他們就吃黍米過日子。早餐吃稀薄清淡的黍米粥，中餐吃加了鯡魚頭調味的黍米湯，最棒的是晚餐——用鑄鐵鍋在倉庫的俄式黏土爐灶烘烤的黍米。熬過戰爭、倖存下來的俄羅斯人分為兩種——熱愛黍米的和無法忍受黍米的。但他們全都同意：黍米就是生命。

★★★

納粹的入侵使得史達林統治下的蘇聯又一次瀕臨糧食危機。接連兩年的收穫低於平均；一九四〇年蘇芬戰爭的拖累和龐大的國防開銷更是讓問題雪上加霜。但若說蘇聯的穀糧儲存量不足，他們應對戰爭時期補給問題的策略則更是匱乏。

另一方面，「帝國」（Reich）則是有備而來，那就是「飢餓計畫」（Hungerplan）。這個由肥胖、貪吃的赫爾曼・戈林11和「帝國」糧食部共同發想的產物，堪稱是歷史上最陰險、最損人利己的計畫。納粹德軍打算即刻奪取烏克蘭，將當地的「剩餘農作」轉供德意志國防軍和德國人民專用。如此一來，三千萬俄國人──佔六分之一人口，大都是城市居民──將會沒有食物可吃。換句話說，這是以有計畫的飢餓為手段的種族滅絕行動。

一九四一年晚秋，希特勒已經控制了蘇聯一半的穀糧耕作區域。然而，關鍵的是，他尚未取得他所確信的閃電般的勝利。儘管蘇軍在戰爭之初承受極大損失，犯下驚人的錯誤，但他們依然持續抵抗。莫斯科戰慄、流血但不肯屈服；俄羅斯將領重整旗鼓，重新部署。進擊的德意志國防軍並未見到烏克蘭境內充盈的穀倉和甘願勞動的奴隸，只發現依循史達林的焦土策略燒為灰燼的農作物和毀壞的農具設備──「所有重要的財產，包括無法撤離的非鐵金屬、穀物和燃料，都必須摧毀。」七月初，領袖這樣指示道。

接著，冬天來臨，德軍的疏於計畫毫無保留地暴露出來。「帝國」預期這場戰爭會是至多三個月的「閃電戰」（blitzkrieg），因此並未提供前線的戰士保暖的衣物。結果，這場戰爭長達四年，大部分的時間嚴寒籠罩。

一九四一年七月，蘇聯人民領到第一批糧票，雖然至關重要而且極具象徵意義，但平均的糧票配額根本無法應付生存所需：每日只有比一磅稍多的麵包，每個月——大約四磅的肉和不足三磅的麵粉或穀糧。替代成了常態：以蜂蜜代替肉，以腐壞的鯡魚代替糖或奶油。在「一切為前線，一切為勝利」的口號之下，補給和鐵路運輸，以經常餓著肚子作戰的紅軍為優先。史達林政府如何解決平民的糧食問題呢？只好暫時鼓勵類似「新經濟政策」的環境與條件，擱置經濟上的意識形態，放鬆中央集權。這也表示地方政府和居民必須自謀生計。學校和孤兒院、工會和工廠紛紛設立臨時的苗圃。就連在城市裡，居民也得四處覓食，學著消化白樺樹芽、三葉草、松針和樹皮。在前線，長期挨餓的士兵不只食用倒下的馬匹，也吃馬鞍和皮帶——任何的皮製品，加入芳香的細枝一起煮上幾個小時，就能去除焦油的味道。

「納姆的衣服和克拉拉阿姨的大箱子救了我們的命！」我小時候，莉莎外婆經常這麼說，並且嚴肅地對著還放在她們廊裡的藍色箱子點點頭。的確，不論白的或黑的，合法或非法，各種市場都是日常生活的核心。當盧布幾乎完全喪失價值，食物本身——尤其是麵包——便成了貨幣。列寧格勒的圍城日記記錄下這套飢餓經濟令人戰慄的細節。護耳皮帽（ushanka）＝四盎司麵包；男用套鞋＝五盎司麵包；二手茶炊＝兩磅麵包。人們隱瞞親人的死亡——如此一來，才能繼續使用逝者每個月的麵包糧票。單人墳墓的花費＝四磅半麵包外加五百盧布。

再也找不到比在列寧格勒的那九百個日子更恐怖、更極端的飢餓。而對於任何一位經歷過「飢餓收縮」[12]的俄羅斯人來說，一份戰爭期間的食物清單想必牢牢地銘刻在他／她的記憶裡：

稀湯（balanda）：倒入胃口的假「湯」，以馬骨、鯡魚尾巴或任何東西調味，加入碎麵包乾或一把黍米可使湯更濃稠。也用以稱古拉格牢飯。

油渣餅（duranda）：以亞麻籽或其他種籽榨油後殘留的外殼製成的硬餅。和平時候的牛飼料。

混合油脂（kombizhir）：就是字面上的意思「混合的油脂」。氫化油，大都腐臭、發綠。

麵包：沉甸甸，一條一條，裡頭像是黏土。在黑麥麵粉中填充燕麥、油渣和／或鋸木碎屑烘焙而成。

罐頭燉肉（tushonka）：一九四二年初，俄羅斯開始出現一種新的食物階級。人們為這些美援食物取了綽號，稱之為第二前線（vtoroy front）。在各式各樣的美式佳餚中，就屬依照俄方精確的要求在愛荷華州生產、飽含油脂的罐頭燉肉最令人垂涎，也最具代表性。罐頭燉肉的影響遠比戰爭長久。直到我小時候，它依舊廣受人們喜愛，是登山健行和夏屋度假的必備良伴。

★★★

巧克力（shokolad）。

那段日子裡，在所有來自納姆的禮物當中，有一種最討母親喜歡，令她欣喜若狂。不只是因為在飽受戰爭摧殘的俄國，巧克力得來不易，甚至也不是因為它遠比像粉筆一樣的美援貨色美味得多。不，重點是包裝紙上深色眼珠的年輕男子：大鼻子，眼神年輕而堅毅，衣領上有華麗的浮雕裝飾。媽媽立刻無法自拔地愛上這位巧克力英雄。他令人神魂顛倒、充滿東方風情的名字和他火熱的外表相當匹配：穆罕默德．禮薩．巴勒維（Mohammed Reza Pahlavi）——一九四一年，在他的父親遭到蘇聯和英國佔領者放逐之後，他登基成為伊朗沙王。

油。石油就是弗倫姆金家的孩子們拿到小巴勒維巧克力的原因。

戰爭的第二個夏天，蘇聯方面陷入低潮：六百萬紅軍戰士喪生或被俘；烏克蘭大部分區域已遭佔領，列寧格勒在圍城中搖搖欲墜；莫斯科尚未淪陷，卻也岌岌可危。隨著德軍朝東南方進擊，納姆又被轉調。這次，他接受指派前往巴庫（Baku）——蘇聯的亞塞拜然炎熱多風、安靜得令人不安的首都。這個高加索共和國濱臨裡海，與伊朗接壤，地位極其重要，是俄國最大的石油產地。

希特勒覬覦的正是石油。一九四二年六月，「元首」（Fuhrer）在高加索發動「藍色行動」（Operation Blau），企圖在九月之前拿下巴庫。過度自信的德籍將軍為他獻上撒有奢華糖霜的蛋糕，上頭標記著「裡海」（Kaspisches Meer）。在資料影片中，希特勒故作優雅地微笑著，接下一片標示有「巴庫」的蛋糕。不過，納粹德國空軍並未對巴庫下手——當地廣大的石油基礎建設必須完整轉移，不能受到一點損傷。「元首」不只想要吃這塊蛋糕，更想要擁有它。

與此同時，伊朗雖然已被佔領，但名義上仍然保持中立。在此地，國際間的密謀角力正在醞釀。德黑蘭充斥德國特務和情報人員。納姆穿梭於巴庫和伊朗的首都之間，又再度回到他熟悉的祕密世界。他的工作內容高度機密，以至於他從未向我們透露任何一點細節——不過，他倒曾經吹噓，說他見過巧克力包裝上那位英俊瀟灑的年輕沙王。

納姆從巴庫派遣他的情報副官伊凡．伊凡內奇（Ivan Ivanych）前往烏里揚諾夫斯克，將家人接來南方。灰眼珠、肌肉結實的伊凡看起來十足是個總情報局的間諜菁英——美援黑色皮外套、高筒靴、手槍，還有他嚴密看守的神祕公事箱。前往巴庫的旅程像是噩夢一場，持續了三個星期——或是六個，母親不記得了。他們經常得在火車站裡住上好幾天，等待延誤多時、緩慢行駛的供暖貨車（teplushki）。供暖貨車是戰爭期間運送牛隻的貨運車廂，裡頭擠滿了無依的孤兒和負傷的戰士——成群的黑色蝨子在他們的繃帶上蠢動。有一次，伊凡在車站的長椅上打盹，被人奪走了行李箱。媽媽看著這位總情報局的英雄追上小偷，然後用槍托重擊他的頭。接著，警察來了，文件箱一下子彈開，媽媽嚇了一跳。她見到好多手錶——又大又重的手錶——滾落人行道上。拉莉薩年紀還小，卻也已經能夠嗅出黑市商人的味道。日後，外公堅稱，那些手錶都是「關鍵的情報工具」——但誰知道呢？旅程的最後，他們在土庫曼一個骯髒的港口搭上渡船。在那裡，包裹著頭巾的女人沿街兜售榲桲，長得像突厥人的男人騎在駱駝背上。渡過裡海的時候，他們遇上風暴，大家都吐了好幾天。

納姆在碼頭上迎接家人，懷裡抱著橘子。裡海一帶石油般的黑暗籠罩著這座城市。媽媽幾乎認不出納姆，不過撲面而來強烈的橘子香氣還是令她流下淚來。一家人又團聚了，好運依然眷顧著他們。

與飢餓的烏里揚諾夫斯克相比，巴庫彷彿另一個星球——一個東方色彩濃厚的夢境，像極了一九三九年，戰爭爆發以前，拉莉薩在莫斯科的農業博覽會上見過的神奇展館。在市集裡，當莉莎以麵包配額交換串在繩線上曬乾了的無花果、一盆盆非常酸澀的亞塞拜然優格和毛茸茸、像瓷器一般的桃子時，男人會對著她吹口哨——他們漂亮的鬍子和史達林的有些相似，但卻又不大一樣。一家人在不太乾淨的裡海裡游泳，攀爬桑樹，把嘴巴和手指弄得髒兮兮的。當地裡海艦隊（Caspian Flotilla）的達官顯要經常在驅逐艦和巡洋艦上舉行肉飯盛宴，但鑽油井傳來的難聞惡臭總是壞了母親的興致。

偶爾，納姆的家人們甚至有機會嘗試——「嘗試」——他的情報工作。他們同住在一間房裡

——空間狹窄如衣櫃，但有陽台和風景。納姆的「男孩們」會將一張大桌子拖進庭院裡。桌上擺放一個人或一條小鯨魚大小的鱘魚。捕魚是納姆的間諜們在裡海一帶活動的幌子。他們將鱘魚剖開，從魚肚中舀出閃閃發亮的魚子醬。接下來幾週，一家人吃醃鱘魚、鹽漬鱘魚、鱘魚乾，還將魚肉絞碎製成肉餅。時至今日，母親仍然無法直視鱘魚和魚子醬，說她依舊感覺到罪惡的煎熬——整個國家都在挨餓的時候，她竟然享用著珍饈美饌。在裡海度過的整整十八個月裡，媽媽總覺得一切都是幻覺。她一家人的運氣——他們不可思議的好運氣——使她目眩神迷、激動而無法自已。

★★★

到了一九四三年初，俄羅斯的命運終於逐漸好轉。希特勒對高加索油田的猛攻已經失敗。原因在於，最初一切都太過順利，於是「元首」將兵力分散，企圖同時拿下另外一個目標：伏爾加河畔那座以史達林命名、戰略地位重要的城市。「帝國」的命運急轉直下。「藍色行動」（指裡海的藍）被捲入德國人所謂的「老鼠之戰」（War of the Rats），困在飽受轟炸的史達林格勒冰冷的斷垣殘壁之中。在六個多月裡，俄羅斯的寒冬、飢餓和殘酷的朱可夫與瓦西里·崔可夫[13]將軍率領的紅軍，聯手殲滅了陸軍元帥保盧斯（Paulus）領導的希特勒軍隊。這是「巴巴羅薩行動」開始以來，納粹首度遭遇挫敗，也是最慘烈的一次。德軍的傷亡人數在七十五萬上下，俄方的死傷則超過一百萬人——比第二次世界大戰中美國和英國的總傷亡人數還要多。不過，隨著保盧斯在一九四三年二月投降，情勢終於逆轉。一九四五年五月到來，朱可夫和崔可夫的紅旗在柏林的廢墟上飄揚。

至於納姆，在史達林格勒之役和高加索石油危機落幕之後，他依然待在巴庫。一九四三年秋天，亞塞拜然的首都成了蘇聯出席德黑蘭會議（Tehran Conference）技術與組織運籌的樞紐。雅爾達和波茨坦或許更為著名[14]，但德黑蘭是盛大的預演，「三巨頭」——史達林、羅斯福和邱吉爾——第一次同桌聚首。十一月，史達林搭乘火車抵達巴庫，隨後轉飛德黑蘭。這趟航程又是另一項創舉——在此之前，我們有懼高症的「智慧舵手」從來不曾搭過飛機。

★★★

十一月二十九日午後，天氣格外宜人。在會議之間，「三巨頭」和隨行人員來到蘇聯大使館溫暖舒適的客廳，在鋪著白色桌巾的餐桌上共進晚午餐。史達林亟需盟軍在歐洲開啟第二戰線，而菜單便是他魅力攻勢的一部分。午餐菜色包括：開胃菜——清湯和餡餅，接著是牛排和普隆比爾冰淇淋。佐餐飲料則是高加索紅酒和史達林的驕傲——永遠少不了的「蘇聯牌香檳」。在列寧格勒，已有近百萬人餓死，還要兩個月後圍城才會脫困；在德黑蘭，侍者遞上伏特加、亞美尼亞白蘭地和苦艾酒，史達林元帥起身致歡迎酒詞。他已不再是一九四一年六月那副低聲下氣、面色蒼白的模樣，我們的領袖是英勇偉大的史達林格勒納粹征服者。

並非所有蘇聯方面的與會者都如史達林一般泰然自若。餓壞了的翻譯瓦連欽・別列日科夫（Valentin Berezhkov）被當場逮到，在邱吉爾正準備發言時滿嘴牛排。只見一陣尷尬的靜默、傻笑和笑聲。史達林的眼神一閃。「還真會挑時間。」他咬牙切齒地對倒楣的別列日科夫低聲說道。「看看你吃得滿嘴都是。真丟人！」——別列日科夫倖存下來，在回憶錄裡記下這一餐和這段插曲。

食物是史達林征服盟軍賓客的主要武器。他將故鄉喬治亞辛辣料理的精妙之處發揮得淋漓盡致。羅斯福也積極展現他的個人魅力，盛讚墨黑的高加索葡萄酒，興奮地談論「蘇聯牌香檳」——難道不該將這「非凡的美酒」引進美國嗎？酷愛「保羅傑」[15]的邱吉爾則機智地誇讚亞美尼亞白蘭地。沒有人提起氾濫的美援物資劫掠和黑市交易問題，也無人談及蘇聯酒瓶工廠生產的瓶子大都成了「莫洛托夫雞尾酒」[16]的容器。「蘇聯牌香檳」？在俄羅斯軍隊裡，人們以此稱呼一種用硫黃和磷調製而成的金黃色爆炸物。

史達林安排了一場魚料理秀，作為午宴的壓軸。四位穿著制服的壯碩男子將一尾巨大的魚——同樣是人或小鯨魚般大小——帶了進來，身後跟著一對菲律賓廚師，最後還有一位美國安全人員。不，那不是納姆用來充當間諜幌子的鱘魚，而是從俄羅斯運來的鮭魚。

「總統先生，我想將這獻給你。」史達林宣布。

「太好了！你的心意真是令我感動。」羅斯福和氣有禮地說。

「小意思。」史達林回答，一樣親切有禮。

再次登上飛機，午宴的主人已經達到目的：在一九四四年初開闢歐洲第二戰線和「大君主行動」（Operation Overlord，即D日〔D-Day〕）的承諾；波蘭西邊的一部分區域也將成為蘇聯的法定領土。

緊接著，一九四五年二月的雅爾達會議（Yalta Conference）還有更美味可口的「歐洲蛋糕」和更正式的奢華宴席。這個國家還未能從飢荒中振作起來，但為了「三巨頭」的會面，不到三個星期，在飽受戰火摧殘的克里米亞建起了一座浮誇的度假村「波坦金村」[17]。一夕之間，冒出兩座機場、大量的噴泉、三座沙俄宮殿裡六十八個新修的房間、一萬個餐盤、九千件銀器和三間廚房——木柴燃料奇蹟似地經由癱瘓的鐵路網運送過來。在最主要的餐宴上，有白魚佐香檳醬汁、中亞鵪鶉肉飯和高加索烤肉串。根據與會人士的說法，主人——也就是不久之後的「大元帥」（Generalissimo）——「非常快樂，非常開心」，甚至「像和藹的老人般微笑」。為什麼不呢？實際上，他已經為自己取得了波蘭境內剩餘的土地和通往戰後東歐大部分區域的鑰匙。

★★★

「莫斯科廣播——」不久之後，一九四五年春天，播音員尤里．列維坦播報了他最戲劇性的一則宣告。他以鋼鐵般堅決的男中音宣布，蘇聯軍隊已經徹底擊潰了德軍位於柏林的部隊。「今天，五月二日，」他繼續說著，揚起音調，集中力氣，「他們已經完全控制了……德國的首都……柏——林——！」

若聽不懂俄文，你大概會以為，他是南美的足球評論員，正在播報進球的消息。然而，蘇聯勝利旗幟高掛在德國國會大廈（Reichstag）屋頂上的代表性畫面，是再清楚不過的了。

一九四五年五月九日，凌晨二時十分，列維坦朗讀了德國投降書，母親全身上下隨之凍結。她控制不住自己。每當聽見列維坦的聲音和「莫斯科廣播」這幾個字，她總是感到驚惶和恐懼——即便這幾個月來，「那個聲音」頻頻帶來好消息。在蘇聯軍隊收復每個俄國城市的新聞播出之後，煙火和齊鳴的火砲炸響莫斯科市中心——一年多以前，弗倫姆金一家人在這裡團聚，然後住了下來。直至今日，想到列維坦的男中音，母親仍會感覺癱軟、麻痺。

媽媽同樣清楚地記得：五月九日，自然迸發、鋪天蓋地的縱情解放和興奮情緒席捲了首都。超過兩百萬狂歡者湧入莫斯科的舊市中心——紅色的康乃馨和白色的雪花蓮宛若起伏波動的海洋。士兵們被拋上空中。欣喜若狂的人們擁抱、親吻、舞動身體，大喊「烏拉」（OORAAAA，即「萬歲」）直到沙啞。那天夜裡，強烈的閃光燈打上克里姆林宮的塔樓，照亮史達林的面容。那張臉彷彿飄浮在紅場之上。煙火真是精彩：一千組砲管發射了三十波花火。

在歡慶的人群中，有一位美麗的女子。她六英尺高，瘦骨如柴，臉上有一雙勾人魂魄的綠色眼眸和一抹倉促塗上的口紅。她年近三十，拽拉著一個不受控制的八歲男孩。人們歡呼得愈大聲，女人就哭得愈傷心。共計有八百萬人未能從前線歸來，她的丈夫、我的祖父安德烈·布連姆森（Andrei Bremzen）便是其中之一。

若再加上死亡的平民百姓，我們所謂的大衛國戰爭（Great Patriotic War）奪走了二千七百萬人的性命，有些統計數字還要更高。在俄國，這場戰爭留下了史無前例、難以估量的悲劇和破壞。連續四年，戰爭蹂躪蘇聯土地，使二千五百萬人無家可歸，將一千七百座城鎮和七萬個村莊夷為瓦礫廢墟，也帶走了一整個世代的男人。

★★★

戰爭結束時，母親十一歲，留著兩條粗黑的髮辮，愛讀書，也愛做白日夢。她看完漢斯·克里斯蒂安·安徒生的童話，開始閱讀雨果（Hugo）的《悲慘世界》（*Les Miserables*）優美的俄文譯本。事實上，所有充滿浪漫悲劇的書都令母親著迷。他們一家人在普希金諾（Pushkino）郊外舒適的小屋度過戰後的第一個夏天。普希金諾是個位於莫斯科北方的小鎮，納姆在這裡負責一所間諜培訓學校。「反情報，反情報！」當有人脫口說出「間諜」這個詞，外公總會皺起眉頭更正。那年稍晚，他將前往德國參加紐倫堡大審（Nurenberg Trials），在斷垣殘壁間訊問赫爾曼．戈林。

打蒼蠅，採醋栗，媽媽讀著她悲傷的書，深思俄羅斯的命運。該拿聚集在車站、演奏手風琴乞討的跛腳男人怎麼辦呢？該怎麼為她的朋友們沒能歸來的父親哀悼呢？奇怪的是，家裡沒有人思考這些問題。莉莎投身家務瑣事，而從來不曾真的和孩子們說過話的納姆，忙著應付他眼神如鋼鐵一般的特務同事和他們髮型時髦的妻子——她們總愛炫耀丈夫在柏林搶到的家具；尤莉亞則是不停地引用「大元帥」的話，令母親覺得噁心。於是，她開始寫日記。她精心挑選了一本有金色浮雕封面和閃亮潔白紙頁的小筆記本——那是戰爭之前納姆從斯堪地那維亞帶回家來，送給她的禮物。她在墨水瓶裡蘸了筆，接著暫停許久，墨滴沾壞了紙頁，她只好將它撕掉。

「死亡，」之後她寫道，並用力按著，使筆發出短促的尖響。「無可避免地，在生命的終點，死亡會到來。有時候生命非常短暫。」她想了想，接著寫道：「但如果不論如何我們終將死去，我們應該怎麼做？我們該怎麼度過誕生和死亡之間那短暫的光陰？」

關於這些問題，媽媽並無答案，但光是書寫就令她感到舒緩。在屋外的草地上，空中的蜻蜓嗡嗡作響，她吸吮著三葉草帶著甜味的花瓣，繼續思考這些問題。

「**死亡！死亡？**」莉莎的尖叫打斷了媽媽的沉思。

莉莎拉著媽媽的辮子，揮舞著她剛在桌上發現的筆記本。「我們打敗了德國人！你爸爸為了你的幸福奮鬥！你怎麼敢想這些糟糕、愚蠢的事情。死亡！」莉莎將筆記本撕成碎片，然後衝回屋內。媽媽躺在草地上，看著身旁的碎紙。她感覺太過空虛，甚至哭不出來。她突然明白：她的父母和黑色播音器裡傳來的聲音原來是一樣的。她這才知道，不知怎麼地，自己內心最深處的想法竟然全是錯的、不乾淨的。這是她一生中最最孤獨的時刻。

譯註

1. VEF是拉脫維亞「國家電子工廠」（Valsts elektrotehnisk fabrika）的縮寫。
2. 尼古拉・格拉西莫維奇・庫茲涅佐夫（Nikolay Gerasimovich Kuznetsov, 1904-74）為二戰期間蘇聯海軍總司令，曾獲頒「蘇聯英雄」頭銜。庫茲涅佐夫號航空母艦即以他命名。
3. 格奧爾基・康斯坦丁諾維奇・朱可夫（Georgy Konstantinovich Zhukov, 1896-1974）為蘇聯元帥，戰功彪炳，是第二次世界大戰中最重要的將領之一。
4. 俄羅斯的火車站以鐵路運行的終點方向命名，此處指位於莫斯科的列寧格勒火車站。
5. 奧倫堡（Orenburg）位於南烏拉爾地區，近哈薩克，以出產優質織品聞名。奧倫堡披肩精美細緻，是俄羅斯工藝的象徵之一。
6. 伊恩・佛萊明（Ian Fleming）為英國記者、作家，以詹姆士・龐德（James Bond）系列小說聞名。
7. 貝希特斯加登（Berchtesgaden）位於阿爾卑斯山腳下，是納粹德國政府的第二駐地。
8. 敦克爾克（Dunkirk）是法國北部的重要港口，鄰近比利時邊界。一九四〇年，英法盟軍於此地發動大規模的撤離行動，被視為日後盟軍勝利的關鍵之一，史稱「敦克爾克大撤退」。
9. 指克里門特・葉夫列莫維奇・伏羅希洛夫（Kliment Yefremovich Voroshilov, 1881-1969）。他又名克里姆・伏羅希洛夫（Klim Voroshilov），是蘇聯元帥、政治家。戰後曾經出任部長會議副主席、最高蘇維埃主席團（Presidium）主席等職務。
10. 莉莎奇卡（Lizochka）為俄文名莉莎的暱稱。
11. 赫爾曼・戈林（Hermann Göring, 1893-1946）為納粹德國的重要軍政人物，與希特勒關係密切，曾任空軍司令、國會議長、經濟部長等多項黨、政、軍要職。
12. 「飢餓收縮」（hunger contractions）指胃因為久未進食而劇烈收縮，造成疼痛。
13. 瓦西里・伊凡諾維奇・崔可夫（Vasily Ivanovich Chuikov, 1900-82）為蘇聯元帥，曾出使中國，擔任蔣介石軍事顧問。蘇德衝突爆發之後，崔可夫回到蘇聯，立功無數，兩度獲頒「蘇聯英雄」頭銜。
14. 一九四五年二月，美、英、蘇三國領袖齊聚克里米亞半島南部的雅爾達（Yalta），商談戰後秩序與利益分配，史稱「雅爾達會議」。同年八月，三人再度於德國波茨坦（Potsdam）會面，並發表《波茨坦協定》，對戰後國際局勢影響甚鉅。
15. 「保羅傑」（Pol Roger）為法國歷史悠久的知名香檳酒莊。
16. 「莫洛托夫雞尾酒」（Molotov cocktail）指汽油彈。蘇芬戰爭期間，莫洛托夫曾經辯稱，蘇軍對芬蘭的轟炸是人道物資空投，引起國際譁然。芬蘭軍民因而戲稱蘇聯的空襲炸彈為「莫洛托夫的麵包籃」，並將汽油彈取名為「給莫洛托夫的雞尾酒」。
17. 「波坦金村」（Potemkin village）指虛假的表面模型。據傳，一七八七年凱薩琳大帝出巡克里米亞時，格里戈里・亞歷山德洛維奇・波坦金（Grigory Aleksandrovich Potemkin）將軍為了使女皇和隨同參訪的外國使節留下良好印象，沿途興建假村莊，呈現虛幻的美好生活風貌。

★1950年代

美味又健康

一九五三年三月四日清晨——在這個季節裡，早晨依舊黯淡得令人不悅，屋頂上的冰柱紛紛開始融化、結冰的反覆循環——莫斯科的古典樂迷從睡夢中甦醒，發現一個令人愉快的驚喜。當天一大清早，有別於平日的蘇聯式歡呼，收音機裡傳來憂傷的小調，簡直是一席交響樂與室內樂的饗宴：葛利格、鮑羅定和亞歷山大．格拉祖諾夫最憂傷的弦樂四重奏[1]。直到廣播節目「體育課」也被抑鬱的古典樂章取代，人們才開始思索。

「政治局裡有人掛了嗎？」

早晨九點左右，傳來令人震驚的消息。

「史達林同志腦部出血……失去意識。他的右側手腳癱瘓……無法言語。」

一整天，廣播裡那個熟悉的男中音低沉而有力地說著。尤里．列維坦又回到戰鬥模式，慷慨激昂地宣布受人愛戴的領袖衰敗的健康快訊。脈搏。呼吸。尿液分析。「那個聲音」將誇張的情緒注入這些臨床細節，像是在宣布從納粹手中收復奧廖爾（Orel）和庫爾斯克（Kursk），或者戰後物價狂跌的消息。

「昨夜，史達林同志的狀況嚴重惡—化—了！」隔天，三月五日，列維坦這樣宣布。「儘管施予藥物和氧氣治療，領袖已經開始陳施氏呼—吸—了[2]！」

「陳什麼？」人們納悶。

只有醫生們才明白這個臨床術語致命的重要意義。至於護照上「第五項」（族裔）標示有「猶太裔」的醫生呢？嗯，他們想必是感覺到，隨著史達林臨終的、昏沉沉的呼吸，自己的死刑判決也跟著撤銷了。在「大元帥」偏執、患有硬化症的最後歲月裡，他以一樁荒誕至極、史稱「醫生案件」[3]的反猶太清算突破了自我，登峰造極。當時，身為猶太醫生──事實上，只要具有猶太身分──就意味著劫數難逃。然而，《真理報》突然停止了關於「醫生案件」的審判充滿惡意的新聞報導。在「盧比揚卡」的地下室裡，嚴刑虐待「白衣凶手」的拷問者還換了偵訊的台詞。

「陳施氏是什麼意思？」現在，他們這樣質問醫生囚犯。

在三月四日媒體公布史達林的狀況以前，「至高無上的領袖」已經昏迷了好幾天。一切得從三月一日說起。當天早上，時候已近中午，領袖卻還未要茶喝。他昆切沃（Kuntsevo）別墅裡的手下警覺房內的動作感應器毫無動靜，於是他們……什麼也沒做。過了幾個小時，終於有人敢踏進房間。七十三歲的領袖倒在地板上，尿液浸濕了睡褲。午夜過後，拉夫連季・貝利亞同志的黑色ZIS[4]豪華轎車才姍姍來遲。祕密警察頭子展現了他對自己深愛的長官動人的忠誠。「別動他，他在睡覺。」這位戴著夾鼻眼鏡的劊子手兼強姦犯指示道，也沒叫救護車便離開了。

翌日清晨，醫護人員終於獲准進入治療，他們害怕地顫抖，診斷為大中風。貝利亞同志惟恐自己成為史達林的下一個犧牲者，有許多理由阻絕救援。政治局裡的其他親信──

包括狡詐、像豬一樣的莫斯科黨書記尼基塔・赫魯雪夫——亦是如此。不論克里姆林宮內的陰謀詭計為何，麻臉的鞋匠之子尤瑟夫・朱加什維利在一九五三年三月五日晚間九點五十分左右與世長辭。

他走了。

這個國家沒了父親，失去了「全民族之父」。

除此之外，也失去了「大元帥」、「山鷹」、「自然的改造者」、「人類的天才」、「科學領袖」、「革命的偉大謀略家」、「共產主義的旗手」和「英勇革命策略與關鍵逆轉大師」。

還有，「所有兒童、退休長者、哺育的母親、集體農場工人、獵人、棋手、牛奶女工、長跑選手們最好的朋友」也不復存在。

他走了。

這個國家失去了史達林。

★★★

三月初，就在史達林逝世之前那些雨雪紛飛的日子裡，拉莉薩踏著總是滲水的靴子，身穿扎人的橘色高領套衫和灰色無袖連身裙，努力不在「外語學院」（INYAZ）洞穴般的深處迷路。國立莫斯科外國語言學院裡，有彷彿卡夫卡作品場景的走廊和一間暖氣不暖、永遠瀰漫著燉包心菜惡臭的食堂。除此之外，這裡還有精通多國語言的老教授——他們是史達林打擊「無根的世界主義者」的邪惡計畫最佳的目標。

閉母音，開母音。母親在語音學課堂上嘆息。「土地」（Land）——「租借」（Lend）；「人」（Man）——「人們」（Men）。俄羅斯人的耳朵根本無法察覺其中的細微差異。無論如何，在史達林同志垂死之際，教人怎麼專注在母音這種事情上呢？

不考慮領袖的狀況，在「外語學院」主修英語根本說不上是媽媽對「璀璨未來」的想像。當她對舞台熱切的夢想不斷受挫之餘，這不過是個枯燥卻體面的職場妥協罷了。「或許是我沒有天分，」如今媽媽承認，「也沒有長相。」回到當時，將她的希望破滅歸咎於時髦的「俄羅斯劇場藝術學院」（GITIS）的「戲劇史」考試，會顯得更戲劇化一些。媽媽熟記了官方文本，在入學口試時，向兩位莊重、嚴肅的教授發表了對「無根的世界主義」必要的批判。他們真的在她高談闊論藝術應當屬於人民（narod）的時候大皺眉頭嗎？為什麼教授只給了她毫無差錯、規規矩矩的背誦三分（troika）[5]的成績？許久之後，媽媽才終於羞愧地明白，那兩位博學的文藝復興戲劇專家，本身就因為「無度、邪惡的世界主義」而飽受糾纏和折磨。

三月六日，史達林逝世的消息傳開，啜泣聲在「外語學院」的走廊上迴盪。停課了。管理員婆婆們倚靠著拖把，在水桶上嚎啕大哭，模樣像極了葬禮上的斯拉夫異教徒。媽媽沒有哭，但她的牙齒格格作響，四肢也因為這個消息的歷史重量而感覺沉重、使不上力。搭電車返家途中，通勤的乘客坐在木頭座椅上，弓著身子，緊繃地沉默不語。透過車窗，母親看見橫跨建築物的哀悼布條緩緩升起，工人們正在抹去歡樂的看板上她喜愛戲劇廣告。她閉上眼睛，只見到一片漆黑——張裂開來的空虛，沒有未來。

三天後，母親、莉莎和尤莉亞出門參加葬禮，但一見到街上混亂的人群便回頭了。我青春年少的爸爸則沒有放棄。謝爾蓋——當時十六歲，算是個街頭太保——在屋頂上躍進，穿越莫斯科市中心壯觀的擁擠路段，鑽入排成路障的黑色「斯圖貝克」（Studebaker）公家轎車車底。他硬是擠過騎在驚惶失措的馬匹背上的警察，偷偷溜進圓柱廳新古典主義風格的浮華盛景。在那裡，尤瑟夫·維薩里奧諾維奇接受群眾瞻仰，灰色的「大元帥」軍服上金黃的鈕扣閃閃發亮。謝爾蓋最要好的朋友普拉托沙（Platosha）就沒那麼幸運了——他在特魯布納亞廣場（Trubnaya Square）著名的混亂推擠中被壓破了頭顱。沒有人知道確切的傷亡人數，但在三月九日瞻養史達林遺體的巨大人潮之中，至少有數百位哀悼者被踩踏至死。即使進了棺材，史達林依舊殺人害命。

葬禮過後好幾個星期，媽媽的心情依舊無法平復。有兩件事情，她怎麼也揮之不去。首先是套鞋——葬禮之後莫斯科遍地黑色套鞋的畫面，還有帽子、連指手套、圍巾和大衣的碎布。其次是不真實的感覺——在史達林最後的那段日子裡，列維坦的健康狀況快報極不真實的感覺。尿。「偉大的領袖」有尿液？脈搏？呼吸？血？這些不是應該在破舊的地區醫院裡才聽得到的詞語嗎？

媽媽試著想像史達林蹲坐在馬桶上，或是有人替他抽血的畫面——那人腋下還有兩攤因為恐懼而冒出的汗漬。但完全辦不到！而且，最後，史達林怎麼能做出這般平凡、如人類般平凡的事情——死亡呢？

當媽媽終於認清了史達林逝世的事實，困惑退去，取而代之的是另一種感覺——憤恨、惱怒的失落。他丟下他們——丟下了她。他永遠看不到她在劇場的成就。媽媽明白，不論是為了選角排練，抑或是想像自己在莫斯科藝術劇院的舞台上，參與某個社會意義重大的高爾基作品演出——她渴望他的認可、他的出席和他充滿智慧、有鑑賞力的祝福。

最近，在媽媽向我吐露了這一切之後，我夜不成眠。拉莉薩．納姆莫夫娜．弗倫姆金娜，那始終保護著我遠離蘇聯汙染的異議者之心……

她為了史達林而想成為演員？

所以，情況是這樣的：極權主義的個人崇拜自然而強烈的情感控制；史達林和他的人民之間那深厚、催眠似的親密連結。直到現在，這個概念對我而言依然相當抽象。我兒時的國家宛若一具軋軋作響的老舊機器，如卡通角色般滑稽的政治局操縱著它，卻只會招來惡毒的政治玩笑。布里茲涅夫活像是被石化了的傻大個──在他的領導之下，有時候，還真是非常有意思。媽媽對史達林逝世的反應，突然使我體認到他偶像崇拜的威力，那是隱伏其中的雙重性。「偉大的領袖」一方面是神祇，不受人類生活的庸俗影響；是超凡而神祕的歷史力量，以某種方式存在於他所創造的悲慘統治之外、之上。與此同時，他又是所有人的父親，是全蘇聯慈祥和藹，甚至親切而尋常的一家之主；是在海報上擁抱孩童的男人，令人聯想到官方宣傳裡的修飾語，像是簡單的（prostoy）、親近的（blizky）和親愛的（rodnoy）──這個詞與同樣響亮的「祖國」（rodina）有相同的字源，是只為最親近的家人保留的愛稱。

史達林過世時，母親已經不再是個孤獨、疏離的孩子了，但也不是土包子或被洗腦的共青團員。她十九歲，極度喜愛文學，崇拜蕭斯塔科維奇和巴斯特納克之類的異議文化英雄，為他們所遭受的侵擾感到震驚[6]，卻又總是滔滔不絕地發表反對世界主義的尖刻批評。總而言之，她患有史達林時代特有的精神分裂，而且病得不輕。

「你聽，」媽媽解釋，「我打從出生以來在我的骨子裡，在我心中，就是反蘇聯的。但在腦袋裡，就心理上來說，不知道怎麼回事……我猜我大概是個年輕的史達林主義者。不過，他死去之後，」她做了結論：「我的腦袋也清醒了。」

★★★

在某些具有異議傾向的蘇聯圈子裡，人們養成了慶祝三月五日的傳統。儘管去史達林化並非一夕之間發生，但對許多人而言，史達林逝世的日子既是歷史上關鍵的轉折，也是個人生命的分水嶺；是褪下眼前的蒙蔽、獲得新生意識的象徵性時刻。

在我撰寫這個章節時，恰巧正是三月。基於這群老異議分子聚會的精神，媽媽決定舉辦我們自己的逝世日餐宴。於是，我們又一次翻開母親五歲時愛上的那本食譜。

佔已知世界的六分之一，跨越十一個時區，容納十五個民族共和國；在帝國末年，人口將近三億——這就是蘇聯。秉持著理想中社會主義集體共有的精神，我們多語混雜的龐大祖國共享同一部憲法、同一個社會體制、同一套二年級數學課綱，還有同一本全民廚房聖經——《美味與健康飲食之書》。「那本書」（Kniga）誕生於一九三九年，的確是一部百科全書式的烹飪指南。但不僅如此，搭配上教化式的註解、意識形態的宣傳、新啟蒙式的科學介紹，以及蘇聯工廠與家常飲宴的閃亮跨頁相片，這本書更是歡娛、充裕、富有文化內涵的社會主義生活的完整藍圖。我迫不及待重新造訪這個社會主義的（非）現實標記。

母親年輕時，她從一九五二年的版本學習烹飪。那是極具代表性的版本——更大、更好、更快樂、政治上更惡毒，還有四〇年代後期史達林新哥德風格摩天高樓的巨大重量，和社會科學論文深棕色的硬皮精裝。書的外表別具意義，它暗示著，烹飪絕非瑣碎小事。不！親愛的同志們，烹飪代表一個集體的烏托邦計畫——「藉由廚房裡的勞動自我提升、涵泳文化」。

比照《美味與健康飲食之書》一九三九與一九五二年的版本，你還能清楚瞭解戰後的政策轉變。

三〇年代晚期，布爾什維克的國際主義修辭仍然保有相當大的影響力。一九三六年隨著歌曲〈我廣袤的祖國〉而廣受歡迎的熱門音樂喜劇電影《馬戲團》即是一例。《馬戲團》讚頌美國白種空中飛人瑪莉安的故事。她和黑白混血的私生嬰兒不得不離開堪薩斯州，最後來到莫斯科。在「蘇聯人的土地」上，她的命運截然不同。全國人民都渴望擁抱她的孩子，她還找到了結實性感的雜技演員男友。在這部國際主義牧歌的一幕經典場景中，大名鼎鼎的猶太演員所羅門．米霍埃爾斯（Shloyme Mikhoels）還為非裔美國寶寶哼唱搖籃曲。

後來，這一幕被刪去了，米霍埃爾斯也是——在一九四八年鋪天蓋地的反猶太狂熱中，他遭到史達林下令暗殺。美國？我們過去還算友善——雖然有些種族主義——的競爭對手也被徹底妖魔化，成了帝國主義的冷戰敵人。因此，仇外的態度支配了一九五二年的「那本書」。一九三九年的版本中的蜂蜜麵團[7]食譜被刪去；卡爾梅克茶也消失了——卡爾梅克（Kalmyk）是蒙古的少數民族，被控與納粹勾結而遭到全數流放。小點心（canapés）、麵包丁（croutons）和法式清湯（consommés）——這些「無根世界主義」的繁複裝飾（froufrou），也在一九五二年的版本裡受到清算。米高揚透過三〇年代的美國行搜括而來的美式佳餚——三明治（sendvichi）、玉米穀片和番茄醬——也是同樣的下場。

在一九五三年八月發行的下一個版本當中……喲嗬！所有引用史達林的段落都消失了。一九五四年，拉夫連季．貝利亞已經不在——他於一九五三年十二月遭到處決——所以，也就看不到一九五二年的版本裡我最喜愛的那張相片：亞塞拜然一家以他命名的豬肉工廠。在穆斯林的共和國裡，以「史達林的屠夫」命名的豬肉工廠。

克里姆林宮內的風向改變了，政治委員們消失了，但官方的蘇聯富足神話保存了下來，人們也依舊堅持著神奇桌巾的童話故事。「那本書」中如此生動地推崇社會主義美好生活的烏托邦，又有誰能夠抗拒呢？看看卷首的跨頁相片！是皺巴巴的牡蠣——牡蠣！——堆疊在克里米亞和喬治亞紅酒中間的銀色盤子上。水晶高腳杯高過一盤閃閃發亮的魚肉凍；「蘇聯牌香檳」冰鎮在桶子裡，瓶頸傾斜指向壯觀的乳豬。同時，序言告訴我們，「資本主義國家總是讓勞動人民挨餓……而且經常餓死。」

書頁上的豐裕和店鋪裡的匱乏之間那令人痛心的差異，使得「那本書」裡的富足神話顯得格外悲傷。受苦已久的蘇維埃人大口地嚥下這些假象。畢竟，蘇維埃人過慣了苦日子，從小就習慣社會寫實主義——一個堅持「在革命的進程中」描繪現實的藝術教條；過去和現在都被「璀璨的未來」勝利歡欣的投射吞沒。在社會寫實主義的幻象中，集體農場裡的少女不必顧慮飢荒，圍繞著一捆捆豐饒的小麥起舞；透過快樂的「斯達漢諾夫」勞動，勤奮的紡織女工搖身一變，成為共產黨的公主。社會寫實主義包圍、環繞之下，彷彿一面令人陶醉的鏡子——真實生活中精疲力竭和飢腸轆轆的人們往裡頭望，只看見未來光明美好的映象。

不久之前，我和媽媽分享這些想法。「嗄？」她回應，然後繼續向我訴說她自己的「那本書」的故事。

她說，一九五三年十二月，在俄羅斯，嚴寒一如往常。然而，政治氛圍卻愈來愈溫暖。古拉格的囚犯已經開始歸返；貝利亞才被處決。文學雜誌《新世界》（*Novy mir*）上的一篇文章引起了莫斯科文化圈的一陣騷動。文章題為〈關於文學中的誠實〉（On Sincerity in Literature），作者是一位名叫弗拉基米爾．波梅朗切夫（Vladimir Pomerantsev）的檢察官。他膽敢在文章裡抨擊社會寫實主義。

拉莉薩回憶，當尤莉亞遞來被祕密包裹在《真理報》裡的《新世界》時，她正在一道接一道地烹飪《美味與健康飲食之書》中的料理。那段日子，媽媽像瘋子一樣下廚。在此之前，她童年關於生命並非「全然美好」、未來並不璀璨的懷疑日益強烈，已經成了單調、令人心痛的篤定判斷。烹飪稍微緩解了這樣的疼痛。她將對劇場失落的嚮往，注入以匱乏的食材做成的料理之中。父母親陽台邊的多角廚房提供了舞台，營造出令人欣慰的幻象——或許，她能夠想出什麼辦法，透過烹飪逃離黯淡淒慘的蘇聯辛苦勞動。

《新世界》就擺在廚房的白色桌子上。媽媽正在張羅她最喜愛的料理——解凍的鱈魚和馬鈴薯，搭配炒蘑菇醬，與美乃滋和廉價的加工乳酪一起烘烤。這道鱈魚是媽媽對「那本書」中的食譜寫實－寫實主義式的反覆模仿。當乳酪、魚和蘑菇的氣味開始交融，媽媽正在閱讀〈誠實〉，恰巧看到關於食物的段落。大致上，波梅朗切夫批判社會寫實主義文學中偽善的「對現實的粉飾」——日後，這個說法被廣泛地應用在自由派人士對文化史達林主義的批評當中。波梅朗切夫特別挑出形容美味肉餡「餃子」（假）氣味的陳腔濫調。他抱怨，就連那些不曾描寫餐桌上虛假的烤鵝和乳豬的作家們，也將「黑麵包」從場景中抽離，美化了又髒又臭的工廠食堂和宿舍。

媽媽翻閱「那本書」，突然笑了。牡蠣？香檳桶？滿出水晶碗的豐盛水果？如今，這些食物確實閃耀著偽善的光輝。「謊言，謊言，謊言。」媽媽說，用手指戳了戳乳豬的圖片。她使勁甩上《美味與健康飲食之書》，然後從烤箱裡取出她的鱈魚。那是她的料理，她褪下了集體的富足神話、從史達林的快樂計畫中解放出來的作品。

她再也不曾打開「那本書」，直到在紐約我要求她這麼做。

★★★

在準備史達林逝世紀念日晚宴的過程中，媽媽不停地打電話來，詢問我對菜色的意見。一如往常，她的中心概念是再現歷史——完美表達晚期史達林主義的文化拼貼。其中一道料理必須展現出這個時代擾人的節慶浮誇。最後，我們挑了蟹肉沙拉。搭配上從未在莫斯科見過的夢幻鯷魚條、珊瑚色的蟹腳和香芹束等等「史達林巴洛克」風格裝飾，這道沙拉既磅礴非凡又拼貼混雜。

為了向新興的「解凍」（Thaw）世代貧苦的青年知識分子（intelligentsia）致意，媽媽還打算準備一種超級簡樸的小餡餅。這道以麵粉、水和人工奶油（margarin）製作而成的無蛋點心，在當時可是大受歡迎。

這麼一來，只剩下一道「民族」料理了。

戰後史達林的帝國主義政策將蘇聯少數族裔視作偉大俄羅斯民族的小兄弟——或者，有時候是罪大惡極的「人民公敵」。所以，一九五二年版的「那本書」雖然紆尊降貴，收錄了幾道象徵性的共和國料理，卻也同時將這些菜色納入一套非常蘇聯的正典之中。在烏克蘭甜菜湯、喬治亞肉湯（kharcho）和亞美尼亞多爾瑪葡萄葉捲（dolma）的食譜裡，隻字未提這些料理的民族根源。

過了一天，媽媽打電話給我。「代表民族共和國的料理，」她異常正式地宣布，「我挑了……『燉羊肉』（chanakhi）！」

「不！」我抗議。「不可以——那是史達林的最愛！」

「噢！」媽媽說，然後掛上電話。

她又回電了。「但我已經買了羊排。」她低聲抱怨。除此之外，她還買了小茄子、成熟的番茄、胡椒，還有好多芫荽——簡單來說，她買齊了這道湯多味美的喬治亞陶罐燉羊肉所需的所有食材。

「可是，媽，」我試著講道理，「用史達林最喜愛的料理慶祝從他的魔爪中解放，這難道不奇怪嗎？」

「你百分之百確定，」她哄道，「這真的是他最喜愛的料理嗎？」

我嘆了一口氣，承諾會再確認。我掛上電話，為自己斟了一杯濃烈的西班牙白蘭地，心不甘情不願地重新檢視我的研究資料。

談起與領袖在三〇年代的相遇，南斯拉夫的共產黨文人密洛凡・吉拉斯（Milovan Djilas）寫道：「史達林的食量就連比他高大許多的人都遠不能及。他愛吃肉……這是他出身山地的線索。」描寫一九四五年與史達林再度會面時，吉拉斯驚呼：「現在，他分明是個暴飲暴食的人，就像擔心眼前的食物會被人奪走一樣。」

通常，史達林會在他位於昆切沃的別墅裡大快朵頤，就離我長大的地方不遠。貝利亞、赫魯雪夫、莫洛托夫和米高揚等一幫賓客經常受邀陪伴在他身旁。那（不容拒絕的）邀請隨時發出，時間通常不早。

「說是午餐（obedi），」莫洛托夫抱怨，「但誰會在晚上十、十一點吃午餐呢？」

這些晚宴居家舒適的氛圍，暗示史達林本人並不真的喜愛史達林風格裝腔作勢的鋪張排場。在別墅以木板裝潢的餐廳裡，壁爐和大波斯地毯是僅有的裝飾。一張有巨大雕刻桌腳的長桌擺設妥當。侍者們聽從史達林忠心耿耿的圓臉管家——或許還身兼情婦——瓦列奇卡發號施令，將食物放在桌子一端沉重、附有蓋子的銀盤上，然後消失不見。湯則擺放在邊桌上。接著，那殺人不眨眼的團隊坐上餐桌，自在地享用。史達林最愛的、未經醃漬的多瑙河鯡魚和凍生魚薄片（stroganina）是常見的前菜。湯是傳統的俄羅斯風味，如魚湯（ukha）、以肉和包心菜燉煮數日而成的菜湯。主菜則是烤羊肋排、水煮鵪鶉肉。除此之外，也少不了豐富的魚料理。史達林的別墅餐宴兼具蘇聯和歐亞特色，融合斯拉夫和喬治亞口味。

我吞下一口「卡洛斯一世」（Carlos I）白蘭地。

在別墅裡，史達林飲用清淡的喬治亞紅酒，總是從他最喜愛的結冰長飲料壺裡倒水喝，看著其他人痛飲伏特加，醉得一塌糊塗。「外頭是零下幾度？」他喜歡對賓客提問。他們每錯估一度，就得喝下一杯。在俄國，這種餐桌上的惡作劇遊戲是歷史悠久的王室傳統。彼得大帝讓侏儒從巨大的派裡一躍而出，嚇壞在座的賓客。「恐怖伊凡」[8]——史達林的偶像——在奢華的晚宴上賜予失寵的貴族毒酒，然後看著他們倒下。史達林喜歡吩咐「矮胖子」[9]赫魯雪夫跳烏克蘭戈帕克舞（gopak），總是要他蹲下身、踢蹬腳跟；當親信們將寫著「屌」（khui）的紙條黏在尼基塔[10]渾圓的背上時，他會瘋狂地大笑。在椅子上放番茄是大受歡迎的餐桌惡作劇，一向務實的米高揚承認自己會多帶一條褲子赴宴。順道一提，那些番茄就栽種在別墅的庭院裡。在這齣愚蠢的《動物屋》[11]鬧劇中，史達林始終小口啜飲，「或許是在等著我們放膽說話。」米高揚寫道。世界上六分之一人口共同的命運就掌握在這群人染血的手中。

米高揚始終是個講究細節的美食家，他為領袖的餐飲習慣留下了最佳紀錄。顯然，史達林喜愛發明新菜色，再由廚師們改良精進。其中一道料理「既是湯，又是前菜……」。

有了，我對自己說。

「在一個大鍋裡，」米高揚寫道，「他們將茄子、番茄、馬鈴薯、黑胡椒、月桂葉和瘦羊肉混合在一起。這道菜上桌時得要是熱呼呼。他們還加入芫荽……史達林稱之為『阿拉格維』。」

不，無庸置疑——米高揚是在描述經典的喬治亞燉羊肉。史達林之所以將這道料理取名為「阿拉格維」，靈感想必來自喬治亞的那條河流或莫斯科那間深受他喜愛的喬治亞餐廳——抑或兩者皆是。

我的思緒停留在米高揚身上。在大半的生涯當中，他看起來屹立不搖。一九五三年以前，他是史達林的老夥伴、前糧食人民委員，然後是部長會議[12]的副主席，但終究還是失寵了。領袖在中央委員會的全會上抨擊他和莫洛托夫，此後兩人便不再受邀出席昆切沃的「午宴」了。米高揚想必是算到自己來日無多。他的兒子回憶，他在書桌抽屜裡放了一把手槍，寧可用子彈利落地了結也不願被逮捕，以免他的亞美尼亞大家庭遭受牽連。阿納斯塔斯·伊凡諾維奇是個精於算計的殘酷野心家。然而，坐在書桌旁喝著白蘭地，我感覺到一陣悲苦的同情。

電話打斷了我的沉思。

「我解決『燉羊肉』的難題了！」母親驕傲地宣布。「過世之前，史達林不是正在策畫一場喬治亞種族滅絕嗎？」

「嗯，沒錯。我想是的。」我困惑地承認。這個計畫中的清算遠不如針對猶太人的迫害知名，不過，的確，史達林似乎有意對他的高加索同胞施行種族清洗。更精確地說，他的目標是少數民族中的少數——明格列爾人（Mingrelians）。貝利亞即是明格列爾人出身，是族人的驕傲。因此，這很可能是打擊貝利亞的迂迴手段。

「那好！」媽媽大喊。「我們就做『燉羊肉』來獻給遭到迫害的喬治亞人吧！」

★★★

「敬史達林之死！」我倒出伏特加後，卡嘉輕蔑地高呼。「我們來碰杯慶祝吧！」

伊娜一臉驚恐。

「但，卡秋許[13]，為死者碰杯可是壞兆頭啊！」

「那正好！我們非碰杯不可，讓那個混帳在墳墓裡爛掉！」

三月五日來臨了。窗外下著細雨，我們在母親皇后區的公寓裡慶祝史達林的死亡。餐桌上，八十多歲的女士們——卡嘉、穆夏和伊娜——吃了一些擺在豐盛的水果和「蘇聯牌香檳」之間的浮華蟹肉沙拉，顯得興趣缺缺。斯維塔（Sveta）來得最晚——她身材嬌小，臉色蒼白。多年以前，她是個莫斯科美人，大詩人約瑟夫・布洛茨基（Joseph Brodsky）自列寧格勒來訪時，經常會借宿她家。此刻，這個想法令我動容。

「我去了史達林的葬禮。」斯維塔咧嘴笑著，自豪地說。

「真是瘋了（mishugina）！」卡嘉嘖嘖道，手指比出「瘋狂」的手勢。「有人連命都丟了！」

當龐大的葬禮行列裡人們愈聚愈多，哀悼者被踩踏受傷時，斯維塔一路上緊緊抓住學校的花圈，直到圓柱廳。

「那羊肉，是不是有點太老了？」穆夏品嘗著母親獻給受壓迫的喬治亞人的「燉羊肉」，評論說。我繼續往傷口上撒鹽巴，狡詐地提起這道料理和史達林的別墅盛宴之間的關聯。媽媽瞪了我一眼，搖著頭進廚房去了。

「女孩們，我們也撐過來了，」伊娜沉思道，「逮捕、壓迫、譴責……經歷了這一切……我們還是保持正派、得體。」

媽媽帶著簡樸的知識分子點心再度現身。「談夠了史達林，」她懇求，「我們可以開始聊『解凍』（ottepel）了嗎？」

★★★

史達林辭世之後不到一年，溫文儒雅的文壇大老伊利亞·愛倫堡（Ilya Ehrenburg）發表了一篇不怎麼樣的中篇小說，在文中批評社會寫實主義的庸俗寫手和市儈的蘇聯工廠老闆等等或之類的。如今，已經沒人記得故事的情節了，但作品的題目卻留傳下來，接續定義瞭解放與希望的赫魯雪夫年代。

解凍。

史達林並未指定任何繼承人。一九五五年，經過激烈的權力鬥爭，赫魯雪夫徹底掌握了我們社會主義祖國的政權，只不過，沒人以「山鷹」或「人類的天才」稱呼這位挺著肚子、有大牙縫的前金屬工人。「全民族之父」？你是在開玩笑吧。人們或禮貌地稱他為尼基塔·謝爾蓋耶維奇，或簡單叫他尼基塔——這是個民俗色彩濃厚的斯拉夫名字，和史達林冰冷、異國的喬治亞他者形象截然不同。但在街上，大部分的同志都稱這位新領導人為「金龜子」（Khrushch）或「禿子」（Lisiy）；後來，由於他對玉米終究招致自我毀滅的強烈愛好，人們也叫他「玉米先生」（Kukuruznik）。

以這樣親暱的名字稱呼我們的領導者——這本身就是一個重大改變。

「真是無法忘記『解凍』初期我那歡欣鼓舞的心情——就和史達林時代的恐懼一樣強烈！」伊娜起了個頭。那段醉人的日子裡，她在莫斯科的哲學研究所（Institute of Philosophy）工作。「我們不工作也不吃東西，滔滔不絕地說話，菸抽個不停，直到失去知覺。我們的國家發生了什麼事？我們是怎麼讓它發生的？對誠實的新崇拜會改變我們嗎？」

「嘉年華！」卡嘉和斯維塔同聲尖叫。回憶讓她們從椅子上跳起身來。

若說有什麼驚人的大事為「解凍」時期揭開序幕，那肯定是「嘉年華」。一九五六年二月，赫魯雪夫在他劃時代的「祕密報告」14中抨擊史達林。十七個月後，為了向全世界展示蘇聯社會奇蹟似的改變，共青團的領導團隊得到「禿子」的支持，在才去史達林化了的俄國首都舉辦「第六屆國際青年嘉年華」。

對莫斯科人而言，一九五七年七、八月間那悶熱的兩個星期可是扭轉意識的重大事件。「嘉年華？不……是童話故事（skazka）！」斯維塔輕柔地低語，她蒼白的臉倏地紅了起來。的確是童話故事。不過幾年前，「外國人」（inostranet）還是「間諜」或「敵人」的同義詞。這個國家突然敞開鐵幕，讓牛仔褲、布吉伍吉（boogie-woogie）、抽象藝術和電吉他的洪流浪潮在這短暫的片刻洶湧而入。在莫斯科，這樣的奇觀未曾出現過——從來沒有！在綿延十二英里的開幕遊行中，兩百萬興奮得頭暈目眩的市民為來自一百多個國家的三萬名代表歡呼、喝采。建築物粉刷上漆，醉漢們受到管制，城市裡的廣場和公園被改造成舞池。音樂會、劇院、藝術展覽，街頭成了大眾自然接觸的狂歡現場。那個四海一家的夏天和一切事物都脫不了關係，從催生異議運動到促進猶太身分認同——蘇聯各地的猶太人蜂擁而來，只為了親見以色列代表團。其中，最重要的或許是這個——史上頭一遭，強而有力的外國神話迸出了真正的火花。「外國」意味著「國界以外」，這個含義深遠的字眼直到蘇聯解體之前，將會持續地激化、嘲弄、挑動蘇聯人的心靈。

還有愛——那愛的野餐，赫魯雪夫的「胡士托」（Woodstock）。斯維塔愛上了一個身高七呎的紅髮美國人。美人卡嘉為義大利足球選手代表團翻譯，其中一位情郎在離別時還以死相逼。告別的時刻，心煩意亂的羅密歐從旅館窗戶丟給她一個包裹。

「我回到家裡，就把它拆開，」卡嘉大叫。「是內褲！半透明的藍色底褲！」

媽媽的賓客們哄堂大笑。「還記得我們的蘇聯內褲嗎？只有兩種顏色：紫色和藍色，長及膝蓋，還有虐人的鬆緊帶！」

★★★

拉莉薩也愛上了一位來參加「國際青年嘉年華」的外國人。他同樣為她傾倒。

路西安個子矮小，膚色黝黑，輪廓分明，有一雙生氣勃勃的深色眼睛。他穿著利落的短皮夾克和看起來又新又舒適的麂皮便鞋。這些特徵明白地透露出他——「非我族類」（ne nash）。路西安在巴黎出生，在科西嘉島（Corsica）長大，在摩洛哥小鎮梅克內斯（Meknes）主持一所中學——多元的文化在他身上交融，令媽媽深深著迷。母親破舊的塑膠相簿裡，他在短短兩個星期內留下的照片，比我爸爸的還要多上兩倍。

這對戀人因為對世界語（Esperanto）共同的興趣而相遇。在嘉年華的第一場世界語全會上，路西安坐在媽媽身旁。兩天後，在高爾基街上一座巨大的史達林式建築立面下，他摟住了她——這一切看起來再自然不過了。路西安散發出魅力和善意。媽媽當時二十三歲，在她的生命中，從未有追求者以這樣坦率得令人卸下心防、討人喜歡的方式展現自己的魅力。不知怎麼地，她只需要三個世界語單詞，便能夠和路西安溝通內心最深處的感受；這一方面，在過去，她甚至連使用俄語都無法做到。

這倒也合情合理。儘管「解凍」年代人們開口閉口都是「誠懇」，蘇聯的俄語並不適合用於良善、親密或是——天曉得什麼——自然的抒情閒話。我們的朋友，文化評論者薩沙．吉尼斯曾暢言，政府早已挾持了所有美好、有意義的詞彙。友誼、祖國、幸福、愛、未來、意識、工作——這些字眼只能被放在嘲諷的引號裡。

「小姐，一起去建設共產主義，如何？」這是一句流行的搭訕台詞，女孩們覺得可笑極了。

羞澀扭捏、複雜難懂的蘇聯求偶儀式如下：伊戈爾在學生宿舍或派對上遇見莉妲。他們在窗邊吸菸。伊戈爾滿懷愛意地逗弄莉妲，莉妲也賣弄風情地挑逗回去。送莉妲回家的路上，伊戈爾賣弄自己對海明威（Hemingway）的瞭解，或許還會提到他手上恰巧有「勞動楷模」電影院（Udarnik Cinema）熱門的義大利影展的入場券。來到她的公寓，他在樓梯間流連，刻意裝作滿不在乎，嘀咕著詢問她的小電話（telefonchik，電話號碼的奇怪暱稱）。接下來幾個星期或幾個月，他送她少得可憐的康乃馨；兩個人在颳著風的大道上漫無目標地行走，在到處都是貓尿的公寓大廳裡激烈地摸索親熱。然後，若微風還算暖和，他們便在爬滿螞蟻的矮樹叢裡做愛。莉妲懷孕了。若伊戈爾夠正派，他們會去民事登記處（ZAGS）——登錄死亡和婚姻的辦公室——註冊。他們從此幸福快樂的婚姻還包括搬進她或他家過度擁擠的「居住空間」——住著酗酒的父親、大聲嚷嚷的母親、盛氣凌人的戰爭寡婦祖母和討人厭的少年先鋒隊員弟弟。少先隊員喜歡偷看新婚夫婦親熱。此後，婚姻生活只會更加歡樂。

九歲以前，我已經察覺，這種幸福婚姻並不適合我。我有別的計畫，而國外就是其中的一部分。外國丈夫將會帶領我脫離那「從此抑鬱淒慘」的生活、迎向充滿名牌外國商品的亮麗人生。媽媽的性格更加浪漫，此外，她還屬於一個更理想化的世代。對她而言，強勢貨幣商品並非外國夢的重點。她將自己對世界文化（world culture）——或許，應該說「世界文化」（World Culture）——的殷切渴望，濃縮在這個意義重大的詞彙裡。在媽媽的史達林宇宙觀崩潰瓦解、她與她典型的蘇聯雙親漸行漸遠之後，文化取代了她生命中的一切，成為一種個人信仰。

當路西安談起摩洛哥，媽媽想像自己置身在馬諦斯（Matisse）令人興奮、震懾的夢境裡。他不經意地提及前往法國鄉下拜訪祖母的回憶，也激起她普魯斯特式的白日夢。她彷彿能夠觸及祖母（la grand-mère）的沙龍裡精美的瓷茶杯，聽見珍珠輕巧的撞擊聲響。路西安送給她的小禮物

——譬如說，有金色星星浮雕的摩洛哥零錢皮包——不僅只是物品，也是遙遠、神祕的自由圖騰。「來自自由世界的紀念品，送給身陷監獄牢籠的人。」如今，她這麼訴說。

他們沒有結婚。路西安只待了兩個星期。然而，光是觸摸他的手心非俄羅斯式的柔軟，媽媽便已經感覺到，她一生的孤絕有了實在的形狀，一種清楚明白的欲望——完全掙脫蘇聯現實的欲望。一九五七年，那個炎熱的八月天，路西安動身離去，送給她一冊左拉的《萌芽》（*Germinal*），還在書裡以世界語留下熱情的題詞。她知道自己也會離開。直到將近二十年過後，一切成真以前，媽媽始終想像自己存在於蘇聯時空外的第四維度之中。

「我是反蘇聯的（anti-Soviet），」她說。「但同時也是非蘇聯的（a-Soviet）——我是內在的流亡者，隔絕在自己『世界主義』的小宇宙裡。」這是屬於她的童話故事。

為了填補路西安和嘉年華遺留的空缺，媽媽重新投入烹飪——但如今，她有了不同的廚房幻想。她對《美味與健康飲食之書》已經不屑一顧；外國給了她新的靈感。那個幻想中的「他方」嘗起來究竟是什麼滋味？媽媽一無所知。她至少能夠在想像中品嘗契訶夫和果戈里筆下誘人的大烤餅與波特文尼亞冷湯，但西方世界的食物只不過是一道道菜名，彷彿來自另外一個居家現實的祕密符碼。缺乏食譜也有迷人的地方；你可以隨意選擇口味取代那些奇異的名字。

媽媽總是以開心、善良的態度執著地面對店鋪裡食材的匱乏。她又一次將雙親的廚房變成夢想家的家庭工作室。她很可能是莫斯科第一個製作披薩的女人——一位父親曾經在美國工作的朋友借給她一期走私的《家庭圈》[15]，她「改良」了雜誌上的食譜。誰在乎她的「披薩」是不是有點像俄羅斯的肉餡餅呢？不過是內餡外露、覆蓋上厚厚一層番茄醬和「蘇聯牌」（Sovetsky）乳酪碎片的版本。對媽媽來說，任何食材都能是美味實驗的有趣材料。

「我今天要做蔬菜燉肉鍋（pot-au-feu）！」她會看著正要腐壞的包心菜，快樂地宣布。「我在歌德（Goethe）的書裡讀過——我想，那是一種湯。」

「嘗起來跟你平常做的稀菜湯沒有兩樣。」她的弟弟薩什卡會低聲抱怨。

媽媽則不這麼認為。她發現，光是重新命名就能改變料理的風味。

每隔幾個星期，她會收到路西安從摩洛哥寄來的信。「我最最親愛的小拉拉（Mia kariga eta Lara）[16]。」他總是這麼開頭。「我的心如刀割，」一年之後，他寫道。「為什麼親愛的拉拉不理我了？」

那時候，親愛的拉拉已經瘋狂地愛上了另一個人。那人叫謝爾蓋，她覺得他長得與《洛可兄弟》（*Rocco and His Brothers*）中的法國影壇萬人迷亞蘭．德倫（Alain Delon）不可思議地相似。她在一次義大利電影節裡看過這部電影。

★★★

我的父母在一九五八年底相遇。她二十四歲，他比她年輕三歲。兩人在排隊時認識，然後他們的愛情又在另一個隊伍裡綻放。因此，我可以說是蘇聯短缺經濟下無所不在的排隊行列的產物。

一般的蘇維埃人花費三分之一至一半的空閒時間排隊。隊伍（ochered'）儼然是關乎存在的橋梁——一端是個人的欲望，另一端是受中央分配的奇想支配的集體供應，兩者之間則是無底的深淵。隊伍既是調理社會主義現實的方法，也是令腎上腺素迸發的狩獵運動；根據一位社會學家的說法，它還是一種獨特的蘇聯命運。又或者，也可以將隊伍視為國民生命旅程的隱喻——自出生註冊處的行列開始，以在名單上排隊等待合宜的墓地告終。除此之外，我喜歡弗拉基米爾·索羅金（Vladimir Sorokin）在一篇文章裡提出的想法。這位驚世駭俗的後現代主義頑童將隊伍看作「教堂的準替代品」。他的荒謬小說《隊列》（*The Queue*）完全由隊伍中的對話片段構成。其中，恆常不變的基本元素是那個難熬的字眼：「站」（stoyat'）。

你站了？對，站了。三個小時。拿到壞的。尺寸不對。

隊伍可不是死氣沉沉的無用所在。請想像，一個蘇聯味十足的公共廣場，一個喧嘩熱鬧的地方——同志們在此交換八卦與辱罵，追逐報紙上遺漏的消息，捲入赤手空拳的搏鬥或展現友好的夥伴情誼。三〇年代，為了洞悉輿情，內務人民委員部還在隊伍裡布線，迅速地將情資直接送達史達林令人不安的辦公桌。隊伍形塑意見，組成特別的社會群體：形形色色的人們站著，蘇聯唯一真實的集體情緒——渴望和不滿——將他們結合在一起。除此之外，別忘了針對老兵和孕婦那令人團結一致的敵意——這些享有特權的同志們不必等待就能取得物資。

媽媽強調，有些隊伍很有趣，甚至令人歡欣鼓舞。她指的是「解凍」年代莫斯科文化活動的隊伍——一切物品皆是短缺商品，文化亦不例外。多虧赫魯雪夫撥開了鐵幕，外來的文化大量湧入莫斯科：史考菲飾演的哈姆雷特（Hamlet）、奧立佛的奧賽羅（Othello）[17]、傳奇的傑哈．菲利普演出的高乃依[18]、布雷希特的遺孀領導的「柏林人劇團」[19]……史托考夫斯基[20]、巴蘭欽[21]和布魯諾．華爾特[22]——媽媽照單全收。這還不包括國內的珍寶：蕭斯塔科維奇的鋼琴五重奏和芭蕾界的彗星加林娜．烏蘭諾娃[23]。「我花了太長的時間排隊，幾乎沒有時間吃飯和呼吸。」媽媽總愛誇口炫耀。

購買汽車或電視機的隊伍可能得排上好幾個月，甚至數年。同樣地，「文化隊伍」（Cultural Queue）也依循特定的邏輯和秩序運作。一切隨著巡演即將到來的耳語傳言或正式宣布的消息而啟動。一位「隊伍元老」——過度活躍的高雅文化祭司——會馬上行動，研擬一份名單（spisok）。距離開始售票還有永恆般長久的時間，人們卻已經呼朋引伴，輪流守候在售票口。日復一日，他們將新來的人加進至高無上的名單，並且標上號碼排序。點名的時候，所有人都必須在場，媽媽和她的許多朋友便是因此而認識。這些場合類似知識分子的聚會，只不過是在嚴寒凍裂靴子的人行道上，或強風捲動白楊木白色絨毛的五月天裡舉行。

「**啊哈**！奸詐的弗倫姆金娜來了！」有一次，法國芭蕾的隊伍點名時，媽媽又不可饒恕地遲到了，頂著一頭深色頭髮的「隊伍元老」伊娜大喊。

「啊哈！奸詐的弗倫姆金娜！」一個陌生人挖苦說。他很瘦，很年輕，綠色的眼眸清明透澈，膚色有如吸血鬼般蒼白。母親瞪了他一眼。但當天晚上，她卻不停地想，他長得多麼像亞蘭．德倫。

後來，法國芭蕾的演出取消了。不過，媽媽繼續在不同的隊伍裡注意到謝爾蓋，發現自己愈來愈被他靦腆的驕傲、鬼魅般的蒼白和——最重要的——他在文化隊伍裡的街頭聲譽吸引。在這個領域，爸爸是個巨人。

★★★

我的父親謝爾蓋在缺乏關愛的環境中長大。阿拉年紀輕輕就生下了他，當時她才十九歲。謝爾蓋年少時，阿拉依舊美豔動人，是個身高六英尺、染了一頭金髮的戰爭寡婦。在忙碌的都市規畫工作和更忙碌的感情生活之外，她酷愛伏特加、咒罵、撞球和撲克牌。母子兩人居住的共同公寓像是噩夢一般。當阿拉在他們的一房單位裡和男人——通常是已婚男人——約會，她總會將謝爾蓋趕出屋子。爸爸在街頭度過大部分的時光，是個典型的戰後無父青年——冷漠、憤世嫉俗，而且對一切失望，不抱任何幻想。有一天，他走出骯髒的公寓，來到大劇院（Bolshoi Theater）前，漫步經過阿波羅馬車下雄偉的愛奧尼亞式柱廊。爸爸吹著口哨，他的口袋裡有一張五盧布的紙鈔。那是一位有錢的叔叔送給他的十五歲生日禮物。在當時，這可是一筆不小的數目。他悠哉地散步，沉浸在甜美的期待之中，心裡盤算著該如何花掉這筆錢。這時候，兜售門票的黃牛走上前來。一張大劇院的《天鵝湖》五十戈比座位的票，五盧布——就在今晚。

爸爸覺得好玩，便交出了那張五盧布紙鈔。最主要的原因是，他幾乎天天經過大劇院，卻不曾進去過。裝飾有無數小錘子和小鐮刀的巨大紅色天鵝絨布幕緩緩升起，沒入一片黑暗。當布幕再度降下，燈光亮起，爸爸已經著了迷。那段日子裡，莫斯科拜倒在加林娜．烏蘭諾娃精緻漂亮的足下——這位凌空的精靈被譽為二十世紀最具情緒張力的芭蕾女伶。整場表演，謝爾蓋自己也彷彿飄浮在半空中。於是，爸爸成了專業的烏蘭諾娃迷，又欣賞了所有大劇院和莫斯科音樂學院（Moscow Conservatory）的演出。不久之後，他也開始兜售黃牛票，和大劇院的芭蕾舞團裡長脖子的天鵝女孩們約會。

與此同時，他的學業則是一團混亂。他生性驕傲，對機械和物理提不起興趣，好幾次進入聲譽卓著的技術學院，然後又輟學中斷。就在他畢業考的前夕，阿拉動完手術回到家裡，強迫他加入一場持續了三天之久、以伏特加助興的激烈紙牌遊戲。謝爾蓋沒有出席考試，未能畢業，但他不在乎。「文化隊伍」就是他的生命，是他的麻醉藥。的確，他也嗑藥，主要服可待因——那吸血鬼般的臉色便是由此而來。他曾向一間診所求助，熱心的蘇聯醫生建議，戒斷毒品的最佳方法就是飲酒。大量飲酒。他照做了。

★★★

在售票開始前一天，「文化隊伍」達到高潮。這場喧鬧的馬拉松可能持續十二小時，有時甚至長達十八個鐘頭，參賽者得一路站到終點。通宵排隊讓媽媽精疲力竭，卻也熱血沸騰。再撐一下！五月底的一個早晨，拉莉薩和謝爾蓋步履蹣跚地從售票口離開，活像是勝利凱旋的殭屍。幾個月後李奧納德·伯恩斯坦24與紐約愛樂一共五場演出的門票已經安穩入袋。媽媽買了一瓶綠色蓋子的酪乳和「卡路里麵包」（kaloriynie bulchoki，點綴有葡萄乾的柔軟小麵包），然後他們癱倒在莫斯科音樂學院大廳（Great Hall）外的拱形長椅上。巨大的新古典主義建築在早晨的陽光照射下，閃耀著卡士達奶黃的色彩。在創作中的柴可夫斯基（Tchaikovsky）坐像前，媽媽和爸爸第一次接吻。男人們提著凹凸鼓脹的公事包，踏著沉重的步伐去工作；身材高大、圍著方巾的女人們沿街叫賣當季初採的丁香花。

好幾個星期，拉莉薩和謝爾蓋形影不離。然後他冷靜了下來，有如自鳴得意、神祕兮兮的貓，現身——然後又消失無蹤；前一刻還熱情洋溢，下一秒卻又無精打采、冷漠疏離。七月之前，他就離開了。藝文旺季結束了。一天又一天，一週又一週，他音訊全無。當媽媽聽到耳語，說謝爾蓋和「隊伍元老」伊娜走得很近，她感覺自己的腸胃全都糾結在一起。伊娜有光滑的黑色秀髮、白亮的皮膚和有錢的老爸。

與此同時，全莫斯科都在排另一個隊。這個隊伍不如史達林葬禮的行列壯觀、駭人，卻和列寧墓外的隊伍一樣又長又無聊。在索科爾尼基公園（Sokolniki Park）裡，人們排著隊，等待品嘗百事可樂的滋味。就連我鬱悶消沉的媽媽也在其中。

★★★

早在「美國國家博覽會」（American National Exhibition）正式開幕之前，莫斯科市民就已經湧入城市北邊的索科爾尼基，企圖一探究竟，或更精確地說，他們想看看即將發生什麼事。在原生的綠色植物之間，美國建築工人協助搭起巴克敏斯特．富勒[25]壯觀的球形穹頂——金色，鋁質，經過電鍍處理，共三萬平方英尺。就連工作人員色彩鮮豔的安全帽都引起人們瘋狂的好奇。

對於都會知識分子而言，小說、音樂和電影想像中的美國隱隱浮現，是想望的對象，也是神話般的他者。赫魯雪夫同樣對美國感到著迷。尼基塔．謝爾蓋耶維奇展現了蘇維埃人那典型嫉妒、著迷、憤恨和敬畏交織的情感——當年稍晚，他還將魯莽地出訪美國。這位囉唆、難以捉摸的總理一面——套用他的話說——「像製造香腸一樣生產導彈」，一面滔滔不絕地高談「和平共存」，保證以非暴力的方式「在所有的經濟指標上」擊敗這個亦敵亦友的頭號對手。這叫作「趕上並且超越」（dognat' i peregnat'）——存在已久的社會主義標語如今被改寫，矛頭指向強大的美國人。

「讓我們趕上並且超越美國的乳製品和牛肉生產！」不過，街上的同志們明白事實的真相。「我們最好還是別超越了，」一句頗受歡迎的俏皮話這麼說，「否則美國佬會看見我們的光屁股！」與此同時，比較不那麼憤世嫉俗的美國人則在避難所裡儲備存貨，以預防紅軍的洲際彈道導彈（ICBM）來襲，並且做著關於洗腦的噩夢。

在這樣緊張的氛圍之下，俄國提出了緩兵之計：史上頭一遭的「科學、科技和文化」交流博覽會。美國同意了。蘇聯率先舉辦。一九五九年六月，在紐約體育館（New York Coliseum），三具閃閃發亮的「史普尼克」（Sputnik）人造衛星拖著昆蟲一般的拖曳絲亮相，一同登場的配角，還包括許多發電廠的模型和一排排巨大而笨重的鉻金屬冰箱。

一個月後，在莫斯科的索科爾尼基公園裡，美國人以令人眼花撩亂的消費商品反擊——花費大約只有蘇聯預算的三分之一。將近八百家公司贊助自家產品，提供陳列展示。

「這是什麼？」《消息報》斥責，「偉大國家的國家展覽，還是百貨的分公司？」

狡猾的是，它兩者兼具。

小時候，媽媽曾經造訪莫斯科「全聯盟農業博覽會」的社會主義仙境。正好二十年過後，就在大約一英里之外的索科爾尼基，她來到消費資本主義的「波坦金村」。當我問起，哪一個比較震撼人心？媽媽總是咯咯笑著，眼珠子骨碌碌地轉。

在巴奇[26]的金色圓頂裡，設計師查爾斯和雷．伊姆斯[27]在空中架設了七座巨大的銀幕，放映他們的剪輯短片《美國掠影》（*Glimpses of the USA*）。媽媽看得張大嘴巴，使勁眨眼。兩千兩百幀靜態照片流暢地展示出美國郊區「典型」的工作日與週日生活，最後結束在一幅緩緩消失的花朵影像上。

「勿忘草（Nezabudki）……」媽媽跟著陶醉入迷的人群喃喃念道。

圓頂的另一邊，一座家居用品的帝國在玻璃廳（Glass Pavilion）裡迎接來訪的人們。外觀是家的樣板，裡面則是公寓住宅的模型。「科爾維特」[28]和「凱迪拉克」誘惑著看得癡迷的人們。在那裡，人們可以仔細推敲表現主義的抽象畫作，在書展裡偷拿幾本書，還能伸長脖子探身觀看三百六十度迪士尼環幕劇場（Circarama）裡的美國旅遊紀錄電影。爵士樂的靡靡之音悠揚，時尚模特兒在伸展台上從容漫步，永遠面帶微笑的美國解說員，以流利的俄語回答所有來訪者的問題。其中一位解說員和媽媽的好朋友拉季克（Radik）正在交往，不過只是玩玩而已。這個美國女孩（amerikanka）一點也不蘇聯的直率個性，和她超級巨大的牙齒都令母親詫異。

七月二十五日，新聞發布日，尼基塔和尼克森（Nixon）的「廚房辯論」（Kitchen Debate）就在這樣的背景下突然展開。由於西方堅持繼續開放自由進出當時受到東德圍困的西柏林地區，兩方的情勢依舊相當緊張。美國國會更新年度「受奴役國家決議」（Captive Nations, Resolution）、為鐵幕後方的衛星國家請願的作為，又更進一步激怒了赫魯雪夫。他耿耿於懷，誓言絕對不讓美國慷慨大方的幻象嚇唬住。而尼克森則渴望代表共和黨參加一九六〇年的總統選舉，他必須表現出強硬的態度。

請看索科爾尼基現場：

模擬RCA[29]電視攝影棚現場。正午。

戴著草帽的NK（尼基塔．赫魯雪夫）威嚇RN（理查．尼克森）。他說，過不了多久，俄羅斯的生活水準就會超越美國。他搖動手指，做出「掰掰」的手勢，像是正在超過美國，並對著攝影機哈哈大笑。

百事可樂攤位。下午。

RN帶領NK嘗試唯一獲准發送樣品的美國產品。百事可樂將會成為第一項在蘇聯販售的美國商品。「清涼極了！」NK大聲叫好，大口狂飲六個「迪克西」（Dixie）紙杯裝的可樂。蘇聯男人問，喝百事可樂會不會醉？蘇聯女人表示，還是俄羅斯可瓦士比較好喝。一些多疑的同志將可樂的味道比作苯──或鞋蠟。接下來的六個星期，「覺得噁心」的蘇聯人將會吞下三百萬杯的可樂。從鄉下來的婆婆提著大牛奶桶，一次次排隊直到快要昏厥過去──只為了將走了氣的溫百事可樂（pepsikola）帶回集體農場。許多人將「迪克西」紙杯保存多年，留作神聖的紀念品──媽媽也不例外。

史普力尼克[30]廚房。當日下午。

因為設有參觀走道，這一間預製組合住宅被人們暱稱為「史普力尼克」。在「奇異」的改良式廚房中，NK和RN又再度針鋒相對。看那流線優雅的洗衣機！閃閃發亮的「富及第」[31]冰箱！還有SOS肥皂鋼刷[32]！

NK（說謊道）：你們美國人以為這些東西會讓俄國人大吃一驚。事實上，這種設備在我們的新式房屋裡全都有。

RN（說謊道）：我們並沒有要讓俄國人吃驚的意思。

在這場辯論最具代表性的相片中，隨行在側的人群裡包括三〇年代曾經試圖取得可樂配方的鷹勾鼻米高揚，還有眉毛濃密的年輕官員列昂尼德·布里茲涅夫。

RCA惠而浦奇蹟廚房[33]。當天晚上。

兩位辯論者早早用過晚餐，舉杯共飲加州葡萄酒，接著參觀另一套超未來主義豪華家居。移動式的洗碗機在軌道上迅速地移動，自動的地板清潔機可以遙控。

NK（嘲笑道）：你們是不是還有機器可以將食物放進嘴裡，然後推下去？

隨後的祕密投票指出，「奇蹟廚房」同樣不受俄國人青睞，在評比結果中敬陪末座，爵士樂和迪士尼的「環幕劇場」則被票選為第一。但那又如何呢？對美國人而言，這場博覽會顯而易見是冷戰年間最佳的宣傳行動。

媽媽並沒有參與投票。不過，她意外而且失望地發現，自己和那些人一樣，對「奇蹟廚房」不太感興趣。若說這組廚房給她留下了什麼印象，無非是她比過去感到更加孤單、失落。她——近乎絕望地——期盼自己能夠喜歡這場美國博覽會。她曾經寄望，這純粹的外國願景能夠帶著她悄悄地從社會主義的憂鬱中脫身，逃離心裡更深沉、更令人痛苦的沮喪。但隨後而來的幾天，她彷彿看見快樂的美國家庭主婦驚惶失措地受困在科幻的冰箱和洗衣機之間。她怎麼也無法想像自己用光亮刺眼的鋼鍋烹煮她的蔬菜燉肉。這個以透明塑膠杯、鮮豔的柳橙汁紙盒和撒上豪華糖霜、高聳得不大自然的美式千層蛋糕形塑的幸福範例，就像「那本書」裡的料理，虛假得無可救藥。這一切違背了她私密、個人的美國夢。無論如何，家庭幸福——社會主義也好，資本主義也好——都顯得比過去更難以捉摸了。她偶爾會配著生洋蔥圈吃黑麵包片，就這樣。八月天，媽媽將自己埋在質料粗糙的米色毛毯下，閱讀著藍綠色封面的《在斯萬家那邊》（*Swann's Way*）。蘇聯人偷走了俄語中表達「同伴」和「旅伴」的可愛詞彙，將它固定在一顆疾速飛越黑暗太空的閃亮金屬球體上——衛星。在媽媽的悲慘世界裡，因為奧黛特的不忠而飽受煎熬的斯萬就是她的衛星。

謝爾蓋依舊音訊全無。

★★★

後來，一個陰冷潮濕的九月天，她在大劇院附近的人行地下道撞見了他。謝爾蓋看起來蒼白、虛弱無力而且直打哆嗦。他似乎非常需要喝一杯。拉莉薩給了他三盧布，他收下錢，便避開眼神走了。

幾個星期過後，在她的父母阿爾巴特街的公寓，門鈴響了。是謝爾蓋——他說他是來還錢的。噢，還有一件事情。「我遇見過的那些芭蕾女伶，」他咕噥道，「她們穿著鐘形短裙，那麼迷人，那麼美麗。但我始終無法忘記那個嬌小的猶太女孩……就是你。」

我的父親是這樣求婚的。

媽媽應該立刻甩上門，鎖好，然後鑽回那扎人的米色毯子深處，就待在那裡。但她沒這麼做。她和謝爾蓋同居了三個月。一九五九年，在一個灰暗的十二月天下午，兩人正式結婚成為夫妻。

我父母的世代——「解凍世代」——對雪白婚紗和布爾喬亞風格的派對嗤之以鼻。爸爸和媽媽粗糙簡單、沒有典禮儀式的婚禮，在特列季亞科夫畫廊（Tretyakov Art Gallery）附近一處單調乏味的民事登記處舉行。外頭飄著濕答答的雪。

在松鼠皮草綴飾的難看大衣裡，媽媽一如往常地穿著她藍色的手縫毛葛短上衣。謝爾蓋看起來依舊蒼白、邋遢。他才和一起工作的夥伴灌下了一百克——醫藥用酒精，是嗎？不過，我的父母心情不錯。在骯髒又陰暗的接待區裡，他們覺得一切都有趣極了：滿臉粉刺的十六歲少男、少女等待著領取第一本蘇聯國內護照。還有，喝醉了的親人和一位殘障老兵——當緊張兮兮的愛侶在他們像是工廠裝配線的婚禮結束之後重新現身，他為新人們彈奏手風琴。這時候，媽媽甚至不介意聞到套鞋和刺鼻的消毒劑發出的「體制氣味」。自從她在一九三七年的夏天第一次見識到選舉以來，這味道總令她覺得噁心。

一顆小頭探出結婚禮堂。

「下一組！」

我的父母穿過掛有一對淒涼的吊燈的空曠大廳，走進一個較小的房間。除了一幅巨大的肖像之外，這個房間裡並沒有多餘的裝飾。在畫像中，列寧瞇著眼，伸出一隻手臂——明顯地指著廁所的方向。法官和兩位陰冷的職員坐在一張鋪著暗紅色桌巾的桌子後方。寬大的紅色緞帶披掛在穿著灰衣的胸膛，讓他們看起來像是活動的旗幟。

法官懷疑地看了媽媽自製的上衣一眼。她的小臉被壓在高聳的髮型底下，看起來像是張水獺（vydra）的臉。

「我們代表俄羅斯聯邦——」水獺的小嘴突然發出低沉的巨響，像是遊行的擴音器。「恭喜這……」

媽媽咬緊下顎。她抬頭盯著天花板，又望向瞇著眼睛的列寧，然後看了謝爾蓋一眼，接著突然歇斯底里地大笑。

「新娘同志，請自重！」水獺大聲說道。「不然你會被立刻帶離這裡。」

「你是否發誓，」她繼續說，「會遵循最偉大的馬克斯與列寧主義傳統扶養你的孩子？」媽媽點頭，努力克制即將迸發的笑意。

「戒指！」水獺大喊。

爸媽沒有戒指。

「證婚人——你們的證婚人呢？」

也沒有證婚人。

水獺也懶得繼續將賀辭念完。我的雙親似乎配不上那個傳統的祝福——成功建立新的社會主義家庭。

「在這裡簽字，快！」

水獺將一疊文件推過紅色的桌子。

媽媽拿起一支藍色鋼筆。那金屬筆頭尖銳鋒利，看起來險惡不祥。水獺一把將筆奪走，狠狠敲在母親的指節上。

「新郎先簽！」

鋼筆攻擊事件三個月後，拉莉薩搬進了婆婆的共同公寓。在那裡，十八個家庭共用一間廚房。

譯註

1．三人皆為知名音樂家。愛德華・葛利格（Edvard Grieg, 1843-1907）為挪威作曲家，作品以浪漫主義風格與民族特色著稱。亞歷山大・波菲里耶維奇・鮑羅定（Alexander Porfiryevich Borodin, 1833-87）是十九世紀末俄羅斯國民樂派的代表作曲家之一。亞歷山大・康斯坦丁諾維奇・格拉祖諾夫（Alexander Konstantinovich Glazunov, 1865-1936）為俄羅斯作曲家、音樂教育家和指揮家，曾任聖彼得堡音樂學院院長。

2．陳—施氏呼吸（Cheyne–Stokes respiration）指增強、減緩與暫停交替循環的不正常呼吸模式。

3．「醫生案件」（Doctors' Plot）或譯「醫生密謀」，發生於一九五二至五三年間，被視為史達林反猶太迫害的一部分。多位知名的猶太裔醫生被控在診療過程中謀害黨政高層，引起軒然大波。隨後事件因史達林逝世而落幕。

4．ZIS為「史達林工廠」（Zavod imeni Stalina）的縮寫，是蘇聯重要的卡車與重機械生產工廠，也產製政府高官專屬的豪華轎車。

5．俄羅斯傳統的評分制度為五分制——三分及格，五分為滿分。

6．德米特里・德米特里耶維奇・蕭斯塔科維奇（Dmitri Dmitriyevich Shostakovich, 1906-75）為俄羅斯音樂家，曾兩度受到蘇聯共產黨譴責，作品一度遭禁。鮑里斯・列昂尼多維奇・巴斯特納克（Boris Leonidovich Pasternak, 1890-1960）為俄羅斯詩人、作家，其作品《齊瓦哥醫生》（*Doctor Zhivago*）在蘇聯遭禁，不得出版。一九五八年，作家獲得諾貝爾文學獎，在國內引起軒然大波，飽受打壓，不得不放棄領獎。

7．蜂蜜麵團（teiglach）為阿什肯納茲猶太人（Ashkenazi Jews）的傳統料理。

8．「恐怖伊凡」（Ivan the Terrible）指伊凡四世，為歷史上首位沙皇。他於十六世紀統治俄羅斯，頗有建樹，但作風強勢、性格暴虐，因而得名。

9．「矮胖子」（Humpty Dumpty）是英國傳統童謠中的人物，常被描繪為蛋形，廣泛出現在文學作品和大眾文化之中。

10．指赫魯雪夫。

11．《動物屋》（*Animal House*）為美國喜劇電影，由約翰・藍迪斯（John Landis）導演，於一九七八年上映，劇情圍繞大學生活和兄弟會社團的瘋狂行徑，充斥性、酒精和惡作劇。

12．部長會議（Council of Ministers）是一九四六至九一年間蘇聯政府最高的行政機構。

13．卡嘉、卡秋許皆為俄文名葉卡捷琳娜的暱稱。

14．赫魯雪夫於蘇聯共產黨第二十屆代表大會中發表題為〈關於個人崇拜及其後果〉（On the Cult of Personality and Its Consequences）的祕密報告，譴責史達林其人其政，在國內外引起波瀾，被視為去史達林化的重要開端。

15．《家庭圈》（*Family Circle*）為一九三二年創刊的美國雜誌，內容以女性話題及居家生活資訊為主。

16．原文此處為世界語。

17．保羅．史考菲（Paul Scofield, 1922-2008）與勞倫斯．奧立佛（Laurence Olivier, 1907-89）皆為英國知名莎劇演員。

18．傑哈．菲利普（Gérard Philipe, 1922-59）是法國劇場與電影演員。皮埃爾．高乃依（Pierre Corneille, 1606-84）為十七世紀法國古典主義劇作家，以悲劇作品聞名。

19．貝托爾特．布雷希特（Bertolt Brecht, 1898-1956）為德國劇作家、導演，一手創立「柏林人劇團」（Berliner Ensemble）。一九五六年布雷希特逝世之後，由遺孀海倫．魏格爾（Helene Weigel, 1900-71）接續擔任劇團的藝術總監。

20．李奧波德．史托考夫斯基（Leopold Stokowsky, 1882-1977）為英國著名指揮家。

21．喬治．巴蘭欽（George Balanchine, 1904-83）為二十世紀最重要的編舞家之一，出生於聖彼得堡，隨後輾轉移民美國，對現代芭蕾貢獻卓著。

22．布魯諾．華爾特（Bruno Walter, 1876-1962）為德裔美籍指揮家、鋼琴家和作曲家。

23．加林娜．謝爾蓋耶夫娜．烏蘭諾娃（Galina Sergeyevna Ulanova, 1910-98）為蘇聯知名舞蹈家，獲獎無數，被譽為二十世紀最傑出的芭蕾舞者。

24．李奧納德．伯恩斯坦（Leonard Bernstein）為猶太裔美國音樂家、指揮家，曾任紐約愛樂（New York Philharmonic）音樂總監。

25．巴克敏斯特．富勒（Buckminster Fuller）為美國著名的建築設計師，球形穹頂是他最知名的發明。

26．巴奇（Bucky）指巴克敏斯特．富勒。

27．查爾斯（Charles Eames, 1907-78）與雷．伊姆斯（Ray Eames, 1912-88）夫婦為美國設計師，以家具和建築設計最為知名，亦跨及影像和平面設計等各個領域。

28．雪佛蘭（Chevrolet）汽車公司的「科爾維特」（Corvette）系列是經典的美國跑車款式。

29．RCA為「美國無線電公司」之縮寫。

30．設計者參考一戶位於紐約的住宅，規畫了呈現美式家居環境的「史普力尼克」（Splitnik）模型。為了配合參觀動線，並於中央開闢走道，將屋內空間隔開（split），因而得名。

31．「富及第」（Frigidaire）為美國消費電器品牌，產品中以冰箱尤其聞名。

32．SOS肥皂鋼刷（SOS Soap Pad）是一款以浸潤肥皂的鋼絲絨製成的家庭清潔工具，其商標為「拯救我們的燉鍋」（Save Our Saucepans）之縮寫。

33．「奇蹟廚房」（Miracle Kitchen）是美國家電大廠「惠而浦」（Whirlpool）於一九五六年提出的理想廚房模型。

媽媽與我，攝於移民前夕，一九七四年。

安妮亞 III

★1960年代

玉米、共產主義、魚子醬

一九六三年，我出生那年，因為發生了後史達林時代最糟糕的農作歉收而長存於俄羅斯人的記憶之中。戰爭時期的糧食配給記憶猶新，同志們又回到了領取食物的隊伍裡，手掌上還有以藍紫色墨水潦草寫上的排隊序號——那麼地難以擦拭、那麼毒。人們還開玩笑說，墨水會感染血液。在莫斯科，大人們四處尋找學童代替自己排隊。有創業精神的少年先鋒隊員趁機發了一筆小財，他們將額外領到的麵包一併轉交出去，每排一次隊收費十戈比。

在隊伍的一端，麵包又粗糙又潮濕。不僅濕，因為麵粉裡混入了乾豌豆，麵包還經常流出詭異的綠色黏液。儘管如此，莫斯科依然沒餓著肚子。社會主義的食物分配造就了許多美味的諷刺，舉例來說，有些店家甚至販賣產自海參崴的蝦蟹。然而，普羅大眾並沒有機會品嘗「那本書」浮華的紙頁上這些來自遠東、珍稀奇異的粉紅色甲殼動物。一般人根本不知道什麼是蝦子。最令大家唾棄的，是售價十四戈比的玉米罐頭。在商店的櫃台上，這些罐頭堆疊整齊，宛如吉薩（Giza）金字塔。全是玉米，沒有麵包。大家都這樣罵「玉米人」——那個克里姆林宮裡胡說八道的小丑，將這愚蠢、外來的玉米譽為「俄羅斯土地上的新女皇」。

「一九六三年的收成如何？」一個流行的笑話這樣說道。「就像赫魯雪夫的髮型一樣（童山濯濯）。」

對尼基塔．謝爾蓋耶維奇來說，情況似乎不大妙。巨大的經濟成長和科學成就持續了一段日子，接著他的政治生涯跌落谷底。他搞砸了「加勒比海危機」（Karibsky krizis，俄方對古巴導彈危機的稱呼）；在中亞草原上，大規模栽植穀物的「處女地」（Virgin Lands）計畫最初看起來相當樂觀，後來卻以卡通式的誇張慘劇收場，百萬噸的表土就這樣被風吹走。一九六二年，乳製品和肉食價格飆漲，引發南方城市新切爾卡斯克（Novocherkassk）的暴亂。「拿赫魯雪夫的肉燉湯！」一幅示威旗幟怒吼。政府則以坦克回應，殺死了二十三名示威者。

屠殺的消息被掩蓋下來，但領袖的玉米（kukuruza）災難則是紙包不住火。一九五五年，一位自愛荷華州來訪的農夫說動了「禿子」，使他引進玉米作為飼養俄國牛隻的神奇穀物。人們也被迫吞玉米下肚。在宣傳短片中，長相神似赫魯雪夫的廚師對著初來乍到的玉米歌唱；在卡通動畫裡，黑麥和大麥迎接玉米下火車。「以玉米鋪築通往富足之路！」一句普及的口號這樣說道。人們到處種植玉蜀黍，卻完全忽視美國人關於妥善播種和照顧的指示。在一陣鼓舞人心的收成之後，生產驟降。小麥因為不受重視，產量更加吃緊。麵包隊伍於是猛然湧現。

一九六一年，赫魯雪夫曾經在第二十二屆黨代表大會上許諾，他將實現真正的共產主義，但到頭來卻只有玉米。俄羅斯人可以原諒許多事情，但少了小麥製成的麵包讓他們既委屈又憤怒。小麥麵包是無比神聖的象徵。學生在加入共青團的儀式上必須說出麵包的價格，政治神經駑鈍、脫口回答「十三戈比」的少年犯可要倒大楣了，正確的答案是：「我們蘇聯的麵包是無價的！」

一九六四年十月，克里姆林宮內的一個派系利用大眾的怒火逼迫赫魯雪夫下台。有一陣子，報紙上討論他的「主觀主義」、「愚蠢的計畫」和「失落的十年」，之後他便從媒體上消失了。過去沒沒無聞的共產黨官員列昂尼德·布里茲涅夫成了總書記，引領蘇聯進入嶄新的紀元。後世稱這段歲月為「停滯」（Stagnation）時期。那是個犬儒和「貪婪社會主義」的年代，是買賣、合約和交易的年代，是布里茲涅夫的眉毛笑話和「列寧百歲誕辰」趣聞軼事的年代，也是商店裡貨架空無一物而冰箱卻被偷偷塞滿的年代。

赫魯雪夫的垮台就是我的雙親婚姻離散的寫照。

媽媽在「解凍」年代長大，對於「玉米人」依舊懷抱溫柔的情感。然而，她還是忍不住將她和爸爸的命運怪罪在他身上——還有他的玉米和麵包隊伍。

★★★

母親的麻煩降臨前一年，她坐在第五區一二二中學的教學委員會（pedsovet）席上。又一次毫無意義的「煽動」宣傳會議正要開始。母親覺得噁心。空氣中彌漫著硫酸、氫氧化鉀和青少年壓力荷爾蒙的氣味。會議在別爾金（Belkin）同志的教室裡舉行。他是個胖臉的科學教師，也是共產意識的信徒。

對於這些永無休止、充滿惡意的會議，媽媽必須負起部分責任。在首次出席「煽動」會議時，她公開表明自己的立場。身為學校裡年輕、思想進步的新聘英語教師，她一直渴望賣弄自己異議者的色彩。當時仍然是「解凍」時期，誠懇還是時髦的字眼。索忍尼辛反史達林的作品《伊凡．傑尼索維奇的一天》才剛出版呢！

「同志們！」母親以她最擅長模仿的莫斯科藝術劇院的語氣開場。「我們從這個會議中究竟學到了什麼？為什麼我們得坐在這裡，聽別爾金同志朗讀整份《真理報》政治版？不是還有一堆作業要改嗎？不是有人要回家照顧餓著肚子的孩子嗎？」

說到最後一句，媽媽的演講音量愈來愈弱。她年近三十，已經是蘇聯人當祖母的年紀，但家中並沒有嗷嗷待哺的孩子。她曾經子宮外孕，原始、野蠻的蘇聯婦科照護讓她無法再次受孕，而她的「家」不過是暗淡的共同公寓裡破舊髒亂的一房單位。她和丈夫、婆婆同住在那裡。

嗒嗒嗒，「這樣，這樣，這樣，」學校裡的「三巨頭」——工會代表、校內的黨務主管和校長耶德爾金（Edelkin）先生說道。嗒嗒嗒；他們一致地輕敲鉛筆。「感謝你分享你的看法，弗倫姆金娜同志。」

但她的話讓其他老師聽得入迷，媽媽注意到他們感激和讚賞的眼神。不久之後，校長辦公室出現一張公告——**即日起：宣傳會議強制參加**。老師們開始迴避我的母親。

這次新的三月分的會議沒完沒了，有太多事情需要討論。兩個少年先鋒隊員將紅領巾繫在住家附近的貓身上，被當場逮到。至於三年級學生瓦莉亞・馬克希莫娃（Valya Maximova）又該如何處置呢？體育課上，有人發現她在制服裡佩戴十字架。面對明辨是非的同學們，瓦莉亞承認，奶奶有時候會帶她上教堂。

瓦莉亞的老師拎著「證物A」——被沒收的十字架——的頸鍊，來回擺動，像是提著死老鼠的尾巴。

「討厭的老太婆，」科學教師別爾金大聲地耳語著，「史達林時代，這種人可以判二十五年！」

為了不「汙染」最神聖的那具遺體，赫魯雪夫不久前才將史達林逐出列寧墓。提起那個痲臉的喬治亞人不太妥當，但並沒有人抗議。大家反而轉頭盯著拉莉薩。幾個星期前，她犧牲週日的時間，帶領學生參觀一座墓地，讓純真無辜的先鋒隊員暴露在大量的十字架之間。她認為，那是一堂文化課，一種為孩子們解除蘇聯人關於死亡忌諱的方式。

「有少先隊員舉報，你在參觀的過程中提到耶穌基督。」

耶德爾金這麼宣布，彷彿瓦莉亞虔誠的祖母和拉莉薩是販賣鴉片的同夥。

「基督宗教是世界文化的一部分。」拉莉薩抗議。

嗒嗒嗒，「三巨頭」說。

耶德爾金以樂觀的語調結束這次會議。舒里克．波格丹諾夫（Shurik Bogdanov）的情況有重大發展。可憐的舒里克．波格丹諾夫成績名列前茅，是班上的良知，也是收集廢金屬的冠軍。後來，他開始在「操行」上落到中等。他心煩意亂的母親衝進耶德爾金的辦公室，全盤道出這個可怕的故事：她的丈夫和女同事同居，打算離他們而去，而舒里克則因此大受打擊。

「蘇聯學校能否拯救社會主義家庭呢？」耶德爾金手舞足蹈地問。當然！他們已經聯絡上老波格丹諾夫工作單位的黨部組織，將要召集公開的會議。舒里克的父親和女性第三者已經遵照指示，終止了他們不道德的同居關係。

「現在，父親已經回家了。」耶德爾金幾乎是洋洋得意地笑著宣布。社會主義的價值觀勝利了。教師同志們是不是應該合買一瓶「蘇聯牌香檳」，贈送給這對夫妻呢？

他話說完，媽媽已經喘不過氣來。教室裡的化學惡臭、集體介入倒楣的同志感情生活、她自己淒涼的處境……接著，她只知道，所有教學委員會的成員都拿著《真理報》為她搧風，往她身上灑古龍水。她昏過去了。

那個星期，醫生證實了不可能的消息：她是因為懷孕在身而昏厥。學校的「三巨頭」暗示，產假之後，她也不必再回到工作崗位了。

母親懷孕了，失業了，歡欣愉悅。

★★★

在媽媽的回憶裡，懷孕期間是她生命中最快樂的一段日子。她不明白，為什麼大部分的蘇聯準媽媽要羞愧地用一層層寬鬆的衣服遮掩肚子。即使已經懷胎八個月，她依舊搖搖擺擺地走在街上，挺著大肚子，像是飄浮在空中。她非常肯定自己懷了個女孩——她自學生時代起就殷殷期盼的那個女孩。在她的想像裡，那個女孩彈鋼琴、畫水彩、在異國學習語言，而且——誰知道呢？——說不定還會在綠意盎然的英式宅邸裡騎乘光澤明亮的棕色阿拉伯駿馬。她將會像母老虎一樣守護那個女孩，讓她遠離蘇聯的冒牌幸福，遠離那糟糕、令人意志消沉的精神分裂，遠離愁思——她史達林時代的童年裡那痛苦而疏離的焦慮。

顯然，媽媽也試圖保護我，使我遠離「史普尼克」人造衛星、尤里．加加林[2]和貝爾卡（Belka）與史特列爾卡（Strelka）——飛上太空的可愛黑白雜種狗。母親討厭太空（kosmos）——蘇聯荒謬的帝國擴張、未來主義式的最後疆界。五歲時，我不得不隱藏自己對尤里．加加林深切的迷戀。當這位笑容可掬的太空人（kosmonavt）在三十四歲死於空難時，我只能暗自垂淚。不過，我很慶幸媽媽沒有將我取名為「瓦連欽娜」——瓦連欽娜．捷列什可娃（Valentina Tereshkova）是首位登上太空的女子。我長得一點也不像瓦連欽娜。媽媽以她非常喜愛的安娜．阿赫瑪托娃的一首詩為我命名。

「浸禮時我被賦予一個名字——安娜，人類所能發出、聽聞最甜美的名字。」[3]

安娜、安奴什卡（Annushka）、安妮亞（Anya）、安妮奇卡（Anechka），還有失禮的安卡（An'ka）。農村語言裡的安紐塔和安紐塔奇卡（Anyutochka）、紐拉（Nyura）和紐拉奇卡（Nyurochka）。或是安妮塔（Anetta）——刻意帶著諷刺意味的俄式法語腔調。又或者，優美而正式的安娜・謝爾蓋耶夫娜（Anna Sergeevna）——我的名字和父稱，和契訶夫的〈帶小狗的女人〉（The Lady with the Dog）一模一樣。母親懷孕期間，「安娜」無窮無盡的暱稱組合在她的唇上溫柔地打轉，各自蘊含獨特而微妙的符號意義。

通常，在排隊購買食物時，媽媽會特別興奮地大做她的嬰兒白日夢。四周不滿的群眾或發牢騷，或開赫魯雪夫的玩笑，母親則擬出幻想的清單，條列她將餵食小安紐奇克（Anyutik）的食物。她只在書上見過那些無法取得的食物。螯蝦（omar）——聽起來多麼高貴，多麼有異國風情。一定少不了披薩和蔬菜燉肉。等到那孩子長得夠大了，還有「弗勒希」[4]（Fleurie）。在海明威——那個最俄羅斯的美國作家——的小說裡，人人都大口暢飲「弗勒希」。對，沒錯，一定要來上一瓶，搭配加了大量蒜香奶油和香芹醬的蝸牛。接著，是她鍾愛的普魯斯特作品裡的糕點。瑪德蓮（madlenki），媽媽用俄文稱呼它，帶著些許笨拙的、獨佔的親切感。她視普魯斯特為生命，卻以為瑪德蓮是填滿果醬的餡餅。

在隊伍裡，媽媽偶爾也會走運。她仍經常說起自己拖著五公斤——也就是十磅——裡海擬鯉凱旋回家的故事。那魚足夠她吃上懷孕最後的整整三個月。我提過裡海擬鯉嗎？這種魚乾如石頭般堅硬，覆蓋一層鹽巴。硬邦邦的裡海擬鯉陪伴俄羅斯人度過革命的一〇和二〇年代、恐怖的三〇年代、戰爭肆虐的四〇年代、改革開放的五〇年代和喧鬧歡樂的六〇年代——直到裡海枯竭。七〇年代，在我「停滯」時期的童年時光，裡海擬鯉成了珍稀、熱門的美食。裡海擬鯉凸顯出俄羅斯人的受虐心理；我們愛它，因為吃它真是一大折磨。首先，必須暴力地在桌面猛力拍擊，使魚皮鬆弛。接著，還得從魚骨上撕下堅硬強韌的魚肉。也有施加在自己身上的暴力——咬壞了牙齒，刺傷了牙齦——全是為了品味那蘇聯的鮮味，那鹹得要命、咀嚼不爛的魚乾。在母親被匆匆送進第四婦產醫院之前，裡海擬鯉是她吃下的最後一樣食物。或許，這也解釋了我樂意用所有的海明威蝸牛和普魯斯特糕點交換一條堅硬魚乾的原因。

媽媽從第四婦產醫院帶了一名因為黃疸而發黃的嬰兒回家。嬰兒不得不屈服於極權之下，被緊緊包裹得像是一具木乃伊。蘇聯社會主義母親的榮耀等待著媽媽。嬰兒床如甜菜收割機一般優雅。工業橡膠奶嘴得放在水浴槽裡殺菌兩個鐘頭，同時還得親筆抄寫整冊地下出版的史伯克博士（Dr. Spock）[5]書籍。還有，尿布（pelyonki）——一個蘇聯孩子一天得用上二十片尿布，還不包括九片法蘭絨外襯和以醫用紗布做成、堆成小山的內裡。

這二十片尿布無法直接從商店購買。在任何零星碎片皆可回收再利用的經濟狀況下，這二十片尿布全都是家庭手工製作——由舊床單切割、縫摺而來。白天，媽媽將尿布浸在冷泡沫水裡。為了將肥皂刨成碎屑，媽媽摩擦難聞的褐色肥皂直到指節流血。晚上，在缺乏熱水的共同公寓廚房，她將尿布放進四加侖容量的桶子裡，置於爐火上燙煮，然後在生鏽的公用水龍頭下以冰水沖洗，直到她的手凍得失去知覺。當我得知，每天早上她還得用熨斗燙過那二十片尿布，我感受到母愛扎扎實實的重量。媽媽說，她太愛我，所以不在乎每日的尿布工作，我則認為這樣的負擔使她成了蘇聯母性的殉道者。在她告訴我這一切之後，我上床去，覺得很悲傷——我的出世，原來是如此沉重的負擔。

爸爸的感受也是如此。

最初，他很享受蘇聯父親的身分。他幫忙準備尿布，下班後排隊買麵包，提著網袋裡沉甸甸、黏答答的黑麥磚塊，套一句親愛的社會寫實主義老話，「疲憊但愉悅地」回家。他和媽媽一起在鍍鋅的浴缸裡為我洗澡，加入消毒劑使水變成粉紅色。不過，三個月後，這樣的生活對爸爸來說已經不再那麼美好、那麼粉紅了。有一天晚上，他沒有回家。媽媽夜不成眠，頻頻穿過沒有暖氣的無盡走廊，奔向位在遠端、整座共同公寓裡僅有的一支電話。黑色的電話靜默無聲，就像在廚房邊昏倒了的酒鬼查理欽（Tsaritisn）一樣。翌日早晨，母親穿上性感的淡紫色睡袍——那是移居美國的克拉拉阿姨送的禮物，上頭有白色的小方格圖案。她等待了好久，久到為我分別以俄文和英文念完了整冊《鵝媽媽故事集》（*Mother Goose*）——如果你好奇的話，「矮胖子」被譯作「遊手好閒、胡說八道的傢伙」（Shaltai Baltai）。

謝爾蓋歸來時，二月天陰沉的薄暮已經降下。他帶著宿醉的酒氣，表情既挑釁又愧疚。他在門邊宣布：他，有家庭——這毫無道理。「嬰兒這整件事情……」他的話就懸在這裡。他沒有可靠的工作養家，沒有精力耐著性子排隊買麵包，也沒有真正的欲望。他拽下角落裡覆蓋在摺疊床上的厚毯子。緩慢地，像是在展示什麼，他將摺疊床張開，在他和媽媽的床之間隔著一段安全距離，然後馬上入睡。媽媽說他還打呼了。

有時，謝爾蓋下班之後會回家，回到母親的床，或睡在摺疊床上。通常，他會一連好幾個星期都不回家。他再也不曾為我洗過澡，但有時候會抱起我，深情地注視著我。媽媽的生活繼續下去——那痛苦而抑鬱的困境使她意志消沉、心痛不止。在拉莉薩最大膽、狂野的夢想裡，她只有一個願望——擁有一間自己的房間。在這個半地下室的房間裡，她和我可以用富有民俗情調的彩色杯子喝茶。她曾經在農場市集裡看過那樣的杯子。對她來說，幸福就是那些杯子——那些工匠製作的、屬於她自己的杯子。

媽媽的地獄生活持續了三年。

龐大而持久的房屋供給危機，迫使二分之一的蘇聯人口面臨更令人窒息的安排。以這樣的標準看來，我們家三年的時間不過是兩個星期罷了。與我同名的天才安娜·阿赫瑪托娃搬進老情人尼古拉·普寧（Nikolai Punin）位於「噴泉屋」（Fountain House，昔日的謝列梅傑夫宮（Sheremetev Palace〕）裡的共同公寓。普寧的前妻也與他們同住。這對愛侶分手之後，阿赫瑪托娃和那位前妻無處可去，依舊住在公寓裡，而普寧則帶新的情人回家。後來，普寧被捕入獄，阿赫瑪托娃仍然待在同一戶公寓，輾轉在幾個房間裡落腳。如今，那裡規畫成溫柔、精緻的博物館。回憶錄作者們想起她如何和舊情人的前家庭共進晚餐，不發一語。她的兒子從古拉格歸來之後，就睡在走廊的大箱子上。阿赫瑪托娃在「噴泉屋」度過了將近三十年的時光。

我也曾經睡在大箱子上。當媽媽絕望無助時，她會回頭投靠納姆和莉莎，我也就在外祖父母阿爾巴特街的公寓吹著冷風的走廊上過夜，睡在那個大箱子上——那個曾在戰亂中拯救莉莎一家人免於飢餓的藍色輕便箱子。外祖父母兩個狹小的房間裡早已擠滿媽媽的弟弟和我三歲大的表弟——他的母親也有自己的婚姻問題。所以，媽媽在廚房的摺疊床上過夜，或和我一起睡在走廊裡。說起蘇聯的家庭工藝考古學，由鋁材和卡其色防水布做成的輕便摺疊床（raskladushka），大概稱得上是最令人心碎、最具隱喻意涵的物件。許多人在上頭度過一生。它也傷了數百萬人的背。

★★★

母親很幸運，她的婚姻在一九六四年崩毀了。

五〇年代晚期，以史詩交響曲聞名的作曲家德米特里·蕭斯塔科維奇創作了《莫斯科，切列姆什基》（*Moskva, Cheryomushki*）——一部諷刺房屋供給短缺的歡鬧輕歌劇雜燴。一九六二年，這部作品被翻拍成電影。年輕的主角薩沙與瑪莎遭遇的婚姻危機和我父母的困境恰巧相反：新婚之後，他們因為可怕的「房屋問題」而被迫分居，各自與家人同住。我最喜愛的橋段是薩沙和瑪莎裝模作樣、色彩豔麗的夢境。他們跳著輕快的舞步，穿梭在幻想的新公寓裡——私人公寓！——唱著：「我們的走廊，我們的窗，我們的衣架……我們的（nashe），我們的，我們的。」在這部電影社會主義好萊塢式的結局裡，貪汙腐敗的住房官員嘗到了苦頭，而這對愛侶終於得以在切列姆什基區，在他們醜陋的新預製公寓裡共築愛巢——我們的，我們的！

的確，莫斯科西南的切列姆什基可以說是這個國家第一批大規模的私人公寓開發計畫。在遠郊其他雜亂的小區（mikrorayoni）裡，類似的住宅區迅速擴張。這就是「禿子」對蘇聯家庭童話的低成本修正——一種從強迫性公共制度的地獄逃脫的途徑。終於，核心家庭有了隱私的保障。

新住房形態崛起造成精神意識和社會關係的改變，影響不可小覷。五〇年代後期，赫魯雪夫啟動了這項工程，在他卸任之後，興建計畫並未終止，一直成功地延續到八〇年代。這是一九一七年革命以來，這個國家最重大的生活方式轉變，大概也是「禿子」最偉大的社會成就。

一九六四年，將近一半的人口——大約一億人——已經遷入以預製水泥板倉促興建完成的極簡新公寓。蘇聯的統計數據吹噓，國內一年興建的公寓數量遠遠超過美國、英國、法國、西德、瑞典、荷蘭、比利時和瑞士的總和。誰能忘記那些沒完沒了的喬遷派對？我們坐在地板上，配著一陣陣迷人的壁紙膠氣味，分食放在報紙上的鯡魚。這些預製房屋終結了裝飾華美、挑高、尊貴的史達林式住宅的時代。如今，物質生活的幸福──雖然不過爾爾──被吹捧為所有人與生俱來的權利，不再由黨特權分子和「斯達漢諾夫」勞工獨享。赫魯雪夫要我們預見完備的共產主義前景，就在成熟社會主義之上閃閃發光。此外，尼基塔．謝爾蓋耶維奇和前輩尤瑟夫．維薩里奧諾維奇一樣在乎細節，「小鬍子」曾經嗅聞肥皂，「禿子」則核可了標準化的馬桶（unitaz）。

這個馬桶並不太大。私人的居住空間不該喚起布爾喬亞的欲望或猖獗氾濫的個人主義。畢竟，人們將新建的預製房屋命名為赫魯雪夫貧民窟（khrushcheba）──是「赫魯雪夫」與「貧民窟」（truscheba）的合稱。除此之外，建築結構上的完全一致體現了新式住宅的平等精神。沒有電梯、大都是五層樓高的方盒狀大樓，裡頭容納了許許多多狹小的兩房單位（dvushki）。天花板高度：兩公尺半。客廳面積：十四平方公尺。臥房：八平方公尺，沒有例外。至於烹飪、飲食、談天說地、狂灌伏特加、啜飲茶水、不停抽菸、做功課、說政治笑話、彈奏俄羅斯七弦吉他和大致上表達自己，都在傳說中的五尺小間（five-metrovki）──五十平方英尺的狹小廚房──裡進行。日後，人們懷舊地將廚房回憶成言論自由與異議觀點的搖籃，「廚房異議分子」一詞也由此誕生。異議歧見是赫魯雪夫的住宅改革無心卻影響深遠的結果。

赫魯雪夫貧民窟永不妥協的一致是蘇聯人精神上沉重的負擔。「令人沮喪、一模一樣的公寓房屋，」當時相當著名、後來被迫流亡的詩人歌手亞歷山大·加利奇（Alexander Galich）如此寫道，「一模一樣的屋頂、窗戶和入口，一模一樣的官方節慶標語，指甲和鉛筆在牆壁上刻畫出一模一樣的淫言穢語。一模一樣的房子就在一模一樣的街道上。這些街道還有一模一樣的名字：共產主義街、工會街、和平街、太空人大道，還有列寧大道或廣場。」

一九六六年，我們終於搬進期盼已久的新家，情況大致與上面所述相同，不過還是有些明顯的差異。我們的街名是達維科夫（Davydkovskaya），而非列寧、恩格斯、馬克斯，或——天啊，千萬別是——媽媽擔心的加加林。完整的地址是：達維科夫街，三號之一，第七棟。的確，一開始我和媽媽總是得徘徊許久，才能在池塘與泥地環繞的相同建築中找到它。不過，這個地區——昆切沃區的達維科夫（Davydkovo）——並不令人失望。事實上，它還相當迷人。達維科夫昔日是個莫斯科西部的村莊，自克里姆林宮出發，順著一條筆直的寬闊道路，約二十分鐘車程便能抵達。從前，達維科夫以清新的空氣和淺而湍急的協通河（Setun'）畔歌唱的夜鶯聞名。從我們赫魯雪夫時代的貧民窟走上一小段路，便能看見芬芳、挺拔的美麗松樹林。在森林裡，巨大的綠色圍籬環繞著一座封閉的別墅。屋子的主人是某位個子不高、麻臉的喬治亞人。他在十多年前與世長辭，人們已經鮮少再提及他。

媽媽信誓旦旦地說，多虧了一枚戒指和一個奇蹟，我們才能擁有自己的赫魯雪夫貧民窟。一切自傳聞而起——某個人，在某個地方，偷偷地告訴她，有一份等待公寓分配的名單進展得出人意料之外地迅速。不過，有個問題：那套公寓歸一間合作社所有，而對方要求高額的頭期款。於是，該戒指和奇蹟上場了。這枚暗黃色的金戒指是戰後納姆為了慶祝劫後餘生而送給莉莎的禮物——採取新藝術風格，造型是一束鑲鑽的典雅花朵。莉莎外婆天生缺乏布爾喬亞的本能，這點我一直相當欣賞。她戴了這枚戒指一、兩次後，便將它扔進針線盒裡。當媽媽向她提起那不可思議的高額頭期款時，她正在縫補襪子。母親發誓，她見到那枚戒指對莉莎發出神奇的光芒。奇蹟似地，冒出一位買家，出價七百盧布——等於六個月的薪水，正好也是頭期款的數目。全家人都認為這是個好兆頭，即便日後發現戒指有五倍以上的價值，也沒人覺得氣惱。

於是，我們來到這裡。

我們的小陽台上，在我們的琺瑯罐裡，我們的酸菜壓在沉甸甸的木頭底下發酵。我們的窗戶上掛著我們的窗簾，是媽媽用便宜的米色格子布和棕色亞麻布縫製而成。因為廚房空間不夠，酒醉的水管工鮑里斯（Boris）將我們的鞋盒大小的冰箱釘在牆上。冰箱吸引著我們，彷彿私密的巴比倫空中花園。每天夜裡，母親在自己四面牆壁之間的隱私中入睡，她覺得……好吧，她覺得自己還是住在布爾什維克的共同烏托邦裡。

我們的牆壁是薄板的赫魯雪夫貧民窟牆壁。隔壁的烏克蘭人尤莉亞對著她多情亂性的丈夫號啕大哭；一樓的烏茲別克人不時發出喉音很重、像是「頑固音型」的爭執聲，樓上一本正經的安德烈（Andrei）也不甘示弱，練習演奏柴可夫斯基第六號交響曲悲傷的低音大提琴樂章。最折磨人的鄰居是施維爾金（Shvirkin）將軍和他盤著髮髻的妻子妮娜（Nina），他們像老鼠一般安靜，但他們的廚房飄散出天堂般的炸春雞香氣，實在教人無法忍受。整棟公寓的住戶都想集體凌遲他們。

母親買不起春雞。產假之後已經過了好幾年，她仍然拒絕工作。親戚們為此數落她，但她堅持，她必須和小安紐奇克共度每一分、每一秒。所以，基本上，我們就依賴爸爸四十五盧布的贍養費過日子，還不足少得可憐的蘇聯月薪的一半。偶爾，媽媽會教蘇倫（Suren）——嘴上長著細毛的亞美尼亞少年——和他大胸脯、嘴上同樣長著細毛的母親英語，藉此賺取微薄的外快。「拉莉薩．納姆莫夫娜！我全都瞭了！」蘇倫抱怨。「除了這個到處出現的怪詞——t-khe？」俄國人的「the」是這麼發音的。

支付完水電、煤氣開銷和交通費用，母親只剩下三十盧布可購買食物。如今，她常愉快地回憶起我們一天一盧布的伙食。每當提起我們在美國的第一年她以打掃房屋為生的過去，她的臉上也會洋溢同樣的、少女一般天真爛漫的興奮神情。在早年的異議分子歲月裡，貧窮（poverty）——或者該說「貧困身分」（pauperism）——有一種浪漫、叛逆的氣味。

一蘇聯盧布等於一百戈比；皺巴巴的米白色紙鈔上，奢華的麥圈圍繞著錘子和鐮刀。對於錢，媽媽非常精打細算。

「不要太爛的，拜託，拜託。」她苦苦央求長得像哈巴狗、討厭猶太人的瑪尼亞（Manya）婆婆。「小木頭」（dereviashka）是一間位於地下室的蔬菜鋪，店裡彌漫著我們再熟悉不過的蘇聯腐敗氣息。在那裡，變了色的包心菜只要八戈比，一公斤胡蘿蔔也是，馬鈴薯同樣便宜、也同樣不健康。媽媽在「小玻璃」（stekliashka）——泛指六〇年代玻璃和水泥公共設施建築的別稱——購買食品雜貨。這間商店位在一條零亂的深溝對面，一路上，她會緊張兮兮地以手指摸數零錢。三十戈比買一公升牛奶，她計算著，瓶子還可以退十五戈比。三十二戈比買十顆蛋，通常會有三顆破的，夠我們吃上一個禮拜。

剩餘的一點銅板留著買動物蛋白質。這家商店有個吸引人的名字——「家庭廚房」（Home Kitchen）。那幢傾斜的木造小屋是達維科夫昔日鄉村歲月的遺跡，有如遍布垃圾的土地上搖搖欲墜的反烏托邦鬼影。不論從哪個方向來，你都必須辛苦地越過垃圾，像是參與一場戰鬥。媽媽腳踩高筒橡膠靴，口袋裡還有碘酒，就怕生鏽的金屬罐割破我的鞋子。冬天，醉漢們用尿在「家庭廚房」四周的雪地上「塗鴉」，拼出「屌」字。順道一提，在酒精的作用下撒尿拼字可是需要高超的技巧。

在「家庭廚房」，媽媽付二十四戈比，買一百二十五克做「燉牛肉」的肉。店裡還販售肉餅——肉和填料的比例，令人想起另一個赫魯雪夫時代的笑話。「禿子把所有的麵包都藏到哪裡去了？在肉餅裡。」媽媽不買肉餅；我們雖然窮，但窮得有志氣。

在我們家的五尺廚房裡，我分配給自己一項任務——檢查牛肉，然後向媽媽報告肉塊上的瑕疵。在一塊肉裡，包羅萬象的瑕疵構成多彩的宇宙，對我而言充滿無窮的吸引力。如果牛肉經過冷凍、再冷凍，然後又解凍，橫切面會呈現血紅的紫色和灰色賞心悅目的對比。筋和脂肪閃耀著幾乎是象牙般的顏色；在牛肉上待得太久的藍色斑點有種金屬的光澤。如果光線打得恰到好處，你還真的能看見彩虹。還有戳章——我多麼喜愛印在肉塊上淡藍紫色的國家「新鮮」圖章。

除去瑕疵之後，四盎司的牛肉少了一半，但足智多謀的媽媽總有辦法。我安安穩穩地坐在白色的椅子上，看著她慢慢轉動那難用的手搖絞肉機。絞肉機是媽媽用螺絲鎖在窗台上的。我很心疼，因為在別人家裡，固定絞肉機通常是丈夫的工作。媽媽總是如此，以一種柔弱的女性姿態，搖搖晃晃地蹣跚前行。通常，她會將肉和洋蔥、麵包一起絞碎，製成小肉丸（frikadelki），加進以光溜溜的骨頭熬成的高湯裡。有浪漫興致的時候，她還會再放入包心菜，然後稱之為「蔬菜燉肉湯」，並向我解釋，她是如何在歌德的作品裡讀到這道料理。相較於媽媽以牛肉和凍成一團的菜肉煲（guvetch）烹調而成的另一道燉菜，我比較偏好這道威瑪燉牛肉。菜肉煲是社會主義保加利亞的蔬菜雜燴，富含維他命，因為加入秋葵而充滿黏液。我為此對社會主義保加利亞懷有強烈的猜疑。

每到星期天，媽媽的荷包總是見底，這時就該把蛋打在煎鍋裡的炸黑麵包丁上了。我想，那是貧困最美味、最具說服力的表現方式。

在我們那麼不蘇聯、那麼親密的閒適小天地裡，媽媽和我過得很開心。每隔幾天，她會用存下來的戈比買來可愛而無用的禮物，放在我的床上。譬如說，紫色封面的歌德《浮士德》（*Faust*）——那時我才四歲；或者，笨重的縫紉機——我從來不曾用過。我五歲生日時，禮物是奧斯卡·王爾德（Oscar Wilde）《夜鶯與玫瑰》（*The Nightingale and the Rose*）的俄文錄音帶。只有我們兩個人一起慶祝，但媽媽還是大手筆地做了酸菜填烤鴨。她熄滅燈光，點上蠟燭，開始播音。一個令人心碎的聲音響起：「夜鶯向刺靠得更緊……一陣劇烈的痛楚流竄她的全身。她痛得愈來愈厲害，歌聲也愈來愈狂野——因為她歌詠著死亡成就的完美愛情。」

故事還沒結束，我就因為抽泣而不停打嗝。

我也慷慨地送給母親許多禮物，大都是巧妙避開蘇聯主題的圖畫——沒有蘇聯標誌，也沒有戴著太空頭盔咧嘴微笑的尤里·加加林。我並不像我的朋友基里爾（Kiril）那樣明目張膽，在他所有的畫作裡，都能見到迷人的東德火車玩具組。我的作品比較隱晦，專攻各式各樣的公主——平凡普通但總是身穿有女人味的進口衣裳，髮辮上戴著特大尺寸的尼龍蝴蝶結。我反對物質主義的媽媽不肯妥協，依舊讓我穿小男孩樣式的破舊衣服，將我的頭髮剪成碗的形狀。她覺得這樣好看。

「我的安紐塔！」她輕柔地低語，「她像不像我最愛的E·H·謝培德（Shepard）畫裡的克里斯多弗·羅賓（Christopher Robin）？」

在腦海裡，我為克里斯多弗・羅賓和小熊維尼（Winnie the Pooh）發明了殘忍的酷刑，但我並沒有和媽媽作對。就像我說的，我們在一起很開心，倚賴著彼此的善意取暖，在我們的赫魯雪夫貧民窟裡，彷彿熱戀中的新婚夫妻。直到媽媽的強迫好客症候群開始發作，介入我們的生活。

★★★

當奧克薩娜（Oksana）和皮耶加（Petya）來到我們的門階前，外頭的泥土已經乾了，五月芳香的微風把三樓窗戶下枯瘦的蘋果樹吹得格格作響。

媽媽在「家庭廚房」排隊買肉時遇見他們，好感立刻油然而生。過去，她從未見過這兩個人，但無意中聽到的談話使她對他們充滿同情。他們暫時無家可歸，打算在火車站過夜。媽媽馬上邀請他們到家裡來。

第二天，門鈴響了。一個男人站在門邊，他留著下垂的鬍鬚，眼眶周圍繞著一圈青紫。一隻巨大的聖伯納犬將他的下半身完全擋住。

「見見雷克斯，」皮耶加說，「去啊，抱抱牠，打聲招呼。」

他簡直是在鼓勵我擁抱一輛貨運卡車。我忙著應付狗，沒注意到躲在皮耶加身後的男孩。他是個矮胖少年，神色陰鬱，皮膚蒼白，手上提著兩個籠子。比較大的籠子裝著一隻白色的貓頭鷹，另一個籠子裡頭則是跑來跑去、吱吱叫的老鼠，同樣是白色的。「奧列格。」那個陰鬱的男孩說。我不知道，那究竟是他的名字，還是貓頭鷹的。「別怕老鼠，奧列格很快就會把牠們吃掉。」他說。還真是令人欣慰。

樓下的水泥階梯上沉重的腳步聲宣告奧克薩娜的到來。她是個猶太美女，氣喘噓噓，衣衫不整，鬈曲的黑髮狂野得如瀑布般傾瀉而下，覆蓋在她胸前抱著的大玻璃箱上。「飼育箱，」她上氣不接下氣地說，「你看過真正的飼育箱嗎？」看過，在莫斯科動物園裡，但我不曾見過近在眼前、蜿蜒爬行的蟒蛇。牠名叫伊戈爾。奧列格和伊戈爾——活像是中世紀斯拉夫史詩裡的角色。

「伊戈爾和奧列格都吃老鼠。」那個男孩宣布，突然笑了。

果戈里的劇本《欽差大臣》（*Inspector General*）以一幕著名的「靜默場景」告終。得知正牌欽差大臣到來的消息，所有的人物都嚇呆了。媽媽差不多就是以這副模樣迎接這群不請自來的動物。「你們……你們沒提過你們有一個——呃——兒子。」她費了好大的工夫才擠出這麼一句話。

「誰？他嗎？他是奧克薩娜的私生子。」皮耶加回答，俏皮地眨眼。

接下來五個月，在我們的兩房公寓裡，居住空間的安排如下：陰鬱的少年睡在廚房的摺疊床上。大雷克斯——我們奇怪的團體裡體型最大、血統最純正的成員——可以在房子裡自由活動。偶爾，牠會跳上我的房間裡輕便的摺疊鋁床。那是媽媽的床。因為害怕被犬類卡車壓扁，母親不睡覺了。又或者，是由於要照顧貓頭鷹的奧克薩娜和皮耶加神祕的夜行生活使她失眠。白天，他們大都待在客廳裡，在媽媽以前的床上打盹，晚上則進出廚房，發出巨大的聲響，泡茶，並且不時因為撞到少年的床而放聲咒罵。他們在大杯的熱水中放入一整包散裝的喬治亞茶葉，泡成「他們的茶」──媽媽這麼稱呼他們的飲料。

我天真無邪的媽媽。她壓根沒想到，那飲料便是使古拉格囚犯產生興奮幻覺的「濃茶」（chifir）。她也不知道，公寓裡，混合在動物臭味之中的甜蜜青草香氣就是「安納莎」（anasha）──一種中亞迷幻藥。這對情侶在服用「濃茶」和「安納莎」之後會激烈爭吵。鄰居猛力敲打我們的牆壁、地板和天花板，整棟建築都隨之震動。他們兩人和貓頭鷹輪流擾人清夢，使公寓裡勤奮工作的社會主義家庭不得安眠。貓頭鷹粗裂的尖叫聲讓人血液凝結。

然而，最令人困擾的是進出屋子。因為巨蛇伊戈爾就住在走廊上，每個進出的人都得目睹蟒蛇吞噬小白鼠的場景。奧克薩娜的親戚在第二醫學院的實驗室裡工作，少年便是由此取得老鼠。那五個月，我大都被困在自己的房間裡。樓上的低音大提琴手是唯一仍舊來訪的客人，他總愛借伊戈爾去嚇他的岳母。我的阿拉婆婆帶著大包小包的雞肉和其他象徵祖母親情的美味食物，一路來到達維科夫，然後將東西放在門階上。雞肉通常都被雷克斯吃掉。

結果，是爸爸終結了這一切。他想念擁有家庭的感覺。他暗示，如果媽媽將危險排除，他將會回家，或至少回來過週末。我的父親曾經是──而且始終是──母親唯一的真愛。奧克薩娜、皮耶加、雷克斯、伊戈爾、奧列格和那陰鬱的少年立刻就被驅逐，人、籠子和四隻砰砰作響的獸足組成鬱鬱寡歡的離去隊伍，留下動物園和迷幻藥的惡臭。在我們嶄新的公寓裡，每個平坦的表面上都留下了他們的茶壺燒灼出來的痕跡。送走了蟒蛇和貓頭鷹，我得到半個父親。每逢週末，他都會從「飲食」（Dieta）——一間為年幼和病弱者提供高膽固醇餐飲的知名店鋪——買來高品質的食物。每個星期五的夜晚，我總是急切地側耳傾聽，等待爸爸的鑰匙轉動門鎖的聲響，蹦蹦跳跳地跑進走廊，迎接「飲食」的酪乳凍和濃郁、酥脆的乳酪棒。最近，媽媽問我，是否曾經覺得父親遺棄了我們。回憶起那些乳酪棒，尤其是想起輕輕顫動、貝殼形狀的雪白乳凍，我必須說——沒有。

我和媽媽親密、閒適的小天地破滅了。一九六一年，蘇聯最高蘇維埃通過一道法令，將拒絕參與對社會有益的勞動工作的人們斥為「寄生蟲」，罰則是五年以下的驅逐或在營拘留。異議詩人約瑟夫·布洛茨基便是因為「寄生蟲」判決而被迫流亡海外，使得這項法令在西方世界惡名昭彰。儘管媽媽的婚姻在法律上依舊有效，她又育有年幼的孩子，理當排除在這項規定之外，但對於賦閒在家，她仍然有所疑慮，感到不安。於是，一九六八年，一個寒冷的十二月天，媽媽終於重新回歸對社會有益的勞動。當時我五歲。她開始在商船部工作，教授英文，而我則頭一次去蘇聯幼稚園上學。我不大記得那個地方，只能回想起，幼稚園和我們的赫魯雪夫貧民窟之間隔著荒涼的鐵路軌道。還有，或許是因為分離的焦慮，第一天早晨我就拉在褲子上，一整天都沒人照顧我。回家的路上，母親察覺了我的糗事。我還記得她在鐵軌上落淚的畫面。

情況沒有任何好轉。我的幼稚園同學因為吃了甜菜湯裡壞掉的肉而陸續生病。在公車上，母親又無意間聽到我的老師向年輕的同事傳授縮減班級人數的祕訣：「打開窗戶——開得大大的。」室外的溫度是零下三十度，而且颳著強風。

媽媽只好勉為其難向她的父親求助。

★★★

我認識間諜外公——納姆．所羅門諾維奇．弗倫姆金上校——的時候，他早已不是我們在一九四〇年代的章節裡見到的那位時髦利落、有深色眼眸的迷人男士了。納姆外公已經退休好一陣子，他頭髮稀疏，戴著厚重的黑框眼鏡，每天早晨都隨著愛國歌曲做健身操。而且，他大吼大叫——整天大吼大叫。

「**我向你敬禮！恭喜你！**」他會對著電話大聲喊。「我親愛的、敬愛的同志……（填入適當的蘇聯艦隊海軍將官的名字）」

外公總是找得到向人祝賀的理由，這一點令我非常驚奇——直到我發現他放在電話旁那本沉甸甸的可撕日曆。每一頁都是嶄新、光明的蘇聯日子，都是歡樂的節慶。航空節、波羅的海艦隊日、交通警察日、坦克駕駛節、潛艦軍官節，別忘了，還有五月九日火力全開的勝利日嘉年華——通常，外公從四月就開始以接連不斷的問候慶祝這個節日。

布里茲涅夫時代誇張的大衛國戰爭神話和對退伍老兵的崇拜，讓外公的退休生活朝氣蓬勃。他若不是在大聲祝賀，便是忙著處理某件非常重要的退伍軍人事務——大都和理查·佐爾格脫不了關係。我們在兩章之前提過這位德俄混血的間諜大師。他遭到史達林背叛，在東京上了絞架，然後便被遺忘了好一陣子——直到他在一個偶然的機緣下奇蹟似地重生。六〇年代初期，法國人以佐爾格的故事為題材拍攝了一部電影，並試圖將這部作品賣進俄羅斯。蘇聯文化部將這整件事情視為扭曲、竄改歷史的陰謀，但赫魯雪夫的保鑣告訴老闆這個消息。「禿子」要求將電影放來看看。

「藝術就該像這樣！」當燈光亮起，赫魯雪夫興奮地宣告。「雖然是假的，但真是太刺激了。」

「呃……尼基塔．謝爾蓋耶維奇。」他們告訴他。「佐爾格並不是……嗯……虛構的……他……呃……是真的。」赫魯雪夫立刻致電KGB。他們不但確認了理查·佐爾格真有其人，也證實了他的情報紀錄。閒話少說，赫魯雪夫正式授予已故的佐爾格「蘇聯英雄」的頭銜，並下令封他為「蘇聯一號間諜」。

佐爾格書籍、佐爾格研究學者、佐爾格失散已久的親人、佐爾格電影、佐爾格徽章和郵票……外公就置身在這個永無休止的佐爾格風暴的中心。有幾次，我陪伴穿著制服、佩掛勳章的納姆外公出席他在療養院和工會音樂會上的佐爾格演講。通常，外公被安插在娛樂節目裡，在戴著矢車菊花冠、泣訴女工單戀心情的業餘女民謠歌手和——譬如說——業餘的魔術師之間。人們為了矢車菊女郎留下來，在輪到納姆上場時離去抽菸，然後再回來看魔術師表演。

「太丟人了！沒人尊敬老兵！」某位掛著勳章的觀眾會這麼抱怨。我的掌心開始冒汗，臉則變成夏天裡番茄的顏色。

★★★

對於向外公尋求協助，母親得要面對道德上的兩難。儘管清算期間外公差點被捕入獄，更別提朱可夫將軍還曾因為他抗命而以死刑威脅，外公依舊是個懷抱理想的傳統布爾什維克共產主義者。利用黨內的特權獲取個人利益觸犯了他的原則；以黨特權分子的標準看來，他和外婆算是過得相當簡樸。這件事情同樣違背了媽媽的原則。那是一九六八年，蘇聯坦克駛進布拉格，鞏固了布里茲涅夫的力量，卻也粉碎了一切自由、開放的希望。「解凍」已經徹底過去。母親反蘇聯的異議激情正達巔峰，和外公對體制的狂熱忠誠不相上下。他們的關係緊繃，她對外公所代表的政府更深惡痛絕，她和弟妹甚至扔掉了他的檔案資料——其中包括一本簽名版的毛澤東軍事著作，還有，沒錯，一些重要的佐爾格紀念品。

可想而知，母親根本不願意請外公利用他在黨內的關係幫任何忙，但已經沒有其他辦法能解決我的問題了。

於是，母親嚥下她的原則，懇求外公幫忙。外公也嚥下他的原則，撥了某位海軍將官的電話號碼。

第二天，我註冊進入蘇聯中央委員會官員子女專屬的幼稚園就讀。

一聽說這間幼稚園的寄宿制度──也就是說，週一至週五，日日夜夜我都必須待在學校──我發出了五歲孩童極度痛苦的尖叫。母親同樣面無血色。沒錯，拯救我免於痢疾和肺炎讓她鬆了一口氣，但她將會無可救藥地想念我。

此外，還有可怕的黨特權分子問題。蘇聯的特權集團和他們嬌生慣養的後代子女享受著政治不正確的佳餚──這樣的想法嚇壞了她。我們花費生命中大半的時間排隊購買帶著軟骨的肉或黍鯡罐頭；他們派遣司機去「不對外開放的補給站」──那些沒有標示的倉庫配發閃光鱘魚子醬、鱘魚、舌頭，還有所有奢侈品中最不易取得的即溶咖啡。至少我們以為如此。在一個保證眾人平等的社會裡，統治階級的餐飲習慣隱而不宣，不為我們這些外人所知。對母親和她那些異議知識分子朋友而言，共產黨菁英的口味簡直就是串通共謀的惡臭。

「關於幼稚園裡的食物，不要多嘴，」當我們在雪地上吃力行走時，母親警告我。「還有，不准學任何列寧歌曲。」

中央委員會幼稚園坐落於濃密幽暗、樹脂黏稠的昆切沃樹林裡，四四方方，由淺色磚塊砌成，周邊圍繞著高聳的鐵絲網。不遠處，在一道十六英尺高的綠色木頭圍欄後方便是史達林的別墅。那裡警衛森嚴，非常神祕，自他在一九五三年三月五日逝世之後便大門深鎖。布里茲涅夫政府已經著手恢復他的名譽，但在大眾的想像之中，史達林的名字依舊令人不安，幾乎是個禁忌。不過，附近的居民全都知道，是熱愛自然的「大元帥」在一九三三年親自下令栽種了這些高大挺拔的松樹。他的命令還造就了環繞森林的小丘——在平坦如薄餅般的莫斯科顯得很不尋常。在別墅的地底下，真的有祕密的地下堡壘和直達克里姆林宮的通道嗎？人們為此納悶不已。戴著頭巾，在路邊兜售馬鈴薯的老婆婆們貼近客人耳邊說，是猶太人毒殺了他。同時，傳聞嚇壞了附近的酒鬼，他們可沒膽子帶著酒瓶進入樹林。據說，裡面有個不得安息的小鬍子幽靈，根據更可信的說法，還有穿著制服的同志會朝入侵者開槍。

前往幼稚園的路上，因為害怕圍欄和鬼魂，我忍不住哭泣（不過，也暗自因為悲情的淚水在臉頰上形成詩情畫意的冰柱而感到開心）。

在幼稚園裡，處處都散發富足和剛出爐的餡餅的臭味。「列寧角落」更是格外華麗，深紅色的絨布布告欄上烏里揚諾夫家的家庭照片有如聖像畫，底下還擺了白色的劍蘭裝飾。在面對鬧鬼的森林的全景露台上，黨特權分子的子女正在戶外小睡，像小豬一樣包裹在鵝毛睡袋裡。我抵達的時候，正好是「死寂時刻」——蘇聯人的午睡時間。

「未來的共產主義者，起床！」老師拍手大喊。她狡猾地微笑。「吃魚脂嘍！」我以為她指的是魚油——每一所幼稚園裡天天都會配發抹了鹽巴的黑麵包丁，還有裝在褐色瓶子裡的噁心魚油。結果，一位魁梧的保母——我還記得她叫卓亞．彼德洛夫娜——手上拿著一大匙黑色的魚子醬朝我走來。這是我和閃光鱘魚子的第一次相遇，聞起來有金屬味和魚腥味，就像是生鏽的門把。

「張大……這一口為了列寧，」那位如大象般高大的保母一面好言相勸，一面將湯匙推進我緊閉的嘴巴。「為了祖國——為了黨！」她哄著，揚起聲音，魚子就在我的面前閃閃發亮。我開始作嘔。

「你這小臭蟲！」她咆哮。「你敢吐出來試試看，我就要你把吐出來的全部吃下去！」

在這兩者之間，我選擇了魚子，但似乎也並不比嘔吐物好上多少。

過沒多久，一切就一清二楚了，我不可能融入這裡——一點也不。我繼承了分居的父親非俄羅斯人的姓氏；我穿鬆垮垮的舊羅馬尼亞外套；我三不五時就噁心嘔吐，還有個反對權威的母親——她不顧一切地保護我不被灌輸洗腦，禁止我閱讀深受大家喜愛的蘇聯兒童作家阿爾卡季．蓋達爾的作品，也不讓我學唱讚頌列寧的歌曲。我明白母親立意良善，但，說真的——她究竟在想什麼？將我扶養成意識形態的眼中釘嗎？她難道不曉得，在蘇聯，「童年」的形容詞一定是——而且永遠都是——「快樂」嗎？幼稚園裡甚至有個正式說法，專指我這種愁眉苦臉的孩子，那就是「不友善」——這在蘇聯，代表危險的反社會性格。

母親私密的普魯斯特式幻想，與大眾的「璀璨未來」那鮮紅豔麗、號角喧闐的社會主義史詩迎頭對撞，使我總是身陷恍惚、疏離的狀態。媽媽不希望我為她蘇聯式的精神分裂所苦，卻讓我發展出自己的、相反的病症。在家裡，我不敢向她坦承，我已經記下了那些列寧歌曲——完全出於偶然，單純是因為在排練時聽過太多次。即便是面對自己，我也不大能承認，那個列寧快樂的兒孫居住的紅色禁忌宇宙令我著迷。「列寧永遠與我們同在，」週末，在家裡，我躲在枕頭裡輕輕地唱著，因為羞恥而覺得尷尬。「列寧永生不死……在你每個快樂的日子裡，列寧都在你我之中。」

「安紐奇克，我們不把髒東西（gadost'）帶回家裡來。」有一次，媽媽無意間聽見，冷冷地說。可想而之，每個週間的夜晚，在幼稚園裡，我被相反的渴望攫住不放。當可怕的卓亞．彼德洛夫娜在場時，我甚至不敢偷看一眼，無聲地對自己哼著媽媽喜愛的歌曲，像是舒伯特那首，關於格蕾琴和她的紡車：「我的平靜已經逝去，我的心沉重不已，我永遠永遠無法再找到它……」[6]

「面向你們的右邊——現在！手臂伸直，放在毯子上！」

就像一位中士檢查自己的部隊，卓亞．彼德洛夫娜審視宿舍裡一排排整齊而清潔的床鋪，確定我們沒有從事任何個人主義的、反蘇聯的活動——譬如說，抓癢或起床上廁所。右側正合我意。這樣一來，我可以偷看窗外嶄新的九層樓公寓大廈的燈火，隔著一段距離，就在漆黑的夜色裡閃爍。布里茲涅夫稍稍改良了赫魯雪夫貧民窟，這棟建築便是一例——不再是五層樓高，而是九或十三層，加設了電梯和垃圾管道。我靜靜地躺著，哼著歌，神遊那個燈光舒適的居家世界。在那裡，母親們會將茶水倒進橘色的圓點杯子裡，然後親吻女兒道晚安。在我的想像中，那些女人總遺傳了母親的黑色短髮，不過長得並不完全像她。我會保持清醒好幾個鐘頭，反覆計數依舊亮著燈光的窗戶。隨著每盞燈光熄滅，我感覺到一絲疼痛，而當大樓變成一片漆黑，這些痛楚也終於匯流成孤寂、淒涼的浪潮。在聳立的鐵絲網外，那些窗戶就是照亮我的燈塔。

早晨更令人頭痛。我不太在意我的同學。不過，有個直鼻子的金髮男孩，他有一對表情豐富的藍色眼睛，名叫維克多（Victor），他的爸爸也叫維克多，是電視圈裡一位鼎鼎大名的人物。對於小維克多，我並沒有像對尤里．加加林（偷偷摸摸的）英雄式的愛戀情懷。那更像是同情，由於共同的悲哀而建立的連結。維克多和我幾乎從不交談，但有一次，當我因為嘔吐而被大家嘲笑時，他迅速地摸摸我的頭髮，為我加油打氣。

維克多也有自己的不幸，他會尿床。早上，卓亞．彼德洛夫娜會掀開毯子檢查他的床單，然後拽著他站起身來，脫下他的白色內褲，拉著他到宿舍的遠端。接著，她會要我們排成一列，走過他身邊。每個孩子都必須打這個尿床的傢伙光溜溜的屁股。「我希望你沒有打他。」媽媽說。這個故事使她非常震驚。但我能怎麼做呢？快要輪到我的時候，我的心怦怦跳。我既不能違逆卓亞．彼德洛夫娜的意思，也不願傷害維克多。他冷冷地站在那裡，眼神木然，臉上顯現心不在焉的奇怪神情。我還記得自己的驚惶不安，以及他的皮肉蒼白的樣子。我假裝高舉手臂，作勢要打，然後輕輕地擦過他的屁股。

令我詫異的是，早餐時間，維克多總能恢復過來，開心、迅速地吃光他的穀粉和茶。我呢，卻對著一坨白色的穀片——上頭還放著一塊黃色、方形、冰冷而且拒絕融化的高級沃洛格達7奶油——快要嘔吐出來。

我心中的疏異感最為強烈的時刻，是在用餐時間。每咬下一口政治上難以消化但卻美味好吃的食物，我的煎熬就變得更加劇烈——我多麼想吃下去，但又明白這會嚇到母親。於是，我嘔吐出來。我曾經考慮過絕食，仿效她曾經告訴過我的韃靼異議者。之後，我靈光一閃，決定鋌而走險。在我的桌子旁裝有暖氣散熱片，是脊狀狹長的老舊形式，它與牆壁間的空隙足夠我塞入一個星期分量的廢棄食物。於是，趁無人注意的時候，我將黨菁英階級的美味食物扔進暖氣散熱片後面。首先是小牛肉薄片配美味牛肝菌醬——那些蘑菇是我們稚嫩的小手從史達林芳香的松樹下採摘而來的。接著是通心麵，不像家裡的粗糙麵條，而是精緻、潔白並且加入了大量自狄托8元帥迷人（雖然有些時候不太友善）的故鄉進口的黏稠乳酪。我還丟了大名鼎鼎的鱈魚肝醬，以及有益健康、牧場直送的農家乾酪布丁和越橘果凍。

但是，我實在不忍心丟棄下午茶的甜點。在我們沒有階級之分的快樂社會裡，糖果是最殘酷赤裸的階級指標。黏膩的無產階級太妃糖「愛麗絲喵喵」[9]和石頭般堅硬、赤褐色的「螯蝦尾巴」（Crayfish Tails）是普羅大眾的口味；淡藍色包裝紙上有白熊圖案的「北方小熊」（Little Bears in the North）巧克力比較高級一些，而且不是天天都能吃到。「北方小熊」令人想起我們蘇聯探險者尚未開拓的廣袤北極地域。噢，真是太浪漫了！還有，包裹在綠色錫箔紙裡的「巧克力兔子」（Chocolate Rabbits），是蘇聯短缺經濟裡昂貴而無用的商品，一公斤賣九盧布，相當於平均月薪的十分之一。「兔子」隨時都有貨，卻也因此而備受鄙視。只有靠收賄發橫財、出了名愚蠢、沒有一點品味的交通警察熱中購買這種糖果。「交通警察忘了去幼稚園接孩子，只好買『巧克力兔子』當作補償。」我們家附近糖果店的女店員曾經挖苦地這麼說。

這些甜食和我們幼稚園裡的點心根本無法相提並論。莫斯科所有的糖果皆由米高揚喜愛的「紅色十月巧克力工廠」生產，我們的也不例外。直到最近，我才知道，「紅色十月」製造兩種產品：一種供應給民眾，一種給黨。黨特權分子享用的巧克力和無產階級的雙生版本共用相同的名稱——「松鼠」（Squirrel）、「紅色罌粟」（Red Poppy）、「十月禮讚」（Hail to October）——以及看起來一模一樣的包裝紙，但前者是以高級的材料製成，當然也美味得多。在幼稚園裡，我對此一無所知，但我心知肚明，我們分量足重、裝扮時髦，包裹在高級無光紙裡的糖果透露出力量和特權。我無法吃掉——或丟掉——這樣滿載階級地位的東西，更別提和圍籬外的朋友分享，只好將這些糖果藏在我裝內衣的袋子裡。

我棄置食物的計畫相當順利，直到暖氣散熱片後方開始傳出異味。一開始只是不好聞的味道，後來變成惡臭的毒氣，讓所有人「噁（foooo）——」地尖叫，紛紛嚇得跑離那面牆壁。卓亞·彼德洛夫娜發現了我的廢棄食物堆。母親馬上被園長召見，當然我也一起。幼稚園園長是個身材矮小、不斷抽擤鼻子的女人。她有一頭緊緊盤成圓髻的頭髮，還有職業黨政人員（apparatchik）平凡無趣的斯拉夫樣貌——在母親看來，她無疑是KGB的高級線人。儘管個頭嬌小，她還是十分令人生畏。曾經有暴露狂在我們圍欄環繞的操場邊徘徊，她毫不留情地攻擊他，用邊緣銳利的提包使勁地轟打他。暴露狂逃之夭夭，看起來受了很大驚嚇。

「弗倫姆金娜同志，你的孩子，」園長說道，以清楚的發音念出母親的猶太姓氏，若有深意地噘起嘴唇。「你的孩子好像不大屬於我們的集體……」我要被中央委員會幼稚園開除了嗎？母親會因此失去工作嗎——還是更糟？我惶恐地奪門而出，跑進宿舍拿我珍貴的內衣袋。

母親讓我坐在雪橇上，拉著我回家。她強拽著雪橇越過雪坡，一反常態，看起來非常暴躁。我很同情她——無依無靠、沒有育兒照護的女人。但話說回來，這也只能怪她自己。她將我教育成不友善的孩子，使我脫離集體，還用她異議分子的歪理破壞我的胃口！我憂傷地從袋子裡拿出一顆糖果。它叫「鳳梨」（ananas）。我首先吸吮酥脆的巧克力外殼，然後緩緩地一路往中心舔進。那鳳梨口味的內餡極其甜美，有種人工合成的異國風情。我打了個哆嗦。為了安撫母親，我決定將吃到最後的糖果和她分享。我預期她會呻吟著倒入冰雪之中，因為味覺的狂喜和罪惡感而癱軟。但她只是心不在焉地咀嚼，並且繼續拖著雪橇。

下個星期一，我又回到那個喬治亞人的松樹森林，在幼稚園高聳的鐵絲網裡對著魚子醬作嘔。

至於赫魯雪夫呢？他忙著在別墅種玉米，度過孤單、鬱悶的退休時光。

譯註

1. 一九六二年，索忍尼辛的中篇小說《伊凡．傑尼索維奇的一天》（*One Day in the Life of Ivan Denisovich*）首次刊登於《新世界》雜誌，描述勞改營受刑人伊凡．傑尼索維奇的一日生活，是蘇聯史上首部以古拉格為主題的文學作品。
2. 尤里．阿歷克謝耶維奇．加加林（Yuri Alekseyevich Gagarin）為蘇聯飛行員、太空人，是第一位登上外太空的人類。他於一九六一年乘坐「東方一號」（Vostok I），成功執行歷史上首次載人太空飛行，隨即成為家喻戶曉的偶像，並獲頒「蘇聯英雄」等頭銜。
3. 摘自阿赫瑪托娃詩作《史詩主題》（*Epic Motifs*）。
4. 指「弗勒希」（Fleurie）紅酒。弗勒希位於法國中部勃艮第（Bourgogne）的薄酒萊（Beaujolais）地區，以產酒聞名。
5. 班傑明．史伯克（Benjamin Spock）為二十世紀美國知名兒科專家，其著作《嬰幼兒照護指南》（*The Common Sense Book of Baby and Child Care*）被譯成多種語言，廣受歡迎。
6. 出自〈紡車旁的格蕾琴〉（Gretchen am Spinnrade），是舒伯特（Schubert）根據歌德《浮士德》創作的藝術歌曲。
7. 沃洛格達（Vologda）位於俄羅斯西北部，是歷史悠久、遠近馳名的奶油產地。
8. 約瑟普．布羅茲．狄托（Josip Broz Tito）為南斯拉夫共產主義革命者、政治家，曾任總理、總統等職。
9. 「愛麗絲喵喵」（Iris-Kis-Kis）是一種包裝上印有小貓圖案的太妃糖。其中，「愛麗絲」指太妃糖，原為鳶尾花的別稱。二十世紀初，法國甜點師傅將太妃糖引進聖彼得堡，因為糖果浮雕形似鳶尾花瓣而取名「愛麗絲」，沿用至今。

★1970年代
祖國的美乃滋

「祖國從何處開始？」

一首輕柔的七〇年代流行歌曲這麼問道，以成熟社會主義的甜膩語氣唱著，瞬間將聽眾變成幼兒。

「從字母書裡的圖畫？……原野上的那棵白樺樹？」

母親那一代的俄國人將生命中大部分的時間花在排隊上。他們或許會堅持，祖國從網袋（avoska）開始。這種伸縮自如的網狀袋子埋伏在每個俄國人的口袋裡——它的名稱來自「或許」（avos'），象徵一絲倔強的期待——希望短缺的摩洛哥柳橙或波羅的海黍鯡魚會突然出現在某間暗淡無趣的轉角商店裡。我們的幸運袋是蘇聯人的樂觀性格和工業實力的偉大成就。網袋裡幾乎容得下一台小型的拖拉機，而它堅韌的棉線甚至能夠抵禦三角形牛奶紙盒的鋒利摺角——沒錯，就是藍白相間、有裂縫、會在你走路時滴漏出內容物的那一種。

我的世代——「停滯」時代的孩子——如今往往過度珍愛自己成熟社會主義的童年，也許會開玩笑地說，祖國從第一條黑市牛仔褲或走私的披頭四黑膠唱片開始。又或者，從少年先鋒隊的遊行開始。在隊伍裡，我們高唱讚頌祖國的歌曲，在字母「R」前面加上幾乎聽不見的「U」，讓「祖國」（Rodina）變成「醜八怪」（urodina）。

在「R」之前叛逆的小嗝——這就是七〇年代。你可以既對祖國不敬，又照常享受八月間為期四週、充滿歡樂的「少年先鋒營」——由國家買單。

想當然耳，我無緣體驗這項政府資助的享受。殘忍的母親不肯送我參加「先鋒營」。而且，一九七三年，我們全班正式成為少年先鋒隊員的那個喜氣洋洋的春日，她還讓我掛病號待在家裡。我從來沒有機會站上紅場，在響亮的鼓聲和刺耳的軍號伴奏下行五指禮，也不曾讓學校的少先隊指導員瓦薩（Vassa）笨拙地為我調整脖子上的紅領結，感受她帶著蒜味的吐息。我從未嚴肅地發誓「熱愛祖國，生活、學習、奮鬥，貫徹列寧的遺願，奉行共產黨的指導」。幸好，一一〇中學依舊視我為正式的少先隊員，允許我繫上領巾——我們祖國的旗幟神聖的一小角。

至於祖國究竟從何處開始……嗯，或許，我們大家都會同意，祖國從繽紛的奧利維耶沙拉（salat Olivier）開始——煮熟切丁的馬鈴薯、胡蘿蔔、醃黃瓜、水煮蛋和豆子，還有依口味添加的蛋白質食物，一切都包覆在濃郁、滑潤的醬汁裡。黨政人員、清貧的退休老人、異議分子、拖拉機駕駛、核能物理學家——橫跨十一個時區，人人都愛奧利維耶沙拉，特別是在庸俗矯情、美乃滋般歡欣愉悅的七〇年代。甜菜湯太平凡無趣，烏茲別克肉飯和喬治亞核桃雞或許又有些太過奇異，但奧利維耶恰到好處，總是歡樂、喜氣，並且因為添加了匈牙利「環球牌」（Globus）青豆和味道濃郁的蘇聯美乃滋而顯得特別——這些短缺食材商店裡永遠有賣，但卻也總是免不了排上長長的隊伍。不論是生日、訂婚、完成論文的慶祝會，還是猶太人移民前夕的離別派對——有時感覺像是葬禮的守靈夜——若少了奧利維耶沙拉，就不能算是特別的好菜。

再說了，誰不記得迎接新年的時候，裝在大水晶碗裡的奧利維耶沙拉呢？家家戶戶聚在電視機前，盼著克里姆林宮的鐘敲響十二點，等待親愛的列昂尼德．伊里奇．布里茲涅夫調整他的閱讀眼鏡，讓身上的勳章發出哐噹的聲響。他大聲地清清喉嚨，然後在一團混亂中翻動講稿，試圖找到新年演說的第一句話。

他一成不變的開場白是：「親愛的同胞們！」

★★★

如今，媽媽和我已經蒐集了各式各樣不下千種的沙拉食譜。我偏好泰式和加泰隆尼亞風味，媽媽則擅長做簡單的田園沙拉——或許是其中最難以駕馭的一種。她將香蔥油醋淋在漂亮無瑕的萵苣菜葉上，再以烘烤過的松子和嚼勁十足的小紅莓乾點綴。這是最不俄羅斯的食物了。那麼，奧利維耶沙拉呢？我們並不常做，而且從不隨便做，務必小心翼翼地，就怕糟蹋了它的節慶氛圍。奧利維耶沙拉是我們過去一點也不恬靜閒適的社會主義遺留下來的傳家珍寶，我們只有在紀念生命中的重要事件時，才會將這道料理取出記憶的抽屜。

有一天，媽媽認為時候又到了。她的妹妹尤莉亞將從莫斯科來作客，我們打算辦一場派對，奧利維耶沙拉會是前菜的主角。

我來到母親的公寓幫忙料理。一如往常，室內有些過熱，而且瀰漫著燙煮過的根莖蔬菜香甜的質樸氣味。廚房裡，在用餐的角落，帶皮煮熟的馬鈴薯和胡蘿蔔等待著變身成為沙拉。我們削皮、切丁，話說個不停。和平常一樣，在媽媽的餐廳裡，時間和空間開始聚合、壓縮。黎巴嫩醃黃瓜的味道像極了俄式酸黃瓜，使我們想起一段吟詠祖國的歌曲。這首歌又喚醒了一則政治寓言，或者，攪動了過往的回憶——關於好久以前的夢想，關於一種因為嚮往而生、短暫飛逝的疼痛感覺。

我將馬鈴薯、胡蘿蔔和酸黃瓜丁堆進碗裡，想著，奧利維耶沙拉也許稱得上是蘇聯流亡記憶的隱喻：都會傳說與極權神話；集體敘述和生平事蹟；真實與想像的歸鄉旅程——全都鬆散地黏合在美乃滋裡。

我們繼續切著，但已經陷入各自的思緒之中。

★★★

在我所能觸及的記憶裡，最華麗、壯觀的奧利維耶盛宴發生在我七歲的時候。桌子並排在一起；油膩的電燈泡懸掛在半空中，不均勻地照亮洞穴般幽深的廚房。挺著大肚子的男人們將椅子拖進屋裡，女人們穿著汙漬斑斑的圍裙，把食材切碎成小塊。在距離克里姆林宮步行兩分鐘路程的古比雪夫巷（Kuybishev Lane）內，一棟四層樓長形集體公寓的公共廚房裡，人們正在準備一場宴會。

我就是在這棟共同公寓裡出生。在這裡，我聽見黑市商人米沙嘔吐美味佳餚的聲音；爸爸的母親阿拉婆婆——我們都叫她芭芭拉（Baballa）——還沒去世；也就是在這裡，媽媽度過我出生以後、我們搬到達維科夫之前那三年痛苦的歲月。

順道一提，我們已經沒住在達維科夫了。在我上小學以前，爸爸拿定主意，他確實想要一個全時的家庭，但我們必須搬進莫斯科市中心。媽媽以違抗官僚政府的巧妙手段和她的父母交換了住所。納姆和莉莎遷入我們的公寓。這樣一來，他們還可以在史達林的松樹林間舒適地散步。而我們則接收阿爾巴特的兩房單位，那裡與芭芭拉共同公寓的廚房之間只隔著一站地鐵的距離。這天晚上，我們就聚集在此。

每個週末，我都會來探望芭芭拉，經常在她陰冷潮濕、挑高天花板的房間裡過夜。留宿的夜晚，我和奶奶玩牌，一起吃簡便的冷凍餃子，還有她從國家建設委員會（Gosstroy）的高級販賣部買回家來的「白雪」（Snowhite）蛋白霜蛋糕。她在那裡工作，每個月賺進二百六十盧布的豐厚收入。我對芭芭拉充滿敬畏——她喝伏特加和打撞球時神氣活現的模樣、她說的隱晦深奧的俚語，還有她依舊性感的外表。她是我的玩伴，也是我的榜樣；她說服媽媽讓我留長頭髮，就像她一樣。每當建築工人對她吹口哨，而她用抽了一輩子「白海」的粗啞菸嗓痛罵那些冒犯的傢伙，我總是驕傲地跟著擠眉弄眼，吹口哨回敬。芭芭拉是世界上最酷的奶奶，但她的共同公寓既讓我著迷，又教我害怕，以至於每次造訪，我總是緊張得要命。

★★★

布爾什維克真的抹去了私人生活。華特・班雅明在一九二七年造訪莫斯科後曾提到。他如此描述一處共同公寓：「穿過門廊，走進一座小村莊。」這是一幅悲慘的圖像，幾乎是馬格利特[2]畫中的風景。況且，四十年後來看芭芭拉的公寓，這個「村莊」並不小：超過五十個人，擠在狹長走廊兩側的十八個房間裡。在我眼中，那走廊宛如恐怖和危難的峽谷：沒有暖氣，牆壁上滿是水漬，而且缺乏照明——因為酒鬼查理欽總是把燈泡偷走、賣掉。在那裡，你可能染上肺炎、因為踢到查理欽醉倒在地的身體而扭傷腳踝，或者更糟。最糟的呢？無非是神智失常的老瑪莉・凡娜（Mari Vanna）恐怖的身影。她總是穿著那件本來是白色的破舊睡袍漫步閒逛，手裡拿著尿壺，倘若一時心血來潮，還會將它朝你的腳邊一倒。

關於公共廁所，我能透露的細節只有：三個小間以夾板分隔開來，愛偷窺的維塔利克（Vitalik）總愛在板子上鑽洞。這個偷窺者的畫廊隔壁就是大家共用的廚房。

請注意，在俄文裡，並沒有「隱私」這個詞。

芭芭拉的公寓廚房是個恰如其分的多功能公共空間，人們在裡頭忙碌地舉行各式各樣重要的集體活動。以下是部分的功能：

集會：懸掛在爐子上的電晶體收音機大聲放送「五年計畫」超標達成的輝煌新聞，住戶們談論著嚴肅的政治議題。「六號房的猶太混帳叛徒瑪雅．史派羅（Maya Spiro）又在密謀對蘇聯不利了。」**市場**：「娜塔莎……薩沙……用一杯蕎麥換顆洋蔥好嗎？」**澡堂**：在廚房的水槽上，女人們偷偷摸摸地用黑麵包塗抹頭髮。只能偷偷摸摸地——雖然人們相信，麵包能夠促進頭髮生長，但它同時也是神聖的社會主義寶藏，若是使用不當，可能會被鄰居解讀為不愛國的行為。**法庭**：「同志們的法庭」審判住戶的非法行為，包括——但不限於——忘記關上廚房的燈。從鄰居的鍋子偷走湯裡的肉則是更嚴重的罪行。在芭芭拉凌亂的公寓裡，小偷是一位身材嬌小、貴族模樣的年邁女士，她臉上悲傷的表情，有時會變成像是以膠水黏上的天使般的微笑。為了遏止她的偷竊行為，有的鄰居會在鍋子上吊掛骷髏標記，有的則將蓋子上鎖。**洗衣間**：在寒冷陰暗的冬日早晨走進廚房，晾衣繩上半結凍的絲襪搖搖擺擺地拍打你的臉。有的住戶因此而動怒。高大、金髮的維塔利克就曾拿來剪刀——喀嚓、喀嚓、喀嚓。如果絲襪是進口貨，一陣拳腳是免不了的。這時候，共同住宅的廚房搖身一變，成為**刑場**。

在共用的廚房裡，人們自然也烹飪，做油膩的甜菜湯、菜湯、肉餅和粥。身材嬌小、勤奮不懈的退休老人瓦連欽娜．彼得洛夫娜（Valentina Petrovna）偶爾會幫忙照顧我，她能烘烤出全世界最令人驚喜的餡餅，像是憑空變出來似的。米沙的媽媽蜜拉婆婆會煎炸鮮美多汁的短缺品雞柳條——就是母親偷拿的那種。然而，住戶們大都在各自的房間——意識形態上可疑的隱私空間——進食。在我關於芭芭拉的公寓所有的記憶之中，那場奧利維耶盛宴是唯一的例外。

那場盛會真是歡樂，超越了這棟公寓的極限。廚房的擴建工程——就在芭芭拉的公寓房間樓上！在那間廚房裡，有扇門通往一個狹小而簡陋的四平方公尺空間，一位老太太長年居住在那裡，大家都叫她紐莎（Niusha）阿姨。紐莎阿姨個頭嬌小，長得像隻鳥，眼窩凹陷，性情和藹，全身上下都散發著甲醛的氣味。她喜歡自己在停屍間的工作，喜歡與人分享和清潔遺體有關的發人深省的故事。有一天，紐莎阿姨自己也離開了這個世界，並不是因為鄰居們覬覦老太太的房間，而在她的食物裡加入毛玻璃——這樣的事情偶爾會在其他的共同公寓裡發生。噢，不、不、不——千真萬確，紐莎阿姨真的是自然死去的。

鄰居們都殷切地企盼著，希望在她去世後，廚房的空間能夠變得更寬敞一些。但住房管理員（upravdom）卻有另外的盤算。就連以每人九平方公尺的標準看來，樓上的公寓都已經過度擁擠、安全堪虞，但為了收取賄賂，住房管理員卻立刻安排了一位新房客遷入紐莎阿姨的房間。一天晚上，住戶們結束工作之後回到家裡，發現一張住房委員會公布的告示，上頭通知，隔天早晨就會有新房客住進紐莎阿姨的居住空間。

「他媽的管理員！」韃靼裔的清潔工大喊。

「除非我死了！」研究中蘇關係的猶太裔專家咆哮。

於是，在激烈而且——僅此一次——貨真價實的集體情感號召之下，樓上的住戶展開行動。為了不驚動其他樓層的告密者，他們像是「斯達漢諾夫」勞工，在眾人沉睡的夜色掩護下幹活。早晨來臨之前，門和牆壁已被拆除，碎石瓦礫也清運乾淨。整間擴建之後的廚房已經重新粉刷，和紐莎阿姨的房間相鄰的接縫也被磨去，騰出的空間擺滿了廚具。

這間廚房比以前大了四平方公尺，紐莎阿姨居住的空間沒有留下一點痕跡。

一大早，住房管理員開開心心地帶著新房客到來。新房客將紐莎阿姨房間的鑰匙扣在一個形狀像列寧側臉的鑰匙圈上。

「混蛋！背叛祖國的混蛋！」住房管理員怒吼。「房間到哪裡去了!?」他對著牆壁又踢又踹，過去紐莎阿姨的房間就在這面牆前。

大家都害怕得說不出話來，畢竟改變居住空間是違法行為。只有奧克加布林娜[3]站了出來。

奧克加布林娜是個怪胎。她年齡不詳，鮮豔的紅髮上永遠戴著髮捲，眼神飄忽，總是噘著雙唇，掛著充滿愛慾的微笑。她沉浸在一個並不完全令人不快的幻覺之中，無法自拔——她深信史達林和艾森豪（Eisenhower）都瘋狂地愛著她。「他給我發了電報，說：『我想念你，我的小鴿子。』」每天早上排隊上廁所時，她都會如此宣布。「誰？史達林還是艾森豪？」酒鬼查理欽沒好氣地嘀咕。

「房間？什麼房間？」奧克加布林娜說，又純真又淫蕩地直直盯著住房管理員的雙眼。「請走吧，親愛的，不然我馬上打電話給史達林同志。」幸好她沒提到艾森豪。又或者，她其實並不是那麼瘋。

史達林已經過世將近二十年了，但住房管理員依舊後退一步，直覺地打了個寒顫。然後，他雙頰使勁一吸，憤怒地吐了一口痰。想和集體對抗，他根本無能為力。況且，配房收賄——也算不上什麼合法的事情。

那天晚上，整棟公寓的人們在新廚房裡擺開盛宴慶祝。大家抓著鯡魚猛力拍打桌面，使魚皮鬆弛，然後將魚擺在乾淨的《真理報》上。伏特加像頓河一般流淌，私釀酒也是。四個樓層所有的住戶團結一致，共同參與奧利維耶沙拉的製作工程，就像拆除紐莎阿姨的房間時一樣。喬治亞家庭拿出幾把隆冬時節不可能出現的蔥，為沙拉增添了一絲夏日的氣息。左鄰右舍以推車運來煮好的馬鈴薯、胡蘿蔔和酸黃瓜，還慷慨地掏出私藏的蟹肉罐頭和「醫生香腸」。此外，得特別感謝米沙，這位食品店經理認為社會主義資產就是他的資產，於是提供了短缺品青豆和一整箱美乃滋。至今我依然記得，奧克加布林娜穿著本來有褶邊裝飾、邊緣沾滿汙垢的家居服，在沙拉上擠出美乃滋花朵。看她那麼豪邁大方、不惜工本，你甚至以為喬和艾克[4]都會來晚餐。吃了幾口奧利維耶沙拉之後，我滿嘴美乃滋，陷入了恍惚之中。

老實說，我已經記不得確切的滋味，但想必是美妙極了！

★★★

此刻，在媽媽皇后區的小廚房裡，她並未萌生與我相同的懷舊熱情。「噁——！芭芭拉派對上的奧利維耶沙拉是我吃過最膩、最糟糕的。」她大聲說，繼續精確地將蔬菜切成半英寸大小的方塊，準備製作她更細緻、優雅的版本。「誰會把雞肉、臘腸和蟹肉混在一起？」她對芭芭拉的公寓並沒有太多誘人的回憶。嗯，這不能怪她，畢竟那裡的鄰居們當著她的面叫她「猶太小姑娘」（yevreechka）。

對於完美奧利維耶的成分內容，每個俄羅斯人都堅持自己不可動搖的想法，媽媽也不例外。如同大部分的蘇聯料理，這道沙拉食譜的微妙差異，表現出凌駕在個人口味喜好之上的社會歸屬意義。在布里茲涅夫當政的「停滯」年代裡，蘇聯人對此格外敏感。表面上，宣傳機器持續編織關於豐收和集體身分的老掉牙神話；實際上，社會分裂成截然不同——甚至經常相互對立——的環境背景、次文化和緊密交織的朋友網絡，而各個族群獨特的祕密詞彙、文化參照、政治思維——沒錯，還有料理食譜——也就反映了內部成員看待官方論述的方式。

就奧利維耶沙拉而言，身分議題主要表現在蛋白質食材的選擇上。舉例來說，激進的異議分子，也就是印行地下出版品（samizdat）、稱呼索忍尼辛為「伊薩耶維奇」（Isayevich）——請注意，以父稱取代名字和姓氏是斯拉夫方言式極為隱晦的說法——的這一類人，為了表達飲食上的虛無主義和對布里茲涅夫時代貪汙、消費商品崇拜現象的鄙視，他們大都完全避免在奧利維耶中加入肉、魚和禽類。而在光譜的另外一端，高檔的水煮舌頭象徵光顧黨專屬商店的權利；相較之下，七〇年代廣受歡迎的「醫生香腸」則透露出典型的藍領階級世界觀。媽媽的版本——我稱之為風雅的波西米亞情調——有鮮嫩的蟹肉，加上新鮮小黃瓜、蘋果的叛逆響脆，為蘇聯風味的水煮蔬菜增添了清爽的口感。

但媽媽卻又突然對我簡單的符號學分析不太確定。

「呃，隨便啦，」她聳肩說道，「反正到頭來，所有的版本吃起來還不都是美乃滋的味道？」正是如此！這些沙拉嘗起來全是滋味濃烈、質地稀鬆的蘇聯「普羅旺斯」[5]美乃滋的味道。「普羅旺斯」由史達林親自品嘗、核可，於一九三六年首次生產，起初是相當珍稀的調味料，直到六〇年代末、七〇年代初，才開始在蘇聯人的意識裡起了潤滑作用。也正是在那個時候，奧利維耶成了餐桌上的主角。

★★★

圖騰規格說明：短小，二百五十克，大肚子，玻璃材質，有個緊緊密合的蓋子。據傳，杜斯妥也夫斯基曾言，所有俄國文學作品皆出自果戈里的短篇小說〈外套〉（The Overcoat）。倘若如此，那麼「普羅旺斯」美乃滋罐子之於成熟社會主義的日常生活習慣，就如同果戈里的大衣之於十九世紀的俄國文化。

在我們「富足」、「友愛」、「快樂」的布里茲涅夫歲月裡，包裝容器（tara）的缺乏是個恆常的災難，人們和他們的網袋的緊密關係於是產生。除非你隨身攜帶了幾頁《真理報》，否則女店員可是會將未包裝的魚和肉直接扔進網袋裡。與此同時，同志們懷著戀物的崇拜，慷慨地寵愛國外產製的塑膠袋——以一種名為「巴度珊」（Badoozan）的豪華東德香皂溫柔地清洗，掛在簡陋的陽台晾乾，並在高級晚會上招搖展示，就如同當今的時尚迷炫耀「凱莉包」（Kelly Bag）一般。

不過，沒有什麼比得上美乃滋罐子的使用——和重複使用——價值。我帶著裝滿釘子、針線和其他社會主義青年勞動裝備的美乃滋罐去學校上「勞動課」。我的兩位祖母都曾經在美乃滋罐裡種洋蔥，讓球莖發芽長成蔥。我酗酒的舅舅薩什卡拿美乃滋罐當作：一、痰盂；二、菸灰缸；三、飲酒的容器——在某些不怎麼討人喜歡的餐廳裡，酒杯經常會被自私的同志偷走。當春天來臨，首批綻放的花朵使莫斯科洋溢芬芳浪漫的氛圍，高瘦、笨拙的學生會在美乃滋罐裡插滿鈴蘭送給心上人（蘇聯花瓶工業偏愛劍蘭之類高長、浮誇的花種，不公平地忽視短而嬌貴的鈴蘭和紫羅蘭）。此外，哪一個蘇維埃人沒有這樣的經驗？距離發薪日還有三天，錢卻已經不夠用了，只好排隊以一袋美乃滋罐子換一把戈比零錢。兌換玻璃瓶罐的行為還衍生出許多複雜的儀式。

最後，少了這個至關重要的容器，蘇聯醫學該怎麼辦才好？

女同志，將你的驗孕檢體裝在事先以滾水燙過的美乃滋罐子裡。婦科診所的牌子上這樣指示。而且，不僅限於懷孕的女性——依照慣例，在綜合醫院裡看診，大都必須做尿液檢查，而每位送檢的病患都得將檢體裝在味道濃厚的「普羅旺斯」美乃滋罐子裡。

★★★

我可憐的媽媽。她不得不將微薄薪水的一半奉獻給蘇聯的美乃滋產業，我的病痛便是箇中原因。麻煩降臨時，我才八歲。在那之前，我的生活其實已經變得相當美好。我就讀於媽媽的母校一一〇中學，在二年級的西班牙文課上表現優異。我一心一意地練習鋼琴，每週都在我們阿爾巴特公寓附近、盛名遠播的莫斯科音樂學院附設的預備學校上課。我甚至還在蘇聯電影裡兼職演出。倒也不是說，我的銀幕生涯有多麼光彩迷人。這份工作主要的內容是化上濃妝，身穿由前衛時尚的波蘭引進的聚酯纖維戲服，汗流浹背地耗上好幾個鐘頭，等待大家把喝醉了的攝影師從「醉漢拘留室」拯救出來。在托爾斯泰的《童年》（*Childhood*）精心製作的時代場景中，戲服質料輕薄而且非常好看，攝影師也相當清醒，但有另一個問題：全體青少年演員都因為膿瘡而毀了扮相。據說，罪魁禍首是奧斯坦金諾電視電影製片廠（Ostankino TV Film Studios）內染有病毒、大咬年輕肉體的蚊子。選角導演安排孩子們向電影工作者協會（Union of Cinematographers）的皮膚科醫生報到。在醫生檢視我們的膿包時，我決定也給他看看我右腳踝上一塊不尋常的變色斑點。這塊斑點一直讓芭芭拉很擔心。

醫生給了我一張便條，要我帶回家。那張紙上只有一個詞。這個詞讓媽媽和芭芭拉急急忙忙地衝進列寧圖書館（Lenin Library），與外頭蓄鬍的伊里奇雕像擦肩而過。

「硬皮症」（Scleroderma）。

我並不十分確定《蘇聯醫學百科》（*Soviet Medical Encyclopedia*）如何描述這種病症，但媽媽立刻拉著我找上莫斯科最搶手的皮膚科醫師，我還記得媽媽和莎拉波娃（Sharapova）醫師的對話。

莎拉波娃：「安妮奇卡是獨生女嗎？」

媽媽：「是的。」

莎拉波娃以一種過度關愛的甜膩聲音說：「拉莉薩．弗倫姆金娜！你還年輕，還會有其他孩子。」

媽媽並不想要其他孩子。而且，蘇聯的婦科醫學早已嚴重破壞了她的生育系統。我們與硬皮症的偉大奮戰於是展開。過沒多久，我們已經清楚明瞭，這種疾病相當頑強，而且令蘇聯醫生束手無策。維他命A與維他命E;按摩和物理療法;「穆米悠」[6]——奧運選手和太空人使用的天價高檔藥草糊;每日的盤尼西林注射;每週的「可的松」[7]針劑;富含礦物質的泥漿——來自愛好自由、風格俗豔的黑海港口奧德薩。我們胡亂地使用所有方法,試圖擊敗這種可能致命的自體免疫疾病。醫生低聲地告訴媽媽,病症可能會從我的腿擴及體內的重要器官,然後使之衰竭癱瘓。接下來的兩年,我們絕望地、沒完沒了地拜訪一位又一位醫師,手上總是緊緊地握著裝在可靠的美乃滋罐子裡的檢體。當媽媽在診療室內面對更多無能為力的聳肩和同情憐憫的皺眉,我則在皮膚科髒亂的走廊上盯著一張張公共衛生海報,看得目瞪口呆。這些皮膚科診所也兼具防治性病的功能。

宗教是人民的鴉片。共用聖餐杯會得到梅毒。

腐蝕的下巴、崩壞的鼻子和花椰菜一般的瘤——海報上那些梅毒病患的臉孔至今仍然深深烙印在我的記憶之中。比起硬皮症,我更害怕梅毒。沒有人告訴過我硬皮症「致命」的部分,而關於梅毒,我倒是聽我們的導師說過不少。她身材矮胖,一頭褐色頭髮燙得鬈曲,特別喜歡體罰。「分享嚼過的口香糖和接受外國人的糖果都會感染梅毒。」她總是不厭其煩地絮叨著。兩項罪行我都曾犯過。於是,我每天都檢視自己的臉,尋找花椰菜形狀的小芽。與此同時,硬皮症已經悄悄爬上我的左腿。有一天,醫生注意到在我的另一條腿上出現了新生的斑點,媽媽重重地陷入椅子裡,用雙手掩住她的臉。

失去朋友也令媽媽頭痛。

七〇年代初期，一方面為了回應西方人權訴求的壓力，一方面為了清除「猶太復國成分」，「富有同情心」的蘇聯政府開始放寬猶太人的移民限制。到了七〇年代中，約有十萬猶太人成功移居國外。「在以色列和家人團聚」是官方的資格限制。一些蘇聯猶太人確實回到了他們「歷史悠久的故鄉」，而大部分人則是利用以色列的出境簽證離開，然後在維也納——第一個難民中轉點——聲明移居他處的意願，大都去了「新世界」。這些「中途退出者」會被送往羅馬，等待美國難民簽證。

一九七三年底，媽媽考量到我的疾病和她對祖國由衷的怨恨，開始認真思索移民的可能。

一封由不存在的以色列舅公發來的邀請書（vyzov）已經備妥。當媽媽反覆考慮我們的未來，這份蓋著誘人的紅色戳印的文件就躺在她放內衣的抽屜裡。當時，贖罪日戰爭[8]才剛結束，報紙仍在譴責「猶太復國主義侵略者」。我們暗中參加希伯來文課程，出席一場又一場為即將離去的朋友們舉辦的家庭聚會。在他們的公寓裡，只剩下黃斑點點的裸露床墊。大家坐在打包妥當的行李箱上，哭泣、抽菸、用借來的不太搭調的杯子痛飲伏特加、以湯匙直接分食碗裡的奧利維耶沙拉。在這些派對上，我們學到許多實用的訣竅——舉例來說，在申請出境簽證時，務必要徹底舔過戳印——和已經離去的人們令人心動的片段消息。莉妲的女兒很喜歡吉布茨[9]；米沙在密西根買了綠色的二手「龐帝克」[10]，只有兩道凹痕。在家裡，當媽媽衡量著移民以色列（榮譽）與美國（舒適）的生活、老朋友們和一位知名的硬皮症專家——的優劣利弊，我則在地球儀上尋找「特拉維夫」（Tella Veef）和「施加勾」（Sheekago）。

我需要適當的醫療照顧。而爸爸似乎又厭倦了家庭生活，顯然希望我們別再煩擾他。「好啊，好啊，」每當媽媽提起外國，他總是幾乎開心地同意。「去吧，安頓下來之後我再和你們會合。」但母親仍然一拖再拖——在死路一條的「這裡」和她根本難以想像、未來的「那裡」之間猶豫不決。

永遠（navsegda）——移民沒有歸來的權利，可比作一種死亡。

最後，是祖國悲慘的包裝容器短缺讓媽媽下定決心，向國家簽證註冊處（OVIR）繳交申請。一九七四年晚春，一個舒適美好的日子，我們社會主義祖國的偉大首都覆蓋在白樺樹茂密交織的黃綠色樹蔭之中。然而，在我們經常光顧的雜貨商店裡，核災似的寒冬正在發威。在甜菜上頭，除了稀鬆平常的腐爛痕跡之外，還附著了白色、發綠的黏糊物質；馬鈴薯也冒出突變的怪瘤。通常母親對此並不在意，但這回，她沒買做湯的材料便忍著眼淚、氣憤地衝出商店。在街角的「三隻小豬」（Three Piglets）店裡，更可怕的場景等待著她——櫃台空空蕩蕩，只剩下一些血淋淋的不明肉塊。

「乳房和鯨肉！」小鼻子女店員大聲嚷嚷，她憤怒的臉色像是凍瘡。

家裡有兩口要餵，媽媽只好忍氣吞聲地各要了半公斤，試著不看殘留在磅秤上的深紅色血跡。

「打開你的袋子。」女孩說著，粗魯地把肉塞給媽媽。媽媽說，她忘了帶網袋。她低聲下氣、卑微地拜託女孩給她些包裝紙。「一張報紙，什麼都好——我付你錢。」

「小市民！」女孩板著臉斥責道。「你以為，在這個國家，什麼東西都能買賣嗎？」

媽媽氣炸了。這一切——乳房和鯨肉、店員沒好氣的臉色和我們爛透了的慷慨祖國——令她大發雷霆。她還是把肉帶走了。回家的路上，她赤手拿著肉塊——這個國家冷血地踐踏她的尊嚴的呈堂證供。

媽媽衝進家門時，我才剛從學校回來，正在練習柴可夫斯基《四季》（*The Seasons*）中的〈二月〉。她喚我進廚房。

她的手上還帶著血。我們的對話非常簡短。

媽媽宣布，她受夠蘇聯了。她終於準備好申請出境簽證——前提是，我也認真地這麼希望。

「如果你想留下來，」她說：「我們就留下。」

就這樣，我從我的「紅色十月」（Red October）立式鋼琴前被叫去，決定我們未來的一切。

我聳聳肩。「好啊，媽媽。」我回答。

外國會是一場冒險，我歡快地補充。

★★★

坦白說，我只是為了安撫媽媽而故作高興，假裝不在乎罷了。

我沒有理由移民，對祖國也並無憤恨不滿。只要我不想上學，嚇壞了的醫生們都會順著我的意思，為我開證明請假。所以，就連疾病也不是太大的困擾。我十歲了，已經告別了愁眉苦臉、成日厭食嘔吐的過去。我終於有機會享受成熟社會主義的快樂童年。

關於成熟社會主義的二三事大致如下：

我的祖父母滿懷理想地擁抱這個體制，而我的父母，那群六〇年代「解凍」時期的都會知識分子，則以同樣的熱情與之對抗。我們，「停滯」（zastoi）的孩子們，則感覺到自己和祖國之間有一種截然不同的關係。在蘇聯歷史上，我們是第一個未曾經歷分裂和創傷的世代——沒有清算、沒有戰爭，也沒有宣泄的去史達林化，我們將真誠視為理想。在我們的時代，就連街上的貓都明白，政府的烏托邦計畫不過是場滑稽的鬧劇。我們，布里茲涅夫的孫子們，在理想主義的廢墟上跳房子（klassiki）。

幸福快樂？「璀璨的未來」？

在憤世嫉俗、消費至上的七〇年代，這些概念體現在「公寓（kvartira）—汽車（mashina）—夏屋別墅」神聖的三位一體上，還有進口的綿羊皮毛外套和關係——那無所不能的關聯網絡令納姆和拉莉薩不齒。一個「停滯」年代的笑話歸結了歷史學家所謂的布里茲涅夫社會契約。成熟社會主義的六個矛盾：一、沒有人失業，但也沒人工作；二、沒人工作，但生產力攀升；三、生產力攀升，但商店裡空無一物；四、商店裡空無一物，但冰箱是滿的；五、冰箱是滿的，但沒人滿足；六、沒人滿足，但大家都投「贊成票」。

為了回報假選舉中的「贊成」選票，克里姆林宮裡的老人政治集團控制物價，並保證名義上的社會穩定，也就是「假裝支付工資」的穩定工作，而同志們則「假裝工作」。同時，只要非主流的經濟和文化模式不公然抵觸官方常規，政府可以睜一隻眼、閉一隻眼。如同一位學者指出，在社會主義的晚期，只有職業的共產黨運動者和異議分子對意識形態的表象信以為真。這群人是絕對的少數，而社會大眾則是在老朽的權力機器中找到破洞和裂縫，辛苦地勉強度日。

我從幼稚園時期格格不入、眼神暗淡的邋遢鬼搖身一變，成了詭計多端、奸詐狡猾的小蘇維埃人——關鍵就在列寧誕辰週年紀念那年。一九七〇年，列寧墓裡受人愛戴、永垂不朽的弗拉基米爾．伊里奇一百歲了。祖國不斷地以矯情浮誇的排場盛大慶祝，但如此強迫灌食的歡娛卻對大眾心理造成了反效果。

我們才剛搬到阿爾巴特不久，正好就位在莫斯科的中心，被川流不息、狂飲大量茶水的訪客們包圍。在昔日外祖父母寬敞通風、多角的廚房裡，人們來來去去，將我們吃垮——同時招待我們享用週年紀念笑話大餐。一系列的「列寧紀念品」讓我陷入一陣私密的狂喜。這一系列產品包括：

三人床：「列寧與我們同在」（一句無所不在的政府標語）

糖果：巧克力包列寧
香水：伊里奇之味
乳液：列寧的骨灰
西伯利亞旅遊指南：給那些開列寧玩笑的人們！

我開心極了，因為在此之前，列寧帶給我太多痛苦。媽媽努力將他從我幼小的心靈中驅逐，所以在家裡我只能偷偷摸摸地崇拜伊里奇。而在幼稚園裡，他卻又令我作嘔。我被迫將列寧狂熱配著黑色魚子嚥下，情況之煎熬、之令人氣餒，害我幾乎每天嘔吐。直到誕辰紀念笑話的全民嘉年華解救了我，使我脫離列寧矛盾的存在引起的精神分裂。笑神奇地讓一切都變小。想像蓄著鬍子、瞇著眼睛的列寧——取代葡萄乾和腰果——被困在牛奶巧克力糖裡，不知怎麼地，賦予了我力量。附近的酒鬼將列寧百歲誕辰的一盧布紀念硬幣啪地一聲，拍在小酒館髒兮兮的櫃台上，嘀咕著：「我的口袋不是你的墓，你不會在裡面待上太久的！」見到這樣的場景真是令我開心。

隨著我漸漸成長，祖國的符號象徵不再是固定單一的意識形態景觀，而成了不折不扣的萬花筒——從中，我見到不斷變化的意義和回響。在我升上三年級，認真地玩味身上少年先鋒隊領巾的多重含義之前，我與蘇聯分裂的意識進一步講和。相較於使人疲弱、衰竭的災難，這樣的心態更像是一種健康的成熟社會主義思維方式。

你不能擁抱或反抗威權，我已瞭解到：你得參與其中並與之協調。

在學校裡，我也汲汲營營地追求最關鍵的成熟社會主義商品——社會聲望。我的方法是建立自己與那神祕的外國之間深厚的關係，畢竟，我們就居住在莫斯科充斥使館外交人員的區域。我厚臉皮地跟蹤他們的子女。來自安卡拉的謝達（Sheyda）是我的第一個目標，她成了我最好的朋友，而我也因此享受到每週一次在離家不遠、使館林立的大尼基塔街（Bolshaya Nikitskaya Street）上的土耳其大使館過夜的機會。我還與尼瑪（Neema）和瑪格莉特（Margaret）成為朋友，她們分別是迦納和獅子山大使的女兒。迦納——多麼偉大的世界強權啊！我心裡想著，經過不苟言笑的守衛身旁，溜進私人電梯，直達迦納大使豪華的客廳。

外交名流的生活使我擁有大量高貴的舶來品：原子筆、唐老鴨貼紙、「聰明豆」（Smarties）、箭牌的「多汁水果」，還有閃亮的包裝紙上印有頭巾美人圖案的土耳其「馬貝爾」（Mabel）口香糖。我幾乎不吃這些零食，而是以自己謙卑的方式為布里茲涅夫時代龐大的影子經濟貢獻一分心力。我販賣、交易，並且以進口商品換取服務和好處。學校裡最迷人的男孩，比我大兩個年級的帕弗利克（Pavlik），為了三顆走了味的M&M's巧克力，順從地為我提了一個星期的書包。我在女生廁所裡販賣「多汁水果」，然後用所得的利潤招待自己在科學院（Academy of Sciences）高檔的「學者之屋」（House of Scholars）俱樂部享用大餐。媽媽送我去上每週三的舞蹈課。我翹掉愚蠢的芭蕾練習，然後直奔以奢華的大理石裝潢的餐廳。有一次，媽媽提早來接我下課，舞蹈老師責備地示意她來到餐廳。我就在那裡——真正的黑市商人，在鍍金的鏡面下我經常光顧的角落裡，獨享盛在燉鍋裡的野菇「細絲」。

浪漫而神祕的疾病、社交聲望和成功茁壯的黑市生涯，更別提在意識形態的廢墟上跳房子了——這就是母親提議要帶我離開的世界。但我愛她，所以為了她，我對她的移民計畫投下了布里茲涅夫時代言不由衷的「贊成票」。

★★★

一九七四年五月，為了不連累同事，媽媽辭去工作，然後將移民的申請文件交給一位國家簽證註冊處的職員。那位職員是個討厭猶太人的斯拉夫人，她有個非常諷刺的姓：以色列娃（Israeleva）。

媽媽並不抱太大的希望。最大的問題是納姆——他和他精彩的「情報工作者」經歷。「他們不會讓你通過的！」外公聽到她宣布想要移民，氣得暴跳如雷，放聲大吼。他可沒嚇唬人。沒有幾個「列管」親戚，卻被打入被拒絕者（otkazniki）行列的申請者大有人在。這些留著鬍子的社會邊緣人和異議英雄被駁回出境簽證的申請，此後便過著名列黑名單上的生活——沒有工作、沒有錢，時時刻刻都有KGB探員尾隨。在必要的「父母同意」表格上，媽媽偽造了納姆的簽名；

在描述他的工作欄位裡，她寫下了含糊的「退休」。

我想，大概是嚴謹的國家簽證註冊處有了疏漏。七月，我和媽媽頂著滂沱大雨從綜合醫院回來，見到爸爸拿著拆開了的國家簽證註冊處信封。

「九月，」他脫口而出。「上面說，你們得在九月之前離開！」

就這麼一次，爸爸看起來大受打擊。雨停了之後，他帶我去一間醜不拉嘰、燈光太強的烤肉串餐廳用餐，那裡就連午餐時間也有樂團大聲演奏。他要我別忘了他，要記得寫信。他不帶譏諷的語氣震驚了我。突如其來的父愛令我覺得不好意思，只好默默地對付堅硬、強韌的肉塊。

接下來的兩個月，我們為了處理繁雜的手續而疲於奔命，但卻又停滯不前。他們是如何折磨我們這些未來的難民！排隊遷出「居住空間」、排隊公證過往的生活中每個與法律有關的瑣碎片段。還有錢！就像是勒索和凌辱的最後一擊，政府對註銷蘇聯國籍者收取巨額的費用。合計起來，移民的花費相當於兩年的薪水。媽媽學生時代的朋友瑪莉娜（Marina）當時人在紐約。靠著販賣她寄來的藝術書籍，媽媽才勉強湊足現金——這是一筆借款，日後將以美金償還。

弗拉．安傑利科、竇加和馬格利特=贊助了我們移民所需的資金。「想想看，安紐奇克！」媽媽一面大聲驚嘆，一面吃力地將高價的書本搬到一間滿是灰塵的二手書店。「很快——很快我們就能看到原作了！」

我注意到，申請出境簽證的過程改變了母親。

她對痛苦的淚水和憂傷的懊悔完全不感興趣。她所想像的離開並不是悲傷而長久的告別，而是唐突的切割——是一次無痛的外科截肢手術，切除她作為我們偉大祖國的國民四十年的歲月。說是截肢可能還太過慎重。或許，對媽媽而言，她的過去不過是一顆蘇維埃肉疣，會自然掉落。抑或是，注射藥物之後的快速死亡，然後在另一個未來、另一個維度重生——打從來自梅克內斯的路西安在「國際青年嘉年華」上握住她的手的那刻起，她便自覺屬於那個無法想見的他方（tam）。毫無例外，媽媽總是因為《戰爭與和平》裡的同一個段落而掉下淚來；面對爸爸的不忠，她昏厥——真的昏厥——過去。就連我——我們家憤世嫉俗的黑市商人——也無法明白，那麼纖細易感的女子，怎麼能在這樣令人悲傷的情況下表現得如此堅決。我不記得看過母親哭。

和過去的切割也包括實際的物件殘餘。

懷恨在心的布里茲涅夫祖國允許我們各攜帶三件行李。媽媽為我們準備了兩個小箱子：一個是黑色塑膠材質，形狀修長；另一個則畸形礙眼，像一塊膨脹、腐蝕的磚塊。她刻意忽略了在「猶太叛徒」之間流傳的「必帶清單」：個人必需品和在維也納、羅馬轉運站可以賣掉的東西。後者包括手工的亞麻織物、「澤尼特」[12]相機、俄羅斯娃娃（matryoshka）和發條玩具雞——在「永恆之城」[13]的跳蚤市場裡，這些物品顯然供不應求。除此之外，還有「錘子與鐮刀」紀念品，多愁善感的義大利共產主義者不得不為這些商品掏出大把的里拉。

還有，總而言之：「一切你所寶貝的。」

我們的迷你行李中包括：一條小毯子、兩副餐具、兩組寢具、兩個有粉紅色花朵的捷克斯洛伐克碗，還有一件無比難看的喬治亞赤陶花瓶——當作「寶貝的物件」。我們沒什麼衣服，沒有靴子——我的穿不下了，母親的則嚴重滲水。媽媽沒忘記帶上一個空的美乃滋罐子——我尿液檢驗用的容器。不然，萬一美國的診所裡沒有合適的玻璃器皿又該如何是好呢？

「還想帶些什麼嗎？你的寶貝？」母親問。

我拿不定主意。

我收藏了一套進口巧克力的包裝紙，洗淨之後用拇指壓平，夾在吉利亞洛夫斯基的《莫斯科與莫斯科人》裡。不過，大費周章帶著這些資本主義的象徵有何意義呢？我將會住在那裡，那裡有更多、更多，不是嗎？我好喜歡納姆外公噹啷作響的徽章，但他一定不忍割愛。再說，那些徽章也過不了海關。

令我意外的是，我竟然想起了討厭的學校制服：褐色，長度及膝，扎人的羊毛質料，外面搭配黑色的長圍裙。這件制服每年乾洗一次——如果有乾洗的話。每個星期，在我們的十一個時區裡，蘇聯母親們都會重複這樣的家庭儀式：將領子和袖口的白色蕾絲拆下，然後縫上新的。我的母親總是在星期一晚上，一邊縫著，一邊在黑色的電話上喋喋不休地閒聊。在父母的房間裡，我們坐在低矮的芬蘭三腳桌旁，爸爸常忙著黏補盤式錄音機（magnitofon）上破裂的磁帶，我則收看晚間電視新聞節目「時代」[14]。「關小聲一點。」當播報到頓巴斯（Donbas）的冶金工人盡責地超標完成「五年計畫」、烏克蘭黑麥盛產，或停格在眉毛茂密的親愛的列昂尼德・伊里奇・布里茲涅夫和雙頰長滿鬍鬚的菲德爾[15]永恆的擁抱時，母親會低聲噓道。

電視氣象預報伴隨著又甜又苦的流行配樂，彷彿沒有盡頭。在烏茲別克是陽光普照的攝氏二十度，堪察加（Kamchatka）則是大風雪。列寧格勒地區——間歇性降雨。我們的社會主義祖國多麼廣袤無疆！

我怎麼能向父母坦承，自己因為這樣的遼闊而暗自感受到一股驕傲的刺痛？想到在未來的生命裡，上床睡覺時，我再也不會知道烏拉山脈是否會下雨，令我感覺心痛。

我走進我的房間，攤開學校制服。它太小了。新的學年已經開始，但我有了猶太復國主義敵人的新身分，不能和朋友們說再見。我將衣服按在臉上，吸進體制的臭氣。我不像媽媽那樣鄙視這個味道。我從一個口袋裡掏出一小片包在銀色錫箔紙裡的「多汁水果」，再從另一個口袋裡抽出皺巴巴的少年先鋒隊紅領巾。

突如其來一陣愛國的念舊情懷驅使我轉身面向門口，準備告訴媽媽，我想帶著這條領巾——但又停了下來。因為我知道她會說什麼。

不，她會淡淡地說。

媽媽對告別的聚會同樣說了不。除了謝爾蓋之外，她也不讓親人到機場送行。計畫是這樣的，出發前倒數第二天的晚上，我們會在外祖父母家裡與至親告別，最後一夜則和爸爸一起度過。

在達維科夫的離別晚餐上，弗倫姆金一家人展現了最佳的一面。莉莎外婆準備了兩天，一如往常料理出噁心的黏糊食物；薩什卡舅舅酩酊大醉，尤莉亞阿姨姍姍來遲，而納姆外公，嗯，他不停地咆哮吼叫，大發雷霆。

「我的親生女兒——是祖國的叛徒！」

然後，他停止控訴，搖搖手指比出不祥的手勢，話鋒一轉：「鄉愁（nostalghia）可是人類**最恐怖**的情感啊！」

顯然，納姆已經向他的恩人——受人敬重的波羅的海艦隊指揮官——特里布茨上將坦承了媽媽叛國的罪行。這位二戰偉人安慰他說：「當她在那裡挨餓受凍，乞求我們原諒，我們會協助她回來！」

外公愉悅地轉達了這個消息。「你會爬著回來，」他大聲地說，「跪著越過我們蘇聯邊界！你會親吻我們親愛的蘇聯黑土地！」

瑪莎表姊和我在餐桌下踢來踢去：大家都知道，重裝的軍人和齜牙咧嘴的德國牧羊犬就在蘇聯邊界巡邏。不，沒有回頭路了。

結果，是一位寄宿家中的客人破壞了我們溫馨的家庭場景。伊娜是來自切爾諾夫策[16]的遠房親戚，十六歲，臉上長滿粉刺。她有兩條巨大的髮辮和一個崇高的願望——高中畢業之後進入KGB工作。當外公終於冷靜下來，莉莎外婆的淚水流過她生麵團似的臉頰，這位想要成為KGB探員的女孩——她有這樣的志向，但反應也未免太過遲鈍——像是突然理解了什麼。她倒抽一口氣，猛地站起身來，表明自己無法和叛徒同桌，然後便奪門而出，她的辮子搖擺著。下樓時，我們在樓梯間看到她，喝醉了的鄰居正在對她毛手毛腳。

真正令人心痛的是芭芭拉。

媽媽隱瞞著她，不讓她知道我們即將離去。直到最後一個月，當阿拉婆婆終於聽聞這個消息，她的臉沒了血色，蒼白得像鬼魂一樣。

「這一生，我已經失去了我所愛的，」她雙唇顫抖，非常小聲地對媽媽說，「我的丈夫在戰爭中喪命，我的祖母在古拉格裡死去。安紐塔出生時，我又有了喜悅。她是我生命中唯一珍愛的事物。你怎麼能帶走她？」

「這是為了救她的命。」媽媽嚴肅地說。

為了避免更多的痛苦，母親請求芭芭拉，在我們離開的早晨，不要來送行。芭芭拉還是來了。她坐在我們公寓外的長椅上。和往常一樣，她穿著緊身窄裙和條紋上衣，唇上還有一抹匆匆塗上的紅色口紅。她五十七歲，染了一頭金髮，六呎高，美豔動人。我擁抱她，聞到她身上一股熟悉的「紅罌粟花」（Red Poppy）妝粉和「白海」香菸的氣息。她怯生生地將一瓶伏特加和一罐黑魚子醬塞進媽媽的手裡。

當我們的計程車遠離，我見到她重重地跌坐在長椅上。那是我最後一次見到她。

在海關，我們接受檢查、盤問，我們少得可憐的行李被翻得亂七八糟。他們沒收了路西安寄給媽媽的信件，還有一罐綠色的「賈斯敏」（Jazmin）噴霧，那是當時很流行的除臭劑。

「這就是你的行李？」凶巴巴的金髮護照查驗官看著那兩件極小的行李箱，問道。「我好苦啊（Veyz mir）！」他模仿意第緒腔調，嘲笑說。

我往回走了幾步，向站在鋁合金圍欄另一邊的爸爸揮手，他正比出「寫信給我」的手勢。在向上通往離境閘口的樓梯上，我又透過玻璃望了他一眼。他看起來又小又駝，突然急著想向媽媽比畫些什麼。我拉拉她的袖子，但她只是繼續邁步向前——身高五呎，重一百磅的小精靈，穿著手工縫製的卡其色套裝和裙子，看起來像是一位身材迷你的中士。我想到奧菲斯[17]，他回頭看，結果搞砸了一切，於是我也不再望向爸爸。

飛機上，當我正在享用第九杯免費的百事可樂時，廣播響起：「我們已經離開蘇聯國境。」我想要坐在媽媽身旁，細細品味這個時刻，但我的膀胱就快要爆炸了。

★★★

六個月後。身材嬌小的女人沿著高速公路邊上吃力地行走，她的女兒跟在後頭。女孩剛滿十一歲，已經比媽媽還要高了。「福迪」（Fordi）、「龐—帝—阿奇」（Pon-ti-aki）、「雪佛—羅—列提」（Chev-ro-leti）[18]，兩人試著記住車輛的名稱。這些車呼嘯而過，和她們相隔不過短短幾英寸的距離。顯然，在費城東北部是沒有人行道的——至少從佔地如紅場般廣大的「路標」（Pathmark）超市到她們家的路上沒有。她們單調的一房公寓位於布斯特頓大道（Bustleton Avenue）上，天花板比赫魯雪夫貧民窟裡的還要低矮，完全覆蓋地面的地毯是破碎的希望又髒又暗、汙漬斑斑的灰色。

那是一個霧氣朦朧的夜晚，將近十二月了，卻依舊潮濕。女人穿著她學生時代的好友伊莉娜（Irina）提供的二手薄大衣——伊莉娜同時也是她赴美簽證的保證人；女孩則穿著繫有腰帶的成熟淑女風格外套，袖子已經太短，合成皮草的邊飾又濕又髒。女人和女孩都上氣不接下氣，緊挨著護欄，吃力地走著，懷裡各抱著一個購物紙袋。她們偶爾會放下紙袋，重重地坐在圍欄上，活動疲乏的手臂。刺眼的燈光穿越霧氣。飄起了細雨，然後雨愈來愈大。女孩費勁地用外套護著購物袋，但袋子還是破了。幾條又濕又軟的白麵包和一盒盒售價三十九美分的雞肉塊滾落道路邊緣。車輛放慢速度，喇叭響了。搭便車嗎？那個女孩——也就是我——正在默默地哭泣。原因有很多，真的。但我的母親——也就是那個女人——卻依然愉悅快活，泰然自若。她跑上前去，在車輛逼近以前拾起一盒藍莓口味的「夾心吐司」（Pop-Tarts），塞進手上的袋子裡。她的袋子還沒破，真是不可思議。她暫時單手抱住購物袋，朝鳴喇叭的車子笨拙地揮揮手，搖頭說「不」。在黑暗中，他們看不見她的微笑。

「好啦，安紐奇克，這不是一場冒險嗎？」她喊道，試著為我加油。「美國人很貼心吧？」

身處這個濕透的時刻，在莫斯科那麼多令我無比想念的事物之中，我最懷念我們的網袋。

★★★

而那個珍貴、可靠的美乃滋罐子——那個我們一路攜帶，經維也納、羅馬輾轉來到費城的罐子呢？我也好想念它。差不多是一下飛機，媽媽便匆匆帶著我向一位世界知名的硬皮症專家報到。然後，那成熟社會主義的圖騰便從我們的生命中永遠消失。

這位專家在無聊透頂、毫無特色的高級美國醫院工作。在這間醫院裡，看不見梅毒衛教海報，沒有人帶著火柴盒裡的糞便樣本、「普羅旺斯」容器裡的尿液，或巧克力和波蘭褲襪——用來應付等著收賄的接待員。也沒有護士對著淋病患者大喊：「別再胡搞瞎搞（Trakhatsa nado menshe）！」

這位硬皮症專家是從阿根廷遠道而來的移民。媽媽巨細靡遺地為他敘述我們絕望的蘇聯醫學迷航，他哈哈大笑，讓媽媽嚇了一跳。他甚至喚來同事們——護士、新來的駐院醫生，還有皮膚科主任。大家都驚訝地大笑，要求我不知所措的媽媽一遍又一遍地複述蘇聯醫生以盤尼西林、「穆米悠」黏糊，和來自俗豔的奧德薩的藥用泥巴治療硬皮症的過程。

醫生笑得合不攏嘴，露出大得像馬齒一般的牙，他終於向我們解釋，一般來說，硬皮症雖然致命，但兒童階段的硬皮症完全無害，根本無需治療。

「歡迎來到自由世界！」醫生送我們來到門廳，恭喜我和終於綻開笑顏的母親。當我們走出醫院，回到費城潮濕的人行道上，媽媽還止不住笑意。然後，她擁抱我，不停地啜泣。那個美乃滋罐子——我們不可或缺的社會主義工藝品——就這樣進了特大號的美國垃圾桶。拋棄式物品無憂無慮的時代等著我們。

還有「路標」超市。

★★★

「我的超市初體驗」是蘇聯人移民美國的宏偉史詩中經典的一章。一些逃出我們社會主義短缺世界的難民真的昏厥倒地——通常是在衛生紙貨架間的走道上。男士們對著四十二種不同的薩拉米臘腸下跪哭泣，而他們的妻子——聞了聞草莓，發現沒有任何香氣——則因為截然不同的原因落下淚來。其他移民在蘇聯人原始的囤積本能驅使之下，瘋狂地將購物推車堆滿。還有一些人，由於無法承受多樣的選擇而空著手奪門而出，全身癱軟麻痺，無法言語。

我們在猶太家庭福利中心（Jewish Family Services）的辦公室領取微薄的難民津貼。那個地方迴盪著食物的故事——這些故事拼湊出一座檔案庫，記錄了帝國主義的富裕豐足為社會主義民眾帶來的各式慘劇：蒙尼亞和拉雅將地板蠟塗在麵包上，然後抱怨美國奶油的口味。戈德堡一家人覺得包裝上有可愛貓咪圖案的美味午餐肉很合胃口，殊不知那些貓咪才是商品的目標消費者。奧德薩情聖沃夫奇克第一次和美國「非猶太女孩」[19]共度春宵之後，憤恨不平地奪門而出。她給他吃「全麥薄餅」（Triscuit）——乾巴巴的方紙板！怎麼不是一碗熱騰騰的甜菜湯？

媽媽比奧菲斯聰明，走上謝列梅捷沃機場（Sheremetyevo Airport）的那道斜坡後，她便再也不曾回頭。她在「路標」廣大的賣場裡漫遊，雀躍得像個孩子。「喜—瑞—歐斯（She-ree-ohs）……米—飯—羅呵尼（Ri — seh — rohonee）……維（Vel）、菲（Vee）、塔（Tah）……」[20]她滿懷愛意地對著食品又戳又摸，嘴裡喃喃念著，彷彿這些陌生的商標是普魯斯特創造出來的名字。這裡的商品全都有亮麗的包裝——紛雜撩亂、用了就丟的包裝。

與此同時，我麻木、呆滯地盯著她身後的購物推車。我討厭費城東北的「路標」超市，那裡彌漫葬禮現場的冰冷氣息和超脫現實的螢光，簡直是我外國夢的墳場。我拖著步伐走在通道之間，覺得自己被大量的食物掩埋。這些食物已經喪失了社會意義和魔力。如果不能將排隊四個鐘頭的成果裝進透明的網袋裡，沿著加里寧大街招搖地展示，沐浴在眾人羨慕的眼光之中，誰還會想要十一分錢一袋的香蕉？如果將蘇聯人充滿英雄氣概的動詞「好不容易取得」（dostat'）換成平凡無奇、人們鮮少使用的「買到」（kupit'），結果會是如何呢？在「路標」超市購物是喪失了刺激、戲劇性和儀式感的採買。關係又怎麼派得上用場呢？巧妙運作的社會連結和同志情誼呢？羨慕和社會威望呢？公眾的隊伍裡令人安心的酒氣和狐臭呢？在「路標」裡，人和物品都毫無氣味。

在費城生活幾個星期後，我開始懷疑，「路標」超市的貨架上那些歡樂愉快、用完就丟的盒子和塑膠容器不過是圈套罷了。這個圈套掩飾了黑暗的事實：美國的食物——我不知道該不該這麼說——並不怎麼美味可口。「夾心吐司」不好吃，媽媽總是給我吃涼的、半生不熟的，因為沒人告訴她得先烤過。美式小香腸——加了硝酸鹽而帶著酸味的熱狗——也並不美味。更別提塑膠包裝裡三十九分錢一包、外皮發黃的雞肉塊了。這些雞肉令我格外懷念芭芭拉從國家建設委員會的高級販賣部買回來，那顏色發青、裹在《真理報》裡的雞——有分明的爪子、令人不忍的雞冠、悲傷而呆滯的眼睛和零星的羽毛。祖母會用她那點燃香菸用的沉甸甸打火機燒掉這些雞毛，讓屋裡彌漫毛髮燒焦的味道。我們每個月吃一次雞，是一種短缺珍稀的享受。

★★★

猶太家庭福利中心的補助終止之後，媽媽開始工作，在費城為人打掃屋子。她說，這份工作

「棒極了」！之後，她在醫院當接待員。她得要轉三趟公車才能到達那間醫院。工作時間從中午開始，而十點過後，當她回到家時，我已經上床睡了。她巧妙地瞞著我，不讓我知道，無論天氣如何，她都得站在沒有遮蔽的公車站等車。同樣地，我也不曾和她分享我的感覺——從無聊的路易斯．H．法洛小學（Louis H. Farrell Elementary School）回到空無一人的醜陋公寓，只有畫質粗糙的二手黑白電視作伴。每當黛娜．舒兒[21]出現在電視上，我簡直要放聲哀嚎。她就像是學校免費的難民午餐裡花生、果醬三明治的真人版本——濕濕黏黏、假裝簡樸的一團白色，嘗起來又甜又鹹、怪異而且倒人胃口。

媽媽預先從莫斯科以慢速郵遞寄來兩箱書。深綠色的契訶夫和灰色的杜斯妥也夫斯基基本來都收錄在顏色統一的作品集裡。我經常待在我們共用的床墊上，埋首書本，就這樣度過了最初的放學時光。媽媽以救濟金向她住在美國的克拉拉阿姨買來破舊的二手鋼琴，我試著練習柴可夫斯基的《四季》，但彈奏出的音符只會令我流下淚來——那是昔日阿爾巴特生活的揪心回憶。於是，我焦躁、恍惚地來回踱步，從臥室，經過電視機、鋼琴，走到小廚房，然後再回頭。然而，即使在最思念故鄉的時刻，我也無法誠懇地承認自己的鄉愁。布里茲涅夫執政下憤世嫉俗的七〇年代似乎已經將我們的誠懇消耗殆盡，思鄉情懷之上因而多了一層否定的味道。

「祖國—醜八怪」，與「醜八怪」押韻的故鄉。紅光閃耀的神話成了諷刺的玩笑。在歷史上，「祖國」（rodina）意指出生的地方，取自「起源／親族」（rod）。相較於英雄氣概響亮、軍事色彩濃厚的「父國」[22]，這個詞顯得親密而富含母性。布爾什維克分子認為，「祖國」的民俗色彩與國族思想密不可分，因而懷有戒心，禁用了它。一九三四年，史達林年間，「祖國」重新出現，和官方的蘇聯愛國精神相互呼應。第二次世界大戰爆發後，當局卯足全力動員這個詞，並更進一步將它女性化——成了子女們必須誓死捍衛的「祖國母親」（Rodina-Mat'）。民間的愛國情懷席捲全國。但在我的童年歲月裡，正如同所有「意義重大」的詞彙，「祖國」也曾經被賦予卡通的形象——雖然背叛祖國依舊是一種罪行。

這麼一想，我找不到任何詞彙來稱呼那個我們再也無法見到的國家、表達我真切的思念。「蘇聯」（Soviet Union）？它令人想起統治政權龐大笨重的屍骸，而懷念任何包含「蘇維埃」（Soviet）的事物都顯得政治不正確。「俄羅斯」（Rossiya）？這個詞也已經被官方認可、甜膩矯情的國族主義汙染——那些搖曳的白樺樹和三駕雪橇（troika sleds）。所以，我寧願用「小鏟子」，又或者，以「蘇維埃議會」——另一個極其尖刻的俚俗說法——來稱呼蘇維埃人的國度[23]。

母親不怎麼講究這些語言上的細節。畢竟，長大成人之後，她總是在蘇聯的土地上過著精神流亡的生活，嚮往著她真正的祖國——想像中的他方。偶爾，她會以一種類似納博科夫中立淡然的姿態，承認自己懷念酸溜溜的安東諾夫卡蘋果（antonovka）。除此之外，有一次，就那麼一次，她聽見一首關於阿爾巴特——我們熟悉的莫斯科老街區——的歌曲，突然落下淚來。

至於我——對於我們的社會主義國家，我既不支持，亦不反對。我不停地變換立場，衡量它的價值和反價值，以及它的影響。我藉由這個涵蓋所有面向的遊戲建立起童年的身分認同。所以，除了為難以言說的祖國感到悲傷，我還哀悼一種自我的失落。

舉例來說，我的名字。

安娜、安妮亞、安卡、安妮奇卡、安紐塔、紐拉、紐莎（Niusha）——光是我的名字就有如此豐富的選擇，其中蘊含著社會意義和語言關係的微妙差異。現在呢？我甚至不是安娜——我的護照上正式的名字——而是費城口音的「伊—亞—娜」（Ee-ya-nna）。俄語洪亮的開母音「A」被壓扁，還上了膠，就像我們流亡生活裡的「神奇麵包」。

麵包。我想念莫斯科的麵包。

我站在冰箱前，將一片「奧斯卡．梅爾」波隆那臘腸放在濕軟的白色麵包上，幻想自己置身在綠樹成蔭的特維爾大道（Tverskoy Boulevard）上的麵包店裡，吸入發酵麵團令人興奮的濃郁香氣。那間麵包店離我們家不遠。在店裡，我會用小手握著以髒兮兮的繩線掛在牆上的巨大二齒叉子，又戳又壓，測試那些發亮的黑色麵包是否新鮮。這些麵包放在傾斜破舊的架子上，還附有一句警語：**麵包是蘇聯的財富，請勿超量購買！**

★★★

我們在一九七四年十一月十四日抵達費城。幾個星期後，我們注意到，有些人穿著無趣的制服，唱著歌，把鈴鐺敲得叮噹作響。在他們身旁掛著紅色水桶，水桶上方的標語寫著「救世軍」（Salvation Army）。直到今天，〈聖誕鈴聲〉（Jingle Bells）和〈普世歡騰〉（Joy to the World）仍然刺痛我，有如移民脫序錯亂的配樂。

六歲以後，我就不再相信「寒冬爺爺」了。那時候，我們還住在達維科夫。我和鄰居基里爾熬夜過十二點，期待著身穿飄逸長袍的蘇聯新年版聖誕老人依約到來。我戴著雪花冠飾，身穿光滑柔軟的長袍。為了過節，媽媽特地用她的舊洋裝為我做了這身衣服。門鈴終於響了。在家門口，「寒冬爺爺」搖搖擺擺，看起來威風凜凜，目光呆滯。接著，身高六呎的他跌進我們赫魯雪夫貧民窟狹小的門廳，以臉著地。第二天早晨，他還在那裡，好夢正甜，鼾聲大響。他依舊穿著長袍，臉上的鬍鬚已經脫落，皺巴巴地掛在一側臉頰下方。喝得爛醉還不是最糟糕的。真正差勁的「寒冬爺爺」還會弄錯父母事先交給他們的禮物，舉例來說，將發出濃濃橡膠味的充氣海灘球送給買了昂貴東德玩具組的家庭。

但不論如何，我喜歡蘇聯新年（novy god）。在我們的陽台上，等待裝飾的樅樹散發出刺鼻的香氣。身材嬌小的媽媽站在高而不穩的椅子上，搖搖晃晃地從櫥櫃高處取下箱子，拿出以藥用粗棉花包裹的新年飾品。十二月的最後一個星期，政府將囤積已久的美食佳餚放上商店的櫃台。爸爸從「布拉格」買來裝在白色盒子裡的著名巧克力千層蛋糕；媽媽鼓脹的網袋裡塞滿了香氣濃郁、果皮輕薄的阿布哈茲（Abkhazia）克萊門氏小柑橘。我們熱切地等待芭芭拉的假期訂購食品（zakaz）——從國家建設委員會外帶回家的高級短缺商品組合。你永遠猜不到會是什麼菜色，我盼望著油潤的煙燻鱘魚（balik），而不是遠近馳名卻倒人胃口的罐頭鱈魚肝。

我們來到費城之後的第一個十二月沒有雪。更糟糕的是，在移民圈子裡，人們嚴肅地互相警告，要大家別布置耶誕樹。美國的猶太裔贊助者總愛突然造訪受資助的家庭，送上門框經文卷[24]或一袋袋二手衣物。我們慷慨的贊助者看見耶誕樹會氣得抓狂，有時候甚至還會向猶太家庭福利中心檢舉褻瀆神靈的難民。許多前蘇聯人並不明白，如今，猶太身分已經不再只是他們放棄了的紅色護照上「第五項」欄位裡的「族裔」，而是一種宗教信仰。相同地，這些資助者一點也不清楚，在蘇聯禁止過耶誕節，而樹、禮物、「寒冬爺爺」和一般的歡呼與喝采就是社會主義世俗的新年慶賀。

媽媽順從地在我們收到的燈台上，點亮陌生的光明節（Hanukkah）蠟燭，並在一旁的合板架子上擺放了一堆噁心、黏膩的花生醬糖果和填有白色合成餡料的炭黑色餅乾。像炭一樣黑的餅乾！誰會吃這種東西？糖果沒人吃，餅乾也沒人碰，我的眼神一天比一天空洞。媽媽終於心軟，從廉價商店買來一棵耶誕樹——高不到十二吋，是粗糙的塑膠材質——並且在樹上掛了不成比例的紅色與綠色球形飾品。那一套彩球花了她十九分錢。我並沒有因此而快樂一些。

我們來到美國之後的第一個新年夜，在贊助者的大力推薦之下，媽媽以甜膩的「馬尼什維茨」酒[25]取代了香檳。她還將我們歡慶新年的奧利維耶沙拉徹底改造成了「路標」版本。幸好，媽媽沒有對馬鈴薯和蛋亂來，但她以罐頭胡蘿蔔丁取代新鮮水煮的胡蘿蔔，將罐頭青豆換成亮綠色的冷凍豆子——徹底缺乏關鍵的軟爛口感。至於蛋白質食物，她受到某種邪惡的力量驅使，採用難以咀嚼、醋味濃厚的「荷美爾」（Hormel）醃製豬腳。最糟糕的是美乃滋——少了輕軟、香濃的「普羅旺斯」，媽媽的奧利維耶包裹在厚厚一層蓬鬆、噁心而且甜得令人厭煩的「赫爾曼」（Hellmann）美乃滋裡。

晚上十一點，媽媽將「路標」版的奧利維耶盛進那兩個有粉紅色花朵的捷克碗裡——我們裝在兩個小行李箱裡攜帶過來的，往日生活的微小殘餘。

這兩個碗是我們最後一次在莫斯科過新年時芭芭拉送的禮物。那天夜裡，就在晚餐之前，她衝進我們的阿爾巴特公寓，一面使勁跺腳，抖落綠色羊毛外套上的冰雪，一面以她因為吸菸和寒冷而沙啞的聲音咒罵著。「你們的禮物。」她遞給媽媽一個網袋，沒好氣地說。袋子裡裝著一個頻頻發出碰撞聲響的變形小包裹。那本來是一組非常迷人的捷克餐具——為了這個禮物，芭芭拉排了大半天的隊，卻在回程的路上踩到冰、滑了一跤。我們坐在喜氣洋洋的蘇聯新年樹下，在破碎的社會主義瓷器中挑挑揀揀。只有兩個碗保存了下來，完好無缺。晚飯時，芭芭拉在餐桌上痛飲伏特加，排解懊悔的心情，還趁媽媽不注意，在我的杯子裡斟了香檳。用過甜點，在跨年的喧鬧之後，她領著我們出門去紅場走走。

外頭雪才剛停，氣溫下探零下二十度。我還喝醉了，這是生命中第一次。在紅場上！我們散著步，幸虧天氣寒冷，酒精輕輕緩緩地順著血流溫暖我的手腳。在強光照射之下，聖瓦西里大教堂（St. Basil's Cathedral）的圓頂像是熱帶風情的杏仁蛋白糖膏。我們開了另一瓶「蘇聯牌香檳」。那是一九七四年，我們移民的那一年。我的父母吻著彼此的唇，祖母和一旁的醉漢們不太搭調地齊聲高唱愛國歌曲。我開心地大聲尖叫，像是集體農場裡的小豬，同時在乾細的新雪堆裡打滾，迎向燈光拋起一陣陣閃亮舞動的銀白色雪花。

在費城，時鐘敲響一九七五年，我和媽媽小口地吃著「路標」版奧利維耶沙拉，啜飲舊馬克杯裡沒有氣泡的「馬尼什維茨」。八個小時之前，在遙遠的另一片土地上，親愛的列昂尼德·伊里奇·布里茲涅夫又一次調整他的閱讀眼鏡，讓身上的動章發出哐噹的聲響。他大聲地清清喉嚨，然後在一團混亂中翻動講稿，試圖找到獻給祖國的新年演說的第一句話。「親愛的同胞們！」這句話再也不包括我們。

譯註

1．「白海」（Belomor 或 Belomorkanal）香菸是一九三二年起生產的蘇聯無濾嘴香菸，以白海命名，紀念「白海—波羅的海」運河開通。

2．雷內．馬格利特（René Magritte, 1898-1967）為二十世紀比利時超現實主義畫家。

3．此處為音譯。俄文名「奧克加布林娜」（Octobrina）與「十月革命」有關。這類政治意涵明顯的姓名在蘇聯時期相當普遍。

4．喬（Joe）和艾克（Ike）指史達林與艾森豪。

5．十九世紀名廚路西安．奧利維耶（Lucien Olivier, 1838-83）改良美乃滋醬，將以普羅旺斯橄欖油調製而成的新配方命名為「普羅旺斯」（Provansal）美乃滋。蘇聯時代起大量生產的「普羅旺斯」是經典的俄羅斯美乃滋，雖沿用其名稱，但內容略有不同，大都使用葵花籽油，而非橄欖油製成。

6．「穆米悠」（moomiyo）是一種採自高加索與阿爾泰（Altai）山地的膏狀天然物質，富含金屬離子與微量元素，為珍稀的替代療法藥材。

7．「可的松」（cortisone）又名「腎上腺皮質激素」，廣泛應用於風濕性關節炎等疾病的治療。

8．一九七三年十月，埃及與敘利亞分別對以色列佔領的西奈半島（Sinai Peninsula）和戈蘭高地（Golan Heights）發動攻擊，史稱贖罪日戰爭（Yom Kippur War）。這起事件對日後以色列與阿拉伯國家之間的關係影響深遠，美、蘇兩方的角力亦參與其中。

9．吉布茨（kibbutz）是以色列境內的一種烏托邦社區形式，興起於二十世紀初，強調集體、共有的概念。

10．「龐帝克」（Pontiac）是美國「通用汽車」（General Motors）生產的中階車款。

11．弗拉．安傑利科（Fra Angelico, 1395-1455）是文藝復興早期的義大利畫家，以宗教題材作品知名。愛德加．竇加（Edgar Degas, 1834-1917）為十九世紀法國藝術家，擅長描繪舞蹈與女性主題，作品具強烈印象主義色彩。

12．「澤尼特」（Zenit）為知名蘇聯相機品牌。

13．「永恆之城」指羅馬。

14．「時代」（Vremya）是蘇聯時期最重要的電視新聞節目。一九六八年一月一日起，由蘇聯中央電視台於每日晚間九時播出，幾度轉型，如今由俄羅斯第一頻道（Channel One）製播。

15．菲德爾．卡斯楚（Fidel Castro, 1926-76）是古巴革命家、政治家，曾任古巴共產黨中央委員會第一書記、國務委員會主席等黨政要職。

16．切爾諾夫策（Chernovtsy）為烏克蘭西部大城。

17．奧菲斯（Orpheus）為希臘神話人物。相傳他曾進入冥界拯救愛妻尤莉狄斯（Eurydice），卻因為未遵守冥王黑帝斯（Hades）「不可回頭」的警告而未能成功。

18．指「福特」、「龐帝克」和「雪佛蘭」。

19．「非猶太女孩」（shiksa）通常指與猶太男性交往、結婚的非猶太裔女性，傳統上具有負面意涵。

20．分別指「喜瑞爾」（Cheerios）、「米飯羅尼」（Rice-A-Roni）和「維菲塔」，皆為美國商標。「喜瑞爾」是早餐穀物品牌。「米飯羅尼」為即食食品名稱，主要內容物包括米飯和通心麵條（macaroni），因而得名。「維菲塔」則是乳酪商標。

21．黛娜．舒兒（Dinah Shore）為紅極一時的美國歌手、電視節目主持人。

22．俄文中，「父國」（otchizna）亦指「故土」、「祖國」。此處為了強調其詞源來自「父親」（otets'），並與「祖國」（podina）區隔，故譯作「父國」。

23．皆具貶義。「小鏟子」（sovok）的拼法、讀音與「蘇維埃」相近，指蘇聯人，尤其蘇聯解體之後仍然保持舊有意識形態與價值觀的人。「蘇維埃議會」（sovdep，Soviet of Deputies）則為縮略的說法，指蘇聯。

24．門框經文卷（mezuzah）是猶太教的傳統物件之一。猶太人將記有經文的羊皮紙放在小匣中，裝置於門框右側，作為信仰的提醒。

25．「馬尼什維茨」（Manischewitz）為美國食品廠牌，以提供符合猶太傳統規範的酒類飲料與食物產品著稱。

「改革」年間家庭聚會，一九八九年。
圖片鳴謝：John Welchman

IV 歸來

★1980年代

酒杯裡的莫斯科

八〇年代初，我們移民美國還未滿十年，我向一位占卜師（gadalka）求助。

在紐約的小義大利區（Little Italy），我吃力地爬上她位於五樓的藏身處，每踏上一層樓梯間的平台就低聲咒罵一次。這位占卜師名叫泰莉（Terri），算命一次收取九十美元的天價——而我根本不相信占卜。不過，突如其來的一陣職業焦慮還是讓我找上門來。

「我聽到音樂。」

占卜師泰莉在門邊宣布。她說起話來帶著濃厚的紐約義大利口音。

我氣喘噓噓地盯著她看，很是詫異。我的職業焦慮和我在「茱莉亞」的鋼琴學業有關。她怎麼知道我是個音樂家？

不過，在此之後，她的占卜毫無進展。泰莉三十多歲，從一個缺口的「我愛紐約」馬克杯裡啜飲茶水，瞇著眼睛，神色緊繃，開始說起無關緊要的瑣碎資訊。

「你的表姊不愛她的丈夫……在你媽媽的生命中有一個人，叫貝內特……」我只好跟著點頭，感覺九十美金就在我的口袋裡蒸發。

然後，她的壓軸好戲來了。「很快，」泰莉大喊，揮動著她的茶杯。「很快你就能見到你的爸爸和其他家人了！」

我付了現金，然後踏著沉重的腳步往回走，氣沖沖地下樓。我的焦慮依舊，我真正的疑惑——我會成為一位鋼琴家嗎？——也並未獲得解答。我走出屋子，以一份特大號的奶油甜餡煎餅卷安慰自己。

在此之前，母親已經隨著我從費城搬來紐約。我們同住在皇后區傑克森高地的一房公寓裡。那條街單調無趣，附近住的大都是哥倫比亞移民。然而，和沉悶的費城相比，移民色彩濃厚、文化交融的紐約真是舒適極了。我喜歡走道上瀰漫著蒜味火腿（pernil）和燉豆子的味道。家家戶戶傳出震耳欲聾的騷莎和昆比亞，而我們家也不甘示弱，貝多芬（Beethoven）與布拉姆斯（Brahms）崇高的樂音悠揚。大致上來說，除了職業焦慮，生活還不錯。媽媽在附近的小學教外國人英語。此外，她又重拾莫斯科的生活方式——音樂會、劇場表演和沒完沒了的購票隊伍。她更樂見我拜倒在菁英文化的祭壇前。十三歲起，我從費城搭電車通勤，參加「茱莉亞」的預備課程，並在一九八〇年開始正規的大學訓練——鋼琴一直是我的生命。琴鍵主宰我的生活，支持我度過移民的錯亂失序，修復了我破碎的身分認同。

「如何？關於鋼琴，那個占卜師說了什麼？」媽媽想要知道。我聳聳肩。我問她認不認識什麼「貝內特」。媽媽差點跌下椅子。

「貝內特太太？她是我們教育委員會的會計主管——我今天才見到她！」

在一陣大呼小叫之中，我差點忘了泰莉關於家庭團聚的壓軸預言。我想起來的時候，媽媽放鬆下來，露出傷感的微笑。輪到她聳肩了。噢，嗯……蘇聯政府是沒完沒了、不好對付的。再見面實在不大可能。

後來，他們陸陸續續死去，令人措手不及。

★★★

在俄國民間，八〇年代早期被稱為「盛大葬禮的時代」或「三具靈柩的五年計畫」。

「有葬禮通行證嗎？」一個關於克里姆林宮守衛的笑話這樣說道。

「沒，」參加者回答。「我的是季票。」

老邁的政治局官員大都已經年近七十。昔日的改革者阿歷克謝．柯西金[2]的辭世為這個十年揭開了序幕。一九八二年十一月十日，親愛的列昂尼德．伊里奇．布里茲涅夫跟隨在後。不過三天以前，他還一如往常──像是一隻石化的烏龜──在革命六十五週年的遊行上現身。

不出所料，列昂尼德．伊里奇逝世當天，蘇聯電視──古怪得不可思議。陰鬱的柴可夫斯基交響樂取代眾所期待的曲棍球比賽？說教的列寧影片取代民警日的流行音樂演唱會？

第二天早晨，克里姆林宮「悲痛萬分地」宣布了蘇聯共產黨中央委員會總書記兼蘇聯最高蘇維埃主席團主席辭世的消息。

沒有人號啕痛哭。

親愛的列昂尼德．伊里奇七十五歲，既不令人敬畏，也不受人愛戴。他統治這個兩億七千萬人口的社會主義帝國將近二十年，到了最後，他成了衰老的藥物成癮者，總會配著野牛草伏特加（zubrovka）服用鎮定劑。中風、臨床死亡和下顎腫瘤都未能奪走他的性命。儘管下顎的腫瘤使他長達五個小時的演說糊成一團，但他依舊經常發表談話。他的政權（rezhim）哐噹作響地前進，就如他一般僵硬，後來才因為石油、天然氣價格飆漲而被強勢貨幣喚醒。

這位骨牌玩家的生活過得不錯。他誇張的奢侈性格貼切地反映了他所領導的庸俗矯情、物質享樂的年代。布里茲涅夫喜愛外國車和量身訂做的資本主義丹寧夾克。就在過世之前，他沉迷於他最喜愛的運動——在札維多夫（Zavidovo）的狩獵別墅打野豬。精選自蘇聯各地的獵物被運送過來，然後用魚和柳橙餵食增重。在政治局的露天狩獵派對上，人們則用現採的鱘魚魚子醬、熱呼呼的螯蝦湯和烤乳豬餵食自己。那是密友宴會與菁英食物分配的年代，而布里茲涅夫就是這個帝國首屈一指的美食家。他還有分贈美食紀念品的習慣，將雉雞、兔子和血淋淋的大塊熊肉送給寵愛的友人。據說，他是個喜歡玩樂、無害的人。至於布拉格之春[3]、異議分子在精神病院裡所受的折磨和阿富汗的戰事——只能說真是太不幸了。

布里茲涅夫尤其喜愛小飾品，這也成了葬禮上特別的難題。按照禮節規矩，所有的獎章都應該跟隨在靈柩後方，置於個別的天鵝絨軟墊上，而親愛的列昂尼德·伊里奇蒐羅了超過兩百個獎項，其中還包括憑藉虛構的代筆自傳獲頒的「列寧文學獎」（Lenin Prize for Literature）。即使將好幾個獎章擺在同一個軟墊上，展示的隊伍還是需要四十四人之多。

葬禮進行的同時，我和媽媽全程死守在紐約的電視機前。不過，隨著繼任者人選公布，占卜師泰莉的預言所燃起的瘋狂希望全都幻滅了。尤里・安德洛波夫（Yuri Andropov）——前KGB頭子，異議分子的獵殺者——絕對不是個好人。

不過，雖然安德洛波夫有鐵石般堅硬的心腸，他的腎臟功能卻非常糟糕。十三個月之後，在蕭邦（Chopin）的葬禮進行曲伴奏下，戴著光亮貂皮帽的男人們又從薄荷綠與白色外觀的圓柱廳送走一具棺木。

另一個笑話道出了安德洛波夫的繼任者的健康狀況：「在意識尚未恢復之前，康斯坦丁・契爾年科（Konstantin Chernenko）同志接任了總書記一職。」他只撐了三百多天。

「親愛的同志們，」一則諷刺的假公告宣布，「別笑，但我們必須又一次悲痛萬分地通知……」

一九八五年三月，昔日安德洛波夫的門徒，一位沒沒無聞的農業祕書成了蘇聯最新一任的領導者。米哈伊爾・謝爾蓋耶維奇・戈巴契夫（Mikhail Sergeevich Gorbachev）才五十四歲，精力充沛，擁有運作正常的身體器官、莫斯科大學的法律學位、一口濃濃的南俄口音、咄咄逼人的妻子，還有堅決果斷的作風——他的言行立刻吸引了西方媒體的關注。起初，俄國人並不太常拿他光禿禿的頭皮上南美洲形狀的胎記開玩笑，怨恨是後來才有的事情。戈巴契夫是這個叫作蘇聯的國家第六任——也是最後一任——的總書記。

★★★

這些日子以來，在俄羅斯，人們流行透過美好懷舊的迷霧回顧過去——尤其是布里茲涅夫的成熟社會主義時代。

「我們倫得心滿意足……」

「噢，不過我們還是那麼誠實，那麼純真……」

「那時候，家庭更緊密……冰淇淋也更健康。」

從「古馳」（Gucci）、「普拉達」（Prada）的愛用者到倚賴少得可憐的退休金過活的人們，如今，俄國人深情地談論排隊，回憶短缺笑話，讚美「停滯」年代臘腸的口味。在皇后區，我也不例外。說真的，擁有這樣豐富而奇異的過去；曾經在那個叫作蘇聯的紅色亞特蘭提斯繫著少年先鋒隊領巾；盡情地品嘗社會主義瑪德蓮甜中帶苦的滋味——這難道不是一種特權嗎？

後來，二〇一一年，不過幾天之內，歷史現實的暴力壓迫在我身上——真的，長大成人之後，這還是第一次。

我臥病在床。在我床邊的並不是鮑里斯．阿庫寧[4]新出版的冒險小說，而是一個又軟又扁的巨大藍色塑膠袋。媽媽從公寓帶來這個藍色袋子，裡頭裝著信件——七〇、八〇年代的二十年間，自俄羅斯寄來的信。原來，媽媽保存了所有的信件，雜亂地塞在資料夾、牛皮紙袋和鞋盒裡。儘管已經三十多年過去了，蘇聯製的繪圖紙、印有航空郵件「錘子與鐮刀」標誌的方形信封和寫著「和平」（Mir）的十六戈比郵票幾乎不見磨損、泛黃。信件中有花俏的蘇聯玫瑰生日卡片和賀年卡——上頭印著當時我們確信再也無法見到的那白雪皚皚的克里姆林宮。

喝了一小口檸檬茶，我將手探進袋子裡。

別離（razluka）——這個隱含民俗色彩的俄文字吞沒了我。

這是你們離去之後的第三個新年。尤莉亞阿姨亂糟糟的筆跡抗議著。這一切還要持續多久？

莉莎外婆以傾斜的潦草字跡和老一輩人可愛而怪異的文法，滔滔不絕地訴說日常生活的悲嘆，企圖隱藏失去女兒的椎心之痛。

永遠。移民不就是可以通信的死亡嗎？

但在滿滿的藍色袋子裡沒有來自納姆外公的隻字片語。最近，尤莉亞告訴我，媽媽離去之後，外公在道德和精神上都萎縮了，彷彿戴上了蘇聯情報人員拒絕承認事實的冰冷面具。一位多年老友向政府舉發他。於是，在戰爭中閃過子彈、在史達林時代逃過古拉格的納姆，因為女兒「背叛祖國」而面臨逮捕。二戰英雄特里布茨上將拯救了他。母親在多年之後才得知此事，流下淚來。

我親愛的，從我身邊飛走了的小燕子……

我們在莫斯科公寓外的長椅和阿拉奶奶告別之後，她隔了幾天寫的。大部分的信件都是她寄來的。渾圓、清楚的字跡令人想起她因為吸菸而沙啞的笑聲。讀著信，我彷彿能夠看見她，在她的房間裡暗淡的鏡子前面，使勁地將髮夾插進染成金色的髮髻裡。

她的字裡行間滿溢未經修飾的絕望。一個五十多歲的女人，過去她疏於照顧自己的兒子；如今，她將所有潛在的母愛投注在「飛走了的」孩子身上。

我最後的希望粉碎了。她花了好幾個月苦苦哀求國家簽證註冊處，卻依舊無法取得探親許可，她寫道。我活著已經沒有意義了……

一九七七年十一月，阿拉奶奶六十歲生日過後不久，爸爸寄來一封長達四頁的信。

他寫道，我幾乎無法提起筆來，敘述事情的經過。

阿拉在他那裡過夜時，感覺到胸口一陣難忍的灼熱。她呻吟、嘔吐。四十分鐘之後，救護車終於抵達。一位非常年輕、傲慢的醫生為她看診。她誇張得像在演戲。於是，醫生判斷，她只是歇斯底里——他很直接地告訴我。他為她注射鎮定劑，然後便離開了。

第二天晚上，謝爾蓋發現他的母親趴倒在地板上。這一次，救護車很快就到了，但卻也無濟於事。一整夜，他坐著，撫摸著母親的頭髮。她的臉安詳而且美麗。

解剖檢驗的結果是血管栓塞——動脈硬化的斑塊脫落，不到二十四小時便堵塞了血流。要是在其他國家，阿拉有可能得救。

安紐塔，奶奶毫無保留地愛你。我讀著，眨動雙眼撥去刺痛的淚水。你的信是她生命的希望，她每天都跑去信箱查看兩次。她逝世於布里茲涅夫時代的莫斯科，那天是星期五。星期日，爸爸發現我寄給她的最後一封信，來自四千七百英里之外的費城——這是無法跨越的距離。

★★★

謝爾蓋還寄了其他信件，但並不多——我們分隔兩地的十三年間不過區區兩打。另一封教人難忘的信於一九七五年五月寄出。我在費城的第一年，春日正盛，杜鵑花綻放。媽媽下了班回到家裡，雙眼紅腫，但和花粉症無關。原來，她在午餐時間拆開了爸爸的信。

親愛的拉莉斯卡[5]，

好長一段時間以來，我無法告訴你「所有的事情」……在我身上發生的事情，我認為，是可以理解的，而且你自己還在莫斯科時就已經預料到了。我很快就明白，我無法忍受獨居的生活。那孤獨，那渴望被某人——某個，唉，身邊的人——需要的感覺。簡而言之，我已經向瑪莎提議，請她搬過來和我住了。

他又稍微解釋了有關瑪莎的事情，然後宣布：假如一切順利的話，十月我們就會有孩子了。而這樣的情況使我不得不申請離婚。

但和移民離婚的手續顯然非常複雜。所以，拉莉薩是否能幫個忙，盡快寄封掛號郵件到蘇聯國際法庭，說明她並不反對呢？

母親當然反對，她堅決反對。一直以來，她都暗自期待著，謝爾蓋終究會和我們團聚。但第二天，我驕傲且太過高尚的母親還是寄出了那封掛號信。

我發現爸爸的信裡夾著一封從未寄出的回信。一個遭到背叛的十一歲孩子——也就是我——寫下了這封信：

謝爾蓋。這會是你最後一次聽到我的消息。好，你結婚了，但只有人渣才會寫給媽媽這種刻薄、自私的信。接著，我用當時還不大靈光的英語收尾。好，永撇了（gud-buye forever）。附註：我再也沒有爸爸了。再附註：我希望你的寶寶又笨又醜。

在爸爸背叛我們之後，隔了一年，我和他之間又重新建立起零星的聯繫——如果鮮少通信和每年一次的生日電話也算是聯繫的話。那些跨越大西洋、雜訊嚴重的對話總會令我氣上一整天。爸爸聽起來有點醉，又高傲又膽小，總是隨意地說出瑣碎、傷人的批評。「我收到你彈布拉姆斯的錄音帶了。嗯，你還有很長的路要走。」他還以為自己是個古典樂評呢。

在我高中畢業之前，莉莎外婆寫信告訴我們，謝爾蓋離開了他的第二個家庭——為了一個年輕許多的女人。此外，外婆還接到瑪莎的電話。這位被拋棄的第二任妻子警告外婆，謝爾蓋的祕密計畫是「與他的第一個家庭團聚」。

對於這個消息，媽媽只是挖苦地笑了。她早就已經邁開步伐，繼續過自己的人生了。

那個被我們永遠拋在後頭的祖國呢？

它出現在夢境之中。

我總是夢見自己身在阿爾巴特，就在我們位於梅爾茲利亞科夫巷（Merzlyakovksy Lane）和斯卡切爾特巷（Skatertny Lane）轉角的灰色公寓前。天空看起來低矮而不祥。我殷切地抬頭望向我們家角落的窗戶，看見我以前打破玻璃而留下的黑色空白。有人讓我進屋。我搭電梯上五樓，然後推開我們家的門，像鬼魂一樣溜進多角的陽台廚房……廚房裡有個奇怪的女人，從我們缺了角的琺瑯瓷水壺將茶倒進爸爸的橘色圓點杯子。那個水壺使我驚醒，嚇出一身冷汗。

蘇聯移民經典的焦慮夢境則糾纏著媽媽。夢的內容並非歸返故土之後又身陷鐵幕後方，不，而是發現自己回到莫斯科，和家人在一起——卻兩手空空，沒有任何禮物可以送給他們。她會醒來，感覺到深深的內疚，然後將更多的錢、更多的禮物寄回俄國。我們的移民同伴們先是買了和鄰戶相連的住宅，接著是半獨立住宅，然後是附有露台的錯層式私人住宅。直至今日，媽媽還沒有任何財產。

★★★

一九八七年，莉莎外婆寄來的新年卡片，第一次為我們捎來真正的希望。關於你們來莫斯科的邀請函，已經詢問過國家簽證註冊處。他們認為不會有任何問題！！！

在此之前，「改革」（perestroika）、「開放」（glasnost）和戈巴契夫早期提出、如今早已被人們淡忘的「加速」（uskorenie）成了新的蘇聯口號。

「你絕不會相信他們在電視上說了什麼。」親戚們在電話裡上氣不接下氣、劈哩啪啦地說。

「但，噓……這不好在電話裡講！」

媽媽從「解凍」的破滅中學到慘痛的教訓，對蘇聯領導人總是懷疑。然而，一夕之間，就連她也相信了戈巴契夫的樂觀態度。「璀璨的未來」——或許終究是要來了。這一回是真的！又一次，有如烏托邦、童話故事般的俄羅斯令人嚮往。在那裡，商店的貨架上堆滿香蕉，田野中小麥結實累累，而且國界敞開。

國界確實開了。

一九八七年初秋，我們離開莫斯科已經十三年了。就在我二十四歲生日前夕，媽媽從紐約的蘇聯領事館回到家裡。「你的占卜師泰莉，那個算命的……」她嘀咕著，驚喜地搖頭。她秀出我們藍色的美國護照，兩本護照上都附有前往莫斯科的旅遊簽證。

母親想到兩手空空回到祖國的噩夢，開始瘋狂地採買禮物，彷彿試圖將離開家人多年來的罪惡感收進行李箱、拖回蘇聯去。

多麼難看的行李箱啊。

四個從折扣商店買來的巨大行李袋，看起來像是裝了輪子、凹凸鼓脹的黑色冰箱。在採買、打包的混亂之中，我經常想起，當年寒酸地離開蘇聯時，我們只有各二十磅的行李。「弗倫姆金太太，你真是明智啊。」一九七四年，在羅馬，一位接待難民的人士這麼誇獎媽媽。

如今，我們要拖半個倉庫回去。

去一個完全缺乏消費商品的國家，該帶些什麼呢？十七包兩雙一元的褲襪，肉色和黑色，當作「以備不時之需」的禮物；即溶咖啡；八條薩拉米臘腸；原子筆；手錶；花俏、閃亮的打火機；心臟用藥；計算機；洗髮精──還有任何印有美國標誌的東西，可以送給孩子們。

來自莫斯科的特殊要求一方面明確得令人惱火，另一方面又模糊得教人抓狂。連帽毛巾布長袍，一定要藍色；兩件連身服，送給悉心治療納姆外公的黨特權醫生一百二十五公分高的嬰兒；針織紗線──紅色帶金絲──送給一位朋友的朋友，他的某個熟人說不定有辦法幫忙申請進入名額有限的療養院；門鎖──看來因為「改革」獲釋的罪犯們充斥了整個莫斯科；拋棄式針筒──現在俄國人聽過愛滋病了。

還有人要蘇聯汽車「拉達」（Lada）和「日古利」（Zhiguli）的零件，令媽媽又哀聲嘆息，又咬牙切齒。

我個人堅持不給爸爸禮物，媽媽則執意送他中性而時髦的東西。最後，她挑了一本關於普魯斯特、附有精美插圖的書。

與此同時，為了氣派地回到這個因為我們的離去而看不起我們的國家，我為自己買了一件奢華的四〇年代復古浣熊皮草大衣。

「回聯盟（Soyuz）去？」我們掃光了皇后區一間廉價商店裡的貨品，老闆問我們。他的微笑看起來充滿智慧，說話帶著喉音很重的蘇聯喬治亞腔調。

「你帶幾台電腦回去？」他打聽。

一台也不帶。我們告訴他。

「你們可以帶兩台呢！」他興奮地說。「所以你們要帶一台IBM！」

就這樣，我和媽媽涉入了一筆見不得光的喬治亞黑市交易。作為回報，我們可以得到三百美金，他的表哥還會載我們去甘迺迪機場。肩膀很寬的表哥開著有碰撞凹痕的棕色雪佛蘭準時抵達，他看著我們巨大的旅行袋，讚許地咂舌稱道。

在長島公路（Long Island Expressway）上開了一段之後，他宣布：「這是我第一次上高速公路！」

下起大雨。在車上，我們保持緊繃的靜默。接著，我們帶有凹痕、載著沉重行李的雪佛蘭在濕滑的路面上打滑——彷彿以慢動作——撞上了一旁的黃色計程車。我們摸摸手腳，似乎沒有受傷。警察來了，發現這位表哥並沒有駕照，美國旅遊簽證也已經過期。有人提到驅逐出境這個詞。

我已經記不得我們如何抵達約翰．甘迺迪國際機場，只記得達美航空（Delta）報到櫃台的小姐告訴我們，或許我們能趕上飛機，但行李肯定是來不及了。

「我的噩夢。」媽媽非常小聲地說。

「他們會把行李放上下一班飛機，」一個同樣正要返國的人告訴我們。「不過，蘇聯行李搬運工人會割破袋子。或者，如果你的鎖是破爛的便宜貨，他們會直接伸手進去。外層有什麼貴重東西嗎？」

十個小時的飛行中，媽媽始終保持清醒，不安地回想，她究竟放了什麼東西在我們的行李袋外層。

「薩拉米。」最後，她終於說道。

★★★

作為死而復生的移民，在「開放」政策的祖國重生是什麼樣的感覺？

十二月底，一場暴風雪才平靜下來，你的班機緊接著降落。沒有空橋，也沒有巴士。你下了飛機，然後艱辛地踏過白雪覆蓋的柏油碎石路面，向航站走去。你走得很慢，又或者，只是看來如此罷了——因為時鐘隨著你進入另一個維度而凍結。

北方的黑暗和銳利的寒意喚醒了埋藏已久的兒時感覺。突然之間，那段童年似乎已經不再屬於你。十三年來，你不曾聞到真正的冬天氣息，而現在，你隔著你的吐息那混濁、溫暖的保護膜吸入冬日的寒意。你繼續走。時間詭異地放慢了速度，你聽見太陽穴跳動的脈搏，而冰雪上的腳步聲也被放大，像是耳邊有人正在規律地壓碎保利龍。

你看了母親一眼；她的臉在機場彷彿具有毒性的黃色燈光照射下顯得陌生。她的雙唇正在顫抖，她緊緊地捏著你的手。

每踏出一個格格作響的腳步，你就愈來愈害怕——究竟在害怕什麼？你也不大確定。

在排隊通關的一片混亂之中，正常的時間又回來了。

隔間裡，穿著制服的年輕人盯著我的照片，瞧了瞧我的浣熊皮草大衣，然後又看看照片，眉頭深鎖，最後向一位同事求助。我發現，我其實希望我們被送回紐約。但他回來了，在我的美國護照上蓋了戳章，用俄文問我：

「所以……你想念祖國嗎？」

我在他說「祖國」的方式裡察覺到一絲熟悉的諷刺，但還是擠出最燦爛的美式微笑，誠懇地點頭，並且意識到，在我這麼做的同時，我曾經懷念的一切或許都會消失。失去想像中的祖國——這就是在雪中、在走向航站的路上，令我恐慌的事情嗎？

隔著行李區的玻璃，我們見到遠處擁擠的人牆，接機的人們揮手、比畫著。

「爸爸！」媽媽尖叫。

「納姆外公？哪裡……在哪裡？」

然後我看見他們——外公戴著深色的粗框眼鏡，從一把破爛的紅色康乃馨花束上探出頭來，不停地張望。

媽媽興奮極了，瘋狂地向弟妹揮手。在他們身旁，另一個男人也在揮手。他留著一頭長而濃密的灰髮，看上去似曾相識。

更令人熟悉的東西赫然出現在行李轉盤上。四個無比巨大的行李袋和我們一起抵達了，喬治亞人的ＩＢＭ電腦紙盒就跟在後頭。每個行李袋的拉鍊附近都有乾淨利落的切口。

「薩拉米……」媽媽喃喃自語。

在一陣擁抱、哭泣和撫摸的狂熱之中，我總算認出了那個頂著茂密灰髮的男人。他是我的父親。然而，他並不是我在大西洋彼岸想像的父親——因為殘酷的現實考量而拋棄我們、長得像亞蘭．德倫的浪漫虛無主義者。

那個正在尷尬地親吻我的男人，穿著褐色聚酯纖維長褲和破舊、厚橡膠底的方頭鞋子，又老又胖，還有萎縮凹陷的嘴巴。

這是謝爾蓋，我的父親，我心裡想。他沒有牙齒。

「薩拉米，他們偷了我們的薩拉米！」媽媽瘋狂地笑著，不停地對薩什卡說。薩什卡——我跛腳的舅舅——戴著一頂時髦好看、毛茸茸的卡拉庫爾帽（karakul），一反常態，看起來非常清醒。

「奇蹟（Chudo），奇蹟啊！」尤莉亞阿姨把眼淚擦在我的浣熊皮草大衣上。

我瞥了一眼身旁的爸爸，看著他沒有牙齒的嘴巴，心裡明白：我已經完全原諒他了。我和媽媽在達維科夫共度的煎熬夜晚、期盼著他的鑰匙轉動門鎖的漫長等待、離婚信，還有糟糕透頂的生日電話。因為，當我和媽媽的日子過得愈來愈好，甚至成長茁壯時，父親的生活和樣貌卻每下愈況。而我相當肯定，整體來說，祖國的情況也是如此。

兩輛「拉達」組成歡欣凱旋的迷你艦隊，將我們送回位於達維科夫的公寓——我們曾經居住的地方。這兩輛蘇聯「飛雅特」（Fiat）又寬又扁，像是裝了輪子的肥皂盒，驕傲地將我們巨大的行李袋背在車頂上——社會主義的後行李廂容納不下美國廉價商店的富足。

「那些有錢人，他們想幹什麼，就幹什麼……」滿臉粉刺的交通警察不屑地說。他攔下我們，照例索取賄賂。

莉莎和家人們全都熱淚盈眶地在家中等候。四十平方公尺的赫魯雪夫貧民窟公寓同樣容不下我們巨大的行李袋——更何況，我的外祖父母邀請了兩位身材魁梧的奧德薩親人，在我們來訪的這一段時間與大家同住。

於是，相隔十三年後，我們又回到那裡——莉莎豐盛的餐桌。

沒有人在意被偷走的八條紐約薩拉米臘腸。當時，我們還無從得知，一九八七年是訂購食品——菁英階級的外帶食品組合——流通的最後一年。外公因為在海軍服役的成就，依舊享有這項特權。不久之後，訂購食品將永遠消失，其他大部分的食物和蘇聯本身也終究會成為歷史。直到今日，我依然後悔莫及，責怪自己竟然沒將莉莎外婆的餐桌拍照記錄下來。那一桌佳餚簡直是一九五二年《美味與健康飲食之書》的翻版。桌上有噁心卻著名、覆蓋著一層水煮蛋絲的鱈魚肝、油潤的煙燻鱘魚、深受黨員喜愛的舌頭，還有少不了的罐頭番茄醬秋刀魚（saira）——全部都盛在史達林巴洛克風格的水晶容器裡。那套餐具是外祖父母結婚五十週年的禮物。

「黑麵包！我多麼想念我們的黑麵包呀！」母親不斷尖叫。小麵包圈（乾燥的迷你貝果）、澤菲爾（zefir，粉紅色的洛可可棉花糖）和薑餅（prianiki）同樣讓她尖叫。那天夜裡，我們全都在外祖父母四四方方的客廳裡過夜，睡在摺疊床上。我時睡時醒，聽見媽媽的「可舒適」（Alka-Seltzer）發泡錠在水中溶解的嘶嘶聲；然後，她重聽的塔瑪拉阿姨——自奧德薩遠道而來的法官

——沉悶單調的法庭肥皂劇又蓋過了這個聲音。

「奇蹟，奇蹟，奇蹟啊。」親戚們用力拉扯我們的袖子，想確定我們不是幻影。納姆外公最開心了。他綻開笑顏，特務的蹙眉也和緩下來——彷彿十三年來的恥辱、不安和道德窘境都神奇地煙消雲散。他對所有當權者頑強的忠貞總算得到了回報，到頭來，一切皆大歡喜。明智的戈巴契夫政府寬宏大量地原諒了我們這些浪子回頭的祖國叛徒。如今，人們甚至可以公開批判史達林的罪行——外祖父已經隱忍了三十多年。

「要是戈巴契夫能夠重振海軍昔日的榮耀就好了。」這是他唯一的遺憾。

「感謝黨——讓我們的女孩們回到祖國！」他舉杯敬酒，聲如洪鐘。

「去他的黨！」年輕的「開放」世代尖聲大喊。

「去他的祖國！」全家人齊聲說道。

★★★

我們恍恍惚惚地度過了在莫斯科停留的兩個星期。以前，我們從來不曾感受過如此熱烈的嚮往和寵愛，人們用力地親吻我們，懷抱著無比狂熱的好奇心聆聽我們說話。

媽媽也像中了邪似地，變得非常友善、熱情，頻頻邀請她不大認識的人們來美國作客。因為現在他們辦得到了。

「我會寄簽證給你，來我們那裡待一個月，我們帶你看看我們的紐約！」

我不停地在餐桌底下捏她。我們的紐約是皇后區一間狹小的一房公寓，我、媽媽和我的古董「史坦威」（Steinway）大鋼琴同住，還有我身高六呎三的男友——一位高傲自負的英國後結構主義者。

「你們第一次回來時，」最近，尤莉亞阿姨告訴我們，「大家覺得你們可愛極了，跟美國人一樣，穿著高級的皮草大衣。而且，超級瘋狂！」她咯咯笑了。「你們好喜歡我們破舊、髒亂的祖國的一切！說不定是因為下雪的關係？」

她說得沒錯。童話般的雪白掩蓋了所有的創傷和社會主義的衰敗。我們的眼光已經是外人的眼光。在我們看來，莫斯科還未被資本主義的豔麗霓虹和廣告招牌汙染，是一幅神奇的東方都市風景。就連總是和祖國作對的母親也發現自己為之著迷——愛上了這裡的一切。

商店的招牌：魚（RYBA）。肉（MYASO）。牛奶（MOLOKO）。這些文字過去只代表空無一物的蘇聯貨架和令人痛苦難耐的隊伍。如今，看在媽媽眼裡，卻全是新結構主義的平面設計傑作。地鐵站——兒時印象中擁擠的馬賽克拼貼和恐怖的大理石雕塑都成了極權文化的庸俗藝術最純粹、珍貴的偉大紀念。就連販賣餡餅的臭臉太太對著客人大呼小叫的場景，都像是獨特的蘇聯語言表演。

有一回，媽媽非常客氣地問，可以用哪些硬幣打公共電話。女士（grazhdanka），答話的人對著她咆哮。「小市民，你是從火星來的嗎？」至於穿著浣熊皮草大衣的我呢？人們罵我是稻草人（chuchelo），是衣衫襤褸的乞丐。

回想起來，一九八七年是絕佳的造訪時機。一切都變了，但又都沒變。一通電話依然收費兩戈比；在紅褐色、星芒形狀的阿爾巴特地鐵站外，一枚三戈比的硬幣可以從笨重的汽水販賣機買到加了濃稠黃色糖漿的汽水。網袋裡，三角形的牛奶紙盒還是亂七八糟地相互堆疊、戳來刺去；列寧銅像伸出的手臂依舊指著前方——通常朝向大垃圾箱或醫院——還搭配上這樣的標語：**同志，你走在正確的道路上！**

與此同時，處處可見「改革」的痕跡。新的時尚配件令我驚嘆不已——東正教十字架項鍊！媽媽就是無法放下書本：安德烈·普拉托諾夫[6]——俄羅斯的喬伊斯（Joyce），二〇年代以後便不曾出版——與米哈伊爾·布爾加科夫[7]昔日被查禁的作品，還有當代揭發蘇聯歷史罪狀、火力全開的文集。如今，這些書全都以體面、正式的硬皮精裝亮相。人們在公車、地鐵上毫不掩飾地閱讀，看得津津有味；排隊時讀，走路時也讀，沉醉在新湧現的事實真相和重新評價之中。

沿著新鋪設的阿爾巴特徒步區，我們見到憤恨不平的阿富汗戰爭老兵散發傳單，目瞪口呆地盯著新出現的私人「創業家」將「錘子與鐮刀」收藏當作諷刺的紀念品販賣。還有俄羅斯娃娃，頭上有一塊胎記的迷你戈巴契夫在眉毛濃密的布里茲涅夫裡，布里茲涅夫在頂上無毛的赫魯雪夫裡，赫魯雪夫外面是——噢——史達林。他們全都藏在瞇著眼睛、留山羊鬍的大列寧娃娃裡。我們買了好多。

回到達維科夫公寓，我們在外公的「先鋒牌」（Avantgard）電視機前看得入迷。電視上總是播著「色情影片」，有三種風情：一、胸和臀；二、戰爭或犯罪現場恐怖的屍體特寫；三、史達林——一波又一波過去未曾曝光的「大元帥」檔案影片。在所有的「色情影片」當中，就屬第三種最令人毛骨悚然。那是權力的色情。

★★★

還有另外一個現象在我們的想像之中深刻地迴盪：戈巴契夫的絞索（Petlya Gorbacheva）——人們流行這麼稱呼排隊購買伏特加的人潮。

隊伍大排長龍，簡直不可思議。一切都得怪罪黨的總書記（generalny secretary）——他因為推動以礦泉水取代酒的改革，又被人們暱稱為「礦物書記」（mineralny secretary）。日後，就連這位不太喝酒的領袖，也曾打趣地提起一則在那段無酒可喝的歲月裡廣為流傳的笑話。

「我要殺了那個混蛋戈巴契夫！」購買伏特加的隊伍裡，一個傢伙大喊。幾個小時後，他垂頭喪氣地回來。「在克里姆林宮排隊等著殺他的人更多。」

這則笑話還無法表達戈巴契夫的禁酒措施引起的群眾盛怒。

在我們昔日的阿爾巴特公寓附近一間擠滿了人的破敗酒行，我和媽媽看見一位邋遢的老女人。她有吸食家具亮光漆的人常有的青藍膚色，誇張地迅速敞開髒兮兮的假皮草大衣，裡面什麼也沒穿。

「我喝了，我喝，我還要喝（Pila, pyu i budu pit'）！」她放聲大叫。

在一旁排隊買酒的人們臉上，我注意到俄羅斯人典型喝茫了的憐憫神情。

一九八五年五月，這個酒精帝國遇上了麻煩。上任不過兩個月的「駝子」[8]頒布了題為《革除酗酒問題措施》（*On Measures to Overcome Drunkenness and Alcoholism*）的法令。這是他任內第一項重要的政策革新——破壞力如此之大，以至於他在蘇聯內部的聲望永遠無法恢復。

當然，這位「礦物書記」的看法正確無誤——飲酒問題是蘇聯社會的災難。「改革」之前的統計數據機密而且稀少，但資料指出，飲酒問題導致這個帝國超過百分之九十的輕微犯罪、將近百分之七十的謀殺和強暴，以及幾乎半數的夫妻離異——更別提極度令人不安的死亡率了。全面的禁止或許會有些作用，但戈巴契夫卻頒布了典型的半弔子折衷措施，最終使得俄國民眾對他恨之入骨。簡單來說：一九八五年之後，喝酒變得更昂貴、更複雜、更花時間了。

伏特加工廠和販酒的商店被迫關閉，葡萄園被夷為平地，過度飲酒的行為遭受嚴厲的懲罰。

這個僵硬的政府亟需資金——除了其他的開銷，還得收拾車諾比（Chernobyl）的慘劇——但卻放棄了每年大約九十億盧布的酒類銷售進帳。依照「礦物書記」的命令，酒精飲料只在工作日下午二時之後販售。這表示，宿醉的勞動人口必須比過去更加靈巧地來往於工作場所和買酒的隊伍之間。

這顯然不是預防飲酒問題造成生產力流失最有效的方法。

我們在十二月底來到莫斯科。當時，取得假期所需的酒精飲料是人們心中最主要的盤算。新年節慶就要到來，但商店裡的貨架上卻見不到蘇聯美好時光的指標——「蘇聯牌香檳」。烘焙同樣是一場徒勞——酵母和糖徹底消失，全都被囤積作為私釀酒（samogon）的材料了。果汁、便宜的「小枕頭」糖果和番茄醬也不見蹤影。足智多謀的蘇聯飲酒者能從任何物品中蒸餾出烈酒來，滴—答—滴（kap-kap-kap）。

我和媽媽步履蹣跚地走在「改革」年間積雪、乾渴的莫斯科，不時混進買酒的隊伍裡，享受酒鬼的政治幽默。伏特加一滴不剩，怨恨卻傾瀉而出。

關於工作時飲酒的嚴刑峻法：老闆正在搞祕書。瑪莎，他細語，去把門打開——大大敞開——人們才不會以為我們在這裡喝酒。

關於飆升的酒價：孩子問爸爸，電視上，人們說伏特加會愈來愈貴，爸，所以你會少喝一點嗎？不，孩子，爸爸說，所以你會少吃一點。

關於禁酒政策：「駝子」視察工廠。看，同志們，喝了一瓶酒之後，你還能這樣工作嗎？

當然。兩瓶?可以。好吧，那五瓶呢?這個嘛，你看到了，我們正在工作呀!

★★★

若欲真正瞭解「戈巴契夫的絞索」引起的社會和政治災難，必須先對俄羅斯長久以來浸潤在伏特加之中的歷史有一番認識。所以，當我試著解釋為何非得從瓶子裡（v zabutylie）才能徹底理解我們的祖國，請容我先將幸福的家庭團聚擱在一旁，讓它進入休眠狀態——這與我們童話般的到訪倒也相當搭配。

每個俄國孩子、每個俄國人，甚至每條俄國狗都知道，酒是斯拉夫異教徒成為基督徒的原因。在第一個千禧年前夕，羅斯的弗拉基米爾大公（Grand Prince Vladimir of Rus）決定採納一神信仰。他開始接見前來宣教的使者。就地緣政治而言，伊斯蘭教是合理的選擇——但伊斯蘭教禁酒!於是，弗拉基米爾說出了他永垂千古的名言：「飲酒是羅斯的喜悅，少了可不行。」公元九八八年，他接受了拜占庭東正教。

這或許是個杜撰的故事，但卻為我們的祖國通往「醉漢拘留室」的道路訂下了起始的時間。

最初，俄羅斯人飲用蜂蜜酒、啤酒和可瓦士——一種低酒精濃度的發酵飲品。十四世紀晚期，人們開始從穀物中蒸餾出酒，嚴重的綠蛇[9]問題跟著浮上檯面。這些飲料有「麵包酒」、「綠酒」

或「燒酒」等不同的名稱，後來都被叫作「伏特加」（vodka）——指「水」（voda）的小形式。名稱是指小的形式，影響卻有如永恆的春汛。

沙皇很早就注意到伏特加的潛在收益。十七世紀中以前，政府幾乎壟斷酒類的蒸餾和銷售。十九世紀，販酒的收入通常佔公眾稅收的三分之一。接著，第一次世界大戰爆發，倒楣的沙皇尼古拉二世有鑑於十年前日俄戰爭的慘劇——當時，軍隊的酒醉狀態令國家蒙受奇恥大辱——而下令禁酒。這一步棋錯了。戰爭期間，尼古拉的禁酒令使俄國的國庫匱乏，隨之而來的非法私釀問題更是動搖了關鍵的穀糧市場。穀糧短缺導致飢荒，飢荒又引發革命。或許，「礦物書記」在他搖搖欲墜的帝國面臨崩解的晚年，應該多花些心思在歷史的教訓上？

即便如此，布爾什維克分子對伏特加仍舊沒有太多好感，最初他們還維持了禁令。列寧在流亡期間偶爾也享用白酒和慕尼黑皮爾森（pilsner）啤酒，但他卻堅稱，俄國無產階級「無需酒精麻醉」，並且譴責他的烏托邦政府買賣「廉價的劣酒」。然而，無產階級有不同的意見。少了伏特加，勞工轉而飲用農民的私釀酒，而農民寧可將稀少、珍貴的穀物和麵包投入非法蒸餾製酒，也不願交付紅軍徵用。私釀酒有如洪水，一發不可收拾。到了一九二〇年代中期，又重新恢復全面的國家專賣制度。

誰是專賣制度最熱情的擁護者？尤瑟夫・維薩里奧諾維奇・史達林。「戴著白手套是無法實現社會主義的！」一九二五年的黨大會上，他如此嚇唬怯懦的同志們。在缺乏其他收入來源和資本的情況下，販酒收入可以——也應該——成為暫時的金雞母。「暫時」沒完沒了，這項收入為史達林奔騰的工業化和隨後的軍事國防建設提供了大部分的資金。

第二次世界大戰爆發，俄羅斯繼續喝。「委員的一百克」（commissar's 100 grams）是最為人們津津樂道的戰時傳說。那是納姆外公的列寧格勒保衛者——笨手笨腳的國防委員克里姆．伏羅希洛夫——律訂的戰士伏特加配額。在後方，伏特加依舊流淌。儘管價格飆漲，酒類仍然佔一九四四、四五年國家總收益的六分之一，是這個被圍困的帝國最大的單一財政稅收來源。

在布里茲涅夫執政以前，祖國已經處於集體的「白色狂熱」——「震顫性譫妄」[10]——之中。或者，以我們自釀的豐富諺語形容，俄羅斯

醉得像鞋匠（kak sapozhnik）
醉進鞋底（v stelku）
彎成軛（v dugu）
鬥雞眼（kosaya）
用眉毛走路（na broviakh）
用角走路（na rogakh）
在酒罐下（pod bankoy）

破成碎片（vdrebezgi）

在此之前，全國的飲酒儀式早已確立，而且持續演變，愈來愈有系統，也愈來愈玄妙奧祕。七〇年代是「半公升」（pollitra，指半公升容量的伏特加）的全盛時期，售價為三・六二盧布──對俄羅斯民族的靈魂來說，這個數字有不可思議的神奇力量。神聖的十二稜角玻璃杯（granenniy stakan）；三個人（na troikh）湊錢分享「半公升」的習俗；不論是慶祝購入新的拖拉機或取得博士學位，總免不了的「洗禮」；還有以「請客喝酒」賄賂、換取──從裝修水管到心臟手術──各式各樣的好處。

酒杯裡閃爍著微光的伏特加是俄羅斯的詩歌、神話和形而上的喜悅；是崇拜，是宗教，也是符號能指。伏特加是液態的文化量度，是一種酒精濃度百分之四十的手段──賦予人們機會逃脫社會主義艱辛的日常勞動。除此之外，沒錯，伏特加還是巨大的民族悲劇。同樣重要的是，在戈巴契夫的禁酒政策實施之前──以及，尤其是施行期間──「半公升」是比盧布更穩定的交易和貨幣單位。反正，盧布也總是花在狂飲上。伏特加可作解藥？從與蜂蜜一起加熱治療普通感冒、加入核桃膜治療高血壓到各種令人困擾的嚴重病症──在伏特加杯底，俄羅斯人發現真理。而米哈伊爾・謝爾蓋耶維奇・戈巴契夫企圖奪走這個真理。

也該歸功於他，統計學者日後證實，在「礦物書記」的禁酒政策期間，男性的平均壽命有所增長，之後又急遽下降。一九八九至九四年，一直到葉爾欽（Yeltsin）狂飲伏特加的執政期間，三十五到四十四歲男性的死亡率攀升了七十四個百分比。但正如馬雅可夫斯基所言：「飲伏特加而死好過無聊致死。」

無聊是指……保持清醒不醉。進入陵墓研究實驗室工作以前，爸爸曾經在一所研究機構工作／酗酒。他有個共瓶者（sobutilnik，指最重要的酒伴），是一位滿臉皺紋的老木匠，名叫德米特里．費奧多爾洛維奇（Dmitry Fedorovich）。第一杯黃湯下肚，木匠德米特里總會提起他的弟弟。當他的弟弟因為腎臟病命在旦夕，他滿懷關愛地溜進醫院，帶了「藥」——「四分之一升」（chetvertinka）和一條又大又濕的酸黃瓜。

腎病患者享用完畢，隨即死去。

「想想看，如果我沒能及時趕到，他就要清醒地死去了。」木匠嗚咽啜泣，淚水滴落他的稜角玻璃酒杯裡。他的酒伴也跟著落下淚來。

清醒著死去。對一個俄羅斯男人來說，還有更可怕的死法嗎？

★★★

如同所有的俄羅斯家庭，我家也和「綠蛇」有所瓜葛。不過，以俄羅斯的酗酒定義——雙手顫抖、曠工翹班、完全神智不清、英年早逝——來說，只有我的舅舅薩什卡符合標準。他是個酒鬼（alkologik，又稱 alkash、alkanaut、alkimist），在莫斯科的知識分子圈子裡，就連最嗜酒成性的人都要敬他三分。他之所以有這樣的地位，「那個意外」是主要的原因。當時，媽媽懷著我，已經有四個月的身孕。

有一天，媽媽接到神祕失蹤的爸爸從莫斯科最出名的外科創傷醫院「斯克利夫」=打來的電話。「我們不想驚動你。」他含糊地說。

在「斯克利夫」，媽媽見到她當時二十二歲的小弟昏迷不醒，多處骨折，喉嚨裡還插著一條管子。牆壁和天花板濺得滿是血漬。她差點流產。

幾天前，薩什卡喝得爛醉，東倒西歪地來到納姆和莉莎位於五樓的阿爾巴特公寓家門前。他找不到鑰匙，便試圖效法蛇蠍美人尤莉亞阿姨英勇的追求者們。為了贏得她的芳心，這些波西米亞酒鬼經常爬出樓梯間的窗戶，攀上她的陽台——即使是對清醒的人來說，這也是馬戲團等級的動作。

薩什卡爬出窗外，殊不知陽台欄杆早已因為過度使用而鬆動。

舅舅和欄杆一起從五樓摔落下方的柏油路面。

他剛好在他的母親腳邊著地。當時，外婆正帶著我的小表姊瑪莎散步。後來，醫院裡的人將他血跡斑斑的衣物交給莉莎外婆，鑰匙就在口袋裡。

薩什卡舅舅在「斯克利夫」度過了恐怖的六個月，出院時是半個殘障人士——一條腿變短了，一隻手臂部分癱瘓，語言也有障礙——但他飲酒的意志卻絲毫不減。

我們搬進阿爾巴特公寓後，薩什卡經常醉得不省人事，被要好的酒友或善心的路人拖回家。又或者，爸爸和媽媽得去附近的「醉漢拘留室」領他回來。他整夜待在走廊裡，身上奇臭無比，我們的小狗比蒂會叫著跑開。隔天早上，我會坐在他癱軟的身子旁，用濕布擦去他鼻子上的血，等待他甦醒過來、用他豐富而且極具詩意的酒鬼語言教我唱首短歌。

有一首歌我記得特別清楚，歌詞裡敘述了狂飲的順序。遺憾的是，其中濃烈的氣息無法被完整地翻譯出來。

一天內我們喝光了伏特加
接著狂飲酒精和私—釀—酒！
然後我們灌下
亮光漆和古—龍—水！

爸爸告訴我，一百度的工業酒精最好吐氣喝下、緊緊捏住鼻孔，否則會被煙氣嗆到。關於私釀酒，我也是從父親口中聽來的。偶爾，他會在我們的小廚房裡，用媽媽的壓力鍋和從列寧的陵墓研究實驗室偷來的高科技設備蒸餾私釀酒。亮光漆（politura）顯然更加可怕，而劣質的古龍水（odekolon）想必也不是什麼水果甜湯。

除此之外，在戈巴契夫執政以前放肆狂飲的歲月裡，薩什卡和同伴們還有許多其他飲料。「嘟囔者」（bormotukha）是廉價的代用波特酒優美的暱稱；染成藍紫色的變性乙醇（denaturat）和煞車油（tormozok）；還有「BF」藥用黏著劑——人們深情款款地稱之為「鮑里斯．費奧多爾洛維奇」[12]——只要將它加入裝有鹽水的桶子裡，巧妙地以鑽頭高速旋轉，就能分離出好東西。如同所有的蘇聯酒鬼，薩什卡非常嫉妒「米格二五」（MIG-25）的飛行員。順道一提，這款戰機是由史達林時代食品工業人民委員的弟弟阿爾喬姆．米高揚（Artem Mikoyan）共同設計。它裝配有四十公升最純粹的頂級工業酒精作為防冰劑，被人們暱稱為飛翔的食品店（letayushchy gastronom）。駕駛以水替換酒精、暢飲防冰劑而導致飛機墜毀的案例屢見不鮮，但依舊沒能讓人打消飲酒的念頭。

小時候，我根本不覺得薩什卡的行為偏差或令人不悅。蘇聯藝術、科學和農業領域最頂尖、亮眼的菁英都這麼飲酒。我跛足、總是喃喃自語的舅舅完全不是社會的邊緣人——他擁有藝術史博士學位、三個漂亮的女兒和一群莫斯科知識分子圈內的追隨者。

我們寬大、仁慈的俄羅斯心靈對酒鬼特別有好感。他醉得不省人事、倒在街上時，女人同情他，男人羨慕他。在我們的紅色旗幟下，他取代斯拉夫東正教的聖愚（yurodivy），成了無家可歸、赤身半裸的先知，在街上漂泊漫遊，吐露苦澀的真相。苦（gorkaya）源自悲傷（gore），在民俗文化裡亦是「伏特加」的同義詞。相反地，我們寬宏的俄羅斯心靈對於滴酒不沾的人則是不屑一顧。人們鄙視、嘲弄他們，慫恿他們飲酒，視他們為反俄羅斯、反社會、反心靈的——猶太人，或許吧！——總而言之，一點也不愛國。而戈巴契夫選擇穿上這樣的毒斗篷[13]邁步前進。

九〇年代初，在「駝子」卸任之後，薩什卡曾經來到皇后區拜訪我們。那是我最後一次見到他。他在我們傑克森高地的公寓待了他的兩個星期，因為害怕高樓大廈會倒在他頭上，所以不敢進曼哈頓。在他停留期間，莉莎外婆過世了。薩什卡得知這個消息，喝掉了媽媽藏在櫥櫃裡的一整瓶「富蘭葛利」（Frangelico）榛果甜酒——我只來得及喝到一點點。我和他坐著啜泣，直到媽媽下班回來，我們才告訴她這個消息。

幾年後，他過世了。他死得太早，才五十七歲，一個真正的酒鬼。

「你瘋了嗎？」當他的女兒妲莎將他的遺體送進莫斯科的停屍間，管理員說。「誰會把這麼難看的遺體送進來？弄得好看一些再送回來，到時候我們再說。」

阿拉奶奶是比較開心的酒鬼。

阿拉喝得優雅，喝得有滋味（smak）、有火花（iskra），而且非常重視與「半公升」有關的各種傳統和禁忌。她取用「調色盤」（palitra）的諧音，戲稱它為「藝術創作的半公升」（pollitra trvorcheskaya）。我年紀太小，還不能成為真正的酒友，但我是她精神上的酒友，將伏特加習俗和祖母的搖籃曲一併記憶下來。在我們的國度裡，酒取代了聖水，飲酒的儀式就像是領聖餐，必須嚴格遵守。

獨自飲酒是頭號的褻瀆行為。

落單的飲酒者是反社會的敗類，甚至更糟——是悲傷、一敗塗地、病態的酒鬼。

「安紐奇克，我從來沒有——從來沒有！——獨自喝過一滴酒！」阿拉自豪地說。

「阿拉．尼古拉耶夫娜！」媽媽會在爐邊大喊，語氣裡聽得出家長深沉的責備。「你為什麼要對四歲的孩子說這些？」

阿拉和女性朋友們喝酒時，會先在我專屬的十二角杯裡倒入檸檬水（limonad），然後將伏特加分給真正的酒伴們，一人五十克，不多也不少。眼睛利得像鑽石（glaz-almaz）——她的酒伴們這樣稱讚她。

在她們的指示之下，我會含情脈脈地盯著自己的玻璃杯，然後在大家開始祝酒前喊出一聲眾所期待的「來吧」（nu）。祝酒辭是少不了的——從至關重要的「我們將（Budem）」到獻給每位亡故親人的華麗頌辭。從高加索來的人們特別會說頌辭。

我會像大人一樣，急促地呼出一大口氣，然後把頭往後仰。對準扁桃腺，一口喝下。大喊：「順啦（Khorosho poshla）！」然後果決地嚥下一口小菜，接著才能好好吸氣。

喝酒少了下酒菜則是另外一項禁忌。酸黃瓜、鯡魚、魚子醬、香辣爽脆的酸菜和蒜味臘腸。數不清種類的美味俄羅斯小菜，似乎就是為了伏特加而量身設計。在戰後困乏的歲月裡，阿拉和年輕的謝爾蓋將洋蔥切碎、鹽漬，然後鋪上美乃滋——那就是貧困的下酒菜。當男人們在工作時飲酒，他們偏好錫箔紙包裝的長方形「友誼」加工乳酪或類似午餐肉的罐頭。那種罐頭有個田園風味的名字——「旅人的早餐」（Zavtrak Turista）。完全沒有食物嗎？伏特加下肚之後，吸吸自己的袖子。因此，人們管它叫「配布下酒」（zakusit' manufakturoy）。無法翻譯、只有在蘇聯喝過酒的人才能意會的俚俗說法不勝枚舉，這不過是其中之一罷了。

最後，沉默也是讓人看不起的飲酒行為。在酒杯裡發現的「深刻真理」必須和酒伴分享。阿拉非常喜歡這樣一則笑話：兩個酒鬼慷慨激昂地說服了一位知識分子（intelligent），湊足三個人買酒——和陌生人分享一瓶「半公升」是稀鬆平常的事情，而三人是結伴飲酒的最低限制。為了擺脫醉漢，知識分子心不甘情不願地交出一盧布，但他們堅持他必須把自己的份給喝了。他照做，然後逃跑。他的酒伴們追著他，繞了莫斯科半圈。

「什麼……現在你們又要我幹什麼？」他大喊。

「來喇賽一下吧（A popizdet'）？」這句下流的粗話大概可以翻成：「老兄，來打屁一下吧？」

★★★

一口又一口五十克的私釀酒、鯡魚、酸黃瓜、祝酒辭——在五平方公尺大、被粗劣的「爪哇」14香菸熏得煙霧彌漫的莫斯科廚房裡聊天——在冰雪覆蓋的「改革」首都，這一切重新建立了我和父親之間脆弱的連結。

我們又回到一九八七年十二月，喚醒我們的探親童話故事。

我與父親的這道連結不太動感情，近似男性之間的友誼，而非裝模作樣、親來親去的俄羅斯式親情——彼時如此，之後也始終如此。在未來的歲月裡，伏特加、酒精和私釀酒成了我們父女關係的潤滑劑。畢竟，作為一個蘇聯後裔，真正瞭解父親——或祖國——的唯一方式，不就是和他一樣成為大人，成為他的酒伴？

與爸爸共飲不到幾小時，我便已經明白，在謝列梅捷沃機場我真是誤會他了。我已經成了笑臉迎人的美國人，在那個國家，人們總是說「把錢放在嘴邊」15，我誤以為謝爾蓋凹陷的嘴巴象徵他衰敗的淒慘生活。但他有不同的看法。原來，他沒了牙齒，卻得到自由——從常規、排隊買牙膏和蘇聯牙科的中世紀野蠻暴行中解放出來。他先是被幼子安德烈意外敲掉幾顆牙，牙齦疾病又帶走了剩下的牙齒。隨著嘴裡多出一塊塊空隙，父親感覺自己與自由愈來愈近。

女人們照樣愛他。那位比他年輕十六歲的漂亮情婦蓮娜（Lena）等了他五年，讓他和第二任妻子瑪莎「把事情處理好」。瑪莎和爸爸喝起酒來非常合拍，但做夫妻卻是糟糕透頂的一對。一九八二年，瑪莎拿伏特加酒瓶敲了爸爸的頭，他們的婚姻也正式畫下句點。然後，爸爸便和蓮娜結婚了。

比沒有牙齒更加美妙的是，謝爾蓋沒有真正的工作。

不必為了工作（sluzhba）——可怕的社會主義勞動——而天天上班報到。這可是他那一代偷懶怠惰的男性知識分子夢寐以求、卻難以企及的邪惡機遇。

我們移民美國三年之後，謝爾蓋遭到解雇，被迫離開他在列寧墓實驗室受人尊重的機密工作——愚蠢的KGB駐點線人花了這麼長的時間，才發現爸爸的第一任妻子是祖國的叛徒，除此之外，謝爾蓋還和危險的異議分子一起喝酒。爸爸故作無辜，到地方民警局應訊。兩位KGB同志熱情地招呼他。他們表現出親如手足的模樣，憂心忡忡地責怪爸爸，說他不該使自己在蘇聯社會上無法立足。他們暗示：如果布連姆森同志願意供出他的異議分子酒伴，一切都能解決。父親拒絕了。他好心腸的列寧墓主管含著淚將辭職文件交給他。爸爸離開了放滿遺體的地下室，害怕不安，卻也感覺到某種存在的輕盈。他才剛滿四十歲，從此不必再伺候列寧不朽的遺體了。

隨後，在幾個頂尖研究中心的短暫工作使謝爾蓋更加鄙視社會主義勞動。在獸醫實驗研究中心（Institute of Experimental Veterinary Science），那些博士們藉著訪視集體農場，搜括劫掠，大撈油水。蜜蜂疾病部門的主管累積了令人格外興奮的工匠蜂蜜收藏。爸爸又辭職了。臨走之前，他還偷了一組捷克製的螺絲起子——至今仍然保存著。

然而，在我們正義的祖國，完全無業是不被允許的。為了避免被以「寄生蟲條例」關進監獄，爸爸策畫了一起死魂靈式[16]的陰謀。透過關係，他假裝受聘於莫斯科最頂尖的腫瘤研究中心。每個月，他進中心一次，領取薪水——他保留一小部分，然後立刻在無人的街角交給他的上司。他唯一的義務？是強制性的集體農場分配勞動。爸爸和傑出的腫瘤醫生們一起餵牛、挖馬鈴薯。這些郊遊有種田園牧歌風格的迷人魅力。在早晨開往集體農場的巴士上，醫療用酒精瓶就已經登場。到達的時候，這些蘇聯腫瘤醫學界的重要人物神清氣爽、喝得爛醉。接下來兩週，他們都離不開酒。當這個「工作」結束，爸爸又得到另一個更好的「安排」。如今，他的勞動文件上充滿令人敬畏的工作經歷，同時，他還持續領取政府的津貼。他成天享受奧勃洛莫夫一般的生活，待在自製的沙發（divan）上，讀小說，聽歌劇，從他根本不大瞭解的語言翻譯技術文件，賺取一些小錢。與此同時，他全心奉獻的妻子則辛勤地工作。

我浪漫的媽媽英勇地遠走外國，藉此對抗蘇聯的日常勞動。爸爸則是以他狡詐的方式擊敗它。不過，我的爸爸，他可不只是一隻聰明狡猾、無所事事的樹懶而已。

★★★

一九八七年十二月的晚餐邀約聽起來像是尷尬又正式得詭異的求婚。

「我想……呃……招待你來作客。」在我們散步時，謝爾蓋對媽媽說。他本來想在生硬的「招待」上加入他一貫的諷刺，想不到他的聲音竟然在顫抖。

母親聳聳肩。「我們可以找時間過去喝杯茶。」

「茶（chai）可不夠。」爸爸堅持。「但請給我幾天時間準備。」我感受到他的話中強烈的渴望，便代替媽媽接受邀請，露齒而笑，說了聲美式的「謝謝」。

「美國人。」爸爸說，撫摸我的浣熊皮草大衣。我感受到一種近似父愛的情感。噢，沒錯，當然。俄羅斯人才不會這麼輕易露齒笑、說謝謝。

為了這趟拜訪，媽媽化上比平常濃的妝。她也迷人地笑了，露出完美的新牙套。在爸爸的門階上，她讓自己看起來有十呎高。

謝爾蓋早就離開了阿爾巴特公寓，搬到水泥色的加里寧大街另一側，住在一條氣氛宜人的巷子裡。從他溫暖舒適、三十五平方公尺大的一房公寓，可以俯瞰政治局的綜合醫院。我望出窗外，看著下方政府官員的黑色「海鷗」[17]轎車緩緩移動的輪廓——載著病弱的黨特權分子來接受高品質的急救醫療。

我盯著「海鷗」，避開金黃色的芬蘭三腳桌。那是我們昔日共同生活的遺跡，熟悉得讓我幾乎掉下淚來。桌上的一道刮傷是我八歲時蓄意破壞的證據，燙痕則是母親缺角的琺瑯瓷茶壺——那個在我的美國噩夢裡出現的茶壺——留下的標記。厚重的碗櫥裡放著古董白鑞茶炊。一個下著雨的四月天，我和媽媽在垃圾場找到這具茶炊，沿途跳步躍過路上的小水坑，將它帶回家，並且用潔牙粉擦亮。我兒時枯燥無趣的水彩畫掛在謝爾蓋的牆上，彷彿全是馬諦斯的作品。我注意到一幅毫無生氣的靜物畫，插滿藍鐘花的仿鄉村花瓶出自媽媽的畫筆。

「我想，我們離開之後，他創造了某種對我們的崇拜。」她在我的耳邊輕聲說道。

當爸爸穿著拖鞋匆忙地進出狹小的廚房，他的妻子蓮娜以清晰洪亮的少年先鋒隊員嗓音與我們閒聊。令人不安的是，她的身材和短髮都和母親一樣，只不過她有個翹鼻子，妝也淡多了，淺亮的眼睛是晶瑩的藍色。我在那晶瑩的眼眸裡看見恐懼。她就在這裡——可怕的第一任妻子。從流亡中重生，凱旋歸來，半倚在爸爸的紅褐色沙發上，一副皇太后般寬宏大度的姿態。

「蓮娜奇卡[18]，」母親對她說，「你就不能說服謝爾蓋去配副假牙嗎？」

我們已經取出了禮物。普魯斯特給爸爸，廉價商店的美式富足精選小物給蓮娜，再加上一瓶貴得離譜的「斯米諾夫」（Smirnoff）伏特加——購自一間外匯商店，那裡沒有憤怒的暴民。

我沒有牙齒的父親以自製的佳釀回敬我們闊氣卻乏味的伏特加。那酒之精緻高妙，簡直令人難以置信。他用媽媽的老古董壓力鍋蒸餾出核桃風味的琥珀色私釀酒，嘗起來一點也不像無產階級的劣酒，而是高貴、奧祕的威士忌。在另一個玻璃酒瓶裡，鮮豔的粉紅色酒精閃爍著微光。我這才知道，這泡著糖漬越橘的酒以亞歷山大．涅斯梅亞諾夫（Alexander Nesmiyanov）命名，叫作「別—笑—夫卡」[19]。涅斯梅亞諾夫是俄國首屈一指的化學家，他厲害的夥伴們就是在他的科學實驗室裡發明了這酒的配方。越橘神奇地使五十度酒精的刺激口感變得柔和，這魔藥在我的肚子裡持續不斷地綻放，像是冬日珍貴的康乃馨花苞。

「那些小點心不是你的最愛嗎？」爸爸溫柔地說，遞給坐在沙發上的媽媽一片小巧精緻的焗烤吐司。

「友誼乳酪、芫荽，還有什麼，喬治亞阿吉卡辣醬（adzhika）？」她冷冷地評論道。

「我自己做的阿吉卡辣醬。」爸爸謙卑——幾乎是低聲下氣——地說，遞上另一盤以鮮魚和蛋做成的神奇佳餚。

他的下一招是甜菜湯。

這和媽媽過去輕鬆容易的素食版本——以平淡的根莖蔬菜和番茄醬汁燉出的簡單美味——全然不同。母親做起菜來隨性衝動、充滿幻想，而我遊手好閒的爸爸竟然是個有條不紊、堅決果斷的工藝大師。他堅持刻苦地從胡蘿蔔和甜菜榨取新鮮的汁液，加入香醇濃厚的牛肉高湯，然後將所有食材浸泡一天，在最後時刻點綴令人驚喜的碎蒜和香脆的鹹豬油渣（shkvarki）提味。

爸爸做的薩奇維（satsivi）——滑潤的喬治亞核桃醬雞肉——同樣讓我啞口無言。我想到要在莫斯科找到一隻像樣的雞根本是不可能的任務；想到馬戲團附近的中央市場裡可怕的核桃價格；想到將核桃去殼、研磨的苦難工作；想到大量的蛋黃使醬汁更加豐潤飽滿。每吃一口，我就更加敬佩父親，對他最後一點的不諒解也跟著煙消雲散。我又一次成為兒時那隻巴甫洛夫（Pavlov）的小狗——光想到他偶爾回家時帶來的輕輕搖晃的酪乳凍和乳酪條，我就口水直流。這個男人，這個穿著鬆垮的運動褲、嘴巴塌陷的騙子——他是廚房裡的神。

再說，這頓晚餐不就是他表達關愛的方式嗎？

然而，他榨汁、研磨，在一道奢華的雞肉料理上花費一整個月的預算——這一切都不是為了我。爸爸羞怯地懇求讚許，但他看著的不是我的臉。

一轉眼，兼作餐廳用的客廳變得悶熱又擁擠。我溜進廚房，在那裡，蓮娜正悶悶不樂地抽著爸爸的「爪哇」，一根接著一根。她的杯子裡裝著粉紅色的越橘酒精。我不願讓她犯下獨自飲酒的罪孽，舉杯說了句老套的祝酒辭。

「敬我們的相遇（Za znakomstvo）！」

「來喝交杯酒吧（Davay na brudershaft）？」她提議。交杯是一種飲酒習俗：剛認識的朋友交錯手臂，大口喝下對方的酒，然後親吻彼此。自此之後，兩人以親暱的「你」相稱。我們飲盡杯中的酒並親吻。蓮娜的臉頰有種嬰兒般天真的柔軟。我和爸爸的新妻子——現在是酒伴了。好拍檔。

回到客廳裡，我發現謝爾蓋在媽媽身旁輕柔地細語。「那時候，」我無意間聽到，「我覺得食物比較好吃……」

媽媽仍舊掛著禮貌而尊貴的微笑。一整晚，那微笑都未曾自她臉上消失。

按照規矩，我們喝下最後一杯酒告別。「上路吧（Na pososhok）[20]！」

「這頓晚餐真是棒極了。」媽媽在狹窄的走廊上說。爸爸熱切地將仿貂皮兔毛大衣披上她的肩膀。「誰能料到你是這麼厲害的（klass）廚師！」然後，她用「真高興見到你」的美式語氣，輕快地說：「你一定要給我你那道陶鍋燉牛肉的食譜！」

「拉莉斯卡！」爸爸嘀咕，藏不住心中的絕望。「那是你的做法，也是你的陶鍋。那是我送給你的生日禮物。」

「是嗎？真的嗎？」媽媽親切地說。「我完全不記得了。」

就是這樣。她空洞的、美國化的笑容告訴他——一切都過去了。

「太精彩了，塔季揚娜（Tatyana）！」在電梯裡，我對著她喊。「史坦尼斯拉夫斯基都在墳墓裡為你鼓掌。」媽媽在她的妝容之下給了我一個非常蘇聯式的疲憊微笑——不露出牙齒。

我的「塔季揚娜」典故出自普希金的詩體小說《葉甫根尼．奧涅金》（*Eugene Onegin*）中，最受俄羅斯女性喜愛的場景。塔季揚娜——我們的文學世界中最浪漫抒情的女主角——和偽拜倫（Byron）式的男主角奧涅金，在聖彼得堡一場華麗的舞會上再度相遇。過去，當塔季揚娜還是個憂鬱的外省少女，奧涅金曾經殘酷地奚落她的愛意。如今，她盛裝打扮，富有、冷豔，而且盛氣凌人。相隔多年之後，兩人重逢，輪到奧涅金陷入熱戀——而塔季揚娜則扮演輕視、不屑的角色。悲傷的部分呢？她依舊愛著奧涅金！但她結婚了，早就向前邁進，昔日的一切都已成了過去。而對於媽媽來說，更悲傷的部分呢？結婚的人卻是謝爾蓋。

在外祖父母漆黑一片、太過悶熱的公寓裡，躺在摺疊床上，我想我聽見了母親的哭聲——那麼安靜，一如往常。而從奧德薩來的親戚們則繼續鼾聲大作，打呼個不停。

譯註

1．騷莎（Salsa）和昆比亞（Cumbia）皆為源於拉丁美洲的音樂風格。

2．阿歷克謝．尼古拉耶維奇．柯西金（Alexei Nikolayevich Kosygin, 1904-80）曾任蘇聯部長會議主席，於一九八〇年十二月十八日逝世。

3．布拉格之春（Prague Spring）是一場捷克斯洛伐克的政治民主化運動。一九六八年一月，亞歷山大．杜布切克（Alexander Dubček, 1921-92）就任捷克斯洛伐克共產黨第一書記，大力推動改革、開放，展現強烈的獨立傾向。該年八月二十日，蘇聯武裝力量入侵捷克，運動於是告終。

4. 鮑里斯·阿庫寧（Boris Akunin, 1956-）本名格里戈里·沙爾沃維奇·契哈爾季什維利（Grigory Shalvovich Chkhartishvili），喬治亞裔，為當代俄國暢銷作家、日本學者，以偵探、歷史小說聞名。

5. 拉莉斯卡（Lariska）為俄文名拉莉薩的暱稱。

6. 安德烈·普拉托諾夫（Andrei Platonov, 1899-1951）本名安德烈·普拉托諾維奇·克里門托夫（Andrei Platonovich Klimentov），是二十世紀蘇聯作家，著有長篇小說《切文古爾》（Chevengur）等作品。他雖為共產主義者，但對革命、集體化和史達林的政策皆有深刻批判，故不見容於當代。

7. 米哈伊爾·阿法納西耶維奇·布爾加科夫（Mikhail Afanasyevich Bulgakov, 1891-1940）為二十世紀蘇聯作家，著有小說、戲劇作品多種，其中以長篇小說《大師與瑪格莉特》（The Master and Margarita）最為知名。

8. 俄語中，「駝子」（gorbach）與「戈巴契夫」音近。

9. 俄語中，「綠蛇」（zeleny zmey）指酒或酗酒問題。

10. 「震顫性譫妄」（DTs）指酒精戒斷之後顫抖、虛弱、精神錯亂的不適現象。

11. 「斯克利夫」（Sklif）指莫斯科急救醫院，以十九世紀名醫尼古拉·瓦西里耶維奇·斯克利夫索夫斯基（Nikolai Vasilyevich Sklifosovsky, 1836-1904）命名。

12. 「BF」為「聚乙烯醇縮丁醛—酚醛」（Butyral phenolic）之俄文縮寫。人們將之擬人化，戲稱為「鮑里斯·費奧多爾洛維奇」（Boris Fedorovich）。

13. 附有劇毒的衣物是傳說故事中常見的物件，希臘神話裡涅索斯（Nessus）殺害赫拉克勒斯（Heracles）的故事即為一例。毒斗篷引申指難逃的厄運。

14. 「爪哇」（Yava）香菸自一九六六年起生產，是蘇聯第一款附有濾嘴的香菸。

15. 英文俗諺「把錢放在嘴邊。」（Put your money where your mouth is.）是勸人別光說不練，而必須付諸行動。

16. 在果戈里的小說《死魂靈》中，主角四處向地主收購已經死去、但仍登記在籍的農奴，藉此行騙。

17. 「海鷗」（Chaika）轎車由高爾基汽車工廠（Gorkovsky avtomobiliny zavod，簡稱GAZ）生產，為豪華的汽車款式，是蘇聯政府官員的標準座車。

18. 蓮娜奇卡（Lenochka）為俄文名蓮娜（Lena）的暱稱。

19. 俄語中，「涅斯梅亞諾夫」與「別笑」（nesmiyanovka）音近。

20. 原意指「拄著小手杖」。

★1990年代

破碎的宴會

加入大量當地出產、未熟成的蘇魯古尼（suluguni）鹹乳酪之後，平淡無味的阿布哈茲風味的玉米糊阿比斯塔（abysta）彷彿活了起來。於是，我在阿布哈茲稀粥裡也放了些蘇魯古尼，然後看著乳酪融化。

一九九一年的耶誕節，將近晚上七點。

在產酒的鄉間一戶富裕的人家裡，頭髮烏黑的壯實女人們正在廚房內看顧冒著氣泡的大鍋。幾天前，我和男友約翰抵達阿布哈茲——這是位於莫斯科南方一千英里遠、自喬治亞分離的獨立共和國。在這個棕櫚樹環繞的亞熱帶蘇聯濱海度假勝地，原始而不祥的黑暗吞沒了首都蘇呼米（Sukhumi）。沒有電，也沒有飲水。在黑暗的街上，少年揮舞步槍，鹹而潮濕的黑海海風挾帶著災禍降臨的氣息。我們到達時，阿布哈茲和喬治亞的血腥衝突正揭開序幕——這場紛爭至今仍然懸而未決。然而，在這裡，在酒莊主人的鄉間宅邸中，平靜和富足的假象依舊。

女人將一盤盤乳酪麵包端進房間，一大群男人擠在長桌旁。大家頻頻為我們舉杯，已經數不清喝下了多少自釀的伊莎貝拉-紅酒。依照傳統，女人不能和男人同桌，所以她們待在廚房裡做菜、看電視。我走進廚房向她們致意。

就在七點整，我正要將一匙玉米糊放進嘴裡，卻突然僵住了。

一個熟悉的男人出現在電視銀幕上。他穿著時髦好看的細條紋西裝，但卻少了往常專斷獨行的魄力。他看起來緊張而且疲憊，站在灰色的背景和左手邊鮮紅色的蘇聯國旗前，他的皮膚呈現詭異的粉紅色調，額頭上的胎記輪廓像是用粗鉛筆畫上的。

「親愛的國民同胞們！」米哈伊爾・謝爾蓋耶維奇・戈巴契夫說。自他就任蘇聯（Sovetsky Soyuz）領導人以來，已經六年九個月過去了。

「由於情況演變……」

所謂情況如下：八月間，黨內八位強硬派分子試圖發動一場政變，衝著戈巴契夫而來——這些人愚蠢至極，而且其中幾位當時顯然是喝醉了。暴亂幾乎隨即宣告失敗，但蘇聯中央集權的支柱已經出現裂痕。俄羅斯共和國暴躁的新任總統鮑里斯・葉爾欽馬上行動，躍身成為反對派的領袖、全民的英雄。戈巴契夫勉強地硬撐著——在面臨崩解的帝國之上搖搖晃晃。

「由於情況……」

戈巴契夫繼續說，而我則是全程張大嘴巴。

★★★

一九八七年十二月我們首次返回莫斯科之後，我自己的情況也有了許多改變。回到皇后區，我埋首在母親的沙發上，不停啜泣。「在那裡，大家都愛我們！」我號啕大哭。「在這裡，我們一無所有，孤苦無依！」

除此之外，我還有其他哭泣的理由。難怪占卜師泰莉對我成為國際鋼琴大師的未來緘默不語。一顆黃香李大小的腫塊使我的手腕疼痛、變形，幾乎無法應付鍵盤上的八度音階，得費盡力氣才能奏出比中強音大聲的和弦。我愈折磨琴鍵，手腕上的李子就愈是令我煎熬。

面色嚴厲的骨科醫師要我立刻動手術。

不過，一位鋼琴演奏傷害權威有不同的看法。原因在於，我的技法完全錯誤。她強硬地說，除非從頭開始重新學習鋼琴，否則我的「神經節」腫塊一定會再度復發。我延後「茱莉亞」的碩士考試，並且報名了她的復健課程。我六歲住在莫斯科時開始彈鋼琴，就從我們的「紅色十月」立式鋼琴彈起。在我演奏出的樂音——我的樂音——之中，我毫無保留地投注了自己的身分認同。現在，二十四歲，我重新學習彈奏音階，手腕上還有李子般大的腫塊。我還記得，大師閃亮的「史坦威」鋼琴映照出我的臉孔，看起來一副想自殺的模樣。

每個星期，我都得付給她一大把鈔票，為了應付這筆開銷，我開始接下翻譯工作，吃力地溫習移民中途待在羅馬時學會的義大利文。某天，一本重如伊特拉斯坎（Etruscan）厚石板的食譜降臨我的書桌。就這樣，青醬義大利麵（spaghetti al pesto）和鮪魚小牛肉（vitello tonnato）取代流暢的行板（andante spianato）和生動活潑的快板（allegro con brio），佔據了我的生活。當我悶悶不樂地將食譜抄錄在索引卡上，在同一個房間裡，我的男友約翰正在完成他的博士論文——充滿德希達（Derrida）術語，對我來說簡直像是斯瓦希里語（Swahili）一般。

我和約翰在八〇年代中期相遇。當時，他獲得傅爾布萊特（Fulbright）獎學金，才剛抵達紐約。他是個自負的劍橋畢業生，為時髦的《藝術論壇》（*Artforum*）撰寫文章，解構不知名的英倫龐克樂團。而我，和媽媽住在移民聚落裡，正在研究舒曼（Schumann）。不知怎麼地，我們一見如故，過沒多久，他就搬進了我皇后區的臥室。「德希達主義者」（Derridarian）——媽媽這麼稱呼他，彷彿他是來自神祕外星球的存在。「那你是做什麼的？」約翰的後結構主義朋友們問我，一副高高在上的樣子。我盯著地板。我練習音階，也翻譯食譜。

那個想法憑空迸了出來，如一道星火點亮我悲傷絕望的腦袋。如果……我自己寫一本食譜，那會如何？當然，會是俄式食譜，但包含整個蘇聯的料理，廣納多元種族的繽紛差異。我的「德希達主義者」房客慷慨地自願成為我的共同作者，修正我「搖搖晃晃」的移民英文。

我記得，將提案寄給各個出版社的那天，我們真是興奮極了。還有他們冰冷的回覆。「什麼？一本講排隊買麵包的書？」

之後，出乎意料地，有一家出版社同意了。這家出版社還發行了《銀顎食譜》[2]——那是一本掌握了蓬勃發展的美食時代精神的食譜。

簽下了合約，我漫步在百老匯大道上，暈眩的腦袋裡響起一聲尖厲的質問。

「你這個騙子！你憑什麼？『零』，一個又肥又大的俄國的『零』（nol'）！」

的確，我從義大利文的翻譯工作多少學會了寫作食譜的技巧，和媽媽一起滿腔熱情地做菜，有時候還會呆頭呆腦地盯著「迪恩和德魯卡」（Dean & Deluca）店裡貴得嚇人的契福瑞（chevre）乳酪。然而，看著電視上的茱莉亞和雅克[3]，或者瀏覽《美食家》（*Gourmet*）雜誌光鮮亮麗的版面，我依然強烈地感覺到流亡的疏離感——就與第一個淒涼的費城冬日無異。資本主義者正在替鴨去骨，張羅佳節盛宴，而我卻未被邀請。在充斥開心果青醬和嫩煎蘑菇醬的八〇年代「美食」（foodie）世界裡，我不過是個早已出局的輸家，說不定還是個階級敵人。

但我鬆垮垮的袋子裡裝著簽好的合約，還有買來試菜的雞。

我完成第一章——前菜——時，手腕上的腫塊已經消失。寫完第二章——湯品——的時候，經過大師的指導，我的手指已經能夠輕而易舉地彈奏出八度音。但不知怎麼地，那股欲望已經消逝了。在我的指間，拉赫曼尼諾夫（Rachmaninoff）浮誇的和弦顯得空洞。我的聲音不是我的。在我成年之後，頭一回，探究貝多芬晚期的作品不再令我心動。寫到沙拉的時候，我通過了「茱莉亞」的碩士考試，蓋上「史坦威」的琴蓋，在那之後，我幾乎未再碰觸過琴鍵。

那些年以來，始終支持著我、讓我全心投入的愛好被取代了——被一本食譜取代了。

★★★

我回顧自己布里茲涅夫時代的童年，發現有兩段莫斯科回憶是我從事飲食與旅遊書寫的動力，那是充裕富饒與族群和諧的社會主義童話中的兩幅畫面。

一座噴水池。一個市場。

那座噴水池是金色的！名為「民族友誼」（Druzhba Narodov），在國民經濟成就展覽中心[4]裡閃耀著光芒，令人嘆為觀止。一九三九年，我五歲的母親便是在這座延展開來的極權主義迪士尼樂園裡看見伊甸園。

我和阿拉奶奶總愛坐在噴水池紅色的花崗岩邊緣嗑葵花籽。麻雀嘰嘰喳喳，美妙的水柱在十六座比真人還要高大的金色雕像間噴射。這些雕像是穿著民族服飾的集體農場女工，圍繞在富麗華美的小麥泉源周邊。這座噴泉緊接著在史達林逝世之後完工，據傳是由貝利亞下令鍍金。「民族特色的形式，社會主義的內容。」——我們社會主義聯盟共和國的快樂家庭奇觀。我怎麼能告訴反蘇聯的媽媽，我這樣一個憤世嫉俗、讀地下出版品的孩子，竟然對蘇聯帝國主義的幻想感到無可救藥的著迷？而且，那些戴著花冠、頭飾、帽子和緞帶，繫著髮辮的黃金少女還是我心目中的少數民族公主？

民族的友誼……

這個老掉牙的說法是蘇聯政權最強而有力的宣傳咒語之一。民族友誼讚頌帝國的多樣差異，彌補我們因為強加的隔離而未能企及外國的遺憾。官方的說法如下：在東方可以見到撒馬爾罕（Samarkand）的瓷瓦奇觀；在烏克蘭享用潔白、健康的豬油；在波羅的海松樹成蔭的沙灘上嬉戲。況且，在國境之內通行超過一百三十種語言——哪位同志還需要破爛的資本主義巴黎呢？一般的同志當然沒有機會親近熱得讓人汗流浹背的克里米亞海灘。但，噢，對我們蘇聯人的靈魂來說，那多元民族的神話有多麼強大的魔力呀！

我們的蘇聯還真是個聯盟。簡要的概述一下：一九二二年的創始條約將俄羅斯、烏克蘭、白俄羅斯，還有新整併的「外高加索」（Transcaucasus）結合起來，形成最初的蘇聯團體。不久之後，中亞的五個社會主義斯坦（-stans）——烏茲別克、塔吉克、土庫曼、哈薩克和吉爾吉斯——跟著加入。三〇年代中期，「外高加索」恢復喬治亞、亞美尼亞和亞塞拜然的劃分。不過，這些切割和整併並不大高明。以塔吉克人為主的撒馬爾罕歸入烏茲別克，納戈爾諾—卡拉巴赫（Nagorno-Karabakh）的亞美尼亞基督徒，則受困於信仰伊斯蘭教的亞塞拜然。地圖上遍布往後友誼破裂的危險種子。一九四〇年，歸功於奸險的《莫洛托夫—里賓特洛甫條約》[5]，隨著波羅的海的共和國和摩爾多瓦（Moldavia）被迫加入，蘇聯大家庭的成員數量達到十五國。至於黃金噴泉謎樣的第十六位少女呢？她是快樂的卡累利阿—芬蘭聯盟共和國（Karelo-Finnish Union Republic），日後降級為俄羅斯的下屬共和國。

所以，這就是我們——全世界最大的國家，涵蓋地表六分之一的土地面積，從大西洋，至北極圈，再到太平洋，三萬七千英里的疆界之內廣袤無垠的國度。十五個加盟共和國——請注意，從人口將近一億五千萬的龐然大物俄羅斯到迷你的愛沙尼亞，全都按照種族民族主義的原則建立。除此之外，還有二十個獨立自治的次共和國，許許多多的「民族」行政區，一百二十六個官方認可的民族——而族裔則皆是蘇聯。光是在高加索地區，就有超過五十種語言。

這就是那顆在二十世紀的最後十年開始引爆的多元民族炸彈。

★★★

然而，回到我的童年，黨的官方說法千篇一律，盡是**團結一致**。對所有共和國最高的**尊重**。「**民族平等**」是蘇聯偉大的**承諾**！——接著是沒完沒了的熱烈掌聲。布爾什維克前輩們創造了各個民族，史達林則將他們驅逐出境。在布里茲涅夫時代，蘇聯最初關於聯邦制度和民族平權的願景又再度復興——成了一種體制上的庸俗矯情。這個成熟社會主義國家歌頌民族情誼，造就了無止境的民族服飾嘉年華——達吉斯坦[6]的金屬工藝、布里亞特的射箭技巧和摩爾多瓦的刺繡。小時候，我開心地擁抱這一切。國家支持的多元文化主義接二連三的浪潮令我緊張無措，始終渴望找到「我們各民族的料理」。

於是，我想起另一段莫斯科回憶——大道環路上兩層樓的中央市場（Tsentralny Market）。我的旅伴依舊是盡情生活、享樂的阿拉婆婆。

在中央市場，民族友誼像是活了過來——跳動、喊叫、討價還價。那裡沒有金光閃閃的雕像。賣甜瓜的烏茲別克老闆娘聲音尖銳，在條紋圖案的絲質伊卡（ikat）裙上擦拭沾了果汁的手指，塔吉克夫人們則像是女巫一樣，在成堆的小蘿蔔旁徘徊。她們暗沉的眼睛抹上了眼影，兩側的眉毛連成一條邪惡的線。我在市場裡的走道上遊蕩，飢腸轆轆，烏茲別克野蒔蘿和立陶宛葛縷子的香氣使我神魂顛倒。不同於國營商店裡腐爛的蔬菜，對我來說，這裡的農產品都洋溢著極樂的幸福光芒。哈薩克人販賣和足球一樣大的深紅色蘋果——哈薩克的首都是阿拉木圖[7]，意指「蘋果的父親」。說話快速的喬治亞人留著史達林的小鬍子，色迷迷地對著我的金髮祖母吹口哨，靈巧地將報紙捲成錐形，用來包裝以碎金盞花瓣染成黃色的綜合香料赫梹利—蘇涅利（khmeli suneli）。我特別期待看到拉脫維亞的乳製品女王們。波羅的海幾乎是外國了。這些神奇的女子客氣有禮，穿著無瑕的潔白圍裙，在奶奶的空美乃滋罐子裡裝入黏稠、濃郁的酸奶（smetana）。相較於國產酸奶，她們的產品可是高級貨——沒有經過蘇聯乳品偷工減料的程序：混入以水稀釋的牛奶稀釋的酪乳。

★★★

在食譜的序言裡，我滔滔不絕地讚揚中央市場，稱之為一個奇觀、一種象徵。我抱持著民族友誼的精神，首先嘗試爸爸的喬治亞核桃醬雞肉——材料是我走過百老匯時提在袋子裡的雞。喬治亞是蘇聯想像中的西西里，在那塊神祕的土地上，有墨色的葡萄酒、柑橘、詩人、樹下的哲學家和戲劇性的貪汙腐敗。然後，我做亞美尼亞多爾瑪葡萄葉捲，接著是波羅的海鯡魚捲、摩爾多瓦菲達（feta）羊乳酪填椒和白俄羅斯蘑菇。

就連革命前的俄羅斯料理，也反映了帝國的遼闊。一九三九年，米高揚的《美味與健康飲食之書》將這樣的多元差異蘇聯化了。隨著時代推移，我們的社會主義料理相互交融、混合，成了一座泛歐亞料理的大熔爐。在這個橫跨十一個時區的國家裡，正統的飲食包括亞塞拜然人的烤羊肉串（lulya kebab）和韃靼人的炸餡餅（chebureki）。在莫斯科，你可以選擇在以「烏茲別克」、「明斯克」[8]或「巴庫」為名的餐廳用餐；而所向無敵的蘇聯招牌料理——如奧利維耶沙拉和遠近馳名的「穿著皮草的鯡魚」[9]——則為維吾爾人的婚禮和卡累利阿的生日派對增添了幾分社會主義庸俗矯情的色彩。

這就是我試圖在我們的書中訴說的故事。

《請上桌》於一九九〇年年底問世，收錄四百種食譜，共有六百五十頁，重得能將人擊昏。書出版之後，過了幾個月，在澳大利亞的深夜裡，一通電話讓我和約翰嚇了一大跳——當時，我們已經搬到墨爾本，「德希達主義者」在那裡教授藝術史。電話那頭，紐約的編輯非常興奮。《請上桌》——請容我介紹——獲得了「詹姆斯・比爾德獎」[10]。

這個消息令我感到雙倍的震撼。

因為，對於一本厚重豪華、讚揚蘇聯民族飲食情誼的書而言，再也沒有更諷刺的時刻了。那是一九九一年的春天，我們的快樂聯盟正瀕臨瓦解。

有幾個主要原因。其中之一是戈巴契夫處理民族衝突時災難性的作為，和各個共和國內的脫離情緒。另一個因素，則是他執政期間蘇聯經濟的淒慘困境——商店裡幾乎毫無可以食用的東西。

★★★

「哈，最好出版成蘇聯可撕日曆！」兩年前，當我還在為《請上桌》蒐集資料時，我在莫斯科的朋友開玩笑地說。

幾個與我們情同手足的共和國率先發難。

打垮俄羅斯帝國主義！俄國佔領者滾回家去！

一九八九年四月初，在喬治亞的提比里斯（Tbilisi），這樣的情緒高漲，成千上萬支持獨立的示威群眾走上街頭。抗議持續了五天。那個夏天，我與約翰在浪漫的高加索山區採集食譜。抵達提比里斯時，我們發現喬治亞的首都還未從震撼中恢復過來。四月九日，莫斯科的軍隊殺死了二十名抗議者，大部分是年輕女子。不論身在何處，從危樓突出的陽台到庫拉（Kura）河畔峭壁上的餐廳，提比里斯人盛怒翻騰，以恐怖的字眼咒罵莫斯科當局。同時，克里姆林宮卻將屠殺歸咎在地方官員的頭上。

在城裡，我們投宿凡諾（Vano）和娜娜（Nana）家中。他們是一對年輕的建築師夫妻——年輕一輩開明派國族知識分子的花朵。他們高貴的臉龐因為克里姆林宮的鎮壓而憤恨得顫抖。不過，對我們來說，娜娜和凡諾體現了喬治亞人殷勤好客的精神。在當地，人們將賓客奉為造物主神聖的產物，必須慷慨以待。為了向我們致敬，他們將陶土酒甕＝從地底下挖掘出來；一條條布滿皺褶的蜜糖堅果（churchkhella）——包覆在葡萄果汁裡的核桃——疊放成堆。我們在十一世紀的拜占庭修道院建有城垛的圍牆邊野餐。為了這一頓路邊的饗宴，可愛的羔羊被劃破了喉嚨。我們不只成了娜娜和凡諾的朋友，更情同家人。我聲嘶力竭地為他們分離主義的正當反抗歡呼吶喊。

一天夜裡，我們飽食色調深沉、果香芬芳的葡萄酒，以及包著紫羅勒和乳酪的烤餅，坐在鄉間的一棵榲桲樹下。我覺得非常自在，以為可以提到阿布哈茲了。以前，阿布哈茲是喬治亞的獨立自治共和國，如今則正在試圖脫離——喬治亞。上一秒，大家還大笑狂歌。突然間，娜娜和凡諾僵住不動。他們自信、好看的臉龐又因為重新燃起的恨意而緊繃起來。

「阿布哈茲人都是猴子！」娜娜劈哩啪啦地說。「從山上來的猴子！他們毫無文化，沒有歷史。」

「這就是他們應得的。」凡諾氣沖沖地說，殘暴地捏碎一把紫葡萄。紅色的汁液從他雅致的指節間噴射出來。

這個場景預告了戈巴契夫的聯盟的未來。

★★★

人們還得面對咕嚕大叫的肚子。

為了革新蘇聯軋軋作響、鏽蝕斑駁的中央集權系統，戈巴契夫鬆開螺絲，這裡拆一點，那裡卸一些，最後終於讓它停止運轉——但卻沒有任何替代方案。戈巴契夫不停地出爾反爾，使經濟陷入困境，在社會主義計畫和資本主義供需之間搖擺不定。赤字飆升，生產停滯，盧布驟跌，經濟面臨崩盤。

一九八九年起，我與約翰有部分的時間待在莫斯科，並在蘇聯境內四處旅行——這次是為了另一本書。「德希達主義者」打算以這個內爆的帝國為主題，撰寫一部黑暗冒險的紀行。那次我們大致上在冬季——也就是他在澳洲的暑假——暫居蘇聯。我喜歡我們第一次抵達時的情景。我們從墨爾本起飛，在二十小時的飛行之後，來到爸爸和莉莎外婆的歡迎盛宴——感人、豐盛，簡直不可思議。一年過後，我們第二次到訪時情況可就不同了。一九九〇年十二月，莉莎婆婆只有畸形的水煮馬鈴薯和酸菜。她眼中痛苦的窘迫神情我至今依舊記憶猶新。餐桌上坐著「外國來的貴賓」，但她只能端上這個。

「店裡什麼都沒有（Nichevo v magazinakh）！」她大聲埋怨。「櫃台全是空的（Pustiye prilavki）！」

談到困乏，社會主義的語言往往言過其實，所以我並未將她的話當真。商店裡或許沒有你需要的東西，像是即溶咖啡、香蕉，但在過去，你總是能夠買到鹽巴、蛋、蕎麥和粗糙的咖啡色細麵條（vermishel）。第二天，我走進一家位於達維科夫的商店，終於親眼見識到了——空無（nichevo）。貨架上清楚坦蕩、徹徹底底的空無。不，我說的不對。空無的四周環繞著以「海菜沙拉」——一碰就令人作嘔的罐頭海草——堆砌而成的堡壘和金字塔。兩位百無聊賴的女店員坐在空蕩的店裡，其中一個慢吞吞地說著關於「第六等狗肉兌換券」的笑話。這個笑話裡有毛皮、爪子和狗屋的木屑。另一個正在用罐頭堆砌迷你的列寧墓神塔。

「社會主義食物之墓！」

她的笑聲在空蕩蕩的櫃台間回響。

當年，在新年夜的電視演唱會上，頂著巨大髮型的流行天后阿拉．普加喬娃（Alla Pugacheva）高聲嘶吼一首名為〈好吃！好吃！〉（Nyam-nyam）的歌曲。通常她會唱「一百萬朵紅玫瑰」，但現在不是時候。

「打開你的冰箱，拿出一百張餐券／加入水和鹽，請慢用／好吃，好吃／哈哈哈！嘻嘻嘻！」

政府以許多委婉的說法，取代「糧票」這個可怕的字眼，「餐券」（taloni）即是其中之一。其他含糊的託詞，還包括文雅得令人害怕的「購物邀請」。他們只不過是在真相的傷口上撒鹽巴——這是第二次世界大戰結束以來，蘇維埃人第一次面臨糧食配給。而且，戈巴契夫的「開放」政策允許你大方議論、放聲吶喊。「開放政策的意思是，」在一個流行的笑話裡，蘇聯狗向美國狗解釋。「放鬆你身上的皮帶，把裝食物的碗拿走，然後讓你盡情地大聲吠叫。」吠叫聲？從外太空都能聽見。

隨著中央的分配制度瓦解，食物的配送經常得繞進以物易物或地下半自由買賣的模糊地帶。再不然，食物就放在倉庫裡腐壞。如今，還有其他問題——我們幸福快樂的蘇聯團體內部糟糕的經濟嫌隙。地方官員和商人自戈巴契夫手上取得了較大的財政自主，竭力保留珍稀的資源，用以餵飽飢餓的人民。喬治亞扣住柑橘，哈薩克囤積蔬果。當莫斯科——和許多其他城市——開始限制商品供應，僅銷售食物給本地居民，鄰近的區域便停止將乳、肉製品運進首都。

於是，人人都囤藏食物。

我和我身高六呎三的英國男友住進爸爸的公寓，使得四百平方英尺的空間顯得過度擁擠。除此之外，整間屋子宛如一座倉庫。爸爸過著幸福的失業生活，整天覓食、狩獵。在折磨人的食物供給遊戲裡，我的父親是個大師。他跟蹤運送牛奶的卡車，巧妙地偽造伏特加糧票，來去匆匆地避開購買麵包的擁擠人潮。他還自製柔軟而清淡的乳酪。屋裡凹凸的暖氣管像是「斯達漢諾夫」工人的乾麵包烘烤設備。「改革」晚期的自製食品運動，就連今日的舊金山人看了都要肅然起敬。我的朋友們不大堅固的陽台上，好幾隻下蛋的母雞在一罈又一罈三公升的罐子間咕咕叫。罐子裡裝著使用配給的糖做成的越橘漿，和以配給的鹽醃製的酸黃瓜——凡是能被醃漬、保存的一切都被裝罐了。一九九〇年——酸菜之年。

在那些日子裡，我與約翰穿梭在莫斯科和西方世界之間，像是置身超現實的分割畫面。西方媒體滔滔不絕地稱道「戈比」（Gorby）的魅力，盛讚他讓柏林圍牆倒下、終結了冷戰。與此同時，在莫斯科暗淡、冰冷的空氣中，毀滅的陰謀和末日的威脅騷動竄起。飢荒正在逼近；人們向投機的商人購買人道救援包裹，因為服用過期的藥品而暴斃猝死（消息應該不假）。「布希雞腿」（Bush's Legs）——老布希送來的冷凍援助雞腿——肯定是注射了愛滋病毒。美國人正在毒害我們，用病毒雞腿踐踏我們的民族自尊。在私人的售貨亭，人們把尿液裝進威士忌的瓶子中販賣，將老鼠肉包進餡餅裡。那些年邁的婆婆——包著頭巾，見識過三波飢荒的卡珊德拉[12]們——埋伏在商店裡，一見到畸形的甜菜，便大叫：「是車諾比農作！」

不滿的戲劇表演中，不乏嘉年華會的調性，近乎一種倔強任性的歡娛。蘇聯社會過去被迫高唱快樂的祖國歌曲，如今則歡聲雷動地擁抱崩解潰散的反童話故事。

★★★

貨物配送因為汽油用盡而停止，報紙由於缺乏油墨而縮減成四頁；「崩解」（razval）、「分裂」（raspad）和「毀滅」（razrukha）之類的字眼處處迴盪，像是集體的腦袋中一首揮之不去的病態歌曲——就在這樣的時刻，我和「德希達主義者」為他記述蘇聯末年的冒險記事，在帝國境內到處旅行。

請試著想像冰上的沙丁魚罐頭。我們大都行駛在結冰的路面上，不大結實的「日古利」汽車就是我們的交通工具。我們沒有「國際旅行社」[13]的官方許可，依法不能投宿旅館，只好依賴陌生人的善意。我們就好像蘇聯殷勤好客路跑的接力棒，在朋友的朋友的朋友們手中傳遞下去。一九八九年夏天——高加索——和一九九一年十二月——又是高加索——之間，我們的旅行里程長達一萬英里，或再加減一段無盡的迂迴路程。我們在中亞漫遊，顛簸行過伏爾加流域——在那裡，許多老人們依然信仰薩滿教，喝發酵的馬乳。我們遊歷廣闊的烏克蘭邊境和莫斯科「金環」（Golden Ring）上的一座座小克里姆林[14]。

冬季的獵人們！在輕柔的烏克蘭大草原上，一塊告示這樣呼籲。**請餵食野生動物**。

我們的第一位司機是謝遼加（Seryoga）。他是我的表妹妲莎的丈夫，留著金髮，身材瘦弱，曾經參與阿富汗戰爭。

「就這樣，我們在喀布爾（Kabul）附近，」謝遼加典型的公路故事這樣說道。「而這個該死的宣禮人[15]就是不讓我們好好睡覺。後來，我朋友薩什卡就抄出他的卡拉什尼科夫[16]。砰！宣禮人就永遠安靜了。」

謝遼加教了我幾招路上求生的必要技巧。譬如說，如何噴「梅斯」（Mace）防身噴霧——我們在他祖母的豬身上練習。還有，賄賂。你得將一張五元的美金（bak）紙鈔放置妥當，使鈔票的邊緣露出美國「萬寶路」（Marlboro）香菸的紙盒外，然後一面悄悄地將菸盒挪過櫃台，一面眨眼示意，低聲說：「我很感謝，非常感謝。」至於賄絡交通警察（GAI）則由謝遼加親自上場，就連他也不是每次都能成功。在喀山（Kazan）——莫斯科高速公路上的一段路程特別令人沮喪，我們頻頻被攔下，罰款「二十美金」（tventi baks）正好二十二次。這是交警小夥子們的接力賽跑。

至於詩詞、小說和歌曲中，我們多元文化的祖國令人眼花撩亂的百變風景呢？早已被冬日抹去，消失在廢氣煙霧、棕褐色的緊實冰雪和將一切變得扁平的絕望光線之中。

我們自爸爸擁擠的莫斯科公寓離開……還在清晨五點的黑暗中起床，好把握珍貴的短暫日光。爸爸在廚房裡，穿著鬆垮的藍色運動褲，將他用暖氣散熱片烘烤的乾麵包裝進我們的塑膠袋裡。他的中國製鋁質保溫瓶裡裝著高湯。還有泡茶用的電熱器，配給的方糖，十二條從外匯商店買來、可以在路上吃的薩拉米臘腸。我們擁抱，沉默地坐了一分鐘，不多也不少——一種迷信的俄羅斯辭行習俗。

我們抵達……不論是漢薩同盟（Hanseatic League）的塔林或東方情調的塔什干，坑坑洞洞的社會主義道路，總是通往像是樂高玩具一般雜亂延展、汙漬斑駁的不知名水泥建築街區——五層、九層、十三層——一模一樣的街道上一模一樣的計畫住宅區域。

「這位鄉親！」你疲憊不堪，絕望而且飢餓，苦苦地哀求著。「我們在找聯盟街（Union Street）五號，十七B棟，二之六。」

「啥（Chavo）？」那位鄉親大聲嚷嚷。「這裡是工會聯盟街（Trade Union Street）。聯盟街在……」接著，模糊地指出某個方向，就在蘇聯那雪白一片、廣袤無垠的空間之中。

沒有地圖。所有公共電話的話筒都被扯掉。不知道朋友的朋友是不是還備著清淡的茶水和酸菜，等待著你。漫長的一個小時過去，又一個小時。終於，找到地址了。你很夠意思地站在裝了輪子的沙丁魚罐頭旁，直打哆嗦，活像一根被石化的冰柱。謝遼加得拆解「日古利」，車子才不會在夜裡被「扒個精光」。他卸下備胎、裝有預備汽油的塑膠筒、鏡子和把手。有個可憐的笨蛋不過是鬆懈了一個晚上，就得在販賣汽車零件的跳蚤市場花錢買回自己的擋風玻璃雨刷。第二天，我們也這麼做了。我想，我們是在圖拉（Tula）上了這一課。圖拉是茶炊和印有戳記的斯拉夫蜜糖餅的故鄉，在那裡，我們吃了過期的黑市秋刀魚罐頭，差點當場倒下。或者，在中世紀的奇蹟——諾夫哥羅德（Novgorod）？在那裡，一幅十二世紀的輝煌聖像上，頂著金色長髮的天使有全世界最悲傷的眼睛。然而，不懷好意的醉漢更令我印象深刻。他在我們的車牌上吐了一口痰，還把我們瘦弱的阿富汗老兵拖出車外，說要「撕裂他的莫斯科屁股」。在諾夫哥羅德那裡，我不得不真的對人類使用「梅斯」噴霧。

★★★

在諾夫哥羅德中途停留之後，我們前往更文明的波羅的海首都——愛沙尼亞的塔林、立陶宛的維爾紐斯（Vilnius）和拉脫維亞的里加。那是一九九〇十二月，商店的貨架上空空如也；戈巴契夫正在艱苦地掙扎，將半數內閣官員換成強硬派人士。當年春天，波羅的海共和國紛紛宣布獨立，對此，克里姆林宮祭出恫嚇手段和嚴厲的燃料制裁回應。

不過，我們發現波羅的海國家的氣氛令人振奮，甚至充滿希望。

在維爾紐斯，我們投宿一位二十多歲的電視製作人家中，她甜美可愛，身材豐滿，頂著一圈鬈曲的頭髮。蕾吉娜（Regina）的笑聲有些憂鬱，她懷抱極大的愛國熱情，代表現代波羅的海反抗力量的新面貌——這些人誠懇、有文化，相信現在正是矯正歷史不公不義的時刻。她五平方公尺大的廚房裡擺滿了立陶宛白樺樹皮小飾品，宛如反共產主義的「獨立運動」（Sajudis）舒適的家庭分部。波西米亞風格、穿著北歐粗織毛衣的人們來來去去，帶來少量的食物和最新的政治消息——戈巴契夫的外交部長愛德華·謝瓦納茲（Eduard Shevardnadze）辭職了，還警告獨裁政治可能復辟！蕾吉娜的朋友們握著彼此的手，祈禱著，衷心祈求蘇聯壓迫趕緊終結。

我曾經在八歲時因為參與電影拍攝而拜訪維爾紐斯。這座城市使年幼的我神魂顛倒；在我眼中，舒適而布爾喬亞的維爾紐斯，是通往無法企及的西方世界的神奇窗口。尤其令我印象深刻的是，當地的甜點店（konditerai）裡飄散著新鮮研磨的咖啡香氣，還使用貨真價實的鮮奶油。鮮奶油安撫了我的不安，畢竟，我的天啊，立陶宛人還真是憎恨我們俄國人。媽媽總是熱切地企圖粉碎我對於民族友誼的幻想，她告訴我一九三九年強迫佔領事件的經過。或許，這就是我頭一次預見了蘇聯的不和諧。我記得自己愧疚極了，彷彿是我簽署了《莫洛托夫—里賓特洛甫條約》，將波羅的海移轉給史達林。所以，此刻我和蕾吉娜一同祈禱。

隨著耶誕節即將來臨，蕾吉娜有個瘋狂的點子：夏克提斯（Šakotis）！

夏克提斯（意指「分枝」）是一種立陶宛蛋糕，作工精緻得令人讚嘆，外型像是枝條尖刺的樹。就連在豐裕的歲月裡，也鮮少有人在家中製作這道糕點——每一公斤奶油得加入五十顆雞蛋；除此之外，夏克提斯得在桿子上旋轉烘烤，同時塗上一層層濕答答的麵糊。然而，蕾吉娜已經下定決心。如果連維陶塔斯．藍茨貝吉斯（Vytautas Landsbergis）——「獨立運動」的領導者，一位說話溫吞、學究迂腐的前音樂學者——都能挺身對抗蘇聯巨獸，她一定也能做好夏克提斯。朋友們帶來奶油、雞蛋和少量的白蘭地。我們全都坐在廚房裡，烤製一層又一層皺巴巴的麵糊，準備將材料堆疊在即興創作的「樹幹」上。

結果，夏克提斯古怪而美麗，儼然一座脆弱又畸形的樂觀精神高塔。我們伴著燭光享用；有人撥起吉他，女孩們吟唱立陶宛的民俗歌曲。

「大家來許個願吧。」蕾吉娜鼓掌提議。她看起來高興極了。

三個星期之後，我們在莫斯科接到她的電話。那是一月十三日，早就過了午夜。

「我在工作！他們對我們發動突襲！他們在開火——」通訊斷了。蕾吉娜在維爾紐斯的電視塔工作。

早上，我們用爸爸的短波收音機聽「美國之音」（Voice of America）。蘇聯軍隊突擊了蕾吉娜的電視塔，坦克輾過手無寸鐵的民眾。顯然，前一天蘇聯佔領印刷媒體總部大樓的行動是這場暴力衝突的導火線。一個有莫斯科撐腰、名為「救國委員會」（National Salvation Committee）的神祕組織宣稱已經掌握了政權。許多立陶宛群眾不眠不休地守護在國會周圍，手牽著手歌唱。共有十三人喪命，數百人受傷。

「你好，一九六八。」爸爸陰鬱地喃喃自語，他指的是蘇聯鎮壓布拉格。**收回戈巴契夫的諾貝爾和平獎！**在莫斯科的一場抗議集會裡，人們這樣要求。昔日支持「戈比」的俄羅斯自由派媒體氣憤地怒吼，於是他及時恢復了言論審查。他始終堅稱自己直到一天之後，才獲悉維爾紐斯血腥殺戮的消息。是他說謊，還是強硬派分子已經失控？一九九一年，那個黑暗的新年，我不斷想起蕾吉娜的蛋糕——被坦克壓碎，濺上了鮮血。我們民族友誼的幻想，如今哪裡去了呢？

★★★

我納悶，戈巴契夫是否曾經問過這樣的問題。畢竟，他一定也對我們的國歌裡鍍金的老話深信不疑——「牢不可破的蘇維埃共和國聯盟」堅定不屈的民族友誼。哪個共產黨信徒不是這麼想的？

然而，這個永久聯盟的和睦願景自草創之初就暗藏瑕疵——一個內建的自我毀滅開關。在二〇年代建國與平權的狂熱之中，布爾什維克分子堅持，數百個剛剛「蘇聯化」了的少數民族完全平等。於是——至少在形式上——一九二二年的《聯盟條約》（*Union Treaty*）賦予了每個共和國退出的機會，後續各個版本的憲法也都保存了這項權利。所有的共和國都擁有明文規定的政府組織。更加矛盾的矛盾之處在於，如此的建國策略是為了使各個國家最終合併為統一的共產主義整體。更加矛盾的是，黨國政府一方面積極培植——蘇聯形式的——各種民族認同和多元身分，另一方面卻又壓抑一切真正民族精神的表現。

後史達林時代的領導階層，對這個矛盾可能造成的後果大都視而不見。在赫魯雪夫和布里茲涅夫年間，所有真正的民族主義衝突，都被當作零星的布爾喬亞國家意識遺毒加以打發，立即鎮壓平息。戈巴契夫一代的黨政菁英對民族問題的回應是……什麼民族問題？布里茲涅夫不是宣布一切都已經解決了嗎？一九八六年，戈巴契夫在一場黨大會上信誓旦旦地聲稱，蘇聯人民是一個「國際的社群」，「因為共同的經濟利益、意識形態和政治目標而結合起來。」倘若戈巴契夫不這麼堅信，他還會在各個共和國冒險賭上「開放」政策（字面上指「公眾言論」）和經濟重建（「改革」）嗎？直至今日，我依然這樣問自己。

「我們沒有預期到情緒和民族因素的高漲。」據說相當狡猾的謝瓦納茲日後承認。出人意料之外地，一切在瞬間宣瀉而出，一發不可收拾。

「在納戈爾諾―卡拉巴赫，亞美尼亞和亞塞拜然人的衝突愈演愈烈；南奧塞提亞人（Southern Ossetians）又和喬治亞人打起來了――二十人喪生！」我們的朋友薩沙．米涅耶夫（Sasha Meneev）在自由派的《莫斯科新聞》（*Moscow News*）負責新設立的「民族」線，我們待在首都時，他會氣喘噓噓地為我們更新即時消息。「加告茲人（Gagauz）――你曉得吧？摩爾多瓦信仰基督教的土耳其人――訴求共和國地位。摩爾多瓦的斯拉夫少數族群也是。克里米亞的韃靼人要求遷返故地；伏爾加流域的韃靼人揚言要完全控制石油資源……」

「遲早會有人宣布自己的公寓是獨立的國家。」戈巴契夫的顧問尖刻地諷刺道。

一如往常地，「礦物書記」受困在改革者和強硬派之間，猶豫不決，搖擺不定。坦克還是談和？鎮壓或者公投？戈巴契夫願意嘗試任何方法，絕望地企圖保全蘇聯――或至少改革成某種聯邦。但他失敗了。他最大的共和國，或更精確地說，他的頭號對手――俄羅斯共和國的元首、民粹叛徒鮑里斯．葉爾欽――給了他最致命的一擊。一九九〇年夏天，葉爾欽宣布俄羅斯自治――雖然不是完全的獨立，但也已經相去不遠。他退出共產黨，鼓吹共和國的領袖們「在可行的範圍內盡量獨立自主」。

在維爾紐斯的血腥鎮壓之後，葉爾欽以他一貫的作風趕到愛沙尼亞的塔林，大力聲援脫離蘇聯的波羅的海人民。一九九一年二月，另一波騷動又起。在現場直播的電視節目上，他呼籲處境艱難的戈巴契夫辭去職務、交出權力，改由共和國的領袖們共同執政。戈巴契夫悲慘的一年於是展開；蘇聯和俄羅斯的政治角力也同時揭開序幕——莫斯科對上莫斯科。

政治還能更超現實嗎？

★★★

不可能／無法避免（Nevozmozhno／neizbezhno）。不可能／無法避免……

蘇聯就要爆炸了。一九九〇、九一年間，當我與約翰在帝國內部遊歷，這一段令人精神分裂的字句，就在我疲憊的腦袋裡不停回響、滴答倒數。還剩下幾個月——幾天？幾個小時？幾年？

會發生什麼事呢？因為布爾什維克分子突發奇想而受到徵召、加入蘇維埃大家庭的民族們，會繼續在蘇聯早期地圖學者劃定的、錯綜複雜的國界裡相互廝殺嗎？又或者，來自莫斯科的一波坦克來襲，迫使蘇聯大家庭保持幸福快樂的狀態？

每一天都充滿未知。我們無法想像，傍晚時分將面對腐敗的酸菜，或是接受血腥暴力的民族主義團體款待，享用慷慨激昂的宴席。世界正在崩解。我們覺得無助、不知所措，我們裝了輪子的沙丁魚罐頭，像是掉進了歷史的離心機。再說，我們共和國手足的料理在我嘗來是多麼的不同。兒時花俏的七〇年代「我們的民族料理」明信片上令我崇敬、欣賞的菜色，已不再是友誼的自助餐，而是「開放」政策攪和出來的新鮮憤恨毒藥。在蘇聯的集團裡，每個家庭都有自己的不幸。在旅途中，我們沿路品嘗各個少數民族昔日的悲劇，見識到了吞沒這個帝國的衝突背後歷史的根源。關於我們的蘇聯料理，我——一個得了獎的飲食作家——知道的還真是太少。

★★★

一九九一年冬天的撒馬爾罕印象。這裡，所有人都在爭奪香料肉飯（palov）——中亞唯一的料理。更深層的問題呢？帖木兒王朝的撒馬爾罕非常迷人，擁有貼滿藍色瓷磚的十五世紀清真寺，是說突厥語的蘇聯烏茲別克最引以為傲的觀光城市。然而，城裡大多數的人口是說波斯語的塔吉克人。

在革命以前，這個區域是雙語並行的汗國。人們通婚，吃同一種肉飯，自稱「撒爾塔人」（Sarts）。不像立陶宛人在蘇聯時代以前就擁有真正的國家，塔吉克和烏茲別克從來沒有個別的民族意識。直到一九二〇年代晚期，史達林為了避免泛突厥勢力的暴亂，將當時名為「土耳其斯坦」的中亞劃分為五個共和國。偏執的布爾什維克社會工程師，為每個共和國打造了半虛構的歷史、新編成的語言文字和新創造出來的民族身分。撇開漂亮的國族套裝不談，塔吉克被困在零散的山地之中，烏茲別克則獲得華麗的塔吉克文化中心撒馬爾罕和布哈拉（Bukhara）。此外，烏茲別克還分到了阿米爾·帖木兒（Amir Timur）——又稱戰士之王帖木兒。帖木兒成了烏茲別克的民族英雄。有趣的是，他其實是個與烏茲別克人敵對的蒙古人。

隨著「開放」政策的施行，在克里姆林宮沉重的中央集權鐵腕下壓抑已久的往日仇恨全都回來了，正在火力全開。

「烏茲別克肉飯！噁心又油膩！」我們來到四四方方的低矮公寓，拜訪一位民族意識強烈的塔吉克老教授，他憤怒地說道。他年輕貌美、左右眉毛相連的太太將桌上的塔吉克肉飯——「精緻微妙，反映了我們古老的波斯傳統。」——堆成一座飄散著蒔蘿香氣的小山。另一方面，可想而知，當地的烏茲別克少數族群則認為塔吉克肉飯可悲透頂：「貧乏！無味！」這些說法根本讓人摸不著頭緒，因為撒馬爾罕的塔吉克和烏茲別克肉飯嘗起來並無不同。

在撒馬爾罕，我們投宿莉娜（Rina）和亞伯拉罕（Abram）家中。他們是一對年長的布哈拉猶太夫婦。「有意思（Interesno）。」亞伯拉罕瞇著眼，提出第三方的觀點。「對工作升遷有利的時候，這裡的塔吉克人在護照上將自己標註為烏茲別克人。現在他們突然又想起傳統了？」

莉娜和亞伯拉罕也有自己的傷心事。「等他們廝殺完了，」莉娜小聲地說，「就會轉向我們猶太人了。」莉娜坐在桑樹下，她的眼淚滴落一碗富含單寧的綠茶裡。他和亞伯拉罕已經申請了以色列的出境簽證。「但要怎麼留下這個呢？」莉娜指著他們宛如宮殿的私人住宅，哀怨地說。房子的後院完全鋪上了水泥，代表他們引以為傲的布哈拉—猶太—蘇聯傳統。

「唉呀，唉呀！」亞伯拉罕從後門大叫。「塔吉克、烏茲別克、猶太人——在布里茲涅夫時代我們一起生活，像是同一個社群（muhallah）。戈巴契夫真是該死（bud' on proklyat）！」

我們離開撒馬爾罕的當天早晨，驚人的痛哭和哀號將我們喚醒。主人正在號啕大哭。他們衝進臥房，不顧我們還躺在床上，開始發了瘋似地劈砍床墊。「噢——噢——噢——！」驚天動地的巨響幾乎要震裂宮殿般的宅邸繪有粗糙洛可可風景的牆壁。

「**唉——唉——唉——！**」鄰里間四處迴盪著。

蘇聯坦克？我倒抽一口氣。猶太屠殺？

「**更糟！**」莉娜尖叫。

那天早晨，收音機裡宣布了政府最新的震盪經濟措施。所有五十和一百盧布的鈔票都將失效。民眾必須在三天之內兌換舊鈔，金額上限為一千盧布——以黑市匯率計算，大約等同四十美金。當莉娜和亞伯拉罕劈砍仿洛可可風格的椅子和條紋座墊，我們小口地喝著綠茶，默不作聲。清晨的微風吹過，他們畢生的儲蓄在房間裡飛舞，大部分是即將失效的五十和一百元鈔。

又是一九九一年尋常的一天，在崩裂中的帝國邊陲路上。

同年冬天稍晚的烏茲別克首都塔什干印象。在阿累市集（Alay Bazaar），一月的陽光傾斜地照在斑雜的綠色浩罕（Kokand）甜瓜上。推車上堆放著中央凹陷、大小和形狀類似湯碗的無酵麵餅──饢（non），一旁聚集了戴著無邊便帽的男人。當季最熱門的商品？紅色的占星小冊子。未來。未來。未來會如何呢？

在市集裡，一排又一排高麗女士頻頻吸引我的目光。她們叫賣著令人驚奇的醃菜：加入蒜與芫荽點綴的胡蘿蔔絲和火紅的泡菜（chim-che）。高麗人是社會主義中亞的模範農夫。他們為集體農場取「政治部」（Politodel）或其他類似的名字。在這些繁榮富足、井然有序的農場裡，他們栽種令人讚嘆的洋蔥，以百分之五百的產量達成每一個「五年計畫」。烏茲別克人和塔吉克人爭論不休的肉飯，大多數也都採用高麗人種植的米。然而，在高麗人輝煌的成功背後，其實隱藏著另一段過往……

在我們向譚舒拉（Shura Tan）買了好幾輪醃菜之後，她終於說起自己的故事。她年近七十，俄語說得結結巴巴，參雜著烏茲別克單詞。緊張的時候，她會用形狀奇特的長柄大湯勺按壓胡蘿蔔絲，然後講究地將醃菜重新堆疊成完美的三角形小丘。

就像大多數同輩的蘇聯高麗人，舒拉出生於俄羅斯遠東地區。高麗人自一八六〇年代起遷徙至那裡。一九一〇年，日軍入侵韓國，難民跨越邊界，進入未來的蘇聯，當地的移民社群也就逐漸壯大。高麗同志們種植稻米、捕魚，布爾什維克政府為他們設置了高麗語學校、劇院和俱樂部。

「我們高麗人很幸福。」舒拉說。

一九三七年秋天，一群穿著制服的男人來到他們的集體農場。高麗人只有三天的時間收拾行李。恐慌席捲整個村莊。他們會被送到何處去？在痛苦的絕望之中，舒拉的母親裝好一大袋米，還從她的菜圃取了一把泥土，包裹在布裡。「帶土有什麼用呢？」家人反對，但舒拉的母親依舊帶了泥土。那是她的泥土。

他們要高麗人攜帶一週分量的食糧，但這趟旅程卻持續了一個月，或者更久。這群被驅逐的人們飽受驚嚇，待在運輸牲口的密閉車廂裡，橫跨嚴寒的西伯利亞，向西行了將近四千英里。老人和嬰兒因為飢餓或疾病而死去，他們的遺體被扔出移動中的火車。一路上，舒拉不斷哭泣，當時她不過是個年幼的孩子。

終於，火車停了下來。舉目所及只見蘆葦、爛泥和沼澤濕地，那是無邊無際的中亞大草原。高麗人開始搭建泥巴小屋，有些甚至沒有窗戶和門。

「牆壁上的蠍子會掉落到我的床上，」舒拉一面回憶，一面翻整胡蘿蔔。「而且，黑色的大蛇有這麼長——」她伸展開雙臂說道。最致命的殺手是沼澤裡泥濘、害人生病的水——然而，那是唯一的飲用水源。就在這個時候，舒拉的母親想起她的泥土。她用泥土過濾含毒的水。

「就是它救了我們。」舒拉說。「那把泥土。」

高麗人是第一個整批被史達林流放的蘇聯民族，多達十八萬人，一個孩子也沒放過。罪名是：

蘇聯與日本因為滿洲問題僵持不下，而他們可能涉入日方的間諜行動——儘管大部分的高麗人對日本恨之入骨。另一個驅逐他們的原因是：勤奮的高麗人可以耕作荒蕪貧瘠的中亞草原。

一九三七至四四年間，史達林還以叛國為罪名驅逐了許多人數較少的民族，而中亞草原就成了容納他們的垃圾場。載送牲口的密閉車廂——「輪子上的火葬場」——運來車臣人、印古什人（Ingushi）、卡拉恰伊人（Karachai）、卡爾梅克人和巴爾卡爾人（Balkars），還有克里米亞韃靼人、伏爾加日耳曼人、英格里亞（Ingria）芬蘭人、庫德人和烏克蘭的波蘭人。高麗人適應當地的生活，待了下來。其他民族，像車臣人和印古什人，在赫魯雪夫的「解凍」年代，返回他們位於北高加索的故鄉，只發現俄羅斯人和鄰近的其他少數民族已經佔據了他們的房屋，還將先人的石頭墳墓當成建築材料使用。山地民族崇敬祖先，這樣的凌辱永遠不得饒恕。戈巴契夫的「開放」政策喚醒了這些往事。

歷史學者泰瑞．馬丁指稱，蘇聯政府是民族的創建者，同時也是民族的毀滅者。即使蘇聯所有的民族皆對史達林抱持負面看法，官方卻未曾減弱對他們殷勤的讚頌。大衛國戰爭之後的宣傳影片中，集體農場裡的高麗人辛勤地從事光榮的社會主義勞動。政府甚至提供充裕的資金，補助高麗語的戲劇表演。高麗語報紙《列寧旗幟》（*Lenin Kichi*）出現在每個高麗人的集體農場，這又展現了另一款社會主義的諷刺。

史達林剝奪了高麗人接受高麗學校教育的機會，醃菜師傅舒拉這一代人已經看不懂諺文（hangul）字符了。

「我會說俄語，能講一點點烏茲別克語。」舒拉嘆息說。「高麗語？不會。沒有語言——沒有故鄉。」她又嘆道。「但至少我們有這個。」她指著醃菜。她在氣味濃烈的包心菜彩椒沙拉中混入紅色的卡奇（kachi）辣醬，然後舀了一勺在我手裡。辣椒粉的嗆熱麻痺了我的臉。

★★★

最新消息：一九九一年八月十九日於莫斯科。坦克隆隆推進，聲勢浩大地駛上庫圖佐夫大道（Kutuzov Prospect）。蘇聯電視上反覆地播放《天鵝湖》……黨內的強硬派人士宣稱，他們已經控制了政府。戈巴契夫呢？他被軟禁在克里米亞的別墅裡。官方對外表示，他因為「健康因素」，無法繼續擔任總統；由右派的副總統亞納耶夫（Yanaev）同志接任。在記者會上，亞納耶夫同志的雙手明顯顫抖，酒精還在作用，他還沒清醒到能夠回應歷史的召喚。

你好，八月政變（Avgustovsky putsch）。

在墨爾本的濱海郊區，我們緊盯著電視。媽媽恰巧從紐約來看望我與約翰。

「完了，完了（Vsyo, eto vsyo）。」媽媽大喊。

我不停地試著打電話給人在莫斯科的父親。終於通了。

「是啊，政變，政變……」爸爸輕蔑地笑著。

「媽，媽，」我試圖在九千英里之外釐清真實的情況。「如果真的那麼糟，他們一定會切斷國際電話線的！」

他們也會切斷葉爾欽的電話。然而，我們卻看見他在俄羅斯議會的「白宮」（White House）大樓外，以粗魯、民粹的姿態，叛逆地站在坦克車頂。當年六月的普選使他成為一千年以來俄羅斯首位自由民選的領導人。此刻，他召集莫斯科人，抵抗政權轉移。群眾為他歡呼。人們哭泣，在帝國主義的攝影機前公開地大吐苦水。陰謀者的劇本被搞砸了：有人這樣政變的嗎？

接下來兩天，政變瓦解。因為結局實在太過可笑尷尬，直到今日，俄羅斯的陰謀論者依舊質疑事情的真相。在此之後，一切都進展得飛快。葉爾欽下令取締共產黨；更多的共和國自蘇聯脫離。戈巴契夫堅守這個分崩離析的世界，仍然深深地信仰著蘇聯——即使是已經跛腳的蘇聯。對於戈巴契夫同志而言，民族友誼再也不只是他喜愛的意識形態修辭——少了它，他會丟了工作。

「我才不要變成在冰洞裡飄浮的一坨屎。」十二月，當超過九成的烏克蘭人冷漠地投票支持退出他的蘇聯，他對葉爾欽說。

★★★

一九九一年十二月，我和「德希達主義者」回到蘇聯，踏上最後一趟公路旅行——向南途經烏克蘭，前往位於喬治亞和俄羅斯南方疆界之間的喬治亞叛亂共和國阿布哈茲。因為動亂和燃油短缺，沒有人願意充當駕駛。最後，我們找到尤拉（Yura）。他是一位三十多歲的地質學教授，留著和耶穌一樣的薑黃色鬍子。「我拒絕行賄——這是原則問題。」他靜靜地告訴我們。這是個壞消息。至於好的方面：他破破爛爛的「日古利」汽車可以靠石油和丙烷運作，稍微增加了我們實際移動的機會。丙烷讓車子裡彌漫壞掉的蛋的味道。在路上，尤拉心事重重地用他黃色的大牙齒嗑松子；他的卡帶播放著六〇年代關於泰加（taiga）森林和營火的半地下歌曲。地質學家——本身就是自己的次文化。

尤拉的「日古利」象徵我們的聯盟分崩離析的狀態。單純的觀光遊覽變成耗時多日的尋找油門零件的旅程。每次加滿黑市汽油都要花去五個月的薪水。與此同時，就在我們身邊，人們為風光景色重新命名。烏克蘭的「哈爾科夫」（Kharkov）已不復在，改以烏克蘭文稱「哈爾基夫」（Kharkiv）。列寧和馬克斯街也被人們哐噹一聲丟進垃圾桶。

當我們終於勉強抵達阿布哈茲飽受內戰肆虐的黑海首都蘇呼米，我已經不知道，在這場民族衝突之中，自己應該支持哪一方、應該信任誰了。我現在只相信任何以熱食款待我們的人。當地的作家協會派來一位瘦而結實的年輕阿布哈茲司機，幫忙修理我們裝了車輪的沙丁魚罐頭。我信任他，也喜愛他。那個小夥子驕傲地領著我們，來到他父母的鄉村住宅用餐。我們吃了當天早晨才獵捕回來的鴨。這隻鴨——有些苦澀，帶著野味，包裹在一層濃稠、辛辣的番茄醬汁裡——大概是我畢生最難以忘懷的料理。之後，這位有為的青年偷走了尤拉的最後一罐汽油。

我們的莫斯科友人法茲爾．伊斯坎德爾（Fazil Iskander）是當今世上最出色的阿布哈茲作家。我們帶著他的介紹信來到蘇呼米。在一次停電時，我們走進阿布哈茲作家協會會長阿歷克謝．戈古阿（Alexei Gogua）黑漆漆的公寓。一頭灰髮的戈古阿穿著睡褲，正在搖曳閃爍的燭光下寫作。我們可真是太為難他了！對於好客的阿布哈茲人來說，盛大的歡迎是絕對少不了的。再說，我們可是法茲爾．伊斯坎德爾——阿布哈茲的馬克．吐溫（Mark Twain）——介紹來訪的外國作家。但蘇呼米的基礎設施已經殘破不堪。於是，藝文界分離分子的「日古利」車隊護送我們來到一位知名的酒莊主人明亮的鄉間宅邸。

將近晚上七點，我溜進廚房。

「由於情況演變……」

那個「無法避免／不可能」終於成真了。一九九一年耶誕節當天，晚上七點，米哈伊爾．謝爾蓋耶維奇．戈巴契夫正在發表辭職演說。

所謂的情況又更進一步發展，給了他致命的一擊。幾個星期前，在昔日布里茲涅夫位於白俄羅斯森林中的狩獵小屋裡，戈巴契夫的眼中釘葉爾欽暗中和烏克蘭與白俄羅斯領袖會面。三巨頭的顧問和律師想出了一個惡毒的計畫：作為一九二二年《聯盟條約》的創始成員，這三個共和國有權力廢止條約——直接解散蘇聯！他們組成獨立國家國協（Commonwealth of Independent States）取而代之。幾杯白俄羅斯藥草伏特加下肚，簽署條約的過程相當順利。葉爾欽在通知戈巴契夫之前，先致電喬治．H．W．布希（George H. W. Bush），告訴他這個消息——「親愛的喬治」，他這麼稱呼他。接著，在哈薩克舉行的會議中，又有八個共和國告別蘇聯。顯然，戈巴契夫已經玩完了。

然而，他的電視聲明完全出乎我的意料之外，讓我目瞪口呆，一湯匙阿布哈茲玉米糊遲遲無法入口。這位蘇聯前領導人照稿朗讀，念了十分鐘，好幾次顯得侷促不安。他讚揚自己的民主改革，承認錯誤，將極權系統的終結和「新獲得的精神與政治自由」歸功於自己。關於新的自由，他所言不假，但我身邊的女士們只是輕輕地揮了揮手。他的話聽起來毫無意義，而且虛假——在他連番的出爾反爾、搖擺不定之後，誰還會相信他呢？

蘇聯垂死的最後時刻仍然以恍惚、憂傷的慢動作，在我的腦海裡重複播放。我回憶起戈巴契夫確切的字句，他愚鈍的外省口音——與他溫雅的國際形象真是天差地別——搞砸了演說。我品嘗著玉米糊裡的鹹乳酪，吸進廚房中刺鼻的大蒜氣息；我聽見砰然巨響，一棵結實纍纍的石榴樹——帝國的另一個隱喻？——倒落在廚房的地上，破裂開來。

那些阿布哈茲女人大都只是托著下巴，冷靜地觀看。然而，當這位辭職者感謝支持他的群眾並且祝福國民同胞時，女主人低聲細語：

「可惜，到頭來還是可惜了（Zhalko, a vse-taki zhalko）。」

「可惜了。」其他人紛紛附和。

「可惜了。」我跟著喃喃自語，不確定我們為何依依不捨。是為了這位遲鈍麻木的改革者——在國外是英雄，在國內卻是個壞蛋——突然迸發的人情？還是我們童話般的集體謊言和烏托邦社會實驗的結局——正式、無法挽回的落幕？殘酷地犧牲了數百萬人的性命，如今卻以最平淡無奇的方式畫下句點。帝國！帝國怎麼能就這樣流逝，前後只花了色彩失真的十分鐘？這具火車頭本來應該帶領人民，迎向更燦爛的明天，怎麼能就這樣沒了燃油，停止運轉，哪裡也去不了——就像又一輛悲慘的「日古利」。

戈巴契夫日後在回憶錄中寫道，沒有人為他舉辦歡送儀式，沒有任何一位往日的蘇聯共和國總統來電致意。他們不相信民族友誼。到最後，他們是否也曾低語「可惜」呢？

演說結束，歷史上最後一次，鮮紅耀眼的蘇聯國旗降下，取而代之的是，精力充沛的俄羅斯三色旗升起。

一個嶄新的國家，嶄新的一天。播音員如是說。電視隨即回到一般的節目。我記得是卡通影片，又或者，是一場偶戲。

我知道，你一定會納悶：隔天，在一個嶄新的國家醒來是什麼樣的感覺。只不過我並沒有醒來——我直到整整兩天後才甦醒。我的腦袋、我的太陽穴痛得厲害。在眼前模糊的影像裡，我看到穿著白袍的人們，他們俯身，對我投以矯揉做作的蘇聯式關切神情。「我們的小腦袋（golovka）覺得怎麼樣了？」他們溫柔地低語，在我的鼻子下方晃晃嗅鹽。我在哪裡？噢，對了……漆黑一片的蘇呼米唯一配備發電機的地方——俄羅斯武裝部隊療養院（Sanatorium of the Russian Armed Forces）。我們抵達之後，那位好客的阿布哈茲作家安排我們住在這裡。電視轉播結束，蘇聯也跟著走入歷史，眾人開始舉杯祝酒，再三舉杯。詞藻華麗的神奇傑作展現了高加索人的好口才。大家好不容易將祝酒辭從阿布哈茲語翻譯成俄語，再為了「德希達主義者」特別翻譯成英文——他四肢展開癱坐在我身旁，臉色蒼白，不停地呻吟。我依稀記得，清晨四點左右，大家依習俗將自釀的伊莎貝拉紅酒倒在我們破爛的沙丁魚罐頭車頂上。也是按照規矩，我們狂飲一支角（kantsi）辭別，角裡裝了一點五公升的酒，同樣是伊莎貝拉。年邁的作家協會會長戈古阿輕輕地倒在祕書懷裡。

「小腦袋如何了？」穿著白袍的人們又問。

小腦袋彷彿遭受重擊和敲打，感覺一陣陣抽痛。因為慘烈的酒精中毒而昏厥過去——既然你已問起——我就是這樣迎接新歷史時代的黎明。唉，伊莎貝拉。

唉，黎明；歷史宿醉的黎明……

「日古利」的引擎終於在基輔附近拋錨了，一輛GAZ卡車將長得像耶穌的地質學家尤拉拖回八百英里外的莫斯科，代價是一瓶酒；我與約翰則搭乘走道上鋪著紅地毯的夜車。回到時值夏天的墨爾本，我們坐在綠色的小丘上，倚靠著兩個巨大的行李箱，無家可歸，而且處境淒涼——我們本來打算租下一間他人轉租的房子，但卻落了空。不久之後，我將「德希達主義者」留在澳大利亞，獨自回到紐約。在蘇聯奄奄一息的那段緊繃的日子裡，我們的關係跌落谷底。後來，他搬到加州，我和他的遠距關係又維持了一段時間。幾年後，我們才正式分手。他的遊記一直未能出版。

★★★

一九九二至九九年間，葉爾欽的破爛民主（dermokratiya）使俄羅斯陷入自由市場的休克狀態。通貨膨脹宛如脫韁野馬，人們卻領不到微薄的薪水。回憶起來，就連昔日飢餓的酸菜歲月都顯得富足。一夜之間，國家資源賤價出售，這筆巨大、骯髒的交易，讓過去的共產黨官員和黑道匪徒們搖身一變成了寡頭。小人物們失去了一切：身分、驕傲、存款、克里米亞的海灘，還有帝國主義令人欣慰的威望與權力修辭。更別提蘇聯政府的社會福利了。除此之外，鮑里斯·「主權的捍衛者」·葉爾欽發動戰爭，阻止車臣獨立。這場衝突引發的威脅至今仍未平息，甚至愈演愈烈。

二〇〇〇年，一個沒沒無聞、擁有無聊的KGB經歷的矮子當選為後蘇聯時代俄羅斯的第二任總統，開始展示他的肌肉。專制獨裁的象徵和修辭又回來了。其中也包括蘇聯國歌，「俄羅斯

——我們神聖的力量」取代了「牢不可破的蘇維埃共和國聯盟」。受到普丁油元至上的「盜賊統治」影響，自戀的消費主義進而蓬勃發展。錢與魅力——俄語借作「魅力」（glamur）——神氣活現地成了新的國家意識形態，對此，知識分子則是憂心忡忡地大加譴責。如今，莫斯科人依舊會在討人喜歡的「民族風味」餐廳裡點喬治亞肉湯或烏克蘭餃子（vareniki），但他們更常享用義式卡巴喬（carpaccio）薄片和壽司——並為此付出昂貴的代價。

★★★

不久之前，我在打掃我皇后區的辦公室時，發現了一盒七〇年代的料理明信片——共有十五套，各自頌揚一個蘇聯共和國的料理。我慢條斯理地將它們排列在桌上，回憶起四十年前，那個大雨滂沱的秋日，我在巨大的書屋（Dom Knigi）書店買到這些短缺的寶藏，洋洋得意地帶回家。如今，當我看著那些已經褪色的彩色印片特寫，仔細地研究莫斯科官方指定的「民族料理」時，東方風味的微弱香氣，和漫遊旅行的誘惑依舊令我感到一陣刺痛。社會主義鑽油井從蔚藍的裡海升起，襯托著「亞塞拜然」鱘魚沙拉。令人費解的是，這道沙拉竟然包覆在斯拉夫酸奶裡。冒牌的「吉爾吉斯」蛋糕有個饒富異國風情的名字——「卡拉加特」[17]。然而，乾燥的吉爾吉斯根本種不出蛋糕中的黑醋栗。各式各樣奧利維耶沙拉和肉餅的民族變異版本。民族特色的形式，蘇聯的口味——完全符合黨的方針。

那麼，究竟是為什麼呢？為什麼，在所有的極權神話之中，金光閃閃的民族友誼童話依然如此親密地深植我的靈魂？

我擔心這個問題的解答，會暴露自己蘇聯帝國主義者的心態，於是便不再思索。我決定為媽媽舉辦一場生日晚宴，以我們昔日的共和國真正的料理為主題——形同慶祝，也算是一種補償。

整整一個星期，我忙著為喬治亞雞肉薩奇維研磨核桃、用葡萄葉包裹香噴噴的亞美尼亞羊肉、為道地的烏克蘭甜菜湯煎炸豬油渣。我自豪地將這些料理端上媽媽的生日餐桌。除此之外，還有摩爾多瓦菲達羊奶乾酪捲和阿比斯塔——陪伴我告別蘇聯的平淡阿布哈茲玉米糊。至於甜點，則選擇扎實的立陶宛蜂蜜蛋糕。我為了向解除《聯盟條約》的酒局致意，甚至還泡了白俄羅斯藥草伏特加。

我的作品讓媽媽感動得幾乎掉下淚來，但她還是本性難移。

「敬民族友誼（Za druzhbu narodov）！」她說出老套的祝酒辭，咧嘴笑著。她的笑容充滿諷刺，我那幅可食用的共和國全覽幾乎就要隨之破碎。

「想想看，」她對著賓客大喊。「我用托爾斯泰和貝多芬養大的女兒，竟然會讓國民經濟成就展覽中心愚蠢的鍍金噴泉迷得暈頭轉向！」

我必須承認，她的話讓我有些受傷。

順道一提，在莫斯科，那座「民族友誼噴泉」已經重新鍍上金裝。孩子們和他們的祖母依舊繞著它轉圈。「婆婆，婆婆，告訴我，蘇聯時代的生活是什麼樣子？」孩子們想要知道。

「嗯，很久很久以前……」祖母從頭說起。

譯註

1. 伊莎貝拉（Izabella）為喬治亞、亞塞拜然、摩爾多瓦等地常見的葡萄品種。
2. 《銀顎食譜》（*The Silver Palate*）為希拉·路金斯（Sheila Lukins, 1942-2009）與朱莉·羅索（Julee Rosso, ?—）合著的食譜書，首次出版於一九八二年，充分反映了當代美式生活與料理的樣貌。
3. 指茱莉亞·柴爾德（Julia Child）與雅克·貝潘（Jacques Pépin），兩人皆主持電視烹飪節目、出版食譜，並曾多次合作，為美國家喻戶曉的料理人物。
4. 一九五九年，「全聯盟農業博覽會」原址重新命名為「國民經濟成就展覽中心」（VDNKh）。
5. 《莫洛托夫—里賓特洛甫條約》（*Molotov–Ribbentrop Pact*）即「蘇德互不侵犯條約」。
6. 達吉斯坦（Dagestan）位於俄羅斯南部，臨裡海，與車臣、喬治亞與亞塞拜然接壤。
7. 阿拉木圖（Alma-Ata）是哈薩克昔日的首都，一九九七年該國首都遷至阿斯塔納（Astana）。
8. 明斯克（Minsk）為白俄羅斯首都。
9. 「穿著皮草的鯡魚」（herring under fur coat）是經典的俄羅斯沙拉，主要材料為鯡魚和甜菜，外觀質感形似皮草，因而得名。
10. 「詹姆斯·比爾德獎」（James Beard Award）設立於一九九〇年，每年一度表揚傑出廚師、餐廳、作家和其他餐飲界的風雲人物。
11. 陶土酒甕（kvevri）是喬治亞和高加索地區常見的容器，以陶土製成，內層塗上蜂蠟，用以釀酒，通常埋於地底。二〇一三年，聯合國教科文組織（UNESCO）將這項歷史悠久的傳統列為人類非物質文化遺產。
12. 指希臘、羅馬神話中的特洛伊公主卡珊德拉（Cassandra）。她是阿波羅（Apollo）的祭司，擁有預知未來的能力，但卻受到詛咒，預言永不為人聽信。
13. 「國際旅行社」（Intourist）創立於一九二九年，是蘇聯政府的官方旅遊機構。
14. 「金環」指莫斯科周邊的古老城鎮。俄語中，「克里姆林」泛指要塞、城堡。
15. 宣禮人（muezzin）指清真寺中負責召集、領導穆斯林祈禱的人。
16. 卡拉什尼科夫（Kalashnikov）即俗稱的「AK」自動步槍，以其設計者米哈伊爾·季莫費耶維奇·卡拉什尼科夫（Mikhail Timofeyevich Kalashnikov, 1919-2013）命名。
17. 吉爾吉斯語中，「卡拉加特」（karagat）即指「醋栗」。

★21世紀

麗池上的普丁 I

二〇一一年的耶穌受難日，我們在莫斯科降落——媽媽、貝瑞（Barry）和我。少了親戚們在機場迎接、擁抱，這可是頭一遭。他們說，對我們的愛從未改變，不過生活已經異於往昔——更忙碌了，更別提可怕的機場交通。

當天稍早，在奧德薩四月末的櫻桃樹下，我們狼吞虎嚥地享用豐盛的花園午餐。奧德薩——母親的出生地，兒時的濱海假期中俗豔、愛好自由的蘇聯港口——已經成了非常異國的烏克蘭境內一座可愛、笑臉迎人的半國際都市。我們為了家族研究在奧德薩中途停留，但得到的資訊只有：在當地與我們關係最近的親戚格列伯（Gleb）表叔有斷裂的鼻子、坐過牢，還因為酒精中毒嚴重失憶。於是，我們改為研究蒜味濃厚的奧德薩料理，在喧鬧的普利沃茲市場大肆採購。我們的行李箱塞滿了營養的烏克蘭豬油、加了大蒜的民俗風味臘腸和奶油煙燻比目魚（kambala）。

沒有一樣是給家人的禮物。我們這些美國貧民即將在全球消費第四昂貴的都會待上一個月，只好焦慮地備足廉價、美味的奧德薩食物，像是在為戰鬥做好準備。普丁的莫斯科是個戰場，可不是膽小鬼和窮人能待的地方。

千禧年過後，我們極少造訪莫斯科，而且總是來去匆匆。一九九一年至二〇〇一年間，我和母親完全不曾回去，錯過了葉爾欽執政下燈紅酒綠、「致富不然就去死」的混亂歲月。我們並非存心遠離，不過是順其自然罷了。我的外祖父母和薩什卡舅舅都已不在人世，其他的親人則會來紐約拜訪我們。至於祖國，在我們心中，似乎已經失去了原本的分量。過去，這個詞從蘇聯的死水泥淖中湧現，是諷刺、恐懼和糾結纏繞的意義符碼，如今卻已經縮水，成了去意識形態的中性名詞，意思不過就是出生的地方。我以旅行、品味食物為生。對我而言，在其他地方生活比較自在。我在伊斯坦堡買了一戶能夠眺望博斯普魯斯海峽（Bosporus）景觀的公寓，並且在書寫過拉丁美洲和環太平洋的美食之後，將最近一本食譜獻給瘋狂好客的西班牙。

莫斯科？

「有普希金雕像的杜拜。」上次到來的時候，我的男友貝瑞這樣說道。

那個耶穌受難日晚上，時候已經不早，我們終於在租來的「高樓公寓」裡安頓下來。「高樓公寓」（highrise，俄文發音作khi-rize）——房仲公司「莫斯科租屋」（Moscow4Rent）為我們新阿爾巴特街（Novy Arbat Avenue）上格局方正的兩房公寓想出了這個豪華名字。這裡的景觀讓我們大吃一驚，從二十二樓的窗戶，我們能夠看見：一、「烏克蘭飯店」（Hotel Ukraine）：史達林式新哥德巨大奇觀的樣品；二、新阿爾巴特街：赫魯雪夫給史達林裝飾主義的豐功偉績，勇猛無畏的一記耳光；三、巨大的國會「白宮」：一九九一年政變的現場——這場政變雖然未果，最終卻也導致了帝國的陷落。即使在夜裡，普丁的黑道集團資本主義的建築吊車依舊不眠不休。莫斯科貪婪的房地產計畫永不入睡。高樓公寓租金不菲。我倚靠在窗邊，目瞪口呆地注視著下方寬敞的街道，興奮得喘不過氣來。多年以前的兒時夢想終於成真了。

我來了！

六〇年代初期，推土機壓出一條路來，貫穿曲折、古舊的老阿爾巴特巷弄，鑿成這一條寬敞、筆直的大道，當時稱作加里寧大街，如今更名為新阿爾巴特街。在路上漫步，外國人或許只會看見壅塞的六線道上優雅利落的BMW超越沾滿灰塵、緩慢行駛的公車；晚期現代主義風格的高樓大廈聳立路旁，灰暗而且骯髒，但卻也流露出某種無以名狀的粗獷。這個外國人可能會嘲笑「阿爾巴特中心」屋頂上掛著紅色字母的俗麗球體，對著東西向延展的冒牌牛排館和日式串燒快餐店大皺眉頭。

我呢？透過窗戶，看見自己年少時的夢想大道。

我看見那個如今俗不可耐的球體一九七二年的模樣。那顆球發出神奇的藍光，外頭環繞著原本的招牌標誌──「空中機隊[2]：速度與舒適」。它不停地旋轉，展示出一個又一個神祕國度的位置，是以最先進的日本電子科技打造的莫斯科百寶屋。在球體下方，購物的人們戴著毛茸茸的帽子，漫步在莫斯科最寬敞的人行道上。在「春天」（Vesna）百貨光潔明亮的櫥窗裡，波蘭進口的格紋大衣洋洋得意──但在店裡從來買不到這項商品。黑色的「伏爾加」[3]和「海鷗」汽車囂張地駛過兩條為官員保留的專用車道。一些幸運的莫斯科人提著短缺玉米片走出時髦的美式「新阿爾巴特」（Novoarbatsky）自助超市。在那裡，我也看到了年輕的自己。我目瞪口呆地抬頭仰望時代廣場風格的巨大銀幕中，亮麗的卡通和光明的宣傳影片。對我而言，加里寧大街是西方的幻景，是科技進步的想像，是通往未來的水晶道路——是銀座、百老匯和香榭麗舍的總和。

我們的「高樓公寓」是二十六層樓的摩天大廈，同樣的水泥預製住宅共有四棟，完工於一九六八年。大樓落成不過兩年之後，我搬進了附近老阿爾巴特的巷子裡。那時候，這些住宅只分配給黨特權分子，無一例外。高樓建築新穎，極具幾何感，令我深深著迷，簡直是我私密而無法企及的住宅烏托邦。那時候，我想要在這裡生活，在六〇年代晚期蘇聯現代性的巔峰——就在這裡，二〇一一年，媽媽正在努力應付故障的電熱水壺。

回憶總是喜歡拿我們懷舊、嚮往的物件開殘酷的玩笑。終於在真實生活中再度相遇時，這些幻想通常縮小了，而且平庸俗氣得教人失望。那麼，我對自己說，還真是不可思議，就連三十多年的歲月和一本蓋滿簽證戳記的護照，也無法減損醜陋的加里寧大街的地位。

睡倒在高樓公寓的「宜家」（Ikea）床鋪上之前，我們先在「宜家」廚房裡吃了消夜——從烏克蘭帶來的臘腸配辣椒伏特加。我想，媽媽和貝瑞實在太過疲憊了，沒有力氣分析周遭舉目可見的諷刺。莫斯科河對岸巨大的婚禮蛋糕——史達林的「烏克蘭飯店」——正在強光照射下閃閃發光。

翌日早晨，我們將媽媽和她的三支電話——全球數位、當地有線和俄國行動——留在公寓，沿著大道環路開始一趟懷舊巡禮。這是昔日我與阿拉奶奶的散步路線。春日正盛，令人驚豔。天空映照蔚藍的光彩，天氣突然變得溫暖宜人。花圃裡，鬱金香綻放，三色堇眨眼。在俄文中，三色堇又稱作「安紐塔的眼睛」（Anyutini glazki）——我的眼睛，所以我喜愛三色堇。我的心在歌唱。大道環路上的花草植物喚起了納博科夫式對「殷勤、懊悔、稠李花盛開的俄羅斯」的懷舊情懷。

至於動物……

「我的生日禮物是一台車。」穿著「阿貝克隆比」（Abercrombie）連帽套頭衫的六歲男孩告訴朋友。「不是玩具，呆瓜（kretin）。是一台車，還有司機。」

在尼基斯基大道（Nikitsky Boulevard）上，女人們不論老少美醜，全都近乎自虐地踩著十吋鞋跟蹣跚跛行，像是一群珍奇的長頸鹿。「看！」貝瑞低聲說。他瞠目結舌，直盯著一位身穿熱褲的金髮女子。她的腳上踩著令人頭暈的粉紅色厚底細跟高跟鞋，粉紅色緞帶在搖晃得離譜的腳踝上顫動飛舞。

不過，吸引眾人目光的不是她的鞋子。

莫斯科人的眼神公然地上下打量，評價你的服裝和配件，鄙夷地刺痛你，或高傲地認可、輕撫你和你的衣著。如今，那集體的凝視聚焦在我的腳趾頭上——我光溜溜的腳趾。為了這趟感傷的散步，我穿上舒適的「愛迪達」（Adidas）夾腳拖，因而觸犯了某種莫斯科的行為規範。在這裡，在我過去居住的街區，我突然覺得彆扭、格格不入，像是陷入了「公然裸露」的焦慮夢境之中。

在全世界最昂貴的房產裡，人們憤怒地瞪著我裸露的腳趾：在茶館裡（十美元一盎司福建白毫茶葉）、在麵包店裡（十美元一塊提拉米蘇）、在花店裡（十美元一朵玫瑰）。這些商家全都體現了人們最鍾愛的後蘇聯時代特質：頂級精選（eleet）和獨家專屬（ekskluziv）。

我們逃離大道，轉上特維爾大道，躲進比較平民的當代俄國史博物館（Contemporary Russian History Museum）。

「女士！」管理員婆婆放聲大喝。「你會把腳趾頭凍掉的！」室外至少有七十度[4]，但我並未替我的夾腳拖辯護，反而加入了「凍傷婆婆」和邋遢的「老處女」之間的辯論。「老處女」負責另一個房間，裡面展示有蘇聯時期共同公寓廚房的美化版立體模型（！）。

誰是俄羅斯歷史上最偉大的統治者？兩位婆婆為此爭論不休。危言聳聽的婆婆說是布里茲涅夫：「整整十八年的穩定和繁榮！」邋遢的老女人則宣稱，光是想到布爾什維克分子如何對待可憐的沙皇尼古拉二世，她就會忍不住哭出來——她隨即斷言史達林是史上最傑出的領袖。「感謝他領導俄羅斯贏得勝利！」

「那麼……呃……被他殺害的那些人又怎麼說呢？」我擅自插話。

那位史達林的支持者泰然自若地揮手打發我。「伐木哪有不飛碎木片的？」[5]那是為史達林辯護的人們經常使用的藉口。她們（以及大多數的俄國人）咕噥著達成共識，這個國家最糟糕的領導人是——戈巴契夫。我們離開博物館，勇敢地回到大街上。

「你的夾腳拖（shlyopki）！」長椅上一頭橘髮的「河馬」大叫。「人們在街上吐痰——而且還有更糟的。你想截肢嗎？」

「但是，現在莫斯科看起來好乾淨！」我怯懦地低聲說道。我無法接受，才過沒多久，我悠哉的懷舊散步已經成了今日的噩夢。

「都是木頭（churki）在打掃，」回答嗆聲而出。「你說乾淨？」

「木頭」是帶著種族歧視意味的稱呼，意指從我們往日的友好共和國來到莫斯科的非白種移工。即使是在復活節前夕如此美好的星期六，當心靈渴望歌唱，莫斯科人正在為復活節早午餐購買「唐·培里儂」，來自昔日蘇聯中亞地區的勞工依舊在外工作——清掃人行道、卸下卡車的貨物、發送特價壽司的傳單。他們勤奮地粉刷歷史悠久、色彩淡雅的宅院和新貴暴發戶毫無歷史價值的仿冒品。我突然恍然大悟，明白了為什麼莫斯科的市中心散發出電影場景般詭異虛假的光輝。

莫斯科約有二至五百萬移民勞工，在首都蓬勃成長的人口中佔了四分之一。自九〇年代中期起，他們蜂擁而來，逃離後蘇聯時代的「悲慘斯坦」（Disasterstans）。在這裡，他們得忍受過低的工資、民族主義者的侮辱和警察的騷擾。

在長椅上的「河馬」後方，一位年輕的塔吉克清道婦倚靠著她的掃帚。看到我的腳趾頭，她笑了。「終於等到美好的一天，」她嘆息道。「上個星期還下著雪的時候，我的班從早上四點開始。」她出生於帝國瓦解的一九九一年，在塔吉克有兩個孩子。她的兄弟都嗑藥成癮。她說，她的父母記得，蘇聯的統治像是天堂。

「莫斯科——邪惡的城市（Moskva - zloy gorod）。」她下了結論。

在花卉大道（Tsvetnoy Boulevard），也就是環路的最後一條大道上，我終於看見這趟感性之旅的目的地——中央市場。我的童年回憶中充滿神奇魔力的食物仙境如今成了新穎的購物商場。這座百貨由英國建築師事務所設計，別具藝術感，國際頂尖品牌進駐其中，商品價格貴得嚇人。「非常後奢華（post-bling）。」人們這麼說。

穿著厚底細跟高跟鞋的「長頸鹿」面帶微笑，在入口發送特大尺寸的柳橙。「歡迎光臨我們樓上的『農夫市集』。」她們溫柔地說，目光輕輕拂過我的腳趾頭，然後移開。

我們乘電扶梯上樓，經過「川久保玲」（COMME des GARÇONS）、「迪塞爾」（Diesel）、「蔻依」（Chloé），還有令人費解的概念藝術和本土時尚天才新潮的作品展示。

「農夫市集」裡一個農夫也沒有。

當地的餐飲集團為旗下主打有機食材的美食廣場取了這個田園風格的響亮名字。我們在新俄羅斯人的世外桃源裡遊蕩，癡癡地看著一盒要價一百美金的義大利巧克力、法國牧場乳酪、新奇的生魚片和伊比利亞（Ibérico）火腿，全都陳列在引人注目的不鏽鋼金屬天花板下方。在這裡，莫斯科大手筆地向柏林「卡迪威」（Ka De We）和倫敦「賽爾福里奇」（Selfridges）等著名的食物商場下戰帖。

一位面頰水嫩的吉爾吉斯「夏娃」從水果走道裡出聲叫住我們，手裡拿著一顆鮮紅閃亮的蘋果。「這個，親愛的太太，甜得跟蜜一樣。」她誘惑我們。「才從波爾多（Bordeaux）運來的。或是酸一點的——英國的皮聘（Pippin）蘋果？還是這個，」她繼續勾引我們，「這是我們自己的小蘋果！」

一顆本地產的謝密連科（Semerenko）蘋果凹凸不平、綠色斑駁的樣本就擱在她細緻的手上。

「看上去不怎麼樣。」我低聲說。

「噢，但那絕妙的滋味會馬上讓你重溫夏屋度假的童年回憶！」吉爾吉斯美人保證，露出超凡脫俗的微笑。

我嘗了一片，整張臉皺成一團。蘋果很酸。在我們身邊，可愛的中亞男孩戴著復古扁帽，溫順地為專屬的顧客推購物車。不知怎麼，這樣的景象並未喚起夏日小屋的美夢。此外，那些趕流行的「當地當季」標示根本毫無意義——不過是另一批進口的後奢華商品罷了。更別提「我們的」蘋果真是貴得離譜。

「安妮亞，」我注意到吉爾吉斯「夏娃」的名牌，對她說道。「我們同名吔！」

「不。」她突然沉下臉來。「我的本名叫安妮亞茲克（Aynazik），」她低聲抱怨，「但你認為，在這裡會有人念我的本名嗎？」

「莫斯科——邪惡的城市。」她低語，將蘋果遞給下一個經過的客人。

離開之前，我們又拿到免費的柳橙，還有光澤鮮亮的荷蘭洋蔥。搭上返回公寓的無軌電車，我感覺自己在這個新莫斯科非常格格不入。我用手機撥了電話給爸爸的太太蓮娜，問她，在這個皮聘蘋果如「卡地亞」（Cartier）般昂貴的城市裡，是否有地方可以買到我能負擔的食物。「親愛的，市中心可沒有！」蓮娜咯咯笑著。市井小民已經不住在市中心了，他們賣掉或出租自己的房子，然後在遙遠的郊區靠著這筆收入過日子。在那裡，有許多像是「小戈比」（Kopeechka）的折扣（diskaunt）量販賣場。「你可以試試搭地鐵，然後轉接駁車去『小戈比』。」蓮娜建議。「不過，他們的生鮮蔬果常常是爛的。」

回到高樓公寓，我們發現媽媽同時在三支電話上閒聊。

「莫斯科，」她對某人說，「多麼邪惡的城市。」

★★★

復活節週末不怎麼傷感的旅程結束了。工作日接著來臨。

你或許會納悶，我是為了什麼來到普丁邪惡的油元首都，待上一整個月？事實上，我的動機不大連貫，而且混亂紛雜：探望家人；再一次品味花朵盛開的大道和積滿塵埃的博物館；踏查蘋果標價令人震驚的程度；在「維勒瓦與波赫」[6]的陳列室光潔閃亮的立柱之間尋覓社會主義的遺物——我的毒瑪德蓮。

除此之外呢？除此之外，我的行程中還包括一項清楚明確的任務。這一切都和妲莎有關。

妲莎．胡波娃（Dasha Hubova）是一位文化人類學教授，如今改行製作電視節目。我們偶然在馬德里的三星主廚會議上相遇。在那之前，我讀過她一篇關於一九三二年烏克蘭飢荒的口述歷史的文章——談嬰兒死亡和食用人肉的慘劇。試想，在馬德里得知這位妲莎如今負責製作「電視餐館」（Telecafé）時，我該有多麼驚訝。「電視餐館」是俄羅斯媒體巨人「第一頻道」旗下的二十四小時數位美食頻道。我心想，從飢荒到日夜不息的美食節目——還真是新俄羅斯的軌跡。

當時我還不明白，這道軌跡將會在何處與我交會。

「來莫斯科吧，我們幫你做一集節目。」在馬德里為我拍攝了一些影片之後，妲莎慫恿我。聽我熱情地吹捧媽媽的資歷——「她擅長做歷史料理！說起俄文優雅得像夜鶯歌唱，完全沒沾染上蘇聯解體之後的美式風格！」——她甚至答應為母親製作另外一集節目。

媽媽真是興奮極了。她帶來莫斯科的行李中，包括很上鏡頭的全套服裝，還有一個厚資料夾——她為節目準備了六個部分的歷史料理筆記。在史達林時代的莫斯科，她沒能通過戲劇學校的考試，六十年之後，我的媽咪，拉莉薩．納姆莫夫娜．弗倫姆金娜，終於得到她的特寫鏡頭。她的廚藝為她贏得了這個機會。

我們各分配到一位廚師，並在他的廚房裡拍攝節目。媽媽的搭檔亞歷山大・瓦西里耶維奇（Alexander Vasilievich）來自一間名為「CDL」的餐廳。CDL是「中央作家中心」（Central House of Writers）的俄文縮寫，過去隸屬於作家協會（Writer's Union）。這個組織位於一八八九年落成的歌德式浪漫風格宅邸，稱得上是莫斯科最惡名昭彰的歷史現場，蘇聯的藝文菁英齊聚此地，出席傳奇的餐宴和作品朗讀會——當然，我們這些平凡的市井小民是絕對不得其門而入的。在布爾加科夫的《大師與瑪格莉特》中，魔鬼就在此地用餐。

我來到媽媽的拍攝現場探班，聽見導演大喊：「給女主角多打一點光（Svet na geroinyu）！」

媽媽眉開眼笑，容光煥發，是名副其實的「女主角」。另一方面，她的助手，非常靦腆的中年廚師亞歷山大・瓦西里耶維奇像是恨不得地板張開大口，將他吞噬進去。

我丟下他們，來到對街的復古蘇聯糖果店。我打算做一個實驗。在厚玻璃下方排列著「紅色十月巧克力工廠」生產的甜食。這間食品工業人民委員阿納斯塔斯・米高揚鍾愛的甜品工廠依舊持續營運，不過已經轉手，由一家德國企業經營。稍早，在懷舊的「小松鼠」（Little Squirrel）和「笨熊米沙」（Mishka the Clumsy Bear）巧克力之間，我看到了「鳳梨」——我的幼稚園時光中集恐懼、恥辱、折磨和喜悅於一身的物件。我買了一顆糖果，然後吸吮酥脆的巧克力外殼，慢條斯理地舔進中心，完完全全依照四十年前的方法。我承認，我是企圖營造瑪德蓮氛圍的片刻時光。但是，曾經甜美得要命、富有異國風情的人工合成鳳梨內餡，如今嘗起來就是……人工合成。某種感覺虛弱地努力萌芽，卻又隨即退去。我嘆了口氣，拖著沉重的腳步走回我們的高樓公寓。一路上，莫斯科對著我的夾腳拖大皺眉頭。

當天晚上，我不情願地換上細高跟鞋——為了與寡頭共進晚餐。俄羅斯的暴發戶已經不再是從前穿著紅褐色天鵝絨夾克、自鳴得意的模樣了。如今，他們進入後奢華的階段，把孩子送進牛津，贊助藝術，有時甚至會捨棄時髦的「佩楚」，改挑歷史悠久、高貴的「巴羅洛」[7]。

猜猜看，是誰成了寡頭的崇拜者和朋友？我貧窮、反體制的媽媽！有一段日子，她經常陪伴富有的俄國人參觀紐約大都會藝術博物館，他們瘋狂地愛上她，而她也關愛地回應他們。「他們變得有文化了。」她說。偶爾，她甚至會在皇后區狹窄擁擠的移民公寓裡設宴款待他們。「一億美元？」當我問起，在俄羅斯，怎樣才算得上富有，一位親切的石油大亨重複我的話。他吃了許多媽媽的甜菜湯，和善地笑著。「一億根本不算是錢。」

如今，在莫斯科，晚宴的主人是一對迷人的夫妻。他們五十多歲，有一間家庭銀行，曾經參加過母親在「大都會」的導覽。我們在全新裝潢的「烏克蘭飯店」裡的一家義大利景觀餐廳用餐。從我們的高樓公寓可以用望遠鏡看到這家餐廳。坐在頂樓露台的餐桌上，我們幾乎能夠觸及飯店重新裝修完成的、尖塔底部巨大的史達林星芒和「錘子與鐮刀」石雕。銀行家先生身穿葡西[8]風格的襯衫，銀行家夫人則穿著平底鞋。聽了我的夾腳拖歷險記，她開懷大笑。

「不要洋蔥。」銀行家先生吩咐侍者。「也不要蒜和辣椒。」

「你是……佛教徒？」我倒抽一口氣。

「是啊，是啊，」他非常謙虛地說。「二〇〇八年金融危機的時候改信的。壓力太大了。」

「二十年了，」銀行家夫人對著要價四十美金、不含大蒜的披薩喃喃說道。「蘇聯解體之後已經二十年了。我們都變了太多。」

貝瑞開了莫斯科滿街「賓利」和「荒原路華」的玩笑。大家都笑了。

「其實，我們有一輛『攬勝』[9]。」銀行家先生承認。

「還有一輛『賓利』。」他的太太承認。

「什麼是『賓利』？」媽媽問。

★★★

媽媽的節目已經拍攝完畢，我的則還未開始。我們利用空檔來到達維科夫與家人團聚。現在，我的表姊瑪莎住在那裡，住在我們過去的赫魯雪夫貧民窟公寓。走出地鐵站，我提議在聚會之前先去樹林裡走走。達維科夫松樹林——史達林的別墅依然在此，幽怨陰森，神祕詭譎。

又是他。

「全民族之父」擁有一打以上的政府別墅，但位在前中央委員會幼稚園旁，十三英尺高的綠色圍籬後方的達維科夫別墅，才是他真正的寓所。他在這裡住了二十多年。乘坐領袖配備裝甲保護的黑色「帕卡德」（Packard），從克里姆林宮到別墅不過十二分鐘的車程。因此，這間小屋又被暱稱為「鄰近的」（Blizhnyaya）。

幾年前，一般人無緣接近的「鄰近的」別墅的照片，開始在網路上曝光。我仔細研究這幢新現代風格的綠色鄉村小屋——史達林時代的理論家常批評直線條的功能性，但老闆私底下顯然相當欣賞這樣的設計。他的大衣衣架非常令人不安；修道院風格的深色浴袍有一側袖子較短——為了他萎縮的左手臂量身訂做。

「鄰近的」別墅於一九三四年由建築師米隆．梅爾札諾夫（Miron Merzhanov）建造完成——一九四三年他被捕入獄，後來在他的客戶逝世之後獲釋。這幢小屋規模本來不大，四周環繞著以卡車載運而來的粗壯樹木。喜愛自然的「大元帥」對栽植美味牛肝菌（beliye）特別感興趣。在我們艱苦的北方氣候下，偉大的別墅園丁甚至種出了西瓜，偶爾還會賣給高爾基街上奢華的「耶利謝耶夫斯基」（Yeliseevsky）食品店裡毫不知情的顧客。

邱吉爾、毛澤東和狄托都曾經在一九四三年加蓋的二樓過夜，而偏執狂主人則幾乎未曾使用過臥室。通常，他會在散置屋內的其中一張土耳其硬沙發上打瞌睡。一九五三年三月一日，他就是在同樣的沙發上中風辭世。

也是在幾年前，記者史無前例地獲准參觀這棟神祕的綠色房屋。許多跡象顯示別墅即將解密開放。如今，在莫斯科，我希望能透過新聞圈的人脈關係穿越森林中高聳的圍欄，一探我脆弱敏感的童年時光中，始終無法忘懷的所在。在貝瑞和媽媽的陪伴下，我打算先偵察一番。

這片松樹林似乎不如我的記憶中雄偉。沿著泥濘的小徑，貌美的年輕媽媽身穿緊身牛仔褲和細高跟鞋，推著嬰兒車；精力充沛的退休老人正在健走，臂挽著臂經過我們身旁。小屋的圍欄總算浮現眼前。兩位年輕的金髮守衛身著制服，站在側門邊，板著臉，抽著菸。

「這棟別墅……嗯……呃……史達林？」我口齒不清地說。

「這是機密！」他們告訴我。「不准問問題。」

像是受到一股內在的力量牽引，我帶頭離開，走向另一處較矮的圍欄。在圍欄之上，穿過綠樹，我看見淺色磚造的低矮建築——我的幼稚園。在那裡，我對著黨特權分子的魚子醬作嘔、狂喜地吸吮鳳梨糖果。看見往日的牢籠，我彷彿回到自己愁眉苦臉、厭食嘔吐的過去，衝擊之強勁，令我不得不牢牢抓住沾滿黏液的松樹樹幹，絕望地大口吸入瀰漫樹脂氣息的空氣。瑪德蓮發作了。

我冷靜下來。我們離開了樹林。豪華的公寓社區聳立前方，閃閃發亮，像是一艘船。少不了的圍欄上寫著「**史達林別墅．投資者公寓出售**」。

「人們不介意住在以史達林命名的公寓裡嗎？」我問烏茲別克裔的警衛，感覺一陣噁心。

「怎麼會呢？」他笑著說。「我相信他們很得意。」

「來一座莫洛托夫網球場如何？」我們為貝瑞翻譯，他問。「還是貝利亞泳池？」

「貝利亞？」警衛聽到這個名字，陷入苦思。他看起來很困惑。

就要遲到了，我們匆忙離開，隨即在達維科夫一個個相同的街區裡迷了路。六〇年代五層樓公寓建築的水泥牆壁龜裂，不牢固的陽台上晾著衣物，隨風擺盪，看起來像是令人沮喪的貧民窟。這一切都太過熟悉。但——不，這是二〇一一年的莫斯科：貝瑞得好幾次停下腳步，像個觀光客一般，對著停在鏽蝕的圍欄外的「瑪莎拉蒂」（Maserati）跑車或堆滿廢物、遍布塗鴉的巨大垃圾箱拍照。

在瑪莎的餐桌上，我們稍稍恢復過來。晚餐之後，她領我進入臥房，從抽屜和衣櫃裡取出小紙盒。我伸手探進其中一個盒子，感覺到外公的勳章冰冷的金屬重量。瑪莎和我把所有的寶物倒在床上：「列寧勳章」、「勝利勳章」（Order of Victory）、「紅旗勳章」（Order of the Red Banner）。就像幾十年前一樣，我們把勳章別在胸前，在鏡子前跳舞。然後，我們坐在床上，握著彼此的手。

★★★

翌日中午，我從暗紅色、附有底座的水晶碗裡摘了顆葡萄，對著攝影機露出塗了厚厚一層口紅的微笑，然後心裡浮現一個駭人的想法：歷史上最嗜血的獨裁者很有可能碰過這個碗。

又是他。

不，我並不是陷入了偏執的幻想。我正在電視節目的拍攝現場——維克多·貝利亞耶夫（Viktor Belyaev）距離莫斯科一個小時車程、超級布爾喬亞風格的別墅裡。他是前克里姆林宮大廚，也是我的節目搭檔。

三十多年來，維克多承受極大的壓力，為蘇聯最高層的統治集團掌廚，直到幾年前一次心臟病發為止。因為這個崇高的工作，他繼承了專為克里姆林宮宴會生產的瓷器，和一套以克里姆林紅星命名的「寶石紅」（Rubinowy）水晶碗。誰是水晶碗昔日的主人？就是那個小鬍子本人。更令人震驚的是，這一套碗來自那棟別墅——那一棟綠色的小屋。出廠日期：一九四九年，史達林七十歲大壽。人們歡天喜地的慶祝他的生日，整座普希金藝術博物館（Pushkin Museum of Art）成了巨大的展示箱，被徵用來陳列送給「親愛的領袖」的禮物。

維克多友善得教人卸下心防，健談得不受控制。當初，製作人妲莎提到「克里姆林主廚」的時候，我想像的是一位在KGB工作多年、冷峻嚴厲的黨工。沒想到，維克多身穿淡藍色喀什米爾毛衣，戴著低調的金項鍊，活像是爵士音樂家路易士·普利馬（Louis Prima）輕鬆自在的翻版。他爵士味十足的雪佛蘭「卡瑪洛」（Camaro）就停在車道上。

節目開拍之前，我和他在門廊匆匆抽了支菸，認識彼此。我驚訝地得知，一九九一年，就在戈巴契夫下台以前，維克多曾經在那一棟別墅裡掌廚。「礦物書記」在「鄰近的」別墅區內設有寓所，但他從未使用，而是計畫改為小旅館，用以接待來自世界各地的商務（biznes）貴賓。維克多受雇負責餐飲工作，偶爾也為主屋張羅宴席飲食。

「駝子啊，」維克多怒氣沖沖地說。「沒人喜歡這個老闆。我有一半的人手都因為賴莎[10]辭職不幹了——那地獄來的妖女，我們的第一夫人。嗯，布里茲涅夫的太太——她就棒極了！」

「維克多，」我繼續追問。「拜託——那棟別墅！」

維克多誇張地打了個哆嗦，用手指摸摸他的金項鍊。「險惡的歷史令人毛骨悚然的霉味……到處都是壕溝和吊橋……有的松樹甚至被挖空，裝上門窗，警衛就駐守在裡面！」因為「大元帥」討厭食物的味道，在「鄰近的」別墅裡，廚房和餐廳之間隔著足足三百碼的距離。「還有他的衣櫥……」維克多做了個鬼臉。「我知道史達林個子矮，但他的衣服……像是給小孩——或是侏儒——穿的。」

最初，維克多是從他年長的師傅——一位姓氏絕對保密的維塔利．阿歷克謝維奇（Vitaly Alexeevich）——口中聽來關於禁忌的綠色別墅的故事。過去，維塔利．阿歷克謝維奇曾經是史達林的私人廚師。一九五三年三月六日，他盡責地報到上班，在別墅的門廊遇見「大元帥」忠實的管家——可能還身兼情婦——瓦列奇卡。她為他準備了車子。

「快逃。」瓦列奇卡告訴他。「現在！能逃多遠就逃多遠。快消失！」史達林的死訊才剛剛宣布。

廚師逃跑了；與此同時，貝利亞一聲令下，別墅的工作人員一概陪葬。他在貝利亞被處決當日回到莫斯科，終其一生不忘在管家的墓上獻花。

「維塔利．阿歷克謝維奇是一位天生的（ot boga）廚師，」維克多嘆息。「他會對麵團唱歌，幫助麵發起來。」我想到，在做大烤餅的時候，我和媽媽絞盡腦汁，試圖參透斯拉夫發酵麵團的奧祕。像史達林的廚師一樣，對著它哼哼唱唱——難道這就是祕密所在？

「那麼，那別墅真的鬧鬼嗎？」我想要知道。上幼稚園的時候，我總是偷偷摸摸地經過綠色圍欄。想到這裡，我的心怦怦狂跳。

維克多又一次顫抖。

第一次為「鄰近的」別墅準備宴席的那天晚上，最後，他獨自一人坐在史達林舊時的餐廳裡，倚靠著巨大的木質長桌——四十年前，在晚宴上，殺人不眨眼的政治局官員就聚集在這張餐桌上。一陣恐怖的死寂……突然間，維克多聽見腳步聲……那腳步聲實在太陰森駭人，他逃進樹林裡，冷汗直流。一九九一年，一部電影在那裡取景拍攝，飾演史達林的演員也有相同的經歷。史達林昔日的別墅守衛因為一部紀錄片受邀重返故地，卻突然心臟病發。「他靴子的皮革——」在醫院裡，守衛結結巴巴地說。「我聞到了——他靴子的皮革，還有他的家具卡累利阿樺樹的味道！」

就在這個時候，我們被喚進屋內。攝影機已經準備就緒。看見維克多的餐桌，我幾乎心臟病發。

我的搭檔為我們的蘇聯料理節目變出了一桌《美味與健康飲食之書》裡繽紛鮮豔的幻想曲——而且，還是政治局夢幻之書的版本。小巧可愛的開口餡餅魚派盛放在史達林時代的水晶容器裡；在克里姆林宮的瓷盤上，精緻的牛肉捲包覆著鮮嫩的煎蛋。一位過去黨特權分子甜點師傅，還慷慨地提供了裝飾有焦糖火箭的蛋糕——名為「飛翔」（Polyot），是六〇年代的太空狂熱遺留下來的蛋白霜紀念。

我目瞪口呆地看著眼前的烹飪時空膠囊，特別是上頭有美乃滋花飾妝點的火腿肉凍捲。一九七四年九月初，在「布拉格」餐廳的外帶商店，我——當時以為是最後一次——排在長長的隊伍裡，購買我們的星期天大烤餅。同時，媽媽則在家中處理最後的移民手續。我盯著父母買不起的、綴有花飾的火腿肉凍捲，絕望地想：我一生都別想再看到這些了。

而現在，我得知，在進克里姆林宮之前，維克多就在「布拉格」工作。

我的布拉格。

這一切的巧合是否蘊含著深刻奧妙的意義呢？是不是蘇聯文明之神派來了維克多，幫助我好好品味童年的珍寶，揭露這些謎團？

這一趟回到莫斯科，我聽說「布拉格」已經歇業了，令我非常難過。「布拉格」是這個城市少數僅存的、在蘇聯以前就已經存在的餐廳。它被義大利設計師羅伯特．卡沃利（Roberto Cavalli）買下，無庸置疑地，將會成為另一處後奢華的菁英遊樂場。在新阿爾巴特街一頭，看著建築鷹架使「布拉格」黃色的建築正面變得醜陋難看，我的感覺就好像某個親愛的老祖父過世了一樣。

攝影機運轉，我和維克多一起哀悼「布拉格」的停業。「太棒了！」年輕的導演大喊。「我好喜歡你們的火花！」我總算放下了心中的大石頭，繼續閒聊在「布拉格」門口跟蹤外交官，和在學校販賣「多汁水果」的故事。工作人員大都是後蘇聯時代的年輕人，他們開心地聽我分享自己的社會主義慘劇。

「再說一點，再多說一點這種故事！」他們大叫。

一開始，當妲莎提議拍攝關於蘇聯料理的節目——「這個話題正流行。」——令我困惑不已。「但在莫斯科，講起蘇聯，記得比我清楚的人滿街都是吧？我的意思是，我可是從紐約來的！」

「你不明白。」妲莎說。「在這裡，我們的記憶亂成一團。但像你這樣的移民——你鐵定記得一清二楚！」

午餐過後，在別墅後院泳池畔的烤肉串（shashlik）節目開拍之前，維克多和我聊到他在克里姆林宮廚房的時光。

食材由他們豐足的農場供應。政治局的牛奶真是太濃醇了。卡車司機會在牛奶桶上放置鬆動的深金屬蓋，送達目的地時，不停哐噹撞擊的蓋子已經攪出濃厚、黏稠的漂亮鮮奶油。如此一來便能順手偷走。

我真是詫異。「你是說，有了那些額外的待遇——特權住宅、克里米亞飯店、專屬的裁縫——在克里姆林宮裡工作的人還會偷東西？」

「那當然嘍！」維克多笑了。就在接手之後不久，他突擊檢查員工的櫃子，搜出六十公斤的贓物。「還不到中午呢。」

在克里姆林宮老舊的主廚房二十五呎高的天花板下，他還有其他的發現：

一套配備四十八個爐口的電力爐，是戰利品，以前歸戈培爾[11]所有。

一具從希姆萊[12]的鄉間宅邸取得的巨大攪拌器。

沙皇餵狗的飼料碗，一八七六年製。

「恐怖伊凡」昔日的酷刑通道，地板傾斜——方便排血。

「準備好了，池畔的烤肉可以開始嘍！」導演宣布。

拍攝結束、工作人員離去之後，我和維克多夫婦一起閒聊，享用剩下的食物。在他的夢幻餐桌上，他說了許多故事，我聽得目眩神迷，就好像發現聖誕老人其實真的存在。我們蘇聯的晚期世代，總是揶揄嘲笑的蘇聯富足神話？人們總是輕蔑看待——甚至根本嗤之以鼻——的豐裕傳聞？

在克里姆林宮宴席的餐桌上，它興旺繁盛，多麼壯觀。

政治局總愛以蘇聯式的奢華驚豔外賓。火車從帝國各個角落運來裝在陶瓷缸裡的烏克蘭臘腸，還有克里米亞的豐富水果、波羅的海共和國的乳製品和達吉斯坦的白蘭地。依照官方的宴會標準，每個人有七磅的食物額度。水晶碗裡，黑色魚子醬在以甜菜汁染紅的「克里姆林圍牆」冰雕之上閃閃發光。全羊整隻水煮，然後油炸；烤乳豬上頭裝飾著美乃滋緞帶和橄欖眼睛。巨大的鱘魚尊貴地躺在聚光燈下，水族箱基座內還有活生生的小魚悠游。在外面，我們在零度以下的冬日排隊買皺巴巴的摩洛哥柳橙；在克林姆林宮裡，除了百香果、奇異果，還有，維克多溫柔地說，「可愛的小寶貝香蕉（baby-bananchiki）」。

「你想像一下，」維克多愈說愈起勁。「在大皇宮（Grand Palace）裡，聖喬治廳（Georgievsky Hall）五彩的燈光終於點亮，奏起蘇聯國歌，微光閃爍的瓷器和晶瑩璀璨的水晶讓人嘆為觀止……」

普丁的禮賓官員捨棄了這一套光彩璀璨。

我想，在全世界億萬富翁最密集——彼拉提斯（Pilates）教室隨處可見，生魚片每日自東京空運直送——的城市裡，這樣的「波坦金」美食村也顯得多餘了。就這樣，豐裕富足的童話表演終於落幕——水晶和不利生態保育的魚子醬也一同退下舞台。如今，在克里姆林宮的宴席上，一口大小的餡餅取代了十五道前菜；曾經，容器裡高高堆起光鮮的水果，洋溢歡欣鼓舞的氣氛，在同樣的位置，現在則放上以小碗裝盛的漿果。

就在不久之前，普丁加入了一項小巧思：蘇聯懷舊元素。「穿著皮草的鯡魚」、肉凍——今日，克里姆林廚師端上精緻小巧的一人份集體公寓料理，配上鵝肝和卡巴喬薄片。在我看來，這是新俄羅斯混搭拼貼的絕佳體現。

維克多一面為我們斟上稀少珍貴的克里米亞瑪桑德拉（Masandra）波特紅酒，一面勉強地承認，今日簡化的餐宴有其道理。但我看得出來，他懷念往日的時光。能夠真實地生活在社會主義的幻想之中，誰會不懷念呢？我呢？淚水模糊了視線，我告訴維克多，享用他的一桌佳餚是我最接近俄羅斯民間傳說中神奇桌巾的經驗。

心臟病發之後，維克多離開了克里姆林宮，現在經營外燴公司和餐廳。他也是俄羅斯餐飲業者協會的主席，致力於推動本土料理——雖然這場戰役已經輸了，他這麼想。

「年輕的俄羅斯廚師都會做披薩——但誰記得怎麼煮我們的粥？」他為此真切地嘆息。他，曾經掌管以紅色冰雕鑿成的克里姆林圍牆的光輝。

回到高樓公寓，我整理、回顧筆記資料。根據維克多的說法，戈巴契夫：吃得很少，喝得更少。在宴席上只待四十分鐘。葉爾欽：愛吃羊排。舞跳得很差。這時候，我收到一封電子郵件。這封信來自另一個世界——巴塞隆納附近的「鬥牛犬」（El Bulli）餐廳。

世界上最神奇、最重要的餐廳將要永久歇業了。主廚費蘭（Ferran）和合夥人朱利（Juli）邀請我參加告別晚宴。我與他們兩人相識於一九九六年。他們的加泰隆尼亞前衛料理聖殿，是我的職業生涯中非常親密的一部分。十五年前的第一次造訪徹底改變了我對料理的思考和書寫。「你是我們的家人。」費蘭總是這樣對我說。如今，我在這裡，被困在邪惡、陌生的莫斯科，失去了與過去和當下的連結，手忙腳亂地摸索我的瑪德蓮。我的簽證只能入境一次，所以我甚至無法溜去和他們匆匆道別。

我陷在椅子裡，因為現實生活的失落而苦惱。親愛的朋友們！我開始敲打鍵盤。我人在邪惡的莫斯科，很遺憾我不能……[13]樓下傳來奇怪的隆隆巨響，打斷了我的西班牙文。我感受到一種世界毀滅或災難降臨的氛圍，彷彿海嘯正在逼近。我的書桌開始震動。

我們全都跑到窗戶旁。在飄雨的夜裡，樓下的馬路上，坦克沿著空無一人的阿爾巴特街緩緩行進。導彈發射器悄悄地跟隨在後，接著是人員載具和火砲。

電話響了。「在看勝利日預演嗎？」爸爸幾乎是幸災樂禍地哈哈大笑。「重裝武器（tekhnika）應該正經過你們那裡——就在《醉後大丈夫2》（*Malchishnik Dva*）的大電影看板下面！」

「坦克和銀行（Tanki i banki）」媽媽抱怨。「歡迎來到普丁王國（Putinland）。」

★★★

隨著五月九日勝利日的盛大慶典逐漸逼近，普丁王國無孔不入的軍國愛國主義也加足了馬力。從誇張的媒體宣傳看來，這場嘉年華甚至會使我們在布里茲涅夫年代見過的一切場面相形失色。

廣播和電視全是關於大衛國戰爭（俄文縮寫：VOV）的資訊。四〇年代的黑白電影、圍城麵包的特寫、坐困圍城的列寧格勒小女孩以凍僵的雙手彈奏鋼琴的揪心影片——轉眼之間，這些訊息無所不在，逃也逃不掉。在公車上，長者們和移民工人一起跟著播音系統放送的戰爭歌曲哼哼唱唱。熱心的廣告鼓勵行動電話用戶撥打「一九四五」，即可獲得免費的大衛國戰爭來電鈴聲。

在布里茲涅夫時代，政府祭出大衛國戰爭神話般的創傷和勝利，重新對憤世嫉俗的年輕世代灌輸官方的意識形態。在那之後，俄國人變得更加憤世嫉俗了。今日社會亟需穩定的國家論述，克里姆林宮再度利用大衛國戰爭的崇拜，動員剩餘的民族愛國主義，以完全照本宣科的紀念儀式，將不同世代的人們結合起來。「我們是勝利的國家（My narod pobeditel）！」——現在我一聽就厭煩，如同兒時一樣。不為人們聽見的是：因為災難性的錯誤決策而喪生的數百萬條生命，還有戰後慘無人道的少數民族驅逐流放。如果有人誤記了怎麼辦？二〇〇九年，「反制扭曲歷史危害俄羅斯利益委員會」（Commission for Countering Attempts to Falsify History to the Detriment of the Interests of Russia）因而成立。

是誰帶領俄羅斯迎向五月九日的勝利？

或許，我終究是落入了偏執的幻想裡。在心情激動的我看來，勝利日的前奏完完全全是史達林的春天。

在俗氣的阿爾巴特徒步街上，滿嘴爛牙、口氣難聞的男人擺攤叫賣各式各樣的史達林紀念品；就連體面的書店都靠史達林冰箱磁鐵大賺了一筆。一直以來，克里姆林宮都相當謹慎，並未公開支持背書。然而，大眾輿論則完全不同。民意調查顯示，超過半數受訪的俄羅斯民眾給予史達林正面的評價。在二〇〇八年一次惡名昭彰的電視民調中，「大元帥」在「歷史上最重要的俄國人」中排行第三——以些微的差距敗給因為艾森斯坦的電影作品而家喻戶曉的亞歷山大・涅夫斯基大公[14]，和得到普丁大力讚揚的二十世紀初期改革派內閣彼得・斯托雷平[15]。不過，大眾普遍相信民調的結果遭到竄改，以掩蓋爭議性的真相。

我注意到，在大眾的想像之中，他的形象非常兩極。壞的史達林是古拉格的設計者，好的史達林則反映了俄羅斯人對權力和勝利最根本的概念。

這還真是令人憂心。

在這一切意識形態復辟和去歷史脈絡的混亂之中，高樓公寓成為我的避難所，收容了屬於我的「前—後—蘇聯」（pre-post-Soviet）純真。這可真是天大的安慰，多麼容易理想化，卻又如此真實。每次進入木質裝潢、溫馨而舒適的現代主義風格大廳，我都忍不住哽咽。我喜歡貓尿和刺鼻的清潔劑混合而成、再熟悉不過的蘇聯氣味，還有粗糙的藍色油漆裝飾，以及輪班出現、蘇聯味十足的門房婆婆們。

伊娜．瓦連欽耶夫娜（Inna Valentinovna）是我最喜歡的婆婆。她是高樓公寓裡原本的住戶之一。六〇年代晚期，她以科學研究的成果換來眾人稱羨的公寓，如今兼差擔任門房，打發忙碌、跛扈的退休生活。五月九日的節慶氣氛愈來愈濃，她將我們的大廳改造成混亂的老兵活動現場。

「我們的老兵們（veterani）一定會喜歡！」她一面興高采烈地說，一面向我展示政府致贈的寒酸禮物包：蕎麥穀物、普普通通的小黍鯡魚，還有顯然不太高級的巧克力。

「無聊乏味的蕎麥，」媽媽抱怨。「這就是普京向保衛祖國的人們致謝的禮物。」

在高樓公寓的大衛國戰爭老兵之中，我特別想見一位女士。她名叫艾莎．瓦西里耶夫娜（Asya Vasilievna）。伊娜告訴我，她才剛完成一部關於安娜．阿赫瑪托娃的回憶錄。阿赫瑪托娃是她的導師，也是朋友；是吟詠我們的悲傷的偉大俄羅斯詩人——媽媽就是以她為我命名。「等等，」伊娜好幾次在她位於大廳的據點勸我。「在這裡等她！」但年邁的艾莎．瓦西里耶夫娜未曾出現。

勝利日破曉了。

我們在電視上收看紅場的遊行。克里姆林宮的矮子——梅德韋傑夫16和普丁——穿著隱約令人聯想起法西斯風格的黑色大衣，紀念全世界最大的災難——大衛國戰爭。講台上，戴滿勳章、精力充沛的八十多歲老人們圍繞在他們身旁。一九四〇年代肅穆的大衛國戰爭代表歌曲〈奮起，我們廣袤的國家〉（Arise, Our Vast Country）響起，菁英衛隊踢出傳統的蘇聯帝國正步。他們的制服上掛著華麗耀眼的金黃繐帶，與帝俄的風格不可思議地相似。

「PPP，」媽媽嘲諷道，「普丁的愛國主義拼貼（Putin's Patriotic Pastiche）。」

當天午後，伊娜．瓦連欽耶夫娜領著我們參加阿爾巴特街上的地區遊行。當地的老兵看上去比普丁講台上的英雄們要虛弱許多，有的被身上的勳章壓得走不太動，有的喘著氣、在寒風中咳嗽。莫斯科人冷冷地看著這群拖著腳步的老兵，反倒是幾個穿著黑色皮夾克的亞塞拜然男人，開心地又吹口哨又鼓掌相迎。

伊娜．瓦連欽耶夫娜將我推向一位高個子、斜肩膀、身上掛著勳章的九十多歲老人。戰爭期間，他曾經在波羅的海海軍服役，就和外公一樣。他的眼神平靜，看起來心不在焉，當學生將大而多刺的玫瑰塞進他皮膚堅韌的手中，他的神情也不曾改變。

「我是從紐約來的，」我突然覺得羞怯，結結巴巴地說。「說不定你認識我的外公——波羅的海海軍情報主管納姆．所羅門諾維奇．弗倫姆金。」

一陣不確定的停頓之後，一道靈光掠過他鬼魅般的蒼白面容。

「紐約。」他顫抖著說。「就連納粹也比不上我們在戰後面對的敵人。紐約！邪惡的帝國主義美國！」

然後他非常高貴、體面地離我而去。

在阿爾巴特街巨大的瓦赫坦戈夫劇院（Vakhtangov Theater）冰冷的陰影之下，我們受到比較熱烈的歡迎。伊娜．瓦連欽耶夫娜要我們進入老兵專屬的露天貴賓休息區。那裡擺了幾張桌子，仿造的野戰廚房正在分發點心——冒牌的大鍋裡肯定難以下嚥的戰時穀粥，和冒牌的茶壺裡清淡的茶水。不過，在我們搖擺不穩的塑膠桌旁，空氣中瀰漫著四十度酒精可靠而令人放心的氣息。我們飲盡塑膠杯裡的茶，然後裝滿伏特加。不知道從哪裡冒出了酸黃瓜。儘管演講嘮叨冗長、裝腔作勢，儘管看見貧困的老兵像是填充玩偶一樣被帶上街遊行展示，而早該獲得的福利補助卻沒有著落——一股溫暖仍然在我心中綻放。在冷風中與這群人共飲，是多麼寶貴的機會。我們能與他們共度的時光真的所剩不多了。

我熱淚盈眶地舉杯敬我的外公。我回憶起媽媽和尤莉亞如何丟掉他的佐爾格紀念品；我想起，當他一而再、再而三地追憶自己在紐倫堡審判上盤問納粹罪犯的經過時，我和瑪莎是如何咯咯地笑。為此我落下悔恨的眼淚。如今，外公只留下放在破舊紙盒裡的勳章，和一頁已經泛黃的德國雜誌封面——在胖嘟嘟的赫爾曼．戈林頭頂上，可以看見外公的高額頭和挖苦諷刺的眼神。

第二天早晨，我終於在大廳裡見到難以捉摸的艾莎．瓦西里耶夫娜。這位安娜．阿赫瑪托娃的回憶錄作者朋友有一對敏捷、聰穎的深色眼睛，穿著一件時髦的背心。我握著、不斷撫摸她如古董一般的手，激動得不知所措。

大衛國戰爭期間，艾莎．瓦西里耶夫娜撤離至塔什干。在那裡，她遇見了阿赫瑪托娃。五月九日，老兵們可以撥打免費的電話，艾莎利用她的通話額度和尼古拉．普寧的孫女說話。普寧是阿赫瑪托娃二〇、三〇年代的情人，他帶她搬進聖彼得堡的「噴泉屋」。就在那裡，在從昔日宮殿的一側劃分出來、陰鬱淒涼的共同公寓裡，阿赫瑪托娃住了將近三十年。

我曾經參觀「噴泉屋」的阿赫瑪托娃博物館，那裡的設計非常動人。她曾經居住的房間有如修道院般樸素簡單，牆上掛著一幅複製畫，是莫迪里安尼[17]為她畫下的素描。在這個房間裡，她和來自英國的年輕人以薩．柏林[18]相遇，兩人聊了一整夜。她因為這場偉大的會面而受到政府譴責，她的兒子被送回古拉格。她的銅菸灰缸令我流下淚來。阿赫瑪托娃和她的朋友兼傳記作家莉狄亞．楚科夫斯卡雅[19]知道公寓遭到竊聽，總會大聲地談論微不足道的瑣事——「今年的秋天來得真早。」——同時，詩人潦草地以鉛筆寫下新的詩作，楚科夫斯卡雅則背下詩句。之後她們在菸灰缸裡燒掉紙張。

「手、火柴、菸灰缸。」楚科夫斯卡雅寫道。「美麗而痛苦的儀式。」

如今，在我們高樓公寓的大廳裡，艾莎．瓦西里耶夫娜逕自朗讀起阿赫瑪托娃獻給清算受害者的詩作〈安魂曲〉。她從令人毛骨悚然的序念起：在恐怖的葉若夫20年代，我在列寧格勒的探監隊伍中度過了十七個月……

她念道，像是陷入催眠狀態，模仿著我曾經在錄音資料中聽過的阿赫瑪托娃低沉、緩慢而憂傷的朗讀。

死亡之星高掛我們頭頂上，

無辜的羅斯痛苦掙扎……

「我們去坐下吧，這樣你會比較舒服。」伊娜．瓦連欽耶夫娜打了岔，引領我們走進一間特別的老兵房間。在這個位於大廳邊上的狹小隔間裡，粉紅色的牆上掛滿了大衛國戰爭英雄的相片。

……無辜的羅斯痛苦掙扎

在染血的皮靴之下

艾莎慷慨激昂地念著，我的眼神掃過牆上的一幀幀相片：朱可夫元帥、伏羅希洛夫、氣宇軒昂的羅科索夫斯基21。而他統領著一切，瞇著微黃的貓眼睛……

他？又是他？

……在染血的皮靴之下

在黑色瑪莉亞22的輪胎之下……

我心想，在德國，你會因為展示希特勒的面容被逮捕。這裡呢？在這裡，一個女人朗誦著悲絕的輓歌，獻給在清算中慘遭迫害的人們——就在那個劊子手的肖像下方！

我再也忍不住了。我想要放聲哀號，用我的頭大力撞擊閃閃發亮的蘇聯風格桌子，逃離這個瘋狂的精神病院。在這個地方，歷史被拆解，然後修改、美化成一團拼貼——受難者和殺人凶手、獨裁者和異議分子，全都柔情傷感地齊聚一堂。

艾莎朗誦完畢之後，我真的放聲哀號。

「女士們！」我大吼。「你們都瘋了嗎？阿赫瑪托娃苦難的證明……這裡，就在史達林的鬍子底下？」

話一說完，我對自己突來的暴怒羞愧得無地自容。我怎麼能在這些經歷過恐怖年代的孱弱倖存者面前高談闊論？我有什麼資格對著這些熬過蘇聯時代的一切、存活至今的女士們大放厥詞？我雙唇顫抖，就要哭出來了。

女士們似乎並不覺得受到冒犯。艾莎．瓦西里耶夫娜深色的眼眸中閃過一道我捉摸不透的狡詐智慧。她露出若有似無、幾乎是淘氣的微笑。伊娜．瓦連欽耶夫娜溫暖地輕拍我的肩膀。

「歌裡的詞是刪不掉的（Iz pesni slov ne vykinesh）。」伊娜．瓦連欽耶夫娜引用老掉牙的俄羅斯諺語解釋道。

意思是：過去都過去了，一切已成定局。少了劊子手，也就不會有受難者和詩歌了。

「這是什麼邏輯？」稍晚，我憤憤不平地對母親說。她雙手按著太陽穴，搖搖頭。

「真高興我很快就要離開了。」她說。

★★★

我們的莫斯科行來到尾聲。媽媽會回紐約去，貝瑞和我則要晚個幾天離開，為了一份雜誌社交付的工作到歐洲待上兩週。我很期待回到熟悉的生活：呼吸沒有史達林的空氣、研究餐廳菜單時不必對著價格臉色發青，還能自信、自在地穿著夾腳拖走來走去。

媽媽終於離開了。少了她同時在三支電話上閒聊，少了她款待源源不絕的飢餓訪客，高樓公寓顯得寂寞冷清、空空蕩蕩。我明白，媽媽一直是我在俄羅斯的精神羅盤，給予我安定的力量。沒了媽媽，莫斯科也就失去了意義。

不過，我還有最後一項任務。在至今四十多年的生命之中，大部分時間我都夢想著執行這項任務——它是我來到莫斯科的祕密原因之一。某件母親在身邊時我絕對無法做的事情。

「列寧墓？」

「是的，是列寧墓。」電話裡的人短促地回答。「嗯，有事嗎？」

那個聲音聽起來非常無禮、非常年輕，我差點沒困惑地掛上電話。

「喂！嗯？」那個聲音問。

「你們……呃……嗯……有開嗎？」我緊張兮兮地問。因為某些旅遊網站提到，如今V．I．列寧墓週日休館，而星期日——也就是今天——是我們最後的機會。

「表訂時段。」那個聲音輕蔑地厲聲說道。

「票價是？」

「在俄羅斯，參觀墳墓是不收費的！」那個聲音嘎嘎大笑。「至少目前還不用！」

那是我所見過最短的列寧墓隊伍，只有一百五十公尺。

列寧的聲望顯然不如史達林。我想，他待在紅場上這座頂級精選、獨家專屬的住宅裡的日子屈指可數了。安葬列寧的爭議已經持續了二十年之久，如今又引發熱烈的討論。普丁的統一俄羅斯黨（United Russia Party）內一位重量級的人物指出，列寧的家屬反對防腐保存遺體——儘管那已經是將近九十年前的事了。在「再見列寧」網站（goodbyelenin.ru）上投票的俄國民眾中，有百分之七十支持搬遷、下葬。只有共產黨領袖憤恨地大聲疾呼。

我們排在皮包骨的中亞男子和一群鬧烘烘、穿著新潮高科技尼龍衣的義大利人中間。中亞鄰居向我們展現純金的微笑。我想起，蘇聯時代，來自奇異的共和國的兄弟們總是將錢「放在嘴巴裡」。他們裝純金的假牙，而不願相信國家的儲蓄銀行（sberkassa）。

這個男人和我差不多年紀。他自我介紹，說自己叫拉赫瑪特（Rahmat）。「在塔吉克語裡是『謝謝』的意思——聽過塔吉克嗎？」

結果，說起話來有濃厚口音的「謝謝先生」，根本是眾多花俏浮誇的蘇聯陳腔濫調的總和。他來自列寧納巴德（Leninabad）——一座以「列寧令人引以為傲的名字」命名的城市。參觀列寧墓是他「心中懷抱的夢想」（zavetnaya mechta）。

「也是我的夢想。」我承認。他則以純金的微笑和儀式性的握手回應。

★★★

進入列寧墓區域之後，你必須交出所有物品——皮夾、行動電話、相機。嚴格禁止攝影。

真是太可惜了。

因為在封鎖起來、不對外開放的紅場中央，某個不可思議、令人興奮的活動正在進行著，非常適合攝影。我聽見軍號和鼓聲。穿著藍、白二色制服的孩童排著隊，等待著參加少年先鋒隊的入隊儀式。一位身材高大、穿著圓點衣服的女人沿著行列移動，將紅色領巾繫在孩子們的脖子上。

「**準備好了嗎？**」擴音器裡大吼。

「**隨時待命！**」孩子們呼喊著，行少年先鋒隊員禮。

這是我的幻覺嗎？還是女孩們的頭上，真的戴著白色的蘇聯大蝴蝶結？

「燃燒吧，營火，藍色的夜晚（Vzeveites' kostrami sinie nochi）……」

少年先鋒隊歌的歡欣合唱，持續在紅場上迴盪。在遠處，鮮紅耀眼的神話又再度熊熊燃起。

「我們是先鋒，勞工的子女（My pioneri deti rabochikh）！」拉赫瑪特和我跟著唱。沒有反蘇聯的母親在身邊拉扯我的袖子，我聲嘶力竭地引吭高歌。

「他媽的少年先鋒隊員日。」警衛正在向旁人解釋。「他媽的每年，他媽的共產黨人和這……你看！久加諾夫（Zyuganov）！」板著臉的現任共產黨主席，現身臨時搭建的講台上。「親愛的朋友（Queridos compañeros）！」有人用帶著口音的西班牙文大喊。「歡迎來自破爛哈瓦那的同志。」警衛做了個鬼臉。「就為了這個怪胎秀，他們把紅場封起來！」

我們排成一列，走過克里姆林宮城牆下的一座座墳墓。那些高貴的遺體就長眠此地：布里茲涅夫、加加林、美國人約翰．里德[23]，還有，沒錯，又是他。

「我們！踏在這神聖的土地上！」在我和貝瑞身後，拉赫瑪特驚呼。「這神聖土地！就在我們社會主義祖國的中心！」

他的敬畏實在太過孩子氣，我不忍心提醒他，那「令人驕傲的四個字母：蘇聯（CCCP）」早在二十年前就已經拆夥了。而且，再怎麼說，莫斯科都不會是他的祖國。

「害怕了嗎？」當我們往下走，進入我兒時玄之又玄的神祕謎團——列寧的墓室——時，我低聲問他。

「怕什嗎？列寧才不可怕。」拉赫瑪特冷靜地向我保證。「他光明（svetly）、帥氣（krasivy），而且生氣勃勃（zhivoy）。」

我們和弗拉基米爾．伊里奇會面的時間不過兩分鐘，或許更短。在黑暗之中，每隔十呎便有一位表情冰冷的衛兵，驅趕著我們緊緊跟上隊伍，圍著玻璃石棺繞行。石棺內，「一號物件」就躺臥在厚厚的紅色絨布上，微微發光。我注意到他／它的圓點領帶。還有，聚光燈狡猾地聚焦在他／它光禿禿的閃亮頭頂，展現極致的光明。

「為什麼有一隻手的拳頭緊緊握著？」貝瑞低聲問。

「肅靜！」衛兵在陰影中大喝。「繼續往出口移動！」

然後就結束了。

我回到莫斯科的星期天，覺得困惑不解，沒有任何改變。這麼多年以來……究竟是為了什麼？突然間，它變得非常微不足道。難道我真的盼望自己在這個庸俗、矯情的儀式上放聲大笑？又或者，除了此刻有些滑稽、令人掃興的怪異感覺之外，我還期待著其他情緒？

貝瑞看起來倒是很震驚。「那是我這一生見過，」他不假思索地說，「最法西斯的東西！」

紅場已經重新開放了，剛誕生的少年先鋒隊員自我們身邊經過。我發現女孩們的白色大蘇聯蝴蝶結，並非我小時候傳統而華麗的白色尼龍緞帶，而是裝飾有緞帶的小髮夾——八成是土耳其或中國製造的冒牌貨。我覺得非常失望。

「我還記得，當我成為少年先鋒隊員時，我有多麼驕傲。」拉赫瑪特眉開眼笑地對一個金髮的松鼠臉女孩這樣說。她打量他的金牙和第三世界的尖頭鞋，再看看我的夾腳拖，隨即大喊：「滾開！」

我們陪著拉赫瑪特逛了一下。他前一天才來到首都，顯然還不知道「莫斯科——邪惡的城市」這句真言。他打算找份建築工作，但誰也不認識，便直接來到列寧墓，想見見列寧「和善而且親切的臉龐」。我們又微笑、點頭，很有精神而且客氣有禮，就像在遊覽巴士上偶然相逢、即將分別的兩個陌生人。

兩個外人，我思考著，移工和來自自身過去的移民，在紅場上，在聖瓦西里大教堂，花俏俗麗的杏仁糖膏旋頂下漫步遊蕩。

最後，拉赫瑪特踏著沉重的腳步去向無名軍人墓（Tomb of the Unknown Soldier）致意。看著他垂頭喪氣的孤單身影漸漸遠去，我感覺到一股深沉的悲傷。我的行動電話響了。是媽媽，她正在調時差，電話那頭是紐約的黎明。

「你在哪？」她問。

「剛從列寧墓出來。」我說。

一陣沉默。

「傻瓜（Idiotka）。」最後，媽媽哼了一聲，然後在電話裡親了親我，又回到床上去。

譯註

1. 「麗池」指倫敦麗池酒店。歐文・柏林曾作歌曲〈麗池風采〉（Puttin' On the Ritz），歌名典出俚語，意指「打扮時髦」。這首歌曲收入艾德華・史洛曼（Edward Sloman, 1886-1972）一九三〇年的同名音樂劇電影中，成為傳唱金曲。
2. 指「蘇聯航空」（Aeroflot），創立於一九二三年。蘇聯解體之後，此名稱由「俄羅斯航空」沿用至今。
3. 「伏爾加」（Volga）由高爾基汽車工廠生產，屬於中階車款，是蘇聯時期常見的公務車。
4. 華氏七十度約攝氏二十一度。
5. 此為俄國諺語，意指有得必有失，在重大的計畫或行動中難免有錯，勢必有所犧牲。
6. 「維勒瓦與波赫」（Villeroy & Boch）為知名德國陶瓷品牌。
7. 皆為紅酒名。「佩楚」（Petrus）酒莊位於法國波爾多，「巴羅洛」（Barolo）則產自義大利皮埃蒙特（Piemonte）。
8. 艾米利歐・葡西（Emilio Pucci, 1914-92）為義大利時裝設計師，其作品以繽紛鮮豔的印花最為著名。
9. 「賓利」（Bentley）、「荒原路華」（Land Rover）及「攬勝」（Range Rover）皆為知名汽車品牌名稱。其中，「攬勝」又較「荒原路華」高階，為該系列的旗艦車款。
10. 指戈巴契夫的妻子賴莎・馬克西莫夫娜・戈巴契娃（Raisa Maximovna Gorbacheva, 1932-99）。
11. 約瑟夫・戈培爾（Joseph Goebbels, 1897-1945）是德國政治家，深得希特勒信任，曾任國民教育與宣傳部長。
12. 海因里希・希姆萊（Heinrich Himmler, 1900-45）為納粹德國重要政治人物，曾任內政部長、黨衛軍首領等職。
13. 此段信件內容為西班牙文。
14. 亞歷山大・涅夫斯基（Alexander Nevsky, 1220-63）為十三世紀古羅斯大公，曾擊退瑞典軍隊及條頓騎士團，是俄羅斯重要的民族英雄與精神象徵。蘇聯導演艾森斯坦曾拍攝同名電影，記述其英勇事蹟。
15. 彼得・阿爾卡季耶維奇・斯托雷平（Pyotr Arkadyevich Stolypin, 1862-1911）是沙俄末年的政治人物，曾任大臣會議（Council of Ministers）主席，任內以土地改革和鎮壓革命勢力最為知名。
16. 指德米特里・阿納托利耶維奇・梅德韋傑夫（Dmitry Anatolyevich Medvedev, 1965-）為當代俄羅斯政治家，曾任總統，現任總理。
17. 亞美迪歐・莫迪里安尼（Amedeo Modigliani, 1884-1920）為旅法義大利藝術家。一九一〇年，他與阿赫瑪托娃在巴黎相遇，兩人一度交往密切。莫迪里安尼為阿赫瑪托娃繪作多幅素描畫像，深受詩人喜愛。
18. 以薩・柏林（Isaiah Berlin, 1909-97）為俄裔英籍哲學家、政治理論家，以其自由主義思想聞名。一九四五至四六年間，他與阿赫瑪托娃曾經三次會面。
19. 莉狄亞・柯爾涅耶夫娜・楚科夫斯卡雅（Lydia Korneyevna Chukovskaya, 1907-96）是二十世紀俄國詩人、作家，為著名作家柯爾涅・伊凡諾維奇・楚科夫斯基（Korney Ivanovich Chukovsky, 1882-1969）之女。楚科夫斯卡雅著有《索菲亞・彼得洛夫娜》（*Sofia Petrovna*）等作品，關切自由與人權，曾多次挺身而出、聲援索忍尼辛等異議人士。她與阿赫瑪托娃交情深厚，女詩人逝世之後，她整理二人往來的相關筆記資料，著成《關於安娜・阿赫瑪托娃的札記》（*The Akhmatova Journals*）。
20. 尼古拉・伊凡諾維奇・葉若夫（Nikolai Ivanovich Yezhov, 1895-1940）是蘇聯政治人物，曾主掌內務人民委員部，為史達林時代政治清算計畫的主要執行者。

21．指康斯坦丁．康斯坦丁諾維奇．羅科索夫斯基（Konstantin Konstantinovich Rokossovsky, 1896-1968）是生於波蘭的蘇聯陸軍將領，在大衛國戰爭期間功績卓著，因功晉升陸軍元帥。

22．「黑色瑪莉亞」（Black Maria）指載運犯人的黑色囚車。

23．約翰．里德（John Reed, 1887-1920）為美國記者、社會主義運動者，見證一九一七年十月革命，著有《震撼世界的十天》（*Ten Days that Shook the World*）。

V 精通蘇聯料理藝術食譜

富裕豐足的幻想：一九五二年版本《美味與健康飲食之書》開卷跨頁

大烤餅

6至8人份

溫牛奶：4大匙
活性乾酵母：1大匙
糖：2小匙
生蛋：1大顆（外加2顆水煮蛋，切細）
酸奶：¾杯
猶太可食鹽：½小匙（依口味酌量添加）
無鹽奶油（切成小塊）：1杯；外加4大匙內餡用
麵粉：2¼杯（視需要酌量增加）
芥花籽油或花生油：3大匙
去骨、去皮鮭魚排：8盎司（切成1英寸小塊）
去骨、去皮鱈魚排：8盎司（切成1英寸小塊）
中等大小洋蔥：2顆（切細）

我們以墮落、包覆一層又一層布林薄餅的魚餡大烤餅向沙皇們告別。這大概是我和媽媽有生以來做過最壯觀的料理。因為非常耗時，老實說，並不推薦你在家嘗試。我在此提供一個簡單許多的替代版本，省去複雜的層次和布林薄餅，不過依舊能令你的賓客們大為驚豔。發酵麵團中的酸奶是媽媽的獨家配方，為奶油外皮增添了迷人的濃郁香氣；內餡裡野菇、蒔蘿和兩種魚肉全都誘人地融合在一起。在特別的時刻端出大烤餅，配上田園沙拉和檸檬口味的伏特加。大量伏特加。

KULEBIAKA 大烤餅

魚肉、米飯和蘑菇餡餅

野蘑菇或褐蘑菇：10盎司（擦淨，切細）
白米飯煮熟：2杯
蒔蘿切細：3大匙
扁葉香芹切細：3大匙
苦艾酒或乾雪利酒：2大匙
新鮮檸檬汁：2大匙
雞高湯：3大匙
新鮮刨碎肉豆蔻：少許
新鮮研磨黑胡椒（依口味酌量添加）
乾麵包粉：2至3大匙
蛋漿：1顆蛋黃與2小匙牛奶攪拌

一、**製作麵皮**：在中等大小的碗中拌入牛奶、酵母及糖，靜置直到冒出泡沫。將生蛋、二分之一杯酸奶和鹽加入攪拌。在大碗中混合八湯匙切塊奶油和麵粉。以手指將奶油攪拌成近似粗麵包粉的質地。加入混合過的酵母，以手攪拌均勻，揉成軟麵團。將麵團以保鮮膜包裹，放入冰箱冷藏至少兩小時。

二、將麵團置於室溫中約一小時。以奶油或油滋潤攪拌碗。將麵團放在事先撒上麵粉的表面，搓揉，視情況加入更多麵粉，直到麵團平滑、不再有黏性，約五分鐘。把麵團移進已經以油滋潤的攪拌碗，蓋上保鮮膜，放置在溫暖處，直到膨脹成兩倍大小，約兩小時。

三、**製作內餡**：在大煎鍋中以中大火將油和兩湯匙奶油加熱。放入鮭魚和鱈魚，油煎，翻面一次，直到魚肉開始碎裂，約七分鐘。把魚肉放進大碗。將煎鍋置回中大火上，加入剩餘的兩湯匙奶油。加入洋蔥，炒至淡金黃色，放入蘑菇，炒至金黃，直到湯汁收乾，約七分鐘；若煎鍋太乾，酌量加入油。將蘑菇和洋蔥放入盛裝魚的碗內。加入剩餘的四分之一杯酸奶、水煮蛋、米飯、蒔蘿、香芹、苦艾酒、檸檬汁、高湯和肉豆蔻。以兩支叉子將所有材料攪拌均勻，輕輕將魚肉撥散。加入鹽和胡椒調味。將內餡靜置室溫中冷卻。

四、預熱烤箱至華氏四百度，將烤架置於中央。把麵團分成兩半，揉成長條狀。在撒上少量麵粉的蠟紙上，將長條麵團分別擀成長十六英寸、寬十英寸的長方形。將其中一片麵團放在鋪有錫箔紙的大烤盤上。撒上麵包粉，留下一英寸邊緣。將內餡整齊、扎實地鋪在麵包粉上。以剩下的一半麵團覆蓋內餡，捏實邊緣封緊。將邊緣切齊，保留切下的麵皮碎片。摺起麵團的邊緣，鬈曲裝飾。靜置烤餅，發酵膨脹十五分鐘。以蛋漿塗抹麵團頂部表面。將碎麵皮擀平，裁出裝飾形狀，黏上麵團頂面。再一次塗抹蛋漿。在麵團頂面戳出小洞，留作氣孔。烤至金黃漂亮，約三十五分鐘。靜置冷卻十分鐘，切片，上桌。

猶太填餡魚

10至12人份

花生油或猶太無脂人工奶油：4至5大匙（視需要酌量增加）
大洋蔥：2顆（切細；外加1顆小洋蔥，切成大塊）
無酵餅：2張（撕成小塊）
中等大小胡蘿蔔：3根（去皮；其中1根切成大塊，其餘兩根不切）
全魚，白魚、梭子魚或其他肉質堅韌的魚種：1條（約4磅，去皮〔見下文〕，切片〔魚片應有約一又二分之一磅重〕，魚頭保留備用，魚片切成小塊）
鯉魚片：1½磅（切成小塊）
蛋：3大顆
冰水：1大匙
糖：1小匙（依口味酌量添加）

一九七四年，移民費城不久之後，我和媽媽生平第一次參加逾越節家宴。就在慷慨的猶太資助者奢華的郊區住宅裡，我們身穿破舊的「救世軍」衣物，被當作「難民英雄」領著到處展示。大家盯著我們看，高唱〈容我的百姓去〉（Let My People Go），我和媽媽則因為有些尷尬的複雜情緒而落下淚來。更糟糕的是，當時我英文還很破，結結巴巴地念著《哈加達》裡的段落，不停地將「十災」（ten plagues）說成「十樂」（ten pleasures）。然後是填餡魚。我回想起在奧德薩度過的夏天和紅頭髮的姊妹們，好奇地大口吃下乾淨好看的美國魚肉丸……但根本難以下嚥！那滋味甜得驚人，後來我和媽媽一致推斷，主人想必是不小心把糖當成了鹽。隔天夜晚，在我們的第二場逾越節家宴上，

GEFILTE FISH 猶太填餡魚

奧德薩風味填餡全魚

猶太可食鹽、新鮮研磨黑或白胡椒：2茶匙（依口味酌量添加）

魚高湯（購買現成的亦可）或雞高湯：4杯

新鮮西洋菜（裝飾用，選用）

新鮮或罐裝辣根（佐餐用）

魚肉丸嘗起來更甜。主人注意到我們的困惑，解釋說，他的同胞來自波蘭南部，在那裡，猶太人偏好把填餡魚做成甜的。「你們俄國人，你們是不是都做成辣的？」他問。媽媽脹紅了臉，她從未做過填餡魚。

如今，在經歷過一場場逾越節家宴之後，我們明白，俄羅斯和烏克蘭的猶太婆婆們通常會將魚切成厚片，取出魚肉，和洋蔥、胡蘿蔔一起絞碎，然後把——不加糖的——填料和魚骨一起包進魚皮裡。接著，將魚和蔬菜燉煮很久很久，直到骨頭幾乎溶化——雖然不太美麗，但非常美味。完美主義者還會多做一步，就像那些奧德薩姊妹們——填塞全魚。如果你能找到聽話的魚販，願意將魚皮整片摘下——像絲襪一樣，還連著尾巴——這就是你最具節慶氣氛和戲劇效果的填餡魚做法了。

魚頭也填進部分餡料，一起燉煮。上桌之前，再將魚重新組合起來，然後等著接受大家的讚美。倘若你沒有整片魚皮，將填料做成長條狀，披上一片長長的魚皮裝飾也行。當然，你也可以將混合的填料做成美味可口的魚肉丸。這樣的話，你會需要大約三公升的高湯。

一九二〇年代，在奧德薩，我的曾祖母從普利沃茲市場買梭子魚做填餡魚的材料。在美國，許多移民婦女用鯉魚。我個人喜歡混合細嫩的白魚和顏色較深、油脂較豐富的鯉魚。除此之外，雖然這份食譜裡加了些糖，但甜味的主要來源還是慢火燉煮的大量洋蔥。上桌的時候請配上大量辣根。

一、在大煎鍋裡以中小火熱油。加入兩顆切細的洋蔥，頻繁翻炒，直到變得柔軟，約十二分鐘。將洋蔥靜置冷卻，十五分鐘；同時以冷水浸泡無酵餅，十分鐘。倒光水，把餅擰乾，用手將無酵餅揉成麵團。

二、將切成大塊的生洋蔥和切塊的胡蘿蔔置入食物調理機絞碎，放進攪拌碗。分成四批，將白魚、鯉魚片、炒過的洋蔥和無酵餅完全絞碎，但不至於打成泥漿狀；將完成的食材加入放有洋蔥和胡蘿蔔的碗內。拌入蛋、水、糖、兩茶匙鹽，並依口味酌量添加胡椒，攪拌至完全均勻，並帶有黏性。水煮或嫩煎一小粒魚肉丸嘗試味道。若混合的食材太過鬆散，無法成形，蓋上保鮮膜，放進冰箱，冷藏約一小時。

三、預熱烤箱至華氏四百二十五度，將烤架置於中央。在長十八英寸、寬十二英寸的金屬或箔質烤盤上鋪錫箔紙。若使用整條連尾巴的魚皮：將之置於錫箔上，填入內餡，使外觀呈現全魚的形狀。以濕潤的手將剩下的混合食材做成橢圓形的魚肉丸。若使用魚頭：填入混合內餡，然後和魚肉丸一起放在烤盤上。若做成長條狀，以一片魚皮裝飾：將混合魚肉餡料做成長約十六英寸、寬約六英寸的長條，放在烤盤上，並在頂面鋪上魚皮。在填餡魚或長條上塗抹一點油，烘烤直到頂部開始變色，約二十分鐘。

四、烘烤魚的同時，將高湯加熱至幾乎沸騰。在烤盤上加入高湯，浸沒魚三分之二高度。若高湯不夠，加一點水。將整根未切的胡蘿蔔放進烤盤，把烤箱溫度調至華氏三百二十五度，以錫箔紙輕輕覆蓋烤盤，繼續燜烤直到形狀固定、熟透，約四十五分鐘。過程中，灑上水煮的湯汁一、兩次。若做成魚丸，則需要翻動。

五、靜置魚和湯汁直到完全冷卻，約三小時。蓋上塑膠膜，冷藏隔夜。上桌前，使用兩支大鍋鏟，小心地將魚移到長餐盤上；可以先在盤內鋪上西洋菜。若採魚頭做法，將魚和魚頭接上。把胡蘿蔔切片，裝飾在魚上。上桌時佐以辣根。

肉餅

4人份

新鮮牛肩胛絞肉：1½磅（或牛、豬肉混合）
不新鮮的白麵包：2片（去除硬皮，泡水五分鐘之後擠乾）
小洋蔥：1顆（刨碎）
中等大小蒜瓣：2片（以蒜鉗壓碎）
蒔蘿或香芹：2大匙（切細）
全脂美乃滋：2½大匙
猶太可食鹽：1大匙
新鮮研磨黑胡椒：½小匙（依口味酌量添加）
精細乾麵包粉：2至3杯（裹粉用）
芥花籽油或無鹽奶油，煎炸用

午餐吃肉餅，晚餐也吃肉餅；牛肉肉餅、豬肉肉餅、魚肉肉餅、雞肉肉餅——甚至還有絞碎的胡蘿蔔和甜菜製成的肉餅。幾乎所有蘇聯人都吃這些廉價、美味的小肉餅過日子，同志們不是自己動手做，就是在商店裡購買。還在莫斯科的時候，我和媽媽暗自對一種勞動階級、售價六戈比的肉餅情有獨鍾。這種肉餅由一家以史達林的糧食工業人民委員阿納斯塔斯·米高揚命名的肉食加工廠生產。米高揚在一九三六年的美國行中得到靈感，計畫在俄羅斯複製美國人的漢堡，但不知怎麼地，麵包被遺漏了，而這個國家迷上了大量生產的肉餅。米高揚工廠的肉餅又油又美味，小而輕薄，裹上厚厚一層工廠麵包粉，炸得酥脆香噴，一打一打地吃下肚也不成問題。因為鄉愁難忍，我和媽媽曾經無數次嘗

KOTLETI 肉餅

媽媽的俄式「漢堡排」

試在家裡重現這些肉餅，但都未能成功：某些大量生產的美味還真是無法被複製。於是，我們總是回頭做媽媽——高貴許多——的家常版本。

每個前蘇聯廚師都有做出多汁、可口的肉餅的獨家祕訣。有人加碎冰，有人塞進一小塊奶油，或混合在攪打過的蛋白裡。母親喜歡做蒜味濃厚的奧德薩式肉餅，並且以美乃滋取代一般常用的蛋來黏合材料，效果非常棒。碎火雞肉、雞肉和魚肉都適用這套配方。蕎麥是帶著濃濃鄉愁的俄式配菜，以洋蔥和大量奶油或油慢炒的細馬鈴薯條也行。我喜歡放涼了的隔日肉排午餐，配上扎實的黑麵包、熱芥末醬和香脆可口的蒔蘿醃黃瓜。

一、在攪拌碗中加入前八項食材，混合均勻，以保鮮膜覆蓋，冷藏至少三十分鐘。

二、用濕潤的手將混合的食材做成大約三又二分之一英寸長的橢圓形肉排。將麵包粉鋪在大盤子或蠟紙上。以麵包粉包裹肉排，稍微壓扁並施力使麵包粉黏著。

三、在大煎鍋中預熱兩大匙油，加入一塊奶油，加熱直到嘶嘶作響。分批以中大火煎肉排，直到呈現金黃色，一面約四分鐘。蓋上鍋蓋，轉小火，繼續煎二至三分鐘，直到熟透。將肉排放置在鋪有紙巾的盤子上。重複煎炸剩餘的肉排。一次上桌。

★1940年代

糧票

（©Public Domain/Wikimedia Commons）

當我們著手準備一九四〇年代的章節，為了呈現這個十年的料理風貌，母親和我反覆討論了許多可能的菜色想法。我們可以烤黍米——撤離期間，在列寧的出生地烏里揚諾夫斯克，莉莎外婆就在倉庫裡烤黍米。或者，我們可以即興創作出戰爭年代的「麵點」——一片黑麵包撒上幾乎不存在的糖粉。我們甚至想過重現一九四五年雅爾達會議中的一場餐宴——國家受到重創，人民就要飢餓死去，而「三巨頭」和隨行人員卻享用鵪鶉肉飯和魚肉佐香檳醬汁。

最後，我們改變了心意：烹飪不大恰當。這一頁，我不提供食譜，取而代之的是糧票冊的照片。發行地點：列寧格勒。日期：一九四一年十二月，圍城的第三個月。慘絕人寰的圍城持續了九百日，奪走約百萬人的

KARTOCHKI 糧票

糧食配給票券

性命。那年冬天，氣溫驟降至攝氏零下三十度。沒有暖氣，沒有電，在冰封的城市裡也沒有自來水；汙水管耐不住嚴寒而破裂；交通停擺。彼得大帝的帝國都城像是冰雪覆蓋的墳場，消瘦憔悴的群眾——許多人馬上就會變成鬼魂——排隊領取配給的麵包。一九四一年十二月，配額已經降至勞工二百五十克，其餘居民一百二十五克——不過四盎司又濕又黏、攙雜木屑或牛飼料、纖維的東西。然而，那每天以方形的小紙片兌換而來、微不足道的一百二十五克麵包卻經常是生死存亡的關鍵。

面對這樣的圖片，請讓我們默哀。

★1950年代

燉羊肉

6至8人份

扎實裝滿的芫荽：1杯（切細，外加少許佐餐用）
扎實裝滿的羅勒：1杯（切細，外加少許佐餐用）
扎實裝滿的扁葉香芹：1杯（切細，外加少許佐餐用）
蒜瓣：12大片（切碎）
猶太可食鹽和新鮮研磨黑胡椒（依口味酌量添加）
辣椒粉：1小匙（外加少許塗抹羊肉用）
乾辣椒片如阿勒頗（Aleppo）辣椒：1大撮（外加少許塗抹羊肉用）
羊肩排：3至3½磅（切去過多的油脂，縱切成一半）
中等大小洋蔥：3顆（切成四瓣，橫切切細）
橄欖油：2大匙
成熟李子番茄：2顆（切塊；外加四顆李子番茄，

蘇聯時代，沒有機會出國旅遊或品嘗外國料理的俄羅斯人轉向異國情調濃厚的聯盟邊陲，尋求複雜、辛香的菜色。在莫斯科，喬治亞菜是不折不扣的高級料理，滿足了我們北方民族對煙氣、香料、蒜味和鮮明、陽光的調味料的渴望。若你不介意它可能是史達林最愛的料理，這道類似湯品的一菜餐食簡直是個奇蹟。喬治亞菜偏好大量芳香草本食材的迷人特性展現得淋漓盡致，而肉更是在本身香料、蒜味濃郁的湯汁中和茄子、番茄與馬鈴薯一起燉煮。按照傳統，這道燉菜以稱作「查納希」（chanakhi）的陶罐烹調，但琺瑯鑄鐵鍋——如「酷彩」（Le Creuset）——或大而結實的荷蘭鍋，也能做出一樣好的效果。一切的關鍵在於用來吸收湯汁的美味熱無酵餅，還有生氣勃勃的辛辣生菜沙拉。

CHANAKHI 燉羊肉

喬治亞香料蔬菜燉羊肉

縱切成四瓣）
番茄汁：1½杯
紅酒醋：2大匙
煮沸開水適量
亞洲長茄子（10至12英寸長）：3條
中等大小育空黃金（Yukon Gold）馬鈴薯：3顆
（去皮，切成角塊）

一、預熱烤箱至華氏三百二十五度，將烤架置於下三分之一處。在攪拌碗中混合芫荽、羅勒、香芹和蒜，加上二分之一小匙鹽，以及大量的黑胡椒、辣椒粉與乾辣椒片。

二、將鹽、黑胡椒、辣椒粉與乾辣椒片塗抹在羊肉上。把羊肉和洋蔥放進攪拌碗，加入一大把混合香料，搖晃翻動以均匀附著。

三、將羊肉和洋蔥盡可能緊貼在非常大的琺瑯鑄鐵鍋底部，牢牢闔上蓋子。把鍋子置於大火上加熱，直到蒸氣自底部冒出，約三分鐘。轉至中小火，鍋蓋扣牢，烹煮直到羊肉變得不透明，滲出許多湯汁，約十二分鐘。將羊肉翻面，蓋上鍋蓋，再繼續加熱三至四分鐘。放入番茄塊、另一把香料、一杯番茄汁、一大匙油醋，煮至沸騰。闔上鍋蓋，將鍋子移至烤箱。加熱直到羊肉軟嫩，九十至一〇五分鐘；不時察看，若看起來太過乾燥，則加入少量的水。

四、在烹煮肉的同時，將三條茄子直接置於三口爐火上，以中大火加熱。烘烤時旋轉並移動茄子，直到表面微焦，浮現焦黑的斑點，而茄子肉依舊結實，共二至三分鐘；請留意汁液和火花。使用夾子將茄子移到砧板上，冷卻至可處理的溫度後，將茄子各橫切成四半，並用鋒利的小刀各劃出一條切縫，塞入混合香料。分別在兩個碗內，放入馬鈴薯和切成四瓣的番茄，加鹽和少許香料調味。

五、將羊肉自烤箱取出，拌入馬鈴薯，用夾子和木大匙輕輕將馬鈴薯壓到肉底下。加入剩餘的番茄汁、酒醋和一把混合香料，若需要的話，添加足夠的滾水，讓湯汁蓋過馬鈴薯和肉。鋪上茄子，浸在湯汁裡。蓋上鍋蓋，再烤三十分鐘。加入番茄，鋪散在表面，不需攪拌，然後撒上剩餘的混合香料。蓋上鍋蓋，再烤二十分鐘。

六、調高烤箱溫度至華氏四百度。取下鍋蓋，烘烤直到湯汁變得濃稠，約十五分鐘。

將鍋子取出烤箱，冷卻五至十分鐘。直接端鍋子上桌，再撒上一些香料。

獻給赫魯雪夫的玉米麵包

6人份

- 蛋：2大顆（輕打攪拌）
- 牛奶：2杯
- 無鹽奶油：6大匙（融化，外加少許鍋具上油用）
- 酸奶：½杯
- 細黃玉米粉：2杯（石磨研磨玉米粉更佳）
- 通用麵粉：¾杯
- 糖：1小匙
- 發粉：2小匙
- 烘焙用蘇打粉：½小匙
- 菲達（feta）乳酪：2杯（約12盎司，刨細或切碎）
- 烤紅椒條，佐餐用，選用

聽到「赫魯雪夫」，俄國人會哈哈大笑並立刻大喊：「玉米！」所以，為了紀念尼基塔．「玉米先生」．赫魯雪夫與他將玉米引進蘇聯的瘋狂行為，我和媽媽決定以玉蜀黍料理向他致意。然而，媽媽覺得玉米麵包的概念很奇怪。她堅持，對於北方的斯拉夫人來說，玉蜀黍做成的麵包聽起來自相矛盾，近乎褻瀆。麵包是神聖的，而且應該由小麥製成。一九六三年，穀糧歉收，領取救濟品的人潮讓赫魯雪夫不得不提早退休。他下台之後，在蘇聯北部地區，玉米不是被遺忘，就是成為回憶中的一則農業笑話。不過，我提醒母親，在蘇聯南部，情況並非如此。在那些地區，好幾個世紀以來，玉米粉一直是人們主要的食物。喬治亞人將玉米粉做成粗玉米糊（gomi）或蘸食燉菜的玉米麵包

(mchadi)。西烏克蘭人和摩爾多瓦人也吃玉米粥(mamalyga)作為日常的粥食。

我自己則是在研究、撰寫《請上桌》的過程中,發現了蘇聯豐富的玉米料理食譜,並且愛上了鬆軟濕潤、美味可口的摩爾多瓦玉米麵包——搭配充滿地方色彩的酸奶和濃郁的菲達乳酪,顯得更加豐富。最近我為媽媽做了這道料理,實在是太美味可口,我們直接就在烤盤裡吃了個精光——熱呼呼的,配上火烤的紅椒。媽媽回憶,一九六三年,她曾經扔了別人送給她的一袋玉米粉。那時她心想。這些黃色的木屑能做什麼用呢?嗯,現在她知道了。做法如下:

CORNBREAD FOR KHRUSHCHEV

獻給赫魯雪夫的玉米麵包

摩爾多瓦玉米麵包配菲達乳酪

一、預熱烤箱至華氏四百度,將烤架置於中央。在大碗裡,把前四項食材攪拌均勻。在另一個碗裡,混合玉米粉、麵粉、糖、發粉和蘇打粉。將乾燥粉狀的食材加入蛋汁中,攪打至滑順。加入菲達乳酪,攪打均勻。靜置麵糊十分鐘。

二、準備長寬九英寸、厚二英寸的烤盤,上油。將麵糊倒入盤中,輕拍使之平坦、均勻。將玉米麵包烘烤至金黃色、觸感結實,約三十五至四十分鐘。趁熱上桌,可搭配烤紅椒。

奧利維耶沙拉

6人份

沙拉

適合水煮的馬鈴薯：3大顆（去皮，煮熟，切丁）
中等大小胡蘿蔔：2條（去皮，煮熟，切丁）
大澳洲青蘋果（Granny Smith）：1顆（去皮切丁）
中等大小蒔蘿醃黃瓜：2條（切丁）
中等大小無籽黃瓜：1條（去皮、切細丁）
水煮蛋：3大顆（切碎）
罐頭青豆：1罐16盎司（瀝乾）
青蔥（含三英寸綠葉）：¼杯（切細）
蒔蘿：¼杯（切細）

社會主義的盛宴上不可或缺的蘇聯招牌沙拉其實有段布爾喬亞的奢華過去。這道料理以法國大廚路西安・奧利維耶（Lucien Olivier）命名。一八六〇年代，他以華麗的「艾爾米塔什」（L'Hermitage）餐廳轟動莫斯科。可想而知，這個高盧人的原創作品和我們的蘇聯經典簡直毫無相似之處。他的是一幅靜物畫，是松雞、舌頭、螯蝦尾巴環繞著馬鈴薯和醃小黃瓜堆成的小山，淋上大廚的普羅旺斯祕方醬汁。讓奧利維耶大為震驚的是，俄羅斯客人們將盤子裡所有的食材全都攪混在一塊，使他精緻的安排變得庸俗不堪。他於是重新設計這道料理，將它做成沙拉。接著，一九一七年到來。「艾爾米塔什」關門大吉，餐廳裡的菜色也飽受奚落。每個蘇聯孩子都聽過馬雅可夫斯基的短歌：「吃你的

SALAT OLIVIER 奧利維耶沙拉

俄羅斯酸黃瓜馬鈴薯沙拉

蟹肉塊：12盎司（剁碎；或魚漿蟹肉棒，切碎。或以水煮的雞肉或牛肉代替）

猶太可食鹽和新鮮研磨黑胡椒：依口味酌量添加

醬料

赫爾曼（Hellmann's）美乃滋：1杯（依口味酌量添加）

酸奶：¼杯

新鮮檸檬汁：2大匙

第戎（Dijon）芥末醬：2小匙

白醋：1小匙

猶太可食鹽：依口味酌量添加

鳳梨，吞你的松雞／你的末日來了，資產階級！」

一九三〇年代中期，這道沙拉重獲新生。奧利維耶的老學徒，一位人稱伊凡諾夫（Ivanov）同志的廚師，在史達林時代的「莫斯科飯店」，以蘇聯的樣貌再現這道料理。雞肉取代階級敵人松雞；勞動人民的胡蘿蔔填補螯蝦的粉紅色調；馬鈴薯和罐頭豆子佔據了中央的舞台——全都浸潤在我們香氣濃郁、大量生產的「普羅旺斯」美乃滋中。

與此同時，這道沙拉的不同版本跟著白俄移民旅行至世界各地。直至今日，我常驚喜地在布宜諾斯艾利斯的牛排館、伊斯坦堡的火車站，或在韓國、西班牙、伊朗料理的前菜餐點中遇見它，通稱為「俄式沙拉」。我對此覺得驚奇，而且有一點點驕傲。

在我們自己的餐桌上，媽媽賦予這道蘇聯招牌菜風雅、叛逆的巧思，加入新鮮的黃瓜和蘋果，並以蟹肉代替雞肉——不過，保留後者也沒什麼不好。她堅持，成功的終極祕訣是：將所有食材切細成丁。此外，她還熱中加入各種刺激口味的赫爾曼美乃滋。我想路西安・奧利維耶應該也會同意才是。

一、在大攪拌碗中混合所有沙拉食材和調味料，依口味酌量加入鹽和胡椒。

二、在中等大小的碗中，將所有的醬料食材攪打均勻，加入鹽調味，然後嘗試：味道應該濃郁而且清新刺激。將沙拉和醬料均勻攪拌，若看起來不夠濕潤，再加入一些美乃滋。依口味增減調味料。盛在水晶或玻璃碗裡上桌。

老爸的超級甜菜湯

10至12人份

牛肩胛肉、小腿或胸肉：2磅一整塊（切去過多的油脂）
水：14杯
中等大小洋蔥：2顆（整顆不切，外加一顆大洋蔥，切碎）
中等大小胡蘿蔔：2條（整條不切，外加一條大胡蘿蔔，去皮切丁）
月桂葉：1片
猶太可食鹽和新鮮研磨黑胡椒
中等大小甜菜：2顆（清洗乾淨，除去蒂頭）
乾燥的美味牛肝菌：1盎司（洗淨砂礫，以一杯熱水浸泡一小時）
優質煙燻培根：2片（切細）

對我童年的味蕾來說，甜菜湯（borscht，俄文拼法）與其說是湯品，不如說是蘇聯生活的尋常宿命：是必須忍受的事物，就像莫斯科的自來水和社會主義的冬天無窮無盡的灰暗。蘇聯的甜菜湯樣貌千變萬化。有個人的，像是媽媽簡樸的素食版本，千篇一律卻也討人喜歡；有食堂裡難吃的官方版本，表面飄浮著一圈圈紅色的油。冬天，我們以了無生氣的熱甜菜湯暖身，那湯就有如令人厭煩的二月雪的料理版本。夏天，我們改用甜菜冷湯（svekolnik）消暑，這種涼快、清爽的甜菜湯在美國廣受東歐猶太人的喜愛。

除此之外，還有一種永遠遙不可及的版本——關於神話般的「正統」烏克蘭甜菜湯，我們只能從政府核可、由雇傭「烹飪史學家」撰寫的食譜小冊子裡略知一二。顯然，那種

DAD'S ÜBER-BORSHCH 老爸的超級甜菜湯

牛肉、蘑菇、蘋果、豆子甜菜湯

大青椒：1顆（去心，去籽，切丁）
無鹽奶油：3大匙（視需要酌量增加）
切細的綠包心菜：2杯
甜辣椒粉：1小匙
中等大小適合水煮的馬鈴薯：3顆（去皮，切成一英寸小塊）
罐頭番茄丁：1罐16盎司（保留一半湯汁備用）
小澳洲青蘋果：1顆（去皮，去心，切丁）
16盎司腎豆：1罐（瀝乾，沖洗）
蒜瓣：3大片（切碎）
扁葉香芹：2大匙（切細）
蒸餾白醋：2大匙（依口味酌量添加）
糖：2大匙（依口味酌量添加）
佐餐用：酸奶、切碎的新鮮蒔蘿、切細的青蔥

甜菜湯和我們的天差地別，濃稠到可以立起大匙，烹調方式因為地區差異而豐富多樣，還盛滿各式各樣的肉。肉！那種甜菜湯代表了民俗風情文宣中的烏克蘭形象──蘇聯健康美好的麵包籃和甜菜碗，彷彿飢荒和集體化的恐怖未曾籠罩這塊土地。小時候，我從來不曾品嘗過虛幻的「真正的」烏克蘭甜菜湯。我其實也不那麼感興趣，真的。

一九八七年，我們一家人在莫斯科團聚。我的爸爸謝爾蓋準備來討媽媽歡心的那頓晚餐改變了我的想法，使我相信，甜菜湯也能是令人興奮的料理。我從未嘗過這樣的傑作──醇厚的高湯、鮮榨甜菜汁的深紅色、不落俗套的蘑菇和豆子，最後加上華麗可口的香脆豬油渣。即便我後來幾次前往烏克蘭旅行，嘗試了許多正統的當地版本，爸爸的甜菜湯

依舊是我心目中柏拉圖式的理想型。

以下是他的食譜。我僅有的修改是以烘烤的甜菜取代新鮮甜菜汁，這樣的做法也能煮出相同深度的顏色。自行熬製的濃厚高湯可以使成品與眾不同，但若覺得太過麻煩，也可以省略第一個步驟，在第三個步驟中使用十一杯現成的雞高湯，並用約一磅切丁的波蘭香腸或美味的煙燻火腿取代煮熟的牛肉。就像大部分的鄉村湯品，甜菜湯重複烹煮後風味更佳，所以請提前一天準備。務必搭配厚厚一片黑麥或裸麥麵包品嘗，一勺酸奶也是必不可少的。

一、將牛肉和水在大湯鍋中以大火煮開。撇去飄浮物，轉小火。放入月桂葉、整顆的洋蔥和胡蘿蔔，依口味添加鹽和胡椒。鍋蓋半掩，燉煮直到肉變得軟嫩，大約九十分鐘。過濾高湯，將肉取出。你應該會煮出十一至十二杯高湯。將牛肉切成一又二分之一英寸的小塊，保留備用。

二、煮高湯的同時，預熱烤箱至華氏四百度。以鋁箔紙將甜菜各別包裹，烘烤至小刀尖端能輕易戳入，約四十五分鐘。自鋁箔紙中取出甜菜，放進一碗冷水中，剝去外皮。以四面式箱型刨刀或食物調理機將甜菜刨／打碎，擱在一旁。過濾浸泡蘑菇的水，保留備用。切蘑菇。

三、在大而結實的湯鍋裡以中小火料理培根，直到酥脆。以溝槽匙取出培根，保留備用。將切碎的洋蔥、蘑菇、胡蘿蔔丁和青椒加入鍋內，以培根的餘油煎炒，直到柔軟，約七分鐘；若鍋子看起來太過乾燥，加入少許奶油。放入剩餘的奶油和包心菜，翻炒攪拌，約五分鐘。加入辣椒粉，翻炒幾秒。倒入高湯，加入馬鈴薯、番茄（含湯汁）、蘋果和預留的牛肉，烹煮直到微微沸騰滾動。撇去泡沫，依口味加鹽，蓋上鍋蓋，以小火慢燉，直到馬鈴薯變得幾乎柔軟，約十五分鐘。攪入一半的甜菜和豆子；若湯太過濃稠，加一些水。繼續以中小火烹煮，直到所有的蔬菜都變得軟嫩、味道融合均勻，約再二十五分鐘（可以提前一天準備甜菜湯至這個步驟。慢火加熱；若擱置後湯太過濃稠，加入少許開水稀釋）。

四、上桌前，使用研缽搗碎大蒜和香芹，加入一大匙研磨黑胡椒，磨製成粗糙的醬料。在燉煮中的湯裡加入預留的培根、剩餘的甜菜、醋和糖。調味，再煮五分鐘。靜置甜菜湯，十分鐘。上菜時，將湯舀進湯碗中，在每一份湯裡加入一小勺酸奶，撒上蒔蘿和蔥。請賓客們均勻攪拌，使酸奶融入湯中。

肉飯

6至8人份

芥花籽油或溫潤的橄欖油：3大匙（視需要酌量增加）
羊肩肉：2½磅（帶些油脂和少許骨頭，切成一英寸小塊）
猶太可食鹽和新鮮研磨黑胡椒：依口味酌量添加
大洋蔥：2顆（切碎）
孜然籽：1½大匙
辣椒粉：1½小匙
卡晏（cayenne）辣椒：2大撮
薑黃：1大撮
小檗（可以在一些中東市場買到）：3至4大匙（選用）
大胡蘿蔔：3條（去皮，粗刨）
中粒米：2杯（幾次換水洗淨，並瀝乾）

我從來不曾像在一九九一年冬天——蘇聯的最後一個冬天——那樣，吃得那麼奇異古怪。經濟狀況跌落谷底；在某地完全沒有食物，然後，拜某種神祕的黑市力量所賜，再走遠一點卻又充裕豐足。我和前男友乘著隨時可能解體的「日古利」汽車，軋軋作響地駛過解體中的帝國，前一刻還在節制食欲，下一刻卻能飽餐一頓。我最喜歡在烏茲別克／塔吉克城市撒馬爾罕的盛宴。在那裡，市場的力量總是強大有力。你可以期待搖搖晃晃的攤販上冒著煙的烤肉串、貨車車斗上堆疊的珍饈瓜果，還有，在人們的家裡——總是能見到堆成一座小丘、香氣撲鼻的豐盛肉飯，裝盛在藍、白色的瓷盤子上。在外面，這個世界全亂了套，但在撒馬爾罕的房子裡，我們坐在低矮的墊子上，啜飲富含單寧的綠茶，

PALOV 肉飯

中亞胡蘿蔔羊肉炊飯

煮沸開水：3½杯
蒜頭：一整顆（除去外皮）
配菜請見下述

用勺子舀盛美味可口的黃色米飯（遵循傳統，使用左手），然後對塔吉克炊飯絕對比烏茲別克炊飯來得好吃——或相反——的民族主義式宣告禮貌地點頭。這些說法完全沒有道理，但吃下這些米飯時就得如此。

孜然羊肉和米飯一同蒸煮，直到每一大匙的肉飯都像歐瑪爾·海亞姆（Omar Khayyám）的四行詩一樣雄渾有力。在中亞，肉飯擁有這樣儀式性的地位，以至於那些描述料理起源的華麗傳說甚至和亞歷山大大帝（Alexander the Great）——或者，在某些版本裡是成吉思汗——有所關聯。烹調這道料理必須遵循嚴格的規範。傳統上，由男人——通常也是為男人——準備，而且必須在開放的明火上煮。不過，在家中的廚房裡做也非常棒，而且還超級簡單。這道料理的靈魂是肉湯（zirvak）——以羊肉和大量洋蔥、胡蘿蔔煮成的湯底。除此之外，還可以加入榲桲丁、葡萄乾和／或罐頭鷹嘴豆。肉飯的香料豐富而且有力：大量的甜椒和辣椒、一整顆蒜頭，還有小檗──一種帶著強烈檸檬味的乾燥漿果，可以在中東市場裡找到。接著，鋪上短或中等長度的米飯，然後在突厥人的游牧大鍋（kazan）裡蒸煮到完美──你也可以使用任何附有緊合蓋子的厚重鍋子取代。

肉飯最好搭上爽口刺激的中亞沙拉配菜。其中一道是清甜的白蘿蔔和胡蘿蔔絲的涼拌沙拉，淋上白醋、少許的油，撒上一點糖。至於其他配菜，將一顆大洋蔥、兩顆大青椒和三顆熟番茄切成薄片，層層疊放在淺碗裡，以鹽和胡椒調味，再灑上溫潤的橄欖油和紅酒醋。料理肉飯的時候，就將沙拉擱在一旁。盛在小碗杯裡、富含單寧的綠茶是中亞的經典飲料。不過，我們俄國人也搭配伏特加。

一、在大而厚重、最好有橢圓形底部的砂鍋內熱油至冒煙。在羊肉上大方塗抹鹽和胡椒。分成二至三批，煎煮羊肉，直到每一面皆呈褐色，然後移進碗裡。所有羊肉都料理完成之後，將洋蔥加入鍋中，視需要添加少許油，翻炒直到呈現褐色，約七分鐘。將羊肉放回鍋內，轉小火，拌入孜然、辣椒粉、卡晏、薑黃和小檗（選用）。加入大量鹽調味，蓋上鍋蓋，燉煮十五分鐘；若羊肉開始燒焦，添加少許水。均勻拌入胡蘿蔔，再煮一至二分鐘。嘗試味道，調味。

二、以木大匙背面壓平羊肉與配料。將米覆蓋在肉上，並將蒜頭埋放其中。在米上方直接蓋上小蓋子或耐熱的盤子（避免在加水時弄亂米和肉的配置）。平穩地倒入滾沸的開水。取出小蓋子或盤子；小心避免燙傷。嘗試湯汁的味道，若有需要，再放入鹽調味。不加蓋，不攪拌，以中小火烹煮米飯，直到湯汁和米飯同高，表面冒出小氣泡，約十五分鐘。

三、以鍋鏟將米飯集中成小堆，用木大匙柄戳出六至七個洞，使蒸氣逸出。將火轉至最小；若有控火墊，將它置入鍋具底下；緊緊闔上鍋蓋，蒸煮米飯直到柔軟，約二十五分鐘。察看二至三次，若蒸氣不足，在米飯的凹洞裡加進少許水。從爐火上移開，蓋著鍋蓋，靜置十五分鐘。

四、上桌時，將米飯鋪在華麗的大盤子上，輕輕拌鬆。在米飯上堆疊肉和蔬菜，將蒜頭置於頂端。配菜番茄和白蘿蔔沙拉也一起上桌。

布林餅

6至8人份

活性乾酵母：1包（2¼小匙）
溫水：1杯
糖：3大匙（外加2小匙）
通用麵粉：2¾杯（視需要酌量增加）
對半鮮奶油或牛奶，室溫：2½杯
無鹽奶油：4大匙（融化，額外少許塗抹布林餅用）
鹽：2小匙（依口味酌量添加）
大雞蛋：2顆（蛋黃與蛋清分離，蛋黃打散）
芥花籽油，煎餅用
小馬鈴薯：1顆（切半）
佐餐用：融化的奶油、酸奶、至少兩樣煙燻魚肉、
　魚子醬或鮭魚卵，和各種果醬

終於，廚娘端著布林餅出現了。……謝米昂．彼得洛維奇（Semyon Petrovich）冒著嚴重燙傷的風險，抓住頂上兩張最燙的餅，啪一聲放在他的盤子上。布林餅煎得金黃、蓬鬆而飽滿——好似商人女兒的肩膀。……波狄金（Podtikin）開心地微笑，興奮地打了個嗝，將熱呼呼的奶油淋在餅上……他開心地期待著，有條不紊地、一絲不苟地抹上魚子醬。沒有塗到魚子醬的部分，他又倒上酸奶……現在只剩下吃了，不是嗎？那可不！波狄金瞧了瞧親手完成的傑作，還不滿意。想了想，他又在布林餅上放了一塊最肥美的鮭魚、一塊胡瓜魚和一塊沙丁魚，然後才氣喘噓噓、興奮狂喜地捲起餅，飲盡一杯伏特加，張開嘴巴……

BLINI 布林餅

俄羅斯煎餅配各式佐料

但就在這個時候，他中風了……

——安東．契訶夫，〈人世無常：謝肉節布道題材〉（On Human Frailty: An Object Lesson for the Butter Festival）

我們的紙上旅程來到盡頭，是該品嘗最後一道佳餚。媽媽和我決定為蘇聯舉辦諷刺的守靈儀式。俄羅斯人在緬懷和守靈時都吃些什麼呢？吃布林餅。繞了一圈，又回到第一章，在媽媽仿花崗岩的流理台上，酵母在光亮的碗裡發泡、膨脹。與此同時，我們又一次閱讀契訶夫。酵母是為了我們的告別布林餅準備的。

布林餅一直是最傳統、最具儀式性意義、最斯拉夫的料理——是狂歡節和占卜、太陽崇拜與祭祖儀式的食物。在信仰基督宗教之前，俄羅斯人的生命循環始於布林餅，也終於布林餅——從女人生產之後吃下的薄餅到葬禮上食用的布林餅。「布林餅象徵太陽、豐收、美滿的婚姻，還有健康的孩子。」俄國詩人亞歷山大・庫普林（Aleksandr Kuprin）寫道。

對於異教徒斯拉夫人而言，布林餅中的麵粉和蛋象徵大地母親（Mother Earth）的豐腴肥沃；渾圓的形狀和煎鍋的熱氣則是對改信基督宗教之前的太陽神雅里洛（Yarilo）的敬獻。即便在禁止宗教信仰的蘇聯時代，俄羅斯人不只在守靈的場合，也在謝肉節（Maslenitsa）——復活節大齋期前持續一週的節日——大啖布林餅，至今依舊如此。宗教信仰來來去去，政權更迭，在蘇聯解體之後的餐桌上，壽司取代了鯡魚（seliodka），但布林餅保留了下來。有些食物就是能永恆不朽。

正統的俄羅斯布林餅從發麵（opara）——水、麵粉和酵母混合的麵糊——開始。麵糊至少得膨脹兩倍。我將它冷藏數個小時，讓清爽的發麵香味緩緩地醞釀。俄式布林餅總是和盤子一般大小，從來不做成迷你的尺寸。今日，相較於古早的蕎麥，人們偏好小麥。大部分的婆婆們對鑄鐵的煎鍋推崇備至，但我推薦結實的不沾鍋。煎餅需要一些練習——「第一片布林餅總是凹凸不平。」俄羅斯諺語如是說。但煎過三、四片之後，你就能掌握訣竅。

配料包括——應該說是必備！——酸奶、融化的奶油、鯡魚、煙燻鮭魚和白魚，若想奢侈一點，還可以搭上魚子醬。甜點？更多布林餅配各式各樣的果醬。

一、在大攪拌碗中，混合酵母、水和兩小匙糖，靜置直到發泡。加入二分之一杯麵粉，攪動至質地滑潤。蓋上麵糊，放置在溫暖的地方直到冒泡、膨脹至近兩倍大小，約一小時。

二、在麵糊中加入對半鮮奶油、四大匙融化的奶油、二又四分之一杯麵粉、蛋黃、剩餘的三大匙糖和鹽。將麵糊攪打至完全柔滑，靜置膨脹，以保鮮膜輕輕覆蓋，直到發泡並膨脹為兩倍大小，約二小時，攪拌一次，使它繼續膨脹。或採用替代的做法，以塑膠膜覆蓋，將麵糊置入冰箱冷藏，讓它膨脹數個小時或一夜，攪拌一或兩次。在下鍋前移至室溫中。

三、攪打蛋清，直到能拉出柔軟的尖角，拌入麵糊中。再靜置麵糊，十分鐘。

四、在爐邊備妥淺而小的碗，加入油。以叉子叉起半塊馬鈴薯，浸入油中，然後將油大方地塗抹在八英寸長柄厚不沾鍋底部。以中火熱鍋，約九十秒。使用防燙墊套，握住煎鍋把手，稍稍離火舉起，朝自己傾斜四十五度。使用湯勺，迅速地將麵糊倒入鍋中，覆蓋鍋底成薄薄一層（約四分之一杯）。靈活地傾斜、轉動煎鍋，讓麵糊滑動、覆蓋整個表面。將煎鍋放回爐火上，加熱直到布林餅表面冒出氣泡，下層呈現金黃色，約一分鐘。翻面，再加熱三十秒，在已經加熱的表面塗上融化的奶油。若翻動布林餅時，煎鍋看起來太過乾燥，再加入一些油。第一片布林餅很可能會失敗。

五、以同樣的方法再做一個布林餅。關火，停下來嘗嘗味道。布林餅的質地應該輕薄、鬆軟多孔而且帶有嚼勁；它雖然薄，但應該要有些蓬鬆。若布林餅容易撕破，表示麵糊太過稀薄：再攪入四分之一杯麵粉。若布林餅太過生軟、厚重，加入四分之一至二分之一杯的水。視口味調整鹽、糖分量，繼續煎餅。

六、以此方法料理剩餘的麵糊。製作每一片布林餅前，使用馬鈴薯為鍋子上油潤滑。將一片片餅滑進深碗裡，在堆疊的布林餅上加蓋或鋪上錫箔紙（見備註）。讓布林餅熱騰騰上桌，搭上推薦的配料。享用之前，塗抹奶油。若喜歡的話，再加上酸奶。擱上一塊魚，捲起來，放進嘴裡。

備註

布林餅新鮮食用最佳。若需重新加熱，以錫箔紙覆蓋，放進烤箱或蒸鍋內隔水加熱。或者，整疊蓋上濕潤的餐巾紙，高溫微波一分鐘。

圖片鳴謝：John von Pamer

作者附記

這是一部非虛構作品，由家庭故事與歷史事實交織而成，涵蓋了一百年的蘇聯和後蘇聯歲月。儘管我為了配合主要角色的觀點而篩選了部分內容，但據我所知，書中的一切皆是事實。我修改了部分姓名，可能誤記了幾個名字。為了敘事上的簡潔和戲劇張力，我濃縮、微調了部分的個人經驗。我已經盡力參考更大的歷史背景，查證個人回憶和家庭傳說，以正確地重建時間、事件和政治脈絡。然而，部分書中提及的人物如今早已年邁，有的甚至已經不在；因此，若有我未能發現的瑕疵，我願意在此致歉。

致謝

這本書的誕生歸功於史考特・莫伊爾斯（Scott Moyers）。在我之前，他早就有了這個想法，並取了書名。擔任我的經紀人期間，他還為這本書找到了我夢寐以求的編輯。即使後來工作有所變動，他依舊持續地指引我。同志，我首先向你敬禮（salut）！

在史考特離開之後，安德魯・懷利（Andrew Wylie）一路上給予我源源不絕的靈感、鼓勵和充滿智慧的建議。此外，我也向「懷利經紀」（Wylie Agency）的金・奧（Jin Auh）和崔西・柏罕（Tracy Bohan）深深致謝，感謝他們帶著這本書踏上了環球的旅程。

我要向「皇冠」（Crown）卓越的編輯瑞秋・克萊曼（Rachel Klayman）說聲斯拉夫人巨大無窮的謝謝（spasibo）——感激她的熱情、智慧、嚴謹和她對蘇聯經驗與作者的經歷深刻而具有改變能量的同理心。非常感謝瑪雅・馬弗耶（Maya Mayjee）和莫利・史特恩（Molly Stern）在出版方面的傑出協助；感謝伊莉娜・努德爾曼（Elina Nudelman）和伊蓮娜・賈爾瓦第（Elena Giavaldi）美麗的視覺設計；瑞秋・洛基奇（Rachel Rokicki）、凱莉莎・海斯（Carisa Hays）、安斯莉・羅斯納（Annsley Rosner）、安娜・明茨（Anna Mintz）和傑・宋斯（Jay Sones）敏銳的媒體曝光和市場行銷計畫；感謝艾妲・米中（Ada Yonenaka）和艾瑪・貝瑞（Emma Berry）使一切進展得如此順利。

本書撰寫期間，儘管告假暫別新聞媒體，我依然有幸感受我非凡的雜誌大家庭慷慨的支持和溫暖的友誼。首先向《漫旅》（*Travel+Leisure*）雜誌聽穎的總編輯南西・諾瓦格羅德（Nancy

Novogrod）和美麗、才華洋溢的尼璐・莫特梅（Nilou Motamed）致上最深的謝意。此外，也在此感謝《食物與酒》（*Food & Wine*）永遠帶給我啟發的妲娜•寇文（Dana Cowin）和超棒的凱特・克雷德（Kate Krader）。我為《美味》（*Saveur*）雜誌所作、關於母親的餐宴的文章是催生此書的重要火花。為此，而且不僅止於此，我向詹姆士・奧斯蘭（James Oseland）和《美味》的編輯團隊致謝。

在我的心中，「沃克曼出版」（Workman Publishing）的蘇珊・瑞弗（Suzanne Rafer）和已故的彼得・沃克曼（Peter Workman）永遠佔有特別的位子，是他們引領我進入飲食書寫的世界。

在莫斯科，承蒙大家的協助。非常感激維克多・貝利亞耶夫（Viktor Belyaev），前克里姆林宮大廚和說故事的高手；感謝妲莎・胡波娃（Dasha Hubova）為我和媽媽製作電視節目；感謝伊莉娜・格魯申科（Irina Glushchenko），她帶領我認識阿納斯塔斯・米高揚，而她的大作也是我不可或缺的資料來源。

我在俄羅斯的家人總是賦予我力量、帶給我歡樂：爸爸，謝爾蓋・布連姆森（Sergei Bremzen）和她的妻子伊蓮娜・史庫爾可娃（Elena Skulkova）；尤莉亞（Yulia）阿姨；好姊妹（sestrichki）妲莎（Dasha）和瑪莎（Masha），還有瑪莎的丈夫謝爾蓋（Sergei）；我的表弟，安德烈（Andrei）；還有娜丘什卡・米安可娃（Nadyushka Menkova），我心愛的馮・布連姆森家族檔案管理員。

此外，我要向安娜·布洛茨基（Anna Brodsky）和克拉瓦（Clava）致上謝意（blagodarnost'），感謝她們精確的閱讀和珍貴的共同公寓故事；還要感謝亞歷山大·吉尼斯（Alexander Genis），他的博學和熱情，還有在美食方面的成就。

這本書的概念是一席跨越蘇聯世代的饗宴。若少了伊莉娜·吉尼斯（Irina Genis）、安德烈與托瑪·札格丹斯基（Andrei and Toma Zagdansky）、亞歷克斯和安德莉亞·拜耳（Alex and Andrea Bayer）的陪伴，我們在書外實際的餐宴就失去了意義。在此，我也分別以「蘇聯牌香檳」向諸位舉杯：卡捷琳娜·達利爾（Katerina Darrier）、瑪莉亞·藍達—內瑪克（Maria Landa-Neimark）；伊涅莎·菲亞爾可娃（Innessa Fialkova）；伊蓮娜·多夫拉托娃（Elena Dovlatova）；伊索達·格羅傑茨基（Isolda Gorodetsky）；還有斯維特蘭娜·庫普奇克（Svetlana Kupchik）——感謝大家在媽媽皇后區的餐桌讓蘇聯的過去如此活潑、鮮明地重生。還有，感謝馬克·瑟爾曼（Mark Serman）的「寓言故事」。至於非俄羅斯人的部分，我要給凱特·塞庫勒斯（Kate Sekules）一個大大的擁抱，感謝她始終鼓勵我；感謝梅莉莎·克拉克（Melissa Clark）做我的天使；感謝馬克·科恩（Mark Cohen）與我分享檔案庫的權限；感謝彼得·坎比（Peter Canby）、艾絲特·艾倫（Esther Allen）、納桑尼爾·韋斯（Nathaniel Wice）和維吉尼亞·哈特雷（Virginia Hatley）閱讀書稿；感謝強納斯和娥蘇拉·赫格維奇（Jonas and Ursula Hegewisch）的聰慧和風格；除此之外，還有所有在紐約、莫斯科、伊斯坦堡供我吃喝、聽我說話、激勵我的朋友們。

拉莉薩．弗倫姆金（Larisa Frumkin）是這本書的靈魂和明星。媽咪（Mamulik）：你是我永遠的英雄和榜樣。這本書獻給你。

最後，這本書裡的字字句句都有賴貝瑞．尤格拉（Barry Yourgrau）的支持與協助。他是我的伴侶、讀者、編輯、文字顧問、最好的朋友和真正的愛。若沒有他，這本書將會又悲傷又灰暗，什麼也不是。我的生活亦是如此。

參考資料

以下為本書參考、引用的英文及俄文資料書目，但絕對說不上是詳盡完整的清單。除此之外，我還參考了文學作品、回憶錄、報章雜誌和可靠的網路資源。我將使用在多個章節的資料來源列於首次出現的地方。至於俄文書名的拼法，我採用標準的美國「國會圖書館」（Library of Congress）譯寫系統，因此，可能與本書內文提及、較為通俗的拼法有所差異。

沙皇的最後歲月

Borrero, Mauricio. *Hungry Moscow: Scarcity and Urban Society in the Russian Civil War, 1917–1921*. New York: Peter Lang, 2003.

Giliarovskii, Vladimir. *Moskva i moskvichi*. Moscow: Moskovskii rabochii, 1968.

Glants, Musya, and Joyce Toomre. *Food in Russian History and Culture*. Bloomington: Indiana University Press, 1997.

LeBlanc, Ronald D. *Slavic Sins of the Flesh: Food, Sex, and Carnal Appetite in Nineteenth-Century Russian Fiction*. Durham: University of New Hampshire Press, 2009.

Lih, Lars T. *Bread and Authority in Russia, 1914–1921*. Berkeley: University of California Press, 1990.

McAuley, Mary. *Bread and Justice: State and Society in Petrograd, 1917–1922*. Oxford: Clarendon Press, 1991.

Pokhlebkin, Vil' jam. *Kukhnia veka*. Moscow: Polifakt, 2000.

Suny, Ronald G., ed. *The Cambridge History of Russia, Volume 3: The Twentieth Century*. Cambridge: Cambridge University Press, 2006.

列寧的蛋糕

Ball, Alan M. *Russia's Last Capitalists: The Nepmen, 1921–1929*. Berkeley: University of California Press, 1987.

Benjamin, Walter. *Moscow Diary*. Cambridge, MA: Harvard University Press, 1986.

Boym, Svetlana. *Common Places: Mythologies of Everyday Life in Russia*. Cambridge, MA: Harvard University Press, 1994.

Buchli, Victor. *An Archaeology of Socialism*. New York: Berg, 1999.

Elwood, Carter. *The Non-Geometric Lenin: Essays on the Development of the Bolshevik Party 1910–1914*. London-New York: Anthem Press, 2011.

Genis, Aleksandr. *Kolobok. Kulinarnye puteshestviya*. Moscow: Corpus, 2010.

Hessler, Julie. *A Social History of Soviet Trade: Trade Policy, Retail Practices, and Consumption, 1917–1953*. Princeton, NJ: Princeton University Press, 2004.

Kondrat'eva, Tamara. *Kormit' i Pravit': O Vlasti v Rossii X VI–X X Veka*, Moscow: ROSSPEN, 2009.

Martin, Terry. *The Af firmative Action Empire: Nations and Nationalism in the Soviet Union, 1923–1939*. Ithaca-London: Cornell University Press, 2001.

Massell, G. J. *The Surrogate Proletariat: Moslem Women and Revolutionary Strategies in Soviet Central Asia, 1919–1929*. Princeton, NJ: Princeton University Press, 1974.

Osokina, Elena. *Za fasadom stalinskogo izobiliya. Raspredelenie i rynok v snabzhenii naseleniya v gody industrializatsii, 1927–1941*. Moscow: ROSSPEN, 1999.

Tumarkin, Nina. *Lenin Lives! The Lenin Cult in Soviet Russia*. Cambridge, MA: Harvard University Press, 1983.

Viola, Lynne. *Peasant Rebels under Stalin: Collectivization and the Culture of Peasant Resistance*. New York: Oxford University Press, 1996.

謝謝你，史達林同志，給我們快樂的童年

Balina, Marina, and Yevgeny Dobrenko, eds. *Petrified Utopia: Happiness Soviet Style*. London & New York: Anthem Press, 2009.

Fitzpatrick, Sheila. *Everyday Stalinism: Ordinary Life in Extraordinary Times: Soviet Russia in the 1930s*. New York: Oxford University Press, 1999.

Glushchenko, Irina. *Obshchepit: Anastas Mikoian i sovetskaia kukhnia*. Moscow: GUVShE, 2010.

Gronow, Jukka. *Caviar with Champagne: Common Luxury and the Ideals of the Good Life in Stalin's Russia*. New York: Berg, 2003.

Kniga o vkusnoi i zdorovoi pishche. Moscow: Pishchepromizdat, 1939, 1952, 1953, 1954 , and 1955.

Korenevskaya, Natalia, and Thomas Lahusen, eds. *Intimacy and Terror: Soviet Diaries of the 1930s*. New York: New Press, 1995.

Mikoyan, Anastas. *Tak bylo. Razmyshleniia o minuvshem*. Moscow: Vagrius, 1999.

Petrone, Karen. *Life Has Become More Joyous, Comrades: Celebrations in the Time of Stalin*. Bloomington: Indiana University Press, 2000.

子彈與麵包

Berezhkov, Valentin. *Stranitsi diplomaticheskoi istorii*. Moscow: Mezhdunarodnye otnosheniia, 1987.

Glantz, David M. *The Siege of Leningrad: 900 Days of Terror*. London: Brown Partworks, 2001.

Jones, Michael. *Leningrad: State of Siege*. New York: Basic Books, 2008.

Lur'e, V. M., and V. Ia. Kochik. *GRU dela i liudi*. St. Petersburg: Olma-Press, 2003.

Moskoff, William. *The Bread of Affliction: The Food Supply in the USSR During World War II*. Cambridge: Cambridge University Press, 1990.

Murphy, David E. *What Stalin Knew: The Enigma of Barbarossa*. New Haven: Yale University Press, 2005.

Pleshakov, Constantine. *Stalin's Folly*. Boston: Houghton Mifflin, 2005.

Plokhy, Serhii. *Yalta: The Price of Peace*. New York: Viking, 2010.

Salisbury, Harrison E. *The 900 Days: The Siege of Leningrad*. New York: Avon Books, 1970.

Snyder, Timothy. *Bloodlands: Europe Between Hitler and Stalin*. New York: Basic Books, 2010.

美味又健康

Djilas, Milovan. *Conversations with Stalin*. Harmondsworth: Penguin, 1963.

Medvedev, Roy, and Zhores Medvedev. *The Unknown Stalin: His Life, Death, and Legacy*. New York: Overlook Press, 2004.

Montefiore, S. S. *Stalin: The Court of the Red Tsar*. London: Weidenfeld & Nicolson, 2003.

Nikolaev, Vladimir. *Sovetskaia Ochered' Kak Sreda Obitaniia: Sotsiologicheskii Analiz*. Moscow: INION R AN, 2000.

Rappaport, Helen. *Joseph Stalin: A Biographical Companion*. Santa Barbara: ABC-CLIO, 1999.

Zubok, Vladislav. *Zhivago's Children: The Last Russian Intelligentsia*. Cambridge: Harvard University Press, 2009.

玉米、共產主義、魚子醬

Carlson, Peter. *K Blows Top: A Cold War Comic Interlude Starring Nikita Khrushchev, America's Most Unlikely Tourist.* New York: Public Affairs, 2009.

Castillo, Greg. *Cold War on the Home Front: The Soft Power of Midcentury Design.* Minneapolis: University of Minnesota Press, 2010.

Crowley, David, and Susan E. Reid, eds. *Socialist Spaces: Sites of Every day Life in the Eastern Bloc.* Oxford: Berg, 2002.

Khrushchev, N. S. *Vospominaniia. Vremia, liudi, vlast'. Vols. 1–4.* Moscow: Moskovskie novosti, 1999.

Taubman, William. *Khrushchev: The Man and His Era.* New York: W. W. Norton, 2003.

Vayl', Petr, and Aleksandr Genis. *60-e: Mir sovetskogo cheloveka.* Moscow: Novoe literaturnoe obozrenie, 1996.

祖國的美乃滋

Ledeneva, Alena. *Russia's Economy of Favours: Blat, Networking and Informal Exchange.* Cambridge: Cambridge University Press, 1998.

Yurchak, Alexei. *Everything Was Forever Until It Was No More: The Last Soviet Generation.* Princeton: Princeton University Press, 2006.

酒杯裡的莫斯科

Herlihy, Patricia. *The Alcoholic Empire: Vodka and Politics in Late Imperial Russia*. New York: Oxford University Press, 2002.

Transchel, Kate. *Under the Influence: Working-Class Drinking, Temperance, and Cultural Revolution in Russia, 1895–1932*. Pittsburgh: University of Pittsburgh Press, 2006.

White, Stephen. *Russia Goes Dry: Alcohol, State and Society*. Cambridge: Cambridge University Press, 1996.

破碎的宴會

Felshman, Neil. *Gorbachev, Yeltsin and the Last Days of the Soviet Empire*. New York: St. Martin's, 1992.

Kahn, Jeffrey. *Federalism, Democratization, and the Rule of Law in Russia*. Oxford: Oxford University Press, 2002.

Kapuscinski, Ryszard. *Imperium*. New York: Knopf, 1994 .

Moskoff, William. *Hard Times: Impoverishment and Protest in the Perestroika Years*. Armonk, NY: M. E. Sharpe, 1993.

Nekrich, A. M., trans. George Saunders. *The Punished Peoples: The Deportation and Fate of Soviet Minorities at the End of the Second World War*. New York: W. W. Norton, 1978.

O'Clery, Conor. *Moscow, December 25, 1991: The Last Day of the Soviet Union*. New York: Public Affairs, 2011.

Remnick, David. *Lenin's Tomb: The Last Days of the Soviet Empire*. New York: Random House, 1993.

Ries, Nancy. *Russian Talk: Culture and Conversation During Perestroika*. Ithaca, NY: Cornell University Press, 1997.

Suny, Ronald G. *The Revenge of the Past: Nationalism, Revolution, and the Collapse of the Soviet Union*. Stanford: Stanford University Press, 1993.

Von Bremzen, Anya, and John Welchman. *Please to the Table: The Russian Cookbook*. New York: Workman, 1990.

麗池上的普丁

Devyatov, Sergei, Yu. Shefov, and S. Yur'eva. *Blizhnyaya dacha Stalina: Opyt istoricheskogo putevoditelya*. Moscow: Kremlin Multimedia, 2011.

國家圖書館出版品預行編目(CIP)資料

精通蘇聯料理藝術：包裹在布林餅裡的悲歡離合 / 安妮亞．馮．布連姆森(Anya Von Bremzen)著；江杰翰譯．-- 初版．-- 臺北市：網路與書出版：大塊文化發行，2015.08
472面；14.8X20 公分．-- (Spot；14)
譯自：Mastering the Art of Soviet Cooking
ISBN 978-986-6841-66-8(平裝)

1. 布連姆森(Von Bremzen, Anya) 2. 回憶錄 3. 俄國史

785.28 104012222